DR. OETKER

GEFLÜGEL VON A–Z

Dr. Oetker Verlag

Abkürzungen

EL	=	Esslöffel
TL	=	Teelöffel
Msp.	=	Messerspitze
Pck.	=	Packung/Päckchen
g	=	Gramm
kg	=	Kilogramm
ml	=	Milliliter
l	=	Liter
evtl.	=	eventuell
geh.	=	gehäuft
gestr.	=	gestrichen
TK	=	Tiefkühlprodukt
°C	=	Grad Celcius
Ø	=	Durchmesser

Kalorien-/Nährwertangaben

E	=	Eiweiß
F	=	Fett
Kh	=	Kohlenhydrate
kcal	=	Kilokalorie
kJ	=	Kilojoule

Hinweise zu den Rezepten

Lesen Sie vor der Zubereitung – besser noch vor dem Einkauf – das Rezept einmal vollständig durch. Oft werden Arbeitsabläufe oder -zusammenhänge dann klarer. In jedem Rezept ist die Anzahl der Portionen angegeben.

Zutatenliste

Die Zutaten sind in der Reihenfolge ihrer Bearbeitung angegeben.

Arbeitsschritte

Die Arbeitsschritte sind einzeln hervorgehoben, in der Reihenfolge, in der sie von uns ausprobiert wurden.

Backofeneinstellung

Die in den Rezepten angegebenen Gartemperaturen und -zeiten sind Richtwerte, die je nach individueller Hitzeleistung des Backofens über- oder unterschritten werden können. Die Temperaturangaben beziehen sich auf Elektrobacköfen. Die Temperatur-Einstellmöglich-keiten für Gasbacköfen variieren je nach Hersteller, sodass wir keine allgemeingültigen Angaben machen können.
Beachten Sie bitte deshalb bei der Einstellung des Backofens die Gebrauchsanleitung des Herstellers.

Zubereitungszeiten

Die Zubereitungszeit ist ein Anhaltswert für die Zeit der Vorbereitung und die eigentliche Zubereitung. Die Garzeiten sind, in der Regel, gesondert ausge-wiesen. Bei einigen Rezepten setzt sich die Gesamt-Garzeit aus mehreren Teil-Garzeiten zusammen. Längere Wartezeiten, z.B. Kühl- und Auftauzeiten, sind nicht einbezogen.

Vorwort

Außen goldbraun und knusprig – innen saftig, verführerisch duftend und ausgesprochen lecker schmeckend. Geflügel ist mehr als die Klassiker Huhn, Ente, Gans oder Pute. Wie wär's zur Abwechslung mal mit Fasan, Strauß, Perlhuhn, Rebhuhn, Taube oder Wachtel?

Was macht Geflügel bei Groß und Klein so beliebt?
- Geflügel passt zu vielen Anlässen und in jeder Jahreszeit.
- Geflügel harmoniert mit zahlreichen Gewürzen, Gemüsen und Früchten.
- Geflügel lässt sich durch verschiedene Garmethoden und Zubereitungsvarianten vielfältig zubereiten.

Provenzalische Putenkeule, Kapaunbrust mit Brombeeren, Wachteln in Limettensauce, Tauben mit Orangensauce, Fasan in Traubensauce mit Schmorkraut, Perlhuhnbrüstchen mit Mango, Hähnchen „Jambalaja", Calvadoshuhn mit Äpfeln, Bierhähnchen, Martinsgans mit Majoranäpfeln, Entenbrust mit Pfefferkirschen, Gänserisotto, Straußensteak mit Maispfannkuchen – dies ist nur eine kleine Auswahl der über 300 Köstlichkeiten aus Geflügel, die wir für Sie zusammengestellt haben. Darauf fliegen nicht nur Gourmets.

Alle Rezepte wurden von Dr. Oetker ausprobiert und sind so beschrieben, dass sie Ihnen auf Anhieb gelingen.

Amerikanische Erntedank-Pute I
Gut vorzubereiten
8–10 Portionen

Pro Portion:
E: 80 g, F: 51 g, Kh: 25 g, kJ: 3703, kcal: 884

1	Ciabatta (italienisches Weißbrot, etwa 400 g)
1	küchenfertige Pute (4–5 kg)
1 ¼ l	Geflügelbrühe
1 Zweig	Thymian
6 Stängel	Petersilie
100 g	gewürfelte Möhren
1	gewürfelte Zwiebel
1	Lorbeerblatt
100 g	Butter
200 g	gewürfelte Zwiebeln
4 Stangen	gewürfelter Staudensellerie
100 g	gewürfelter, magerer, durchwachsener Speck
2 EL	gehackte Petersilie
1 EL	gehackte Salbeiblättchen
1 EL	gehackte Thymianblättchen
	Salz, frisch gemahlener Pfeffer
125 ml (⅛ l)	Wasser
100 g	zerlassene Butter
20 g	Weizenmehl

Zubereitungszeit: 90 Minuten, ohne Trocken-, Kühl- und Abkühlzeit
Garzeit: 3–3 ½ Stunden

1. Am Vortag Ciabatta in etwa 2 ½ cm große Würfel schneiden, auf ein Backblech legen, trocknen lassen.

2. Von der Pute Hals, Magen und Herz unter fließendem kalten Wasser abspülen, trocken tupfen, mit der Brühe in einem großen Topf zum Kochen bringen.

3. In der Zwischenzeit Thymian und Petersilie abspülen und trocken tupfen. Thymian, Petersilie, Möhren und Zwiebel mit dem Lorbeerblatt in die Brühe geben, aufkochen lassen, eventuell mehrmals abschäumen und etwa 90 Minuten bei schwacher Hitze ohne Deckel kochen. Die Brühe dann durch ein Sieb geben und bis zum nächsten Tag kalt stellen.

4. Butter in einer Pfanne zerlassen. Zwiebel-, Sellerie- und Speckwürfel darin 5–7 Minuten dünsten. Die Brühe vom Vortag entfetten, mit Wasser auf 1 Liter auffüllen und erhitzen. Backofen vorheizen.

Ober-/Unterhitze: etwa 200 °C
Heißluft: etwa 180 °C

5. Brotwürfel in eine große Schüssel geben, Speck-Gemüse-Mischung, Petersilie, Salbei und Thymian und 400–500 ml Geflügelbrühe hinzugeben, gut vermengen, bis eine locker zusammenhaltende Füllung entsteht. Mit Salz und Pfeffer abschmecken.

6. Pute von innen und außen unter fließendem kalten Wasser abspülen, trocken tupfen, innen mit Küchenpapier ausreiben und mit Salz einreiben. Die Füllung fest hineindrücken. Die Öffnung mit Küchengarn zunähen. Die Pute außen mit Salz und Pfeffer einreiben. 75 ml von dem Wasser in einen großen Bräter geben. Pute mit der Brust nach unten hineinlegen und mit etwas zerlassener Butter bestreichen. Den Bräter ohne Deckel auf dem Rost in den vorgeheizten Backofen schieben und die Pute 3–3 ½ Stunden garen.

7. Die Pute nach etwa 45 Minuten Garzeit mit zerlassener Butter bestreichen und etwas von der restlichen Brühe hinzugießen. Nach weiteren 45 Minuten Pute wenden und wieder mit Butter bestreichen. Verdampfte Flüssigkeit nach und nach durch Brühe und eventuell durch Wasser ersetzen. Die Pute zwischendurch mit restlicher Butter bestreichen. Die gare Pute (beim Einstechen mit einer Metallnadel muss der Fleischsaft klar austreten) aus dem Bräter nehmen und zugedeckt 5–10 Minuten ruhen lassen.

8. Den Bratensatz durch ein Sieb gießen, abmessen und mit Wasser auf 600 ml Flüssigkeit auffüllen. Mehl mit den restlichen 50 ml Wasser anrühren, mit einem Schneebesen in die kochende Flüssigkeit einrühren. Dabei darauf achten, dass keine Klümpchen entstehen. Die Sauce zum Kochen bringen und bei schwacher Hitze etwa 5 Minuten ohne Deckel kochen lassen, dabei gelegentlich umrühren, abschmecken.

9. Pute in Stücke schneiden, mit der Füllung auf einer vorgewärmten Platte anrichten. Sauce dazureichen.

Asia-Suppe mit mariniertem Hähnchenfilet **I**

Gefriergeeignet

4 Portionen

Pro Portion:

E: 27 g, F: 4 g, Kh: 11 g, kJ: 789, kcal: 189

     400 g Hähnchenbrustfilet

Für die Marinade:

     1 kleine, rote Chilischote
     2 EL Sojasauce
     evtl. Currypulver

Für die Asia-Suppe:

     2 große Fenchelknollen
     2 Möhren
    1 Bund Frühlingszwiebeln
     1 EL Speiseöl
750 ml (³/₄ l) Gemüsebrühe
     Sojasauce
     frisch gemahlener,
     schwarzer Pfeffer
    evtl. Currypulver

Zubereitungszeit: 35 Minuten, ohne Marinierzeit
Garzeit: 14–18 Minuten

1. Hähnchenbrustfilet unter fließendem kalten Wasser abspülen, trocken tupfen und in Streifen schneiden. Die Fleischstreifen anschließend in eine flache Schale legen.

2. Für die Marinade Chili abspülen, abtrocknen, längs aufschneiden, entkernen und fein hacken. Chili mit Sojasauce und nach Belieben mit Curry mischen, auf den Fleischstreifen verteilen. Fleisch zugedeckt etwa 15 Minuten marinieren, dabei die Fleischstreifen gelegentlich wenden.

3. In der Zwischenzeit von den Fenchelknollen die Stiele dicht oberhalb der Knollen abschneiden. Braune Stellen und Blätter entfernen (eventuell etwas Fenchelgrün beiseitelegen). Die Wurzelenden gerade schneiden. Die Knollen waschen, abtropfen lassen, halbieren und in Streifen schneiden.

4. Möhren putzen, schälen, abspülen, abtropfen lassen und in Scheiben schneiden. Frühlingszwiebeln putzen, waschen, abtropfen lassen und in feine Scheiben schneiden.

5. Speiseöl in einem Topf erhitzen. Fenchelstreifen, Möhren- und Frühlingszwiebelscheiben darin unter Rühren andünsten. Gemüsebrühe hinzugießen. Die Zutaten zum Kochen bringen, zugedeckt 8–10 Minuten bei mittlerer Hitze garen.

6. Anschließend die Fleischstreifen mit der Marinade hinzufügen. Die Suppe nochmals zum Kochen bringen und zugedeckt 6–8 Minuten bei mittlerer Hitze garen.

7. Die Suppe vor dem Servieren mit Sojasauce, Pfeffer und nach Belieben mit etwas Curry abschmecken. Beiseitegelegtes Fenchelgrün abspülen, trocken tupfen und klein schneiden. Die Suppe mit Fenchelgrün bestreut servieren.

Asiatische Puten-Gemüse-Pfanne I

Für Gäste – mit Alkohol
4 Portionen

Pro Portion:
E: 45 g, F: 25 g, Kh: 27 g, kJ: 2514, kcal: 601

       500 g Putenbrustfilet

Für die Marinade:
        1 walnussgroßes Stück
           frische Ingwerwurzel
     3 EL Sojasauce
        1 abgezogene, gehackte
           Knoblauchzehe
  1 Prise Zucker
     2 EL trockener Sherry

      120 g Mini-Maiskolben (aus dem Glas)
  3 Stangen Staudensellerie (150 g)
       25 g Mu-err-Pilze
       50 g Glasnudeln
          2 Möhren
          1 rote Paprikaschote (etwa 200 g)
      200 g Brokkoliröschen
      100 g frische Sojabohnenkeime
       3 EL Sojaöl
      100 g Cashewkerne
             chinesisches 5-Gewürze-Pulver
             (erhältlich im Asialaden)
 500 ml (½ l) Hühnerbrühe
       2 TL Speisestärke
       2 EL Sherry, Sojasauce

Zubereitungszeit: 45 Minuten, ohne Marinierzeit

1. Putenbrustfilet unter fließendem kalten Wasser abspülen, trocken tupfen und in sehr dünne Scheiben schneiden.

2. Für die Marinade Ingwer schälen und in kleine Würfel schneiden. Ingwerwürfel mit Sojasauce, Knoblauch, Zucker und Sherry in einer flachen Schüssel vermischen. Die Fleischscheiben darin mindestens 60 Minuten marinieren, zwischendurch wenden.

3. Maiskolben abtropfen lassen. Staudensellerie putzen und die harten Außenfäden abziehen. Sellerie abspülen, abtropfen lassen und in schmale Streifen schneiden. Pilze und Glasnudeln mit kochendem Wasser übergießen und nach Packungsanleitung quellen lassen. Möhren putzen, schälen, abspülen, abtropfen lassen und in schmale Stifte schneiden.

4. Paprikaschote halbieren, entstielen, entkernen und die weißen Scheidewände entfernen. Schotenhälften waschen, abtropfen lassen und in schmale Streifen schneiden. Brokkoli waschen und abtropfen lassen. Sojabohnenkeime in ein Sieb geben, mit kaltem Wasser abspülen und abtropfen lassen.

5. Fleischscheiben aus der Marinade nehmen und abtropfen lassen.

6. Sojaöl in einem Wok erhitzen. Fleischscheiben darin unter ständigem Rühren kurz anbraten und herausnehmen. Paprikastreifen, Möhrenstifte, Brokkoliröschen, Selleriestreifen und Cashewkerne in dem verbliebenen Bratfett unter Rühren so lange braten, bis das Gemüse gar und noch knackig ist. Mit dem 5-Gewürze-Pulver würzen.

7. Hühnerbrühe hinzugießen und aufkochen lassen. Dann die abgetropften, klein geschnittenen Pilze, Maiskolben, abgetropften Nudeln und Sojabohnenkeime hinzugeben.

8. Speisestärke mit Sherry anrühren, in die Sauce rühren und unter Rühren kurz aufkochen lassen. Fleischscheiben wieder hinzugeben. Mit dem 5-Gewürze-Pulver und Sojasauce abschmecken.

Avocado-Curry-Sauce mit
Hähnchenbrust | Für Gäste

4 Portionen

Pro Portion:
E: 22 g, F: 33 g, Kh: 19 g, kJ: 1933, kcal: 464

1	*Zwiebel*
2	*Knoblauchzehen*
300 g	*Hähnchenbrustfilet*
3 EL	*Olivenöl*
2 EL	*Currypulver*
1	*Apfel*
100 ml	*Orangensaft*
2 EL	*Limettensaft*
1 Becher	
(150 g)	*Crème fraîche*
1	*Avocado*
2	*Orangen*
	Salz
1 Bund	*glatte Petersilie*

Zubereitungszeit: 30 Minuten

1. Zwiebel und Knoblauch abziehen, in kleine Würfel schneiden. Hähnchenbrustfilet unter fließendem kal-ten Wasser abspülen, trocken tupfen und in etwa 1 cm große Würfel schneiden. Olivenöl in einer Pfanne erhitzen und die Hähnchenbrustfiletwürfel darin an-braten.

2. Zwiebel- und Knoblauchwürfel zu den Hähnchen-würfeln in die Pfanne geben, mit Curry bestreuen und mit andünsten. Apfel schälen, vierteln, entkernen und in kleine Würfel schneiden. Apfelwürfel mit Orangen-saft, Limettensaft und Crème fraîche zu den Häh-chenwürfeln geben, zum Kochen bringen. Die Sauce bei schwacher Hitze köcheln lassen.

3. Avocado halbieren und den Kern entfernen. Avoca-dohälften schälen und das Fruchtfleisch in etwa 2 cm große Würfel schneiden. Orangen mit einem scharfen Messer so schälen, dass die weiße Haut mit entfernt wird. Orangen filetieren.

4. Avocadowürfel und Orangenfilets in die Currysauce geben und kurz erwärmen, mit Salz leicht würzen. Petersilie abspülen und trocken tupfen. Die Blättchen von den Stängeln zupfen. Blättchen klein schneiden. Petersilie unter die Currysauce rühren.

Beilage: Chinesische Eiernudeln.

Babypute mit Aprikosen-Walnuss-Sauce | Für Gäste – mit Alkohol
4–6 Portionen

Pro Portion:
E: 119 g, F: 92 g, Kh: 120 g, kJ: 7885, kcal: 1885

250 g getrocknete Aprikosen

Für die Füllung:
6 Brötchen vom Vortag
(Semmeln, etwa 230 g)
100 g Butter
170 g Weizenmehl
3 Eier (Größe M)
Salz
200 ml Milch

1 küchenfertige Babypute
(etwa 3 kg)
frisch gemahlener Pfeffer
4 EL Speiseöl

40 g frische Ingwerwurzel
200 g Aprikosenkonfitüre
etwas Chilipulver
½ TL gemahlener Zimt
200 g halbierte Walnusskerne
125 ml (⅛ l) Aprikosenlikör
250 ml (¼ l) Fleischbrühe
200 g Schmand (Sauerrahm)

Außerdem:
Holzstäbchen
Küchengarn

Zubereitungszeit: 55 Minuten,
ohne Abkühl- und Einweichzeit
Garzeit: etwa 2 ½ Stunden

1. Aprikosen in eine Schale legen, mit kaltem Wasser übergießen und einweichen.

2. Für die Füllung Brötchen in kleine Würfel schneiden. Jeweils die Hälfte der Butter in einer Pfanne zerlassen. Die Brötchenwürfel darin in 2 Portionen goldgelb rösten, herausnehmen und abkühlen lassen.

3. Mehl in eine Rührschüssel geben. Eier, Salz und Milch hinzufügen. Mit einem Schneebesen gut durchschlagen, bis der Teig Blasen wirft und geschmeidig ist. Die gerösteten Brötchenwürfel unterrühren. Den Backofen vorheizen.

Ober-/Unterhitze: etwa 200 °C
Heißluft: etwa 180 °C

4. Die Pute von innen und außen unter fließendem kalten Wasser abspülen, trocken tupfen. Von innen und außen mit Salz und Pfeffer einreiben. Füllung durchrühren und in die Pute füllen. Die Bauchöffnung mit kleinen Holzstäbchen und Küchengarn verschließen. Die Keulen an den Enden zusammenbinden.

5. Die Pute auf der Brustseite mit 2 Esslöffeln Speiseöl bestreichen und mit der Brustseite nach unten in einen Bräter legen. 150 ml Wasser in den Bräter gießen. Den Bräter auf dem Rost in den vorgeheizten Backofen schieben. Sobald der Bratensatz bräunt, etwas Wasser hinzufügen.

6. Die Pute nach etwa 70 Minuten auf den Rücken drehen und mit dem restlichen Speiseöl bestreichen. Die Pute weitere etwa 50 Minuten garen.

7. In der Zwischenzeit Ingwer schälen und in sehr kleine Würfel schneiden. Konfitüre durch ein Sieb streichen, mit Ingwerwürfeln, Chili und Zimt verrühren. Eingeweichte Aprikosen in einem Sieb abtropfen lassen.

8. Den Bräter aus dem Backofen nehmen. Die Backofentemperatur um etwa 20 °C herunterschalten. Die Pute auf der Brustseite mit der Konfitüren-Ingwer-Mischung bestreichen. Walnusskerne, Likör, Brühe und Aprikosen in den Bräter geben. Den Bräter wieder auf dem Rost in den Backofen schieben und die Pute in weiteren etwa 30 Minuten fertig garen.

9. Die Pute aus dem Bräter nehmen, auf einer vorgewärmten Platte anrichten und warm stellen.

10. Die Sauce eventuell etwas einkochen lassen. Schmand unterrühren. Die Sauce mit den Gewürzen abschmecken und zu der Pute servieren.

Backhähnchen | Klassisch

4 Portionen

Pro Portion:

E: 76 g, F: 63 g, Kh: 16 g, kJ: 4061, kcal: 971

> 2 **küchenfertige, junge Hähnchen**
> **(je etwa 900 g)**
> **Salz**
> 1 **Ei (Größe M)**
> 2 EL **Weizenmehl**
> **Semmelbrösel**

Zum Ausbacken:

> 1 l **Speiseöl oder**
> 1 ½ kg **Pflanzenfett**

Zum Garnieren:

> 1 **Bio-Zitrone (unbehandelt,**
> **ungewachst)**
> einige
> Stängel **Petersilie**

Zubereitungszeit: 25 Minuten

1. Hähnchen von innen und außen unter fließendem kalten Wasser abspülen und trocken tupfen. Hähnchen jeweils in 4–6 Teile zerlegen und mit Salz würzen.

2. Ei in einer flachen Schale verschlagen. Hähnchenteile zuerst in Mehl wenden, dann durch das verschlagene Ei ziehen, am Schalenrand abstreifen und zuletzt in Semmelbröseln wenden. Panade andrücken.

3. Zum Ausbacken Speiseöl oder Pflanzenfett in einem großen Topf oder in einer Fritteuse auf etwa 180 °C erhitzen. Die Hähnchenteile darin portionsweise schwimmend in dem siedenden Ausbackfett etwa 15 Minuten goldbraun backen.

4. Hähnchenteile mit einer Schaumkelle herausnehmen, auf Küchenpapier legen und abtropfen lassen.

5. Zitrone heiß abwaschen, abtrocknen und in Spalten schneiden. Petersilie abspülen und trocken tupfen. Die Blättchen von den Stängeln zupfen.

6. Backhähnchen mit Zitronenspalten und Petersilienblättchen garnieren.

Bierhähnchen | Dauert länger
4 Portionen

Pro Portion:
E: 70 g, F: 31 g, Kh: 47 g, kJ: 3299, kcal: 789

1 küchenfertiges Hähnchen
(etwa 1 1/2 kg)

Für die Marinade:
5 EL Zitronensaft
5 EL Speiseöl
1/4 TL Kümmelsamen
1/2 TL Salz
frisch gemahlener Pfeffer

3 EL Olivenöl
500 ml (1/2 l) helles Bier

Für den Reis:
2 Zwiebeln
2 mittelgroße Zucchini
2 EL Speiseöl
200 g Langkornreis
500 ml (1/2 l) Geflügelbrühe

100 g durchwachsener Speck
50 g Pinienkerne
1 Bund glatte Petersilie

Zubereitungszeit: 45 Minuten, ohne Marinierzeit
Garzeit: 35–40 Minuten

1. Hähnchen innen und außen unter fließendem kalten Wasser abspülen, trocken tupfen, in 8 Teile zerlegen und in eine Schale geben.

2. Für die Marinade Zitronensaft mit Speiseöl, Kümmel, Salz und Pfeffer verrühren und auf den Hähnchenteilen verteilen. Die Hähnchenteile zugedeckt 3–4 Stunden marinieren.

3. Olivenöl in einer Pfanne erhitzen. Die Hähnchenteile darin von allen Seiten anbraten. Bier hinzugießen. Die Hähnchenteile zugedeckt etwa 30 Minuten garen, herausnehmen und warm stellen. Den Fond etwas einkochen lassen.

4. In der Zwischenzeit für den Reis Zwiebeln abziehen und in kleine Würfel schneiden. Zucchini waschen, abtrocknen und die Enden abschneiden. Zucchini in Würfel schneiden.

5. Speiseöl in einem Topf erhitzen, Zwiebel- und Zucchiniwürfel darin andünsten. Reis hinzufügen, Fond und Geflügelbrühe hinzugießen. Den Reis zugedeckt 15–20 Minuten ausquellen lassen, mit Salz abschmecken.

6. Speck in einer Pfanne zerlassen, Pinienkerne hinzufügen und mit anrösten. Petersilie abspülen und trocken tupfen. Die Blättchen von den Stängeln zupfen.

7. Den Reis in einer flachen Schale anrichten. Die Hähnchenteile darauf verteilen. Mit Speckwürfeln, Pinienkernen und Petersilienblättchen bestreuen.

Bio-Hähnchen, süß-sauer | Raffiniert
4 Portionen

Pro Portion:
E: 45 g, F: 21 g, Kh: 28 g, kJ: 2113, kcal: 506

1	küchenfertiges Bio- oder Freilandhähnchen (etwa 1,2 kg)
	Salz
	frisch gemahlener Pfeffer
4 EL	Speiseöl, z. B. Rapsöl
2	Zwiebeln
200 ml	Hühnerbrühe
1	gelbe Paprikaschote
1	rote Paprikaschote
1	frische Ananas (etwa 400 g Fruchtfleisch)
150 g	Tomatenketchup
1 TL	rote Currypaste
2 gestr. TL	gemahlenes Zitronengras

Zubereitungszeit: 30 Minuten
Garzeit: etwa 5 Stunden

1. Den Backofen vorheizen.

Ober-/Unterhitze: etwa 80 °C

2. Das Hähnchen in 8 Stücke teilen. Hähnchenteile unter fließendem kalten Wasser abspülen und trocken tupfen. Fett und Sehnen abschneiden. Hähnchenteile mit Salz und Pfeffer würzen.

3. Speiseöl in einem Bräter mit niedrigem Rand erhitzen. Die Hähnchenteile darin etwa 10 Minuten von allen Seiten gut anbraten.

4. Zwiebeln abziehen, fein würfeln, zu den Hähnchenteilen geben und mit anbraten. Brühe hinzugießen und unter Rühren kurz aufkochen lassen. Den Bräter auf dem Rost (mittlere Schiene) in den vorgeheizten Backofen schieben. Hähnchen etwa 5 Stunden garen.

5. Etwa 2 Stunden vor Ende der Garzeit Paprikaschoten halbieren, entstielen, entkernen und die weißen Scheidewände entfernen. Schotenhälften waschen, abtropfen lassen und in Streifen schneiden. Paprikastreifen zu dem Hähnchen in den Bräter geben. Den Bräter zurück in den Backofen schieben.

6. Etwa 60 Minuten vor Ende der Garzeit Ananas halbieren und den harten mittleren Strunk herausschneiden. Ananashälften schälen. Das Fruchtfleisch zuerst in etwa 1 cm dicke Scheiben, dann in Stücke schneiden.

7. Paprikastreifen mit Ketchup und Currypaste verrühren. Mit Salz, Pfeffer und Zitronengras würzen. Ananasstücke ebenfalls in den Bräter geben. Den Bräter zurück in den Backofen schieben und das Hähnchen fertig garen.

Beilage: Basmatireis.

Birnen-Möhren-Puten-Salat I

Raffiniert
4 Portionen

Pro Portion:
E: 17 g, F: 25 g, Kh: 14 g, kJ: 1503, kcal: 360

	Saft von
1	Zitrone
1 EL	flüssiger Honig
1 Msp.	Cayennepfeffer
2 EL	Sojasauce
6 EL	Sojaöl
2	kleine, feste Birnen
200 g	Möhren
200 g	Chinakohl
250 g	geräucherte Putenbrust
2 EL	Sesamsamen

Zubereitungszeit: 30 Minuten

1. Zitronensaft, Honig, Cayennepfeffer, Sojasauce und -öl in einer Schüssel verrühren.

2. Birnen waschen, abtrocknen, vierteln und das Kerngehäuse herausschneiden. Die Birnenviertel in Stücke schneiden und anschließend unter die Salatsauce rühren.

3. Möhren putzen, schälen, abspülen, abtropfen lassen und grob raspeln. Chinakohl putzen, vierteln, waschen, abtropfen lassen und in feine Streifen schneiden. Putenbrust in Streifen schneiden.

4. Möhrenraspel, Chinakohl- und Putenbruststreifen zu den Birnenstücken geben und untermengen. Den Salat etwas durchziehen lassen.

5. Den Sesamsamen in einer Pfanne ohne Fett anrösten. Den Salat damit bestreuen und dann sofort servieren.

Blattsalat mit Putenfleisch I

Für Gäste – mit Alkohol
4 Portionen

Pro Portion:
E: 6 g, F: 27 g, Kh: 11 g, kJ 1515, kcal: 362

200 g Putenbrustfilet

Für die Marinade:
125 ml (¹/₈ l) trockener Sherry
1 TL flüssiger Honig
1 TL Johannisbeergelee
1 TL Currypulver
1 TL Paprikapulver edelsüß
1 Msp. gemahlener Ingwer
frisch gemahlener, weißer Pfeffer

1 EL Butter
200 g Schlagsahne
Salz
Sherryessig

Für den Salat:
1 Kopf Friséesalat (etwa 600 g)
1 Kopf Radicchio (etwa 150 g)
1 Avocado
1 EL Zitronensaft
100 g Champignons
1 EL Butter
50 g salzige Mandeln

Zubereitungszeit: 40 Minuten, ohne Marinierzeit

1. Putenbrustfilet unter fließendem kalten Wasser abspülen, trocken tupfen, in breite Streifen schneiden und in eine flache Schale legen.

2. Für die Marinade Sherry mit Honig, Johannisbeergelee, Curry, Paprika, Ingwer und Pfeffer verrühren. Die Marinade auf den Fleischstreifen verteilen und etwa 30 Minuten marinieren.

3. Die Fleischstreifen aus der Marinade nehmen. Butter in einer Pfanne zerlassen. Die Fleischstreifen darin von allen Seiten goldgelb braten, herausnehmen und auf Küchenpapier abtropfen lassen.

4. Den Bratensatz mit der Marinade ablöschen. Sahne hinzugießen, zum Kochen bringen und etwa 5 Minuten bei starker Hitze einkochen lassen. Die Sauce mit Salz und Sherryessig abschmecken, beiseitestellen.

5. Friséesalat und Radicchio verlesen, waschen, gut abtropfen lassen und die Blätter zerpflücken.

6. Avocado halbieren und den Stein herausnehmen. Avocadohälften schälen, das Fruchtfleisch in Spalten schneiden und mit Zitronensaft beträufeln. Champignons putzen, mit Küchenpapier abreiben, eventuell abspülen, trocken tupfen und in Scheiben schneiden.

7. Butter in einer Pfanne zerlassen, Champignonscheiben darin kurz anbraten. Mandeln in einer Pfanne ohne Fett anrösten.

8. Die vorbereiteten Salatzutaten in einer Schüssel anrichten. Die Putenfleischstreifen darauf verteilen. Die beiseitegestellte, lauwarme Salatsauce getrennt dazureichen.

Tipp: Statt Putenbrustfilet können auch 2 Hähnchenbrustfilets verwendet werden.

Borschtsch von der Ente I Raffiniert
4 Portionen

Pro Portion:
E: 86 g, F: 97 g, Kh: 8 g, kJ: 5526, kcal: 1320

½	*Ente (etwa 900 g) oder*
	2 Entenkeulen (je etwa 350 g)
250 g	*Tafelspitz*
	Salz
einige	
Stängel	*Petersilie und Dill*
1	*Lorbeerblatt*
1	*Gewürznelke*
2 EL	*Estragonessig*
100 g	*durchwachsener Speck*
4	*Mettwürstchen*
1	*Zwiebel*
1 Stange	*Porree (Lauch)*
150 g	*vorbereiteter Weißkohl*
	oder Wirsing
50 g	*Staudensellerie*
1	*Möhre*
1	*Petersilienwurzel*
100 g	*Rote Bete*
30 g	*Butter*
	frisch gemahlener Pfeffer
	gehackter Dill
	gehackte Petersilie
1 Becher	
(150 g)	*Crème fraîche*

Zubereitungszeit: 50 Minuten
Garzeit: etwa 2 Stunden

1. Entenfleisch und Tafelspitz unter fließendem kalten Wasser abspülen, in einem Topf mit kaltem Wasser zum Kochen bringen und abschäumen. Mit Salz würzen. Petersilie und Dill abspülen und trocken tupfen.

2. Lorbeerblatt, Nelke, Estragonessig, Petersilie und Dill in die Brühe geben, zum Kochen bringen und 1 ½–2 Stunden leicht kochen lassen. Die Brühe eventuell zwischendurch abschäumen.

3. Das gare Fleisch aus der Brühe nehmen. Brühe durch ein Sieb gießen und beiseitestellen.

4. Das Entenfleisch von Haut und Knochen befreien. Entenfleisch, Tafelspitz und Speck in mundgerechte Würfel schneiden. Würstchen in Scheiben schneiden.

5. Zwiebel abziehen. Porree putzen, die Stange längs halbieren, gründlich waschen und abtropfen lassen. Weißkohl oder Wirsing waschen und abtropfen lassen. Staudensellerie putzen und die harten Außenfäden abziehen. Sellerie waschen und abtropfen lassen. Möhre, Petersilienwurzel und Rote Bete putzen, schälen, abspülen und abtropfen lassen. Das vorbereitete Gemüse in Streifen schneiden.

6. Butter in einem Topf zerlassen. Die Gemüsestreifen darin kurz andünsten (Gemüsestreifen sollen keine Farbe annehmen). Beiseitegestellte Fleischbrühe hinzugießen, zum Kochen bringen und etwa 20 Minuten köcheln lassen.

7. Fleischwürfel, Speckwürfel und Wurstscheiben hinzugeben. Mit Salz und Pfeffer abschmecken. Mit Petersilie und Dill bestreuen. Crème fraîche in einer Schale getrennt dazuservieren.

Tipp: Man schöpft sich die Suppe in den Teller und gibt einen Löffel Crème fraîche in die Mitte.

Brathähnchen | Für Kinder
4 Portionen

Pro Portion:
E: 66 g, F: 33 g, Kh: 53 g, kJ: 3369, kcal: 805

> 1 *küchenfertiges Hähnchen*
> *(etwa 1 ¹/₂ kg)*
> *Salz*
> *frisch gemahlener Pfeffer*
> *Paprikapulver edelsüß*
> 1 *Zwiebel*
> 2 *Möhren (etwa 225 g)*
> 2 *Tomaten*
> 3 Stängel *Rosmarin*
> ¹/₂ *zerkleinertes Lorbeerblatt*
> 250 g *Langkornreis*
> 500 ml (¹/₂ l) *heiße Gemüsebrühe*
> 1 EL *weiche Butter*

Zubereitungszeit: 30 Minuten
Garzcit: etwa 75 Minuten

1. Hähnchen innen und außen unter fließendem kalten Wasser abspülen, trocken tupfen, mit Salz, Pfeffer und Paprika einreiben.

2. Zwiebel abziehen und in kleine Würfel schneiden. Möhren putzen, schälen, abspülen, abtropfen lassen und in Scheiben schneiden.

3. Tomaten waschen, abtropfen lassen, kreuzweise einschneiden, kurz in kochendes Wasser legen. Die Tomaten in kaltem Wasser abschrecken, enthäuten und die Stängelansätze herausschneiden. Tomaten vierteln. Rosmarin abspülen und trocken tupfen (einen Stängel zum Garnieren beiseitelegen). Die Nadeln von den Stängeln streifen.

4. Zwiebelwürfel, Möhrenscheiben, Tomatenviertel, in Stücke gebrochenes Lorbeerblatt, Rosmarinnadeln und Reis in einen gewässerten Römertopf® geben. Brühe hinzugießen. Die Zutaten umrühren. Das Hähnchen darauflegen. Den Römertopf® mit dem Deckel verschließen und auf dem Rost in den kalten Backofen schieben.

Ober-/Unterhitze: etwa 200 °C
Heißluft: etwa 180 °C
Garzeit: etwa 75 Minuten.

5. Etwa 20 Minuten vor Ende der Garzeit den Deckel abnehmen. Das Hähnchen herausnehmen. Den Reis umrühren, eventuell etwas Brühe oder Wasser hinzugeben. Mit Salz und Pfeffer würzen.

6. Das Hähnchen wieder auf den Gemüsereis legen und mit Butter bestreichen. Das Hähnchen ohne Deckel in etwa 20 Minuten fertig garen. Das Hähnchen und den Gemüsereis mit dem beiseitegelegten Rosmarin garnieren.

Brathähnchen auf texanische Art I

Für Gäste – raffiniert
4 Portionen

Pro Portion:
E: 89 g, F: 57 g, Kh: 26 g, kJ: 3039, kcal: 933

1	küchenfertiges Brathähnchen (frisch oder TK, etwa 1 kg)
	Salz
	frisch gemahlener Pfeffer
3 EL	Speiseöl
200 g	Gehacktes (halb Rind-, halb Schweinefleisch)
2	Zwiebeln
1	Knoblauchzehe
	gerebelter Thymian
50 g	Tomatenmark
375 ml (³⁄₈ l)	Fleischbrühe
1 Dose	Gemüsemais (Abtropfgewicht 285 g)
300 g	TK-Erbsen
	Cayennepfeffer
	gemahlener Zimt
2 EL	gehackte Petersilie
einige	vorbereitete Basilikumblättchen

Zubereitungszeit: 90 Minuten, ohne Auftauzeit
Garzeit: etwa 60 Minuten

1. Hähnchen eventuell auftauen lassen. Hähnchen innen und außen unter fließendem kalten Wasser abspülen, trocken tupfen und in 8 Stücke teilen. Mit Salz und Pfeffer würzen. Den Backofen vorheizen.

Ober-/Unterhitze: etwa 200 °C
Heißluft: etwa 180 °C

2. Speiseöl in einem Bräter erhitzen, Hähnchenteile darin von allen Seiten kräftig anbraten und herausnehmen.

3. Gehacktes in dem verbliebenen Bratfett krümelig anbraten, dabei die Fleischklümpchen mit einer Gabel zerdrücken. Zwiebeln abziehen und in kleine Würfel schneiden. Den Knoblauch abziehen und zerdrücken. Zwiebelwürfel und Knoblauch zu der Hackfleisch-

masse geben und kurz mit anbraten. Mit Salz, Pfeffer und Thymian würzen. Tomatenmark unterrühren. Fleischbrühe hinzugießen.

4. Die Hähnchenteile auf die Hackfleischmasse in den Bräter legen. Den Bräter auf dem Rost in den vorgeheizten Backofen schieben. Die Hähnchenteile etwa 45 Minuten garen.

5. Mais in einem Sieb abtropfen lassen. Hähnchenteile aus dem Bräter nehmen und kurz warm stellen. Mais und gefrorene Erbsen zur Hackfleischmasse geben und untermischen. Mit Salz, Pfeffer, Cayennepfeffer und 1 Prise Zimt abschmecken.

6. Hähnchenteile wieder auf die Hackfleischmasse legen. Den Bräter wieder auf dem Rost in den heißen Backofen schieben. Die Hähnchenteile in etwa 15 Minuten fertig garen.

7. Die Hähnchenteile mit der Gemüse-Hackfleisch-Sauce anrichten. Mit Petersilie bestreuen und mit Basilikumblättchen garniert servieren.

Beilage: Körnig gekochter Reis.

Brathähnchensalat **I** Mit Alkohol
4 Portionen

Pro Portion:
E: 39 g, F: 39 g, Kh: 40 g, kJ: 2873, kcal: 687

600 g	*Eisbergsalat*
2 Dosen	*Ananasstücke*
	(Abtropfgewicht je 185 g)
2 Dosen	*Mandarinen*
	(Abtropfgewicht je 175 g)
2	*Kiwis*
1	*gebratenes, abgekühltes*
	Hähnchen vom Grill

Für das Dressing:

4 EL	*Delikatessmayonnaise*
2 EL	*Tomatenketchup*
2 EL	*Weinbrand*
1 TL	*Zucker*
	Salz, frisch gemahlener Pfeffer
¼ TL	*Chilipulver*

Zubereitungszeit: 20 Minuten

1. Salat putzen, waschen, gut abtropfen lassen und in mundgerechte Stücke schneiden. Ananasstücke und Mandarinen in einem Sieb abtropfen lassen. Kiwis schälen, halbieren und in Scheiben schneiden.

2. Das Hähnchenfleisch vom Knochen lösen und in Stücke schneiden.

3. Für das Dressing Mayonnaise mit Ketchup und Weinbrand verrühren, mit Zucker, Salz, Pfeffer und Chili abschmecken.

4. Salatstücke mit Ananasstücken, Mandarinen, Kiwischeiben und Hähnchenstücken vermischen. Salat auf 4 Tellern anrichten. Das Dressing auf den Salat träufeln.

Tipp: Reichen Sie frisches Baguette dazu.
Für eine alkoholfreie Variante den Weinbrand durch 2 Esslöffel Mandarinen- oder Ananassaft ersetzen.

Bremer Stubenkükenragout I

Etwas aufwändiger
6 Portionen

Pro Portion:
E: 37 g, F: 30 g, Kh: 6 g, kJ: 1867, kcal: 446

          1 Zwiebel
    1 Bund *Suppengrün (Möhre, Porree*
            [Lauch], Knollensellerie)
        1 l *Salzwasser*
          1 *Kalbszunge (etwa 600 g)*
          2 *küchenfertige Stubenküken*
            (je etwa 500 g)
      175 g *Champignons*
            (aus dem Glas)
      225 g *Spargelstücke*
            (aus dem Glas)

Für die Sauce:
       40 g *Butter*
       35 g *Weizenmehl*
500 ml (½ l) *Brühe von Zunge*
            und Stubenküken
      125 g *Schlagsahne*
            Salz
            frisch gemahlener Pfeffer
    etwas *Instant-Brühe*
       1 EL *Zitronensaft*
       40 g *Butter*
          1 *Eigelb (Größe M)*
       2 EL *Schlagsahne*

Zubereitungszeit: 60 Minuten, ohne Abkühlzeit
Garzeit: etwa 90 Minuten

1. Zwiebel abziehen und vierteln. Suppengrün putzen, waschen, abtropfen lassen, eventuell etwas kleiner schneiden. Salzwasser in einem Topf zum Kochen bringen. Zwiebelviertel und Suppengrün hinzugeben.

2. Kalbszunge unter fließendem kalten Wasser abspülen, trocken tupfen, in die Brühe geben, zum Kochen bringen und dann zugedeckt etwa 90 Minuten garen.

3. In der Zwischenzeit Stubenküken von innen und außen unter fließendem kalten Wasser abspülen, tro-

cken tupfen und nach etwa 45 Minuten Garzeit zu der Zunge in die Brühe geben. Etwa 45 Minuten mitgaren lassen.

4. Die Zunge mit einer Schaumkelle aus der Brühe nehmen, mit fließendem kalten Wasser übergießen und die Haut abziehen. Zunge in Scheiben schneiden.

5. Die Stubenküken ebenfalls aus der Brühe nehmen, etwas abkühlen lassen und die Haut abziehen. Das Fleisch von den Knochen lösen und in Stücke schneiden. Die Brühe durch ein Sieb gießen und 500 ml (½ l) abmessen. Champignons und Spargelstücke in einem Sieb abtropfen lassen.

6. Für die Sauce Butter in einem Topf zerlassen. Mehl darin unter Rühren so lange erhitzen, bis es hellgelb ist. Abgemessene Brühe und Sahne hinzugießen, mit einem Schneebesen gut durchschlagen. Dabei darauf achten, dass keine Klümpchen entstehen. Die Sauce zum Kochen bringen und bei schwacher Hitze etwa 10 Minuten kochen lassen, gelegentlich umrühren. Mit Salz, Pfeffer, Brühe und Zitronensaft würzen. Butter unterrühren.

7. Eigelb mit Sahne verschlagen und unter die Sauce ziehen (Sauce darf nicht mehr kochen). Zungenscheiben, Geflügelstücke, Champignons und Spargelstücke unterheben. Ragout nochmals mit den Gewürzen abschmecken.

Brühkartoffeln mit Hähnchen-fleisch und Fleischklößchen | Deftig

4 Portionen

Pro Portion:
E: 40 g, F: 16 g, Kh: 29 g, kJ: 1803, kcal: 430

600 g	festkochende Kartoffeln
4	Hähnchenbrustfilets (je 150 g)
3	Möhren
1 Stange	Porree (Lauch)
¹⁄₄	Knollensellerie
1 Bund	Frühlingszwiebeln
	Salzwasser
250 g	Bratwurstbrät
1 l	Geflügelfond oder -brühe
1 Bund	Petersilie
	Salz, frisch gemahlener Pfeffer

Zubereitungszeit: etwa 75 Minuten
Garzeit: etwa 45 Minuten

1. Kartoffeln waschen, schälen, abspülen, abtropfen lassen und in nicht zu kleine Würfel schneiden. Hähnchenbrustfilets unter fließendem kalten Wasser abspülen, trocken tupfen und ebenfalls würfeln.

2. Die Möhren putzen, schälen, abspülen, abtropfen lassen. Porree putzen, die Stange längs halbieren, gründlich waschen und abtropfen lassen. Sellerie putzen, schälen, abspülen und abtropfen lassen. Das vorbereitete Gemüse in kleine Würfel schneiden. Frühlingszwiebeln putzen, waschen, abtropfen lassen und in Scheiben schneiden.

3. Salzwasser in einem Topf zum Kochen bringen. Aus dem Bratwurstbrät kleine Klößchen formen und in dem Salzwasser etwa 5 Minuten ziehen lassen. Klößchen mit einer Schaumkelle herausnehmen und beiseitestellen.

4. Geflügelfond oder -brühe mit Kartoffel-, Gemüse- und Fleischwürfeln in einem Topf zum Kochen bringen.

5. Petersilie abspülen und trocken tupfen. Die Blätt-chen von den Stängeln zupfen. Die Brühe mit Salz und Pfeffer würzen. Petersilie unterrühren. Die Zutaten bei schwacher Hitze etwa 45 Minuten garen, dabei die Brühe hin und wieder abschäumen.

6. Beiseitegestellte Fleischklößchen hinzugeben und miterhitzen. Die Brühkartoffen mit Salz und Pfeffer ab-schmecken.

Bunte Hähnchenpfanne I

Einfach

2 Portionen

Pro Portion:
E: 47 g, F: 17 g, Kh: 88 g, kJ: 2937, kcal: 701

1	große, rote Paprikaschote
1 Bund	Frühlingszwiebeln
350 g	Hähnchenbrustfilet
	Salz
	frisch gemahlener Pfeffer
1 EL	Currypulver
3 EL	Speiseöl, z. B. Rapsöl
1 Glas	süßsaure Sauce (400 g)
1 Beutel (250 g)	Express-Reis (vorgegarter Reis), z. B. Basmati, oder 250 g gegarter Basmatireis

Zubereitungszeit: 30 Minuten

1. Paprikaschote halbieren, entstielen, entkernen und die weißen Scheidewände entfernen. Schotenhälften waschen, abtropfen lassen und in Stücke schneiden. Frühlingszwiebeln putzen, waschen, abtropfen lassen und in etwa 2 cm lange Stücke schneiden.

2. Hähnchenbrustfilet unter fließendem kalten Wasser abspülen, trocken tupfen und in etwa 2 cm große Würfel schneiden. Mit Salz, Pfeffer und Curry würzen.

3. Speiseöl in einer Pfanne erhitzen, die Fleischwürfel darin von allen Seiten anbraten. Paprika- und Frühlingszwiebelstücke hinzufügen, unter gelegentlichem Rühren etwa 5 Minuten mitdünsten lassen. Sauce unterrühren und unter Rühren kurz aufkochen lassen.

4. Express-Reis nach Packungsanleitung zubereiten und mit der Hähnchenpfanne servieren.

Tipp: Statt Hähnchenbrustfilet kann auch Putenbrustfilet verwendet werden.

Bunte Hähnchenspieße I

Für die Grillparty

8–10 Portionen

Pro Portion:

E: 21 g, F: 3 g, Kh: 2 g, kJ: 530, kcal: 127

4 *Hähnchenbrustfilets*
(je etwa 160 g)
etwa 400 g *Brokkoli*
Salzwasser
2 *gelbe Paprikaschoten*

Für die Marinade:

2 EL *Speiseöl*
2 EL *Sojasauce*
1 TL *Chilipulver*
etwas *Zitronensaft*
etwas *gemahlener Ingwer*

Außerdem:

8–10 *Holz- oder Metallspieße*
Alu-Grillschale oder -folie

Zubereitungszeit: 50 Minuten
Grillzeit: 12–15 Minuten

1. Hähnchenbrustfilets unter fließendem kalten Wasser abspülen, trocken tupfen und in etwa 2 ½ cm große Stücke schneiden.

2. Die Blätter des Brokkoli entfernen. Brokkoli in Röschen teilen, waschen und abtropfen lassen. Brokkoliröschen in kochendem Salzwasser etwa 5 Minuten garen, in ein Sieb geben, mit kaltem Wasser übergießen und abtropfen lassen.

3. Paprikaschoten halbieren, entstielen, entkernen und die weißen Scheidewände entfernen. Schotenhälften waschen, abtropfen lassen und in Stücke schneiden. Paprikastücke in kochendem Salzwasser 3–5 Minuten garen, in ein Sieb geben, mit kaltem Wasser übergießen und abtropfen lassen.

4. Abwechselnd Hähnchenbrustfiletstücke, Brokkoliröschen und Paprikastücke auf Holz- oder Metallspieße stecken.

5. Für die Marinade Speiseöl, Sojasauce, Chilipulver, Zitronensaft und Ingwer verrühren. Die Spieße damit bestreichen und in eine Grillschale oder auf ein Stück Alufolie legen.

6. Die Spieße in der Grillschale oder auf der Alufolie auf dem heißen Grill unter mehrmaligem Wenden 12–15 Minuten grillen.

Beilage: Curry- oder Chilisauce und gegrillte Baguettescheiben.

Tipp: Stadt Brokkoli können Sie blanchierte Kohlrabi- oder Möhrenstücke verwenden.

Calvadoshuhn mit Äpfeln I

Raffiniert – mit Alkohol

4 Portionen

Pro Portion:
E: 62 g, F: 46 g, Kh: 27 g, kJ: 3428, kcal: 819

1	*küchenfertiges, frisches Hähnchen (etwa 1,2 kg)*
	Salz
	frisch gemahlener Pfeffer
60 g	*Butterschmalz*
3	*Knoblauchzehen*
3	*Zwiebeln*
700 g	*Äpfel, z. B. Cox Orange, Ingrid Marie*
1	*rote Paprikaschote (etwa 250 g)*
je 1 Stängel	*Thymian, Rosmarin, Salbei*
250 ml (¼ l)	*Apfelsaft*
50 ml	*Calvados*
1 Becher (150 g)	*Crème fraîche*

Zubereitungszeit: 25 Minuten
Garzeit: etwa 45 Minuten

1. Den Backofen vorheizen.

Ober-/Unterhitze: etwa 200 °C
Heißluft: etwa 180 °C

2. Hähnchen von innen und außen unter fließendem kalten Wasser abspülen, trocken tupfen und in 8 Stücke teilen. Mit Salz und Pfeffer würzen.

3. Butterschmalz in einem großen Bräter erhitzen. Die Hähnchenteile darin von allen Seiten kräftig anbraten.

4. Knoblauch und Zwiebeln abziehen, grob zerteilen und zu den Hähnchenteilen in den Bräter geben. Den Bräter auf dem Rost in den vorgeheizten Backofen schieben und die Hähnchenteile etwa 15 Minuten vorgaren.

5. Äpfel schälen, vierteln und das Kerngehäuse herausschneiden. Paprikaschote halbieren, entstielen, entkernen und die weißen Scheidewände entfernen. Schotenhälften waschen, abtropfen lassen und in grobe Würfel schneiden. Kräuter abspülen und trocken tupfen.

6. Apfelviertel, Paprikawürfel, Thymian, Rosmarin und Salbei zu den Hähnchenteilen in den Bräter geben. Apfelsaft und Calvados hinzugießen. Die Hähnchenteile bei gleicher Backofeneinstellung weitere etwa 30 Minuten garen.

7. Hähnchenteile aus dem Bräter nehmen. Den Bratenfond mit Crème fraîche verrühren.

8. Die Hähnchenteile mit dem Gemüse, Apfelvierteln und Bratenfond auf Tellern anrichten.

Chicken-Schnittchen | Für die Party
10 Stück

Pro Stück:
E: 13 g, F: 10 g, Kh: 19 g, kJ: 930, kcal: 222

400 g	Hähnchenbrustfilet
	Salz
	frisch gemahlener Pfeffer
2 EL	Speiseöl
10 Scheiben	Weißbrot
4 EL	Salatmayonnaise
1 TL	Currypulver
1–2 EL	Zitronensaft
2 Stängel	glatte Petersilie

Zubereitungszeit: 20 Minuten, ohne Abkühlzeit
Garzeit: etwa 10 Minuten

1. Hähnchenbrustfilet unter fließendem kalten Wasser abspülen und trocken tupfen. Mit Salz und Pfeffer würzen.

2. Speiseöl in einer Pfanne erhitzen. Hähnchenbrustfilet darin von beiden Seiten etwa 10 Minuten goldbraun braten, herausnehmen, auf Küchenpapier abtropfen und abkühlen lassen. Hähnchenbrustfilet in 20 dickere Scheiben schneiden,

3. Brotscheiben toasten. Mayonnaise mit Curry, Salz und Zitronensaft verrühren. Die Brotscheiben damit bestreichen und mit je 2 Hähnchenbrustfiletscheiben belegen.

4. Petersilie abspülen und trocken tupfen. Die Blättchen von den Stängeln zupfen. Chicken-Schnittchen mit den Petersilienblättchen garnieren und servieren.

Chicken Wings | Einfach
16 Stück

Pro Stück:
E: 16 g, F: 5 g, Kh: 0 g, kJ: 509, kcal: 122

16 Hähnchenflügel
Salz
frisch gemahlener Pfeffer
50 g Butterschmalz

Zubereitungszeit: 15 Minuten
Garzeit: etwa 20 Minuten

1. Hähnchenflügel unter fließendem kalten Wasser abspülen, trocken tupfen. Mit Salz und Pfeffer würzen.

2. Butterschmalz in einer Pfanne erhitzen, die Hähnchenflügel darin von allen Seiten anbraten und zugedeckt bei mittlerer Hitze etwa 20 Minuten garen.

Tipp: Dazu einen **Knoblauch-Dip** reichen: Für den Dip 150 g saure Sahne, 150 g Joghurt, 3 Esslöffel Crème fraîche, Salz, frisch gemahlenen Pfeffer, 1 abgezogene, zerdrückte Knoblauchzehe, 1 Bund fein gehackten Dill und 50 g geröstete Sonnenblumenkerne verrühren. Die Hähnchenflügel mit Servietten servieren.

Chicorée-Hähnchen-Gratin I

Raffiniert
4 Portionen

Pro Portion:
E: 59 g, F: 73 g, Kh: 12 g, kJ: 4074, kcal: 975

2	*doppelte Hähnchenbrustfilets*
	(je etwa 300 g)
4 EL	*Olivenöl*
	Salz
	frisch gemahlener Pfeffer
750 g	*Chicorée (4 Kolben)*
150 ml	*Hühnerbrühe*
400 g	*Tomaten*
500 g	*Schmand (Sauerrahm)*
5 EL	*Orangensaft*
1 EL	*Currypulver*
250 g	*Cheddar-Käse*

Zubereitungszeit: 60 Minuten
Garzeit: etwa 25 Minuten

1. Den Backofen vorheizen.

Ober-/Unterhitze: etwa 200 °C
Heißluft: etwa 180 °C

2. Die Hähnchenbrustfilets unter fließendem kalten Wasser abspülen und trocken tupfen. Die doppelten Filets jeweils in der Mitte halbieren und die Hälften einmal der Länge nach durchschneiden.

3. Die Hälfte des Olivenöls in einer Pfanne erhitzen. Die Filetstücke darin etwa 10 Minuten von beiden Seiten kräftig anbraten, mit Salz und Pfeffer würzen.

4. In der Zwischenzeit Chicorée von den schlechten Blättern befreien. Chicorée waschen, abtropfen lassen, längs halbieren und die bitteren Strünke keilförmig so herausschneiden, dass die Blätter möglichst noch zusammenhalten.

5. Die Filetstücke aus der Pfanne nehmen. Eine flache Auflaufform mit dem restlichen Olivenöl bestreichen. Chicoréehälften mit der Schnittfläche nach unten hineinlegen. Filetstücke daraufgeben. Den Bratensatz mit Hühnerbrühe ablöschen, aufkochen lassen und auf den Filetstücken und dem Chicorée verteilen.

6. Tomaten waschen, abtropfen lassen, kreuzweise einschneiden, kurz in kochendes Wasser legen und in kaltem Wasser abschrecken. Tomaten enthäuten, halbieren, entkernen und die Stängelansätze herausschneiden. Tomatenhälften in Spalten schneiden und auf den Filetstücken verteilen.

7. Schmand mit Orangensaft, Salz und Curry verrühren. Die Schmandmasse als Kleckse auf die Filetstücke und den Chicorée geben. Käse fein reiben und darauf verteilen. Die Form auf dem Rost in den vorgeheizten Backofen schieben und das Gratin etwa 25 Minuten garen.

China-Ente | Für Gäste

4 Portionen

Pro Portion:
E: 69 g, F: 24 g, Kh: 31 g, kJ: 2569, kcal: 615

1	küchenfertige Ente (etwa 2 kg)
	Salz
100 ml	Wasser
3 EL	Melasse oder flüssiger Honig
1 TL	gemahlener Ingwer
	heißes Wasser

Für die Sauce:

2 EL	Wasser
4 EL	süße Sojabohnenpaste
4 EL	Zucker
2 EL	Sesamöl

8 kleine
Stangen Porree (Lauch)

Außerdem:

Küchengarn

Zubereitungszeit: 30 Minuten, ohne Marinierzeit
Garzeit: 2 ¼–2 ½ Stunden

1. Die Ente innen und außen unter fließendem kalten Wasser abspülen, trocken tupfen. Eventuell Fett aus der Bauchhöhle entfernen. Die Ente innen mit Salz einreiben und in eine große Schüssel legen.

2. Wasser in einem kleinen Topf zum Kochen bringen. Melasse oder Honig darin unter Rühren schmelzen. 2 Teelöffel Salz und Ingwer unterrühren. Die Ente gleichmäßig mit der Marinade bestreichen und zugedeckt an einem kühlen, luftigen Ort 10–24 Stunden marinieren. Den Backofen vorheizen.

Ober-/Unterhitze: etwa 180 °C
Heißluft: etwa 160 °C

3. Die Ente aus der Marinade nehmen. Keulen und Flügel zusammenbinden. 50 ml Wasser in einen Bräter geben. Die Ente mit der Brust nach unten hinein-

legen. Dann den Bräter ohne Deckel auf dem Rost in den vorgeheizten Backofen schieben und die Ente 2 ¼–2 ½ Stunden garen.

4. Die Ente während der Garzeit mehrmals unterhalb der Flügel und Keulen mit einer Nadel einstechen, damit das Fett besser ausbraten kann. Nach etwa 30 Minuten Garzeit das angesammelte Fett abschöpfen (den Vorgang wiederholen). Sobald der Bratensatz bräunt, etwas heißes Wasser hinzugeben. Verdampfte Flüssigkeit nach und nach durch heißes Wasser ersetzen. Die Ente während der Garzeit mit der restlichen Marinade bestreichen.

5. Etwa 10 Minuten vor Ende der Garzeit die Backofentemperatur um etwa 40 °C erhöhen, damit die Haut knusprig und goldbraun wird.

6. Für die Sauce Wasser mit Sojabohnenpaste und Zucker in einem Topf verrühren. Sesamöl erhitzen, zur angerührten Paste geben und unter Rühren etwas einkochen lassen.

7. Porree putzen, die Stangen gründlich waschen, trocken tupfen und in etwa 7 cm lange Stücke schneiden. Die Porreestangen an einem Ende mehrmals einschneiden und in Eiswasser legen. Dadurch biegen sich die geschnittenen Porreestreifen nach außen, so dass ein Pinsel entsteht.

8. Die Ente auf einer großen Platte mit den Porreepinseln anrichten. Die Sauce getrennt dazureichen.

Chinesische Eiernudeln mit Hähnchenbrust | Raffiniert

4 Portionen

Pro Portion:
E: 33 g, F: 15 g, Kh: 60 g, kJ: 2204, kcal: 526

```
    300 g  Hähnchenbrustfilet
     2 EL  Speisestärke
     1 EL  Currypulver
     1 EL  Sesamöl
     2 EL  Sojasauce
  1 Prise  gemahlener Kreuzkümmel (Cumin)
        2  Zwiebeln
        3  Knoblauchzehen
        1  rote Paprikaschote
1 Stange   Porree (Lauch)
    150 g  Champignons
     3 EL  Sojaöl
           Salz
250 ml (¼ l)  Hühnerbrühe
    300 g  chinesische Eiernudeln
```

Zubereitungszeit: 35 Minuten

1. Hähnchenbrustfilet unter fließendem kalten Wasser abspülen, trocken tupfen und in Würfel schneiden. Speisestärke mit Curry, Sesamöl, Sojasauce und Kreuz-kümmel in einer Schüssel verrühren, die Fleischwürfel untermischen.

2. Zwiebeln und Knoblauch abziehen, in kleine Würfel schneiden. Paprikaschote halbieren, entstielen, entkernen und die weißen Scheidewände entfernen. Schotenhälften waschen, abtropfen lassen und in Streifen schneiden. Porree putzen, die Stange längs halbieren, gründlich waschen, abtropfen lassen und in Scheiben schneiden. Champignons putzen, mit Küchenpapier abreiben, eventuell abspülen, abtropfen lassen und in Scheiben schneiden.

3. Sojaöl in einem Wok erhitzen. Die Fleischwürfel darin unter Rühren anbraten, mit einer Schaumkelle herausnehmen und mit Salz würzen.

4. Zwiebel- und Knoblauchwürfel in dem verbliebenen Bratfett kurz anbraten. Paprikastreifen, Porree- und Champignonscheiben hinzufügen, Hühnerbrühe hinzugießen. Den Deckel auflegen, das Gemüse etwa 5 Minuten bei mittlerer Hitze garen.

5. Eiernudeln nach Packungsanleitung bissfest garen, abgießen und in einem Sieb abtropfen lassen.

6. Eiernudeln und Fleischwürfel zum Gemüse geben, untermischen und erhitzen, mit Salz abschmecken.

Chinesisches Bettlerhuhn I
Dauert länger – raffiniert – mit Alkohol
4 Portionen

Pro Portion:
E: 88 g, F: 63 g, Kh: 165 g, kJ: 7148, kcal: 1709

1 *küchenfertiges Huhn*
(etwa 1 ¹/₂ kg)

Für die Marinade:
3 EL *Sojasauce*
5 EL *Sherry*
2 EL *Sesamöl*
1 EL *Zucker*
1 EL *Salz*

Für die Füllung:
500 g *mageres Schweinefleisch*
6 *getrocknete, chinesische Pilze*
(Mu-err-Pilze)
150 g *Bambus (aus der Dose)*
100 g *eingelegtes Gemüse aus Sichuan*
(aus der Dose oder aus dem Glas)
2 EL *Speiseöl*
Salz
1 *Schweinenetz (frühzeitig beim*
Metzger bestellen)
Lotusblätter
(erhältlich im Asialaden)
750 g *Weizenmehl plus 500–600 ml*
Wasser oder Töpferton (erhält-
lich im Bastelladen)

Außerdem:
Alufolie

Zubereitungszeit: 50 Minuten, ohne Quellzeit
Garzeit: etwa 4 Stunden

1. Das Huhn von innen und außen unter fließendem kalten Wasser abspülen und trocken tupfen. Fettpolster entfernen.

2. Für die Marinade Sojasauce mit Sherry, Sesamöl, Zucker und Salz mischen. Das Huhn von innen und außen mit ³/₄ der Marinade einreiben.

3. Für die Füllung Schweinefleisch unter fließendem kalten Wasser abspülen, trocken tupfen, in etwa streichholzdünne Streifen schneiden und mit der restlichen Marinade übergießen.

4. Pilze mit kochendem Wasser übergießen und nach Packungsanleitung quellen lassen. Die Stiele entfernen. Die Köpfe in Streifen schneiden. Bambus abtropfen lassen und ebenfalls in Streifen schneiden.

5. Das eingelegte Gemüse in ein Sieb geben, mit kaltem Wasser abspülen, abtropfen lassen und in Streifen schneiden. Den Backofen vorheizen.

Ober-/Unterhitze: etwa 200 °C
Heißluft: etwa 180 °C

6. Speiseöl in einem Wok erhitzen. Schweinefleischstreifen darin etwa 1 Minute unter Rühren anbraten. Pilze, abgetropftes Gemüse und Bambusstreifen hinzugeben, weitere etwa 2 Minuten unter Rühren anbraten. Eventuell etwas nachsalzen.

7. Das Huhn mit der Schweinefleischmasse großzügig füllen, aber nicht pressen. Mit dem Schweinenetz umwickeln. In die Lotusblätter einschlagen (wenn sie trocken sind, sie erst einweichen) und das Huhn mit Alufolie nochmals umkleiden.

8. Mehl und Wasser zu einem festen, aber noch geschmeidigen Teig verkneten und auf einer bemehlten Arbeitsfläche ausrollen. Das Huhn vollständig mit dem Teig umhüllen und gut festdrücken. Oder den Töpferton ausrollen und das Huhn damit fest einschlagen. Wichtig ist, dass das Huhn luftdicht verschlossen ist.

9. Das eingepackte Huhn auf ein Backblech legen, in den vorgeheizten Backofen schieben und etwa 60 Minuten garen.

10. Die Backofentemperatur nach der angegebenen Garzeit um etwa 40 °C reduzieren. Das Huhn in etwa 3 Stunden fertig garen.

11. Das eingepackte Huhn (die Hülle ist steinhart) auf ein Tablett setzen und servieren. Die Hülle vorsichtig aufschlagen. Das Huhn ist so zart, dass es zerfällt.

Coq au Riesling (Huhn in Weißwein) | Mit Alkohol – für Gäste

6 Portionen

Pro Portion:
E: 53 g, F: 37 g, Kh: 6 g, kJ: 2469, kcal: 590

4	*Hähnchenkeulen (je etwa 150 g)*
4	*Hähnchenbrustfilets (je etwa 250 g)*
	Salz, frisch gemahlener Pfeffer
4 EL	*Speiseöl*
150 g	*durchwachsener Speck*
1	*Gemüsezwiebel*
200 g	*Möhren*
200 g	*Knollensellerie*
200 g	*Porree (Lauch)*
200 ml	*Weißwein (Riesling)*
200 ml	*Geflügelfond oder -brühe*
200 g	*Schlagsahne*
1 TL	*Thymianblättchen*

Zubereitungszeit: 40 Minuten
Garzeit: etwa 30 Minuten

1. Hähnchenkeulen und -brustfilets unter fließendem kalten Wasser abspülen, trocken tupfen, mit Salz und Pfeffer würzen. Speiseöl in einer Pfanne erhitzen. Hähnchenkeulen und -brustfilets darin von allen Seiten kross anbraten und herausnehmen.

2. Speck in Streifen schneiden. Gemüsezwiebel abziehen, halbieren oder vierteln und in Streifen schneiden. Möhren und Sellerie putzen, schälen, abspülen, abtropfen lassen und in etwa 5 cm lange Streifen schneiden. Porree putzen, die Stange längs halbieren, gründlich waschen, abtropfen lassen und ebenfalls in etwa 5 cm lange Streifen schneiden.

3. Speck-, Zwiebel- und Gemüsestreifen in dem verbliebenen Bratfett unter Rühren andünsten. Mit Wein und Geflügelfond oder -brühe ablöschen. Die Keulen hinzugeben, zum Kochen bringen und etwa 20 Minuten garen. Dann die Hähnchenbrustfilets hinzugeben und weitere etwa 10 Minuten mitgaren lassen. Hähnchenkeulen, -brustfilets und das Gemüse mit einer Schaumkelle herausnehmen, warm stellen.

4. Sahne zum Bratenfond geben, mit Salz, Pfeffer und Thymianblättchen würzen. Unter Rühren zum Kochen bringen und etwas einkochen lassen. Die Sauce sollte eine leicht cremige Konsistenz erhalten.

5. Die Hähnchenkeulen mit den Hähnchenbrustfilets und dem Gemüse auf einem Teller anrichten. Die Sauce dazureichen.

Coq au vin
(Hähnchen in Rotwein) | Mit Alkohol
4 Portionen

Pro Portion:
E: 85 g, F: 66 g, Kh: 16 g, kJ: 4643, kcal: 1110

2	küchenfertige Hähnchen (je 1 kg)
	Salz
	frisch gemahlener Pfeffer
2 EL	Weizenmehl
3 EL	Speiseöl
250 g	kleine Champignons
1 Glas	Perlzwiebeln
	(Abtropfgewicht 185 g)
2–3 Stängel	Thymian
60 g	Butter
500 ml (½ l)	Rotwein
200 g	Schlagsahne
1	Lorbeerblatt

Zubereitungszeit: 25 Minuten
Garzeit: etwa 35 Minuten

1. Hähnchen innen und außen unter fließendem kalten Wasser abspülen, trocken tupfen und vierteln. Mit Salz und Pfeffer würzen, mit Mehl bestäuben.

2. Speiseöl in einem Bräter erhitzen. Die Hähnchenteile darin von allen Seiten gut anbraten und herausnehmen. Bratfett abgießen.

3. Champignons putzen, mit Küchenpapier abreiben, eventuell abspülen und trocken tupfen. Perlzwiebeln in einem Sieb abtropfen lassen. Thymian abspülen und trocken tupfen. Die Blättchen von den Stängeln zupfen.

4. Die Hälfte der Butter in dem Bräter zerlassen. Champignons und Perlzwiebeln darin andünsten. Mit Rotwein ablöschen. Sahne, Lorbeerblatt und Thymian unterrühren.

5. Die Hähnchenteile hinzugeben, zum Kochen bringen und zugedeckt etwa 35 Minuten bei schwacher Hitze köcheln lassen. Restliche Butter in Flöckchen unterrühren. Mit Salz und Pfeffer abschmecken.

Curryhähnchen mit Bananen I

Preiswert
4 Portionen

Pro Portion:
E: 60 g, F: 32 g, Kh: 27 g, kJ: 2729, kcal: 652

1	*küchenfertiges Hähnchen (1,2 kg)*

Für die Füllung:

1	*Apfel (etwa 150 g)*
1	*Banane*
1 gestr. TL	*Currypulver*
	Zucker
	Salz
	Speiseöl

1 ¹/₂ EL	*flüssiger Honig*
¹/₂ gestr. TL	*Currypulver*
2	*Bananen*
1 EL	*Butter*

Außerdem:

Küchengarn
extra starke Alufolie

Zubereitungszeit: 75 Minuten
Garzeit: etwa 45 Minuten

1. Den Backofen vorheizen.

Ober-/Unterhitze: etwa 220 °C
Heißluft: etwa 200 °C

2. Hähnchen innen und außen unter fließendem kalten Wasser abspülen und trocken tupfen.

3. Für die Füllung Apfel schälen, vierteln, entkernen und in Stücke schneiden. Banane schälen und in dünne Scheiben schneiden. Apfelstücke und Bananenscheiben mit Curry, Zucker und Salz bestreuen.

4. Das Hähnchen von innen und außen mit Salz einreiben, mit Apfelstücken und Bananenscheiben füllen und die Öffnung mit Küchengarn zunähen. Keulen und Flügel mit Küchengarn am Rumpf festbinden.

5. Ein Stück Alufolie dünn mit Speiseöl bestreichen. Das gefüllte Hähnchen locker darin einpacken und fest verschließen. Das Päckchen auf dem Rost in den vorgeheizten Backofen schieben und das Hähnchen etwa 45 Minuten garen.

6. Die Alufolie nach etwa 30 Minuten Garzeit öffnen. Honig mit Curry verrühren. Das Hähnchen mehrere Male damit bestreichen. Hähnchen einmal wenden.

7. Das gare Hähnchen aus der Alufolie nehmen, Küchengarn entfernen. Die Füllung herausnehmen.

8. Das Hähnchen in Portionsstücke schneiden, zusammen mit der Füllung auf einer vorgewärmten Platte anrichten.

9. Bananen schälen und längs halbieren. Butter in einer Pfanne zerlassen. Die Bananenhälften darin von beiden Seiten anbraten. Den Bratensatz aus der Alufolie hinzugeben. Die Bananenhälften mehrere Male mit dem Bratensatz begießen, herausnehmen und auf der Fleischplatte anrichten.

Beilage: Naturreis und Salat.

Currypfannkuchen mit Puten-Reis-Füllung | Raffiniert
6 Stück

Pro Stück:
E: 24 g, F: 29 g, Kh: 51 g, kJ: 2359, kcal: 677

Für den Pfannkuchenteig:

200 g	Weizenmehl
4	Eier (Größe M)
375 ml (³/₈ l)	Milch
1 EL	Currypulver
1 gestr. TL	Salz
1 EL	Zucker

Für die Füllung:

300 g	Putenschnitzel
1	Zwiebel
1	Banane
2 EL	Speiseöl, z. B. Rapsöl
	Salz, frisch gemahlener Pfeffer
1 Beutel (250 g)	Express-Reis (vorgegarter Reis), z. B. Basmati, oder 250 g gegarter Basmatireis
1 Flasche (250 ml)	Currysauce
1–2 EL	Wasser oder Gemüsebrühe
8 EL	Speiseöl, z. B. Rapsöl

Zubereitungszeit: 70 Minuten, ohne Ruhezeit

1. Für den Pfannkuchenteig Mehl in eine Rührschüssel geben. Eier mit Milch, Curry, Salz und Zucker verschlagen. Eiermilch nach und nach unter Rühren zum Mehl geben. Dabei darauf achten, dass keine Klümpchen entstehen. Teig 20–30 Minuten ruhen lassen.

2. Für die Füllung Putenschnitzel unter fließendem kalten Wasser abspülen, trocken tupfen und in Streifen schneiden. Zwiebel abziehen und in kleine Würfel schneiden. Banane schälen und in dünne Scheiben schneiden.

3. Speiseöl in einer Pfanne erhitzen. Die Fleischstreifen darin von allen Seiten gut anbraten, mit Salz und Pfeffer würzen. Zwiebelwürfel und Reis hinzufügen, kurz mit anbraten. Currysauce, Bananenscheiben und Wasser oder Gemüsebrühe unterrühren, kurz aufkochen lassen, von der Kochstelle nehmen und warm stellen.

4. 1 Esslöffel Speiseöl in einer beschichteten Pfanne (Ø 28 cm) erhitzen. Den Teig gut durchrühren und eine dünne Teiglage mit einer drehenden Bewegung gleichmäßig auf dem Boden der Pfanne verteilen. Currypfannkuchen von beiden Seiten goldgelb backen und warm stellen. Bevor der Pfannkuchen gewendet wird, etwas Speiseöl in die Pfanne geben. Weitere 7 Currypfannkuchen aus dem Teig backen.

5. Currypfannkuchen in der Mitte mit der Füllung belegen. Überstehende Ränder so daraufklappen, dass eine Tüte entsteht. Gefüllte Currypfannkuchen sofort servieren.

Curry-Reis-Salat mit Hähnchen I

Gut vorzubereiten

12 Portionen

Pro Portion:
E: 36 g, F: 35 g, Kh: 29 g, kJ: 2433, kcal: 581

300 g	Langkornreis
	Salzwasser
150 g	Zwiebeln
6 EL	Speiseöl
2 EL	Currypulver
250 g	Schlagsahne
2	gebratene Hähnchen
	(je etwa 1 kg)
1 Dose	Ananasscheiben
	(Abtropfgewicht 490 g)
250 g	Salatmayonnaise

Zubereitungszeit: 70 Minuten, ohne Durchziehzeit

1. Reis in kochendem Salzwasser nach Packungsanleitung garen. Reis in ein Sieb geben, mit kaltem Wasser abschrecken und gut abtropfen lassen.

2. Zwiebeln abziehen und in kleine Würfel schneiden. Speiseöl in einem Topf erhitzen, Zwiebelwürfel darin andünsten. Curry und den gegarten Reis hinzugeben. Mit Sahne ablöschen und abkühlen lassen.

3. Hähnchenfleisch von Haut und Knochen lösen. Das Fleisch in mundgerechte Stücke schneiden. Ananasscheiben in einem Sieb abtropfen lassen und in Stücke schneiden.

4. Den Curry-Reis mit den Hähnchenfleisch- und Ananasstücken in einer Schüssel mischen. Mayonnaise gut untermengen. Den Salat gut durchziehen lassen und vor dem Anrichten nochmals abschmecken.

Tipp: Für den Salat eine frische Ananas verwenden.

Dattelhuhn mit Reis | Raffiniert
4 Portionen

Pro Portion:
E: 116 g, F: 47 g, Kh: 101 g, kJ: 5804, kcal: 1384

20	*getrocknete Datteln (etwa 150 g)*
125 ml (⅛ l)	*kochendes Wasser*
1	*küchenfertiges Huhn*
	(etwa 1,2 kg)
	Salz
	frisch gemahlener Pfeffer
4 EL	*Speiseöl*
1	*Zwiebel*
1	*Lorbeerblatt*
2	*Gewürznelken*
350 g	*Langkornreis*
2 TL	*Currypulver*
1 l	*Hühnerbrühe*
150 g	*Joghurt*
2 EL	*geschälte, in Stifte geschnitten Pistazienkerne*

Zubereitungszeit: 40 Minuten, ohne Einweich- und Abkühlzeit
Garzeit: etwa 20 Minuten

1. Datteln in eine Schale legen, mit kochendem Wasser übergießen und etwa 30 Minuten einweichen. Die Datteln aufschneiden, jeweils den Stein herauslösen.

2. Das Huhn von innen und außen unter fließendem kalten Wasser abspülen, trocken tupfen und dann in 8 Stücke teilen. Mit Salz und Pfeffer würzen. Speiseöl in einer Pfanne erhitzen. Hühnerteile darin von allen Seiten anbraten.

3. Zwiebel abziehen, mit Lorbeerblatt und Nelken spicken.

4. Die Hühnerteile mit der gespickten Zwiebel und Salz in einen großen Topf geben. Reis und Curry hinzugeben. Brühe hinzugießen, zum Kochen bringen und etwa 20 Minuten garen.

5. Die Hühnerteile herausnehmen, etwas abkühlen lassen und die Haut entfernen. Das Fleisch von den Knochen lösen und in kleine Stücke schneiden. Die Fleischstücke wieder zu dem Reis geben. Datteln und Joghurt untermischen, mit Salz und Pfeffer abschmecken.

6. Das Dattelhuhn mit Reis auf einem Teller anrichten und mit Pistazienkernen bestreuen.

D

Deftige Hähnchenunterschenkel I
Gut vorzubereiten
4 Portionen

Pro Portion:
E: 30 g, F: 22 g, Kh: 20 g, kJ: 1684, kcal: 402

800 g	Hähnchenschenkel (Unterschenkel, etwa 4 Stück)
3 kleine,	rote, gelbe und grüne Paprikaschoten (etwa 500 g)
500 g	festkochende Kartoffeln
	Salz
	frisch gemahlener Pfeffer
1–2 TL	Paprikapulver edelsüß
½ TL	Chilipulver
2 EL	Olivenöl
	glatte Petersilie

Außerdem:
1 Stück Bratfolie
oder Bratschlauch

Zubereitungszeit: 30 Minuten
Garzeit: etwa 35 Minuten

1. Den Backofen vorheizen.

Ober-/Unterhitze: etwa 200 °C
Heißluft: etwa 180 °C

2. Hähnchenschenkel unter fließendem kalten Wasser abspülen und trocken tupfen.

3. Paprikaschoten halbieren, entstielen, entkernen und die weißen Scheidewände entfernen. Schotenhälften waschen, trocken tupfen und in große Würfel schneiden. Kartoffeln waschen, schälen, abspülen, abtropfen lassen und in kleine Würfel schneiden. Paprika-, Kartoffelwürfel und Hähnchenschenkel mit Salz, Pfeffer, Paprika und Chili würzen. Mit Olivenöl beträufeln.

4. Paprika-, Kartoffelwürfel und Hähnchenschenkel auf ein großes Stück Bratfolie oder in einen Bratschlauch geben, nach Packungsanleitung verschließen und auf ein Backblech legen. Das Backblech in den vorgeheizten Backofen (unteres Drittel) schieben. Die Hähnchenschenkel etwa 35 Minuten garen.

5. Die Folie aufschneiden. Die Hähnchenschenkel mit dem Gemüse herausnehmen und auf vorgewärmten Tellern anrichten. Nach Belieben mit einem abgespülten, trocken getupften Petersilienzweig garnieren.

Tipp: Statt Hähnchenunterschenkel können auch halbierte Hähnchenbrustfilets oder Hähnchenschenkel verwendet werden, dann beträgt die Garzeit etwa 50 Minuten.

37

Eliche mit Hähnchenbrust | Raffiniert

4 Portionen

Pro Portion:
E: 47 g, F: 33 g, Kh: 56 g, kJ: 3187, kcal: 760

200 g	*TK-Riesengarnelen*
3 l	*Wasser*
3 gestr. TL	*Salz*
300 g	*Eliche (Spiralnudeln)*
300 g	*Hähnchenbrustfilet*
2 EL	*Butterschmalz*
3	*Knoblauchzehen*
1 Dose	*pürierte Tomaten*
	(Einwaage 400 g)
1 Bund	*Frühlingszwiebeln*
	Salz, frisch gemahlener Pfeffer
2 Stängel	*Basilikum*
125 g	*Mozzarella-Käse*
75 g	*Parmesan-Käse*

Zubereitungszeit: 45 Minuten, ohne Auftauzeit
Gratinierzeit: etwa 5 Minuten

1. Riesengarnelen nach Packungsanleitung auftauen.

2. Wasser in einem großen Topf mit geschlossenem Deckel zum Kochen bringen. Dann Salz und Nudeln hinzugeben. Die Nudeln im geöffneten Topf bei mittlerer Hitze nach Packungsanleitung kochen lassen, dabei zwischendurch 4–5-mal umrühren.

3. Den Backofengrill vorheizen. Hähnchenbrustfilet unter fließendem kalten Wasser abspülen, trocken tupfen und in Streifen schneiden.

4. Riesengarnelen am Rücken längs einschneiden und jeweils den Darm entfernen. Unter fließendem kalten Wasser abspülen und trocken tupfen.

5. Butterschmalz in einer Pfanne erhitzen, Hähnchenbrustfiletstreifen und Riesengarnelen darin von allen Seiten anbraten. Knoblauch abziehen, klein würfeln, hinzugeben und mit anbraten. Tomatenpüree unterrühren. Die Zutaten zum Kochen bringen.

6. Frühlingszwiebeln putzen, waschen, abtropfen lassen, in etwa 1 cm große Stücke schneiden und zu den Hähnchenbrustfiletstreifen und Riesengarnelen geben, mit Salz und Pfeffer würzen.

7. Basilikum abspülen und trocken tupfen. Die Blättchen von den Stängeln zupfen. Blättchen klein schneiden und ebenfalls unterrühren.

8. Die abgetropften Nudeln mit der Sauce mischen und in eine Gratinform geben. Mozzarella-Käse klein schneiden, darauf verteilen und mit Parmesan-Käse bestreuen.

9. Die Form auf dem Rost unter den vorgeheizten Backofengrill schieben. Mozzarella und Käse etwa 5 Minuten gratinieren.

Ente, gebraten | Klassisch
4 Portionen

Pro Portion:
E: 82 g, F: 53 g, Kh: 2 g, kJ: 3388, kcal: 805

1 küchenfertige Ente (2–2 ½ kg)
Salz, frisch gemahlener Pfeffer
etwa 900 ml Wasser

Für die Sauce:
1 geh. EL Weizenmehl
50 ml kaltes Wasser

Außerdem:
Küchengarn

Zubereitungszeit: 30 Minuten, ohne Ruhezeit
Garzeit: 2 ¼–2 ½ Stunden

1. Den Backofen vorheizen.

Ober-/Unterhitze: etwa 180 °C
Heißluft: etwa 160 °C

2. Die Ente von innen und außen unter fließendem kalten Wasser abspülen, trocken tupfen. Eventuell Fett aus der Bauchhöhle entfernen. Die Ente von innen und außen mit Salz und Pfeffer einreiben.

3. Jeweils die Keulen und Flügel mit Küchengarn zusammenbinden. 50 ml Wasser in einen Bräter geben, Ente mit der Brust nach unten hineinlegen. Den Bräter ohne Deckel auf dem Rost in den vorgeheizten Backofen schieben. Die Ente 2 ¼–2 ½ Stunden garen.

4. In der Zwischenzeit von der Ente Magen, Herz und Hals unter fließendem kalten Wasser abspülen, mit 750 ml Wasser in einen Kochtopf geben. 1 Teelöffel Salz hinzufügen, zum Kochen bringen und zugedeckt etwa 30 Minuten bei schwacher Hitze garen.

5. Brühe durch ein Sieb gießen, dabei die Kochbrühe auffangen.

6. Die Ente während der Garzeit mehrmals unterhalb der Flügel und Keulen mit einer Gabel einste-chen, damit das Fett besser ausbraten kann. Nach etwa 30 Minuten Garzeit das angesammelte Fett abschöpfen (den Vorgang wiederholen). Sobald der Bratensatz bräunt, etwas von der Kochbrühe hinzugeben. Verdampfte Flüssigkeit nach und nach durch Kochbrühe ersetzen. Nach etwa 60 Minuten Garzeit die Ente umdrehen.

7. 100 ml Wasser mit ½ Teelöffel Salz verrühren, die Ente etwa 10 Minuten vor Ende der Garzeit damit bestreichen und die Backofentemperatur um etwa 20 °C erhöhen, damit die Haut kross wird.

8. Die gare Ente aus dem Bräter nehmen, zugedeckt 5–10 Minuten ruhen lassen. Küchengarn entfernen.

9. Den Bratensatz mit etwas Wasser loskochen, durch ein Sieb gießen, entfetten, mit Wasser auf 375 ml (⅜ l) auffüllen, auf der Kochstelle zum Kochen bringen.

10. Für die Sauce Mehl mit Wasser anrühren, mit einem Schneebesen in die kochende Flüssigkeit einrühren. Dabei darauf achten, dass keine Klümpchen entstehen. Die Sauce zum Kochen bringen und bei schwacher Hitze etwa 5 Minuten ohne Deckel leicht kochen lassen, dabei gelegentlich umrühren. Die Sauce mit Salz und Pfeffer abschmecken.

11. Die Ente nach Belieben in Portionsstücke schneiden (tranchieren), auf einer vorgewärmten Platte anrichten und mit der Sauce servieren.

Ente mit Ananas und Ingwer I
Raffiniert – mit Alkohol
2 Portionen

Pro Portion:
E: 24 g, F: 66 g, Kh: 23 g, kJ: 3452, kcal: 824

Für die Marinade:

½	TL	*Speisestärke*
½	TL	*Zucker*
1	TL	*Sherry*
1	TL	*Sojasauce*
½	TL	*Sesamöl*
		Salz
		frisch gemahlener Pfeffer

250 g	*Entenbrustfilet, mit Haut*
3	*Frühlingszwiebeln*
25 g	*frische Ingwerwurzel*
100 g	*Ananasstücke (aus der Dose)*

Für die Sauce:

1	EL	*Sojasauce*
2	EL	*Zucker*
2	EL	*Reisessig*
1–2	TL	*Saucenbinder*

8	EL	*Speiseöl*
1	TL	*Sesamöl*

Zubereitungszeit: 25 Minuten, ohne Marinierzeit

1. Für die Marinade Speisestärke mit Zucker, Sherry und Sojasauce verrühren. Sesamöl unterschlagen. Mit Salz und Pfeffer würzen.

2. Entenbrustfilet unter fließendem kalten Wasser abspülen, trocken tupfen, in feine Scheiben schneiden und in eine flache Schale legen. Marinade daraufgeben, untermengen und die Entenbrustfiletscheiben etwa 30 Minuten marinieren.

3. Frühlingszwiebeln putzen, waschen, abtropfen lassen und schräg in etwa 1 cm lange Stücke schneiden. Ingwer schälen und in hauchdünne Scheiben schneiden. Die Ananasstücke in einem Sieb gut abtropfen lassen.

4. Für die Sauce Sojasauce mit Zucker, Essig und Saucenbinder verrühren.

5. Sechs Esslöffel des Speiseöls in einem Wok erhitzen. Entenbrustfiletscheiben darin in mehreren Portionen bei starker Hitze unter Rühren goldbraun braten, mit einer Schaumkelle herausnehmen und auf Küchenpapier abtropfen lassen.

6. Den Wok reinigen und erneut erhitzen. Restliches Speiseöl hinzugeben. Ingwerscheiben und Frühlingszwiebelstücke darin unter Rühren anbraten. Entenbrustfiletscheiben und Ananasstücke hinzufügen und unter Rühren erhitzen.

7. Die Sauce nochmals umrühren und in den Wok gießen. Die Zutaten unter Rühren aufkochen lassen. Mit Salz, Pfeffer und Sesamöl würzen.

Beilage: Reis oder Bandnudeln.

Tipp: Der Reisessig kann durch Weißweinessig ersetzt werden.

Ente mit Chili | Schnell – mit Alkohol
4 Portionen

Pro Portion:
E: 29 g, F: 64 g, Kh: 12 g, kJ: 3317, kcal: 792

500 g Entenbrustfilet

Für die Marinade:
2 EL Sojasauce
3 TL Kartoffelstärke
2 EL Eiweiß
3 EL Speiseöl

Für die Sauce:
2 EL Erdnussöl
3 EL Sojasauce
1 TL Maismehl
3 EL Reiswein
3 EL Reisessig (5 %)
3 EL Austernsauce
5 EL süße Sojasauce
3 EL Wasser

30 g frische Ingwerwurzel
2 Frühlingszwiebeln
5 frische, rote Chilischoten
500 ml (½ l) Speiseöl
3 EL Speiseöl

Zubereitungszeit: 35 Minuten, ohne Marinierzeit

1. Entenbrustfilet unter fließendem kalten Wasser abspülen, trocken tupfen, in Scheiben schneiden und in eine flache Schale legen.

2. Dann für die Marinade Sojasauce, Kartoffelstärke, Eiweiß und Speiseöl verrühren. Die Marinade auf den Entenbrustfiletscheiben verteilen, untermischen und etwa 15 Minuten marinieren.

3. Für die Sauce Erdnussöl, Sojasauce, Maismehl, Reiswein, Reisessig, Austernsauce, Sojasauce und Wasser verrühren.

4. Ingwer schälen und klein würfeln. Frühlingszwiebeln putzen, waschen, abtropfen lassen und in Strei-fen schneiden. Chilischoten putzen, längs aufschneiden, entkernen, abspülen, trocken tupfen und in feine Streifen schneiden.

5. Speiseöl in einem Wok erhitzen. Die Entenbrustfiletscheiben darin etwa 1 Minute frittieren, herausnehmen und auf Küchenpapier abtropfen lassen. Das Frittieröl in einen Topf gießen, anderweitig verwenden.

6. 3 Esslöffel Speiseöl in dem Wok erhitzen, Ingwerwürfel darin hellbraun anbraten. Entenbrustfiletscheiben, Frühlingszwiebel- und Chilistreifen hinzugeben, etwa 2 Minuten unter mehrmaligem Wenden mitbraten lassen.

7. Die angerührte Sauce hinzugießen, unterrühren und etwa 1 Minute erhitzen. Ente mit Chili heiß servieren.

Tipp: Die Chilischoten werden nicht allzu scharf, wenn sie zum angegebenen Zeitpunkt in den Wok kommen. Wenn Sie Ihnen trotzdem zu scharf sind, können Sie auch rote Paprika verwenden.

Ente mit Feigen | Für Gäste – mit Alkohol

4 Portionen

Pro Portion:
E: 73 g, F: 33 g, Kh: 11 g, kJ: 2671, kcal: 639

    1 *küchenfertige Ente (2–2 ½ kg)*
        Salz
        frisch gemahlener Pfeffer
        heißes Wasser
 1 EL *Portwein*
 1 TL *gemahlene, weiße Gelatine*
 1 EL *kaltes Wasser*
4–6 *frische Feigen*
        Zitronenmelisseblättchen

Außerdem:

        Küchengarn

Zubereitungszeit: 30 Minuten,
ohne Abkühl-, Quell- und Kühlzeit
Garzeit: 2 ¼–2 ½ Stunden

1. Den Backofen vorheizen.

Ober-/Unterhitze: etwa 180 °C
Heißluft: etwa 160 °C

2. Die Ente innen und außen unter fließendem kalten Wasser abspülen und trocken tupfen. Eventuell Fett aus der Bauchhöhle entfernen. Die Ente innen und außen mit Salz und Pfeffer einreiben.

3. Jeweils Keulen und Flügel zusammenbinden. 50 ml heißes Wasser in einen Bräter geben. Ente mit der Brust nach unten hineinlegen. Den Bräter ohne Deckel auf dem Rost in den vorgeheizten Backofen schieben. Die Ente 2 ¼–2 ½ Stunden garen.

4. Die Ente während des Garens mehrmals unterhalb der Flügel und Keulen mit einer Nadel einstechen, damit das Fett besser ausbraten kann. Nach etwa 30 Minuten Garzeit das angesammelte Fett abschöpfen (den Vorgang wiederholen). Sobald der Bratensatz anfängt zu bräunen, etwas heißes Wasser hinzugießen. Verdampfte Flüssigkeit nach und nach durch heißes Wasser ersetzen.

5. Nach etwa 60 Minuten Garzeit die Ente umdrehen. 100 ml Wasser mit ½ Teelöffel Salz verrühren. Die Ente etwa 10 Minuten vor Ende der Garzeit damit bestreichen. Die Backofentemperatur um etwa 20 °C erhöhen, damit die Haut kross wird. Die gare Ente aus dem Bräter nehmen und erkalten lassen.

6. Den Bratensatz mit etwas Wasser loskochen, durch ein Sieb gießen, entfetten, mit Portwein und Wasser auf 375 ml (³/₈ l) auffüllen und erhitzen.

7. Gelatine mit 1 Esslöffel kaltem Wasser in einem kleinen Topf anrühren, etwa 10 Minuten quellen lassen. Gequollene Gelatine unter den heißen Bratensatz rühren. So lange rühren, bis die Gelatine vollständig gelöst ist. Mit Salz und Pfeffer würzen, kalt stellen.

8. Das Brustfleisch der Ente vom Knochen lösen, in Scheiben schneiden, wieder auf das Knochengerüst legen und auf einer Platte anrichten.

9. Feigen waschen, trocken tupfen, die Spitzen kreuzförmig einschneiden und etwas auseinanderbiegen. Den fest gewordenen Bratensatz in Würfel schneiden. Melisse abspülen und trocken tupfen. Die Blättchen von den Stängeln zupfen. Die Ente mit den Feigen, Bratensatzwürfeln und Melisseblättchen garnieren.

Ente mit Süßkartoffeln I

Mit Alkohol
4–6 Portionen

Pro Portion:
E: 59 g, F: 34 g, Kh: 33 g, kJ: 3035, kcal: 723

1	*küchenfertige Ente (etwa 2 kg)*
	Salz
	frisch gemahlener Pfeffer
2	*Zwiebeln*
2	*Knoblauchzehen*
800 g	*Süßkartoffeln*
einige	
Stängel	*Thymian*
250 ml (¼ l)	*heiße Hühnerbrühe*
60 ml	*Rum (40 Vol.-%)*

Zubereitungszeit: 30 Minuten
Garzeit: etwa 6 Stunden

1. Den Backofen vorheizen.

Ober-/Unterhitze: etwa 80 °C

2. Die Ente unter fließendem kalten Wasser abspülen, trocken tupfen und in 8 Stücke teilen. Fett und Sehnen abschneiden. Ententeile mit Salz und Pfeffer würzen.

3. Einen Bräter mit flachem Rand erwärmen. Die Ententeile darin zuerst mit der Hautseite nach unten anbraten, so dass das Fett unter der Haut ausbraten kann. Dann die Ententeile in etwa 8 Minuten von allen Seiten gut anbraten.

4. Den Bräter auf dem Rost (unteres Drittel) in den vorgeheizten Backofen schieben. Ententeile etwa 6 Stunden garen.

5. Etwa 2 Stunden vor Ende der Garzeit Zwiebeln und Knoblauch abziehen, klein würfeln. Süßkartoffeln waschen, schälen, abspülen, abtropfen lassen und in etwa 1 cm große Würfel schneiden.

6. Thymian abspülen und trocken tupfen (1–2 Stängel kleiner zupfen und zum Garnieren beiseitelegen). Die Blättchen von den Stängeln zupfen. Blättchen klein schneiden.

7. Süßkartoffel-, Zwiebel- und Knoblauchwürfel zu den Ententeilen in den Bräter geben. Heiße Brühe und Rum hinzugießen, unterrühren, mit Salz, Pfeffer und Thymian abschmecken. Den Bräter wieder auf dem Rost in den Backofen schieben und die Entenstücke fertig garen.

8. Die Ententeile mit Süßkartoffeln und beiseitegelegtem Thymian garniert servieren.

Entenbraten mit Nektarinen I

Für Gäste

4–6 Portionen

Pro Portion:

E: 60 g, F: 44 g, Kh: 25 g, kJ: 3151, kcal: 751

1	*küchenfertige Ente (etwa 2 kg)*
	Salz
	frisch gemahlener Pfeffer
1–2 EL	*Speiseöl, z. B. Rapsöl*
1	*Zwiebel*
250 g	*Zucchini*
200 ml	*Apfelsaft*
	Saft von
1	*Limette*
etwa 10	*frische Salbeiblättchen*
6	*Nektarinen*
100 g	*Schlagsahne*

Zubereitungszeit: 30 Minuten
Garzeit: etwa 6 Stunden

1. Den Backofen vorheizen.

Ober-/Unterhitze: etwa 80 °C

2. Die Ente in 8 Stücke teilen. Ententeile unter fließendem kalten Wasser abspülen und trocken tupfen. Fett und Sehnen abschneiden. Ententeile mit Salz und Pfeffer würzen.

3. Speiseöl in einem Bräter mit niedrigem Rand erhitzen. Die Ententeile darin zuerst auf der Hautseite anbraten, dann etwa 10 Minuten von allen Seiten gut anbraten. Zwiebel abziehen, klein würfeln, zu den Ententeilen in den Bräter geben und mitbraten lassen.

4. Den Bräter auf dem Rost (unteres Drittel) in den vorgeheizten Backofen schieben. Ententeile etwa 6 Stunden garen.

5. Etwa 3 Stunden vor Ende der Garzeit Zucchini waschen, abtrocknen und die Enden abschneiden. Zucchini in etwa 1 cm große Würfel schneiden.

6. Den Apfel- und Limettensaft erwärmen, mit den Zucchiniwürfeln zu den Ententeilen in den Bräter geben. Zucchiniwürfel mit Salz und Pfeffer würzen, Salbeiblättchen unterrühren. Den Bräter wieder in den Backofen schieben und die Ententeile weitergaren.

7. Etwa 60 Minuten vor Ende der Garzeit Nektarinen waschen, abtrocknen, halbieren und entsteinen. Die Nektarinen in Spalten schneiden. Sahne unter Rühren in den Bräter gießen und die Nektarinenspalten hinzufügen. Den Bräter wieder zurück in den Backofen schieben und die Ententeile fertig garen.

Entenbraten mit Zwiebeln in Folie I

Mit Alkohol – gut vorzubereiten

2 Portionen

Pro Portion:

E: 94 g, F: 108 g, Kh: 32 g, kJ: 6460, kcal: 1540

1	kleine, küchenfertige Ente (etwa 1,2 kg)
	Salz
	frisch gemahlener Pfeffer
	Paprikapulver edelsüß
40 g	zerlassene Butter

Für das Gemüse:

250 g	Perlzwiebeln
300 g	Tomaten
1	grüne Paprikaschote
250 ml (¼ l)	Weißwein
150 g	saure Sahne
	Zucker
1 Bund	glatte Petersilie

Außerdem:

1 Stück	Bratfolie oder Bratschlauch

Zubereitungszeit: 25 Minuten
Garzeit: etwa 60 Minuten

1. Die Ente von innen und außen unter fließendem kalten Wasser abspülen und trocken tupfen. Die Ente innen und außen mit Salz, Pfeffer und Paprika einreiben, mit Butter bestreichen.

2. Den Backofen vorheizen.

Ober-/Unterhitze: etwa 200 °C
Heißluft: etwa 180 °C

3. Für das Gemüse Zwiebeln abziehen. Tomaten waschen, kreuzweise einschneiden und einige Sekunden in kochendes Wasser legen. Tomaten kurz in kaltem Wasser abschrecken, enthäuten, vierteln, entkernen und Stängelansätze entfernen. Paprikaschote halbieren, entstielen, entkernen und die weißen Scheide-

wände entfernen. Schotenhälften waschen, trocken tupfen und in kleine Würfel schneiden.

4. Die Ente in die Mitte der Bratfolie oder in den Bratschlauch legen. Das vorbereitete Gemüse darum verteilen. Etwa 100 ml Wein hinzugießen. Die Bratfolie oder den Bratschlauch nach Packungsanleitung verschließen und auf ein Backblech legen. Das Backblech in den vorgeheizten Backofen schieben und die Ente mit dem Gemüse etwa 60 Minuten garen.

5. Die Folie aufschneiden. Die Ente mit dem Gemüse herausnehmen und auf einer vorgewärmten Platte anrichten.

6. Den Bratensud mit dem restlichen Wein in einem Topf zum Kochen bringen und etwas einkochen lassen. Topf von der Kochstelle nehmen. Saure Sahne unterrühren. Die Sauce mit Salz, Pfeffer und Zucker abschmecken.

7. Petersilie abspülen und trocken tupfen. Die Blättchen von den Stängeln zupfen, Blättchen klein hacken. Das Gemüse mit der Petersilie bestreuen. Die Ente mit dem Gemüse und der Sauce servieren.

Entenbrust aus dem Zitronengrasdampf | Etwas Besonderes

(Zubereitung im Bambusdämpfer Ø etwa 26 cm)
2 Portionen

Pro Portion:
E: 33 g, F: 51 g, Kh: 10 g, kJ: 2693, kcal: 641

1	Entenbrustfilet (etwa 300 g)
	Salz, frisch gemahlener Pfeffer
1 Bund	Zitronengras oder 1 EL gemahlenes Zitronengras
500 ml (1/2 l)	Geflügelfond oder -brühe
100 ml	Wasser
300 g	Rosenkohl
1 Bund	Schnittlauch
1 EL	Butter
1	große, gewürfelte Tomate
1 TL	Weizenmehl
200 g	Schlagsahne
300 ml	Dämpfflüssigkeit
	Speiseöl zum Bestreichen

Zubereitungszeit: 40 Minuten
Dämpfzeit: 20–25 Minuten

1. Entenbrustfilet unter fließendem kalten Wasser abspülen, trocken tupfen und die Haut abschneiden. Filet mit Salz und Pfeffer bestreuen und in einen dünn mit Speiseöl ausgestrichenen Dämpfeinsatz legen.

2. Zitronengras abspülen, trocken tupfen und mit einem Messerrücken aufschlagen. Geflügelfond oder -brühe mit Wasser in einer großen Pfanne zum Kochen bringen, aufgeschlagenes oder gemahlenes Zitronengras hinzufügen. Den Dämpfeinsatz mit dem Filet in die Pfanne stellen. Einsatz mit dem Deckel verschließen. Entenbrustfilet 20–25 Minuten dämpfen.

3. Rosenkohl putzen, den Strunk so herausschneiden, dass der Rosenkohl in einzelne Blätter fällt. Blätter waschen, abtropfen lassen und in den zweiten dünn mit Speiseöl ausgestrichenen Dämpfeinsatz geben.

4. Nach etwa 15 Minuten Dämpfzeit des Filets den Rosenkohl auf den Fileteinsatz stellen. Den Deckel jetzt auf den Rosenkohleinsatz legen. Rosenkohlblätter bis zum Ende der Filetdämpfzeit mitdämpfen.

5. Schnittlauch abspülen, trocken tupfen und in kleine Röllchen schneiden. Butter in einer Pfanne zerlassen, Tomatenwürfel darin erwärmen. Rosenkohlblätter unterrühren, mit Salz und Pfeffer abschmecken. Entenbrustfilet warm stellen.

6. Dämpfflüssigkeit durch ein feines Sieb in einen Topf gießen und etwa 300 ml abmessen, eventuell mit Wasser auffüllen. Mehl mit 2 Esslöffeln von der Sahne anrühren. Restliche Sahne in die abgemessene Dämpfflüssigkeit rühren und aufkochen lassen. Angerührtes Mehl unterrühren, unter Rühren kurz aufkochen lassen. Dabei darauf achten, dass keine Klümpchen entstehen.

7. Sauce mit Salz und Pfeffer abschmecken. Entenbrustfilet in Scheiben schneiden, mit dem Gemüse, der Sauce und den Schnittlauchröllchen anrichten.

Beilage: Naturreis.

Entenbrust, gebraten I

Für Gäste – mit Alkohol

4 Portionen

Pro Portion:

E: 21 g, F: 74 g, Kh: 8 g, kJ: 3423, kcal: 818

300 g	Entenbrustfilet
1 l	kochendes Wasser
200 g	frischer Spinat
3	eingeweichte Blumenpilze
150 g	Tofu
500 ml (½ l)	Speiseöl
7 EL	Sojaöl
1–2	abgezogene, fein gehackte Knoblauchzehen

Für die Sauce:

2 EL	Sojasauce
2 EL	süße Sojasauce
1 EL	Reiswein
1 gestr. TL	Salz
	frisch gemahlener Pfeffer
1 TL	Zucker
1 ½ TL	Speisestärke
75 ml	Hühnerbrühe

Zubereitungszeit: 35 Minuten, ohne Abkühlzeit
Garzeit: etwa 6 Minuten

1. Entenbrustfilet unter fließendem kalten Wasser abspülen und abtropfen lassen. Entenbrust in kochendem Wasser 3–5 Minuten blanchieren, in ein Sieb geben, mit kaltem Wasser abspülen und abkühlen lassen. Entenbrustfilet in Scheiben schneiden.

2. Spinat verlesen, gründlich waschen, abtropfen lassen. Blätter etwas kleiner zupfen. Blumenpilze waschen, trocken tupfen, entstielen und in mundgerechte Stücke schneiden. Tofu in Würfel schneiden.

3. Speiseöl in einem Wok erhitzen. Tofuwürfel darin etwa 2 Minuten frittieren, mit einem Schaumlöffel herausnehmen und abtropfen lassen. Das Frittieröl in einen Topf gießen und anderweitig verwenden.

4. Den Wok erneut erhitzen. Sojaöl hinzugeben. Knoblauch darin andünsten. Spinat hinzufügen, den Deckel auflegen. Spinat kurz erhitzen, bis er zusammengefallen ist. Tofuwürfel, Blumenpilze und Entenbrustscheiben hinzugeben, etwa 2 Minuten unter vorsichtigem Rühren braten.

5. Für die Sauce beide Sorten Sojasauce, Reiswein, Salz, Pfeffer, Zucker, Speisestärke und Hühnerbrühe verrühren, hinzugeben und etwa 2 Minuten kochen lassen.

6. Gebratene Entenbrust heiß servieren.

Entenbrust in Rotwein und Balsamico | Mit Alkohol

4 Portionen

Pro Portion:
E: 46 g, F: 46 g, Kh: 2 g, kJ: 2621, kcal: 625

4	*Entenbrustfilets (je etwa 250 g)*
	Salz
	frisch gemahlener Pfeffer
1 EL	*Speiseöl*
200 ml	*trockener Rotwein,*
	z. B. italienischer Merlot
200 ml	*Enten- oder Geflügelfond*
2 EL	*Balsamico-Essig*
2 EL	*Crema di Balsamico*

Zubereitungszeit: 60 Minuten
Garzeit: 20–30 Minuten

1. Den Backofen vorheizen.

Ober-/Unterhitze: etwa 180 °C
Heißluft: etwa 160 °C

2. Entenbrustfilets unter fließendem kalten Wasser abspülen und trocken tupfen. Die Hautseite einige Male kreuzweise mit einem scharfen Messer einritzen. Mit Salz und Pfeffer würzen.

3. Speiseöl in einer Pfanne erhitzen. Entenbrustfilets mit der Fettseite nach unten hineinlegen und anbraten. Wenden und von der anderen Seite anbraten.

4. Entenbrustfilets aus der Pfanne nehmen und in eine feuerfeste Form oder flache Auflaufform legen. Die Form auf dem Rost in den vorgeheizten Backofen schieben. Entenbrustfilets 20–30 Minuten je Dicke der Filets garen.

5. Den Bratensatz mit Rotwein ablöschen und in einen Topf gießen. Enten- oder Geflügelfond, Essig und Crema di Balsamico hinzugeben und zum Kochen bringen. Die Sauce 5–10 Minuten bis zur gewünschten Konsistenz einkochen lassen. Sauce eventuell nochmals mit den Gewürzen abschmecken.

6. Die Entenbrustfilets aus der Form nehmen, auf Tellern anrichten und mit etwas Sauce übergießen. Restliche Sauce dazureichen.

Beilage: Frisches Gemüse in Butter geschwenkt, z. B. Brokkoli, Möhren, Zuckerschoten. Gegrillte Tomaten und Spätzle.

Entenbrust in Wermutsauce I

Mit Alkohol
2 Portionen

Pro Portion:
E: 62 g, F: 59 g, Kh: 31 g, kJ: 3984, kcal: 950

350 g	mehligkochende Kartoffeln
	Wasser
1 gestr. TL	Salz
500 g	grüner Spargel
250 ml (¼ l)	Wasser
1 gestr. TL	Salz
1 Msp.	Zucker
1 TL	Butter
2	Entenbrustfilets (etwa 600 g)
	Salz
	frisch gemahlener Pfeffer
100 ml	trockener Wermut
50 ml	heiße Milch
15 g	Butter
	frisch geriebene Muskatnuss

Zubereitungszeit: 30 Minuten
Garzeit: 15–17 Minuten

1. Kartoffeln waschen, schälen, abspülen, abtropfen lassen und in kleine Stücke schneiden. Kartoffelstücke mit Wasser bedeckt zum Kochen bringen, Salz hinzufügen. Kartoffelstücke etwa 15 Minuten garen.

2. Vom Spargel das untere Drittel schälen und die Enden abschneiden. Spargelstangen waschen und abtropfen lassen. Wasser mit Salz, Zucker und Butter in einem Topf zum Kochen bringen. Spargel hinzufügen, zum Kochen bringen und etwa 5 Minuten garen.

3. Entenbrustfilets unter fließendem kalten Wasser abspülen und trocken tupfen, eventuell Sehnen entfernen. Entenbrustfilets mit der Fettseite nach unten in eine heiße Pfanne ohne Fett geben. Die Fettseite etwa 5 Minuten braten, dann unter gelegentlichem Wenden die Filets weitere 10–12 Minuten braten, herausnehmen, mit Salz und Pfeffer würzen und warm stellen.

4. Wermut zum Bratensatz geben und unter Rühren loskochen. Sauce etwas einkochen lassen.

5. Kartoffelstücke abgießen und zerstampfen oder durch eine Kartoffelpresse drücken. Milch und Butter mit einem Schneebesen unterrühren. Kartoffelpüree mit Salz und Muskat würzen.

6. Entenbrustfilets in Scheiben schneiden, mit Spargel und Kartoffelpüree in 2 Portionen anrichten. Die Wermutsauce dazureichen.

Entenbrust mit Beifuß | Mit Alkohol

4 Portionen

Pro Portion:
E: 41 g, F: 56 g, Kh: 16 g, kJ: 3184, kcal: 760

2	Entenbrustfilets (je etwa 400 g)
	Salz
	frisch gemahlener Pfeffer
1 Stück	Rote Bete (150–180 g)
250 g	kernlose, grüne und blaue Weintrauben
2 EL	Speiseöl
4 kleine Zweige	Beifuß oder gerebelter Beifuß
100 g	Walnusskerne
1 TL	Zucker
200 ml	trockener Rotwein, z. B. Bordeaux oder ein leichter Merlot
200 ml	Entenfond oder Geflügelfond oder -brühe
½ EL	Crema di Balsamico
evtl. 1 Zweig	vorbereiteter Beifuß

Zubereitungszeit: 45 Minuten
Garzeit Rote Bete: etwa 10 Minuten
Garzeit Entenbrust: 25–30 Minuten

1. Entenbrustfilets unter fließendem kalten Wasser abspülen und trocken tupfen. Die Haut mit einem scharfen Messer einschneiden. Entenbrustfilets mit Salz und Pfeffer würzen.

2. Rote Bete waschen, schälen, in Stifte schneiden und in kochendem Salzwasser etwa 10 Minuten garen. Rote Bete in einem Sieb abtropfen lassen.

3. Weintrauben abspülen, trocken tupfen, entstielen und halbieren. Den Backofen vorheizen.

Ober-/Unterhitze: etwa 180 °C
Heißluft: etwa 160 °C

4. Speiseöl in einer Pfanne erhitzen. Entenbrustfilets mit der Hautseite nach unten darin von beiden Seiten 5–10 Minuten anbraten, herausnehmen und in eine feuerfeste Form oder Auflaufform legen. Die Form auf dem Rost in den vorgeheizten Backofen schieben. Die Entenbrust etwa 20 Minuten garen.

5. In der Zwischenzeit Beifuß abspülen und trocken tupfen. Die Blättchen von den Stängeln zupfen, Blättchen klein schneiden.

6. Rote-Bete-Stifte, Walnusskerne und Weintraubenhälften in der Pfanne in dem verbliebenen Bratfett von den Entenbrustfilets unter mehrmaligem Wenden anbraten. Zucker daraufstreuen und karamellisieren lassen.

7. Rotwein und Fond oder Brühe hinzugießen. Beifuß und Crema di Balsamico unterrühren. Mit Salz und Pfeffer würzen. Die Zutaten zum Kochen bringen und etwa 10 Minuten einkochen lassen. Nochmals abschmecken.

8. Entenbrustfilets mit der Rote-Bete-Weintrauben-Sauce anrichten. Nach Belieben mit Beifuß garniert servieren.

Entenbrust mit Bohnengemüse I
Für Gäste
4 Portionen

Pro Portion:
E: 35 g, F: 30 g, Kh: 20 g, kJ: 2210, kcal: 527

1 Pck.	
(300 g)	TK-Brechbohnen
2	Entenbrustfilets (je etwa 350 g)
2	Zwiebeln
20 g	getrocknete Tomaten in Öl (aus dem Glas)
	Salz
	frisch gemahlener Pfeffer
50 g	Korinthen
200 ml	Gemüsebrühe
1 Topf	Basilikum
1 Dose	Wachsbohnen (Abtropfgewicht 455 g)
	Cayennepfeffer

Zubereitungszeit: 35 Minuten, ohne Auftauzeit
Garzeit: etwa 23 Minuten

1. Bohnen nach Packungsanleitung auftauen lassen.

2. Entenbrustfilets unter fließendem kalten Wasser abspülen, trocken tupfen und die Haut der Länge nach in schmalen Abständen einritzen.

3. Den Backofen vorheizen.

Ober-/Unterhitze: etwa 100 °C
Heißluft: etwa 80 °C

4. Einen Wok erhitzen. Entenbrustfilets mit der Hautseite nach unten hineinlegen und anbraten. Die Hitze reduzieren. Die Entenbrustfilets wenden und noch etwa 15 Minuten weiterbraten, dabei noch zweimal wenden.

5. In der Zwischenzeit Zwiebeln abziehen, halbieren und in Streifen schneiden. Tomaten abtropfen lassen und ebenfalls in Streifen schneiden. Korinthen mit warmem Wasser abspülen und abtropfen lassen.

6. Die garen Entenbrustfilets aus dem Wok nehmen, mit Salz und Pfeffer würzen und auf ein Backblech legen. Das Backblech in den vorgeheizten Backofen schieben und die Entenbrustfilets warm stellen.

7. Das Bratfett bis auf etwa 2 Esslöffel aus dem Wok entfernen. Zwiebel-, Tomatenstreifen, Korinthen und Brechbohnen in dem heißen Entenfett unter Rühren andünsten. Gemüsebrühe hinzufügen. Den Deckel auflegen und das Bohnengemüse etwa 8 Minuten bei mittlerer Hitze garen.

8. In der Zwischenzeit Basilikum abspülen und trocken tupfen. Die Blättchen von den Stängeln zupfen. Wachsbohnen in ein Sieb geben, mit kaltem Wasser abspülen, abtropfen lassen, zum Bohnengemüse in den Wok geben und erhitzen.

9. Das Bohnengemüse mit Salz, Pfeffer und Cayennepfeffer abschmecken. Einen Teil der Basilikumblättchen unterheben.

10. Entenbrustfilets in Streifen schneiden und auf dem Bohnengemüse anrichten. Mit den restlichen Basilikumblättchen bestreuen.

Entenbrust mit Chicorée | Exotisch
4 Portionen

Pro Portion:
E: 29 g, F: 26 g, Kh: 13 g, kJ: 1829, kcal: 437

20 g	*frische Ingwerwurzel*
2	*Knoblauchzehen*
300 g	*Zucchini*
1 Dose	*Mandarinen*
	(Abtropfgewicht 175 g)
	2 Entenbrustfilets (je etwa 300 g)
	2 Chicorée
	Salz
	frisch gemahlener Pfeffer
4–6 EL	*Mandarinensaft aus der Dose*
1 Bund	*Schnittlauch*
	gemahlener Koriander

Zubereitungszeit: 45 Minuten

1. Ingwer schälen. Knoblauch abziehen. Ingwer und Knoblauch in kleine Würfel schneiden. Zucchini waschen, abtrocknen und dann die Enden abschneiden. Zucchini in schmale Streifen schneiden. Mandarinen in einem Sieb abtropfen lassen, dabei den Saft auffangen und 4–6 Esslöffel abmessen.

2. Entenbrustfilets unter fließendem kalten Wasser abspülen, trocken tupfen und enthäuten. Die Entenhaut in Streifen, das Filet in Scheiben schneiden.

3. Von dem Chicorée die schlechten Blätter entfernen. Chicorée halbieren und die bitteren Strünke keilförmig herausschneiden. Die Blätter waschen, abtropfen lassen und in breite Streifen schneiden.

4. Einen Wok erhitzen. Die Entenhaut darin unter Rühren knusprig ausbraten, mit einer Schaumkelle herausnehmen und auf Küchenpapier abtropfen lassen. Das Bratfett bis auf 2 Esslöffel entfernen.

5. Die Entenbrustfiletscheiben in dem heißen Bratfett in mehreren Portionen unter Rühren anbraten und mit einer Schaumkelle herausnehmen. Mit Salz und Pfeffer würzen.

6. Ingwer-, Knoblauchwürfel und Zucchinistreifen in dem verbliebenen Bratfett bei mittlerer Hitze etwa 3 Minuten unter ständigem Rühren braten.

7. Chicoréestreifen, Mandarinen, Entenbrustfiletscheiben und Mandarinensaft hinzufügen, etwa 2 Minuten unter Rühren mitbraten lassen.

8. Schnittlauch abspülen, trocken tupfen, in Röllchen schneiden und unter die Zutaten rühren. Mit Salz, Pfeffer und Koriander abschmecken. Kurz vor dem Servieren die ausgebratene Entenhaut darauf verteilen.

Tipp: Anstelle des frischen Ingwers können Sie auch 1–2 Teelöffel gemahlenen Ingwer oder Ingwer in Sirup verwenden.

Entenbrust mit Krebsen | Mit Alkohol
4 Portionen

Pro Portion:
E: 34 g, F: 37 g, Kh: 5 g, kJ: 2207, kcal: 528

2	Entenbrustfilets (je etwa 350 g)
	Salz
	frisch gemahlener Pfeffer
40 g	zerlassene Butter
	Salzwasser
12	Krebse
2	Schalotten
20 g	Butter
150 ml	Noilly Prat (Wermut)
100 g	Schlagsahne
40 g	kalte Butter
½ Bund	Sauerampfer
10 g	Trüffel

Zubereitungszeit: 50 Minuten, ohne Abkühlzeit
Garzeit: etwa 15 Minuten

1. Den Backofen vorheizen.

Ober-/Unterhitze: etwa 200 °C
Heißluft: etwa 180 °C

2. Entenbrustfilets unter fließendem kalten Wasser abspülen, trocken tupfen, halbieren, mit Salz und Pfeffer würzen. Die Entenbrustfilets mit Butter bestreichen und in eine Kasserolle oder einen Bräter legen. Die Kasserolle oder den Bräter auf dem Rost in den vorgeheizten Backofen schieben. Die Entenbrustfilets etwa 15 Minuten garen.

3. In der Zwischenzeit Salzwasser in einem Topf zum Kochen bringen. Die Krebse unter fließendem kalten Wasser abspülen und in dem kochenden Salzwasser bei schwacher Hitze etwa 7 Minuten gar ziehen lassen. Krebse mit einer Schaumkelle herausnehmen und etwas abkühlen lassen.

4. Entenbrustfilets aus der Kasserolle oder dem Bräter nehmen und zugedeckt ruhen lassen. Das Krebsfleisch aus den Schalen lösen.

5. Schalotten abziehen und in kleine Würfel schneiden. Butter in einer Pfanne zerlassen. Schalottenwürfel darin andünsten. Noilly Prat hinzugießen, zum Kochen bringen und um ein Drittel einkochen lassen. Sahne hinzufügen. Butter in Stückchen unterschlagen.

6. Sauerampfer abspülen und trocken tupfen. Die Blättchen von den Stängeln zupfen. Blättchen in Streifen schneiden. Trüffel in Scheiben schneiden.

7. Sauerampferstreifen, Trüffelscheiben und Krebsfleisch in die Sauce geben und erhitzen. Mit Salz und Pfeffer abschmecken.

8. Entenbrustfiles In Schelben schnelden. Dle Entenbrustfiletscheiben mit der Sauce auf einem großen Teller anrichten.

Beilage: Butternudeln.

Tipp: Schneller geht es, wenn Sie 100 g aufgetaute und abgespülte TK-Flusskrebsschwänze für die Sauce verwenden.

Entenbrust mit Orangensauce I

Mit Alkohol
4 Portionen

Pro Portion:
E: 28 g, F: 37 g, Kh: 11 g, kJ: 2118, kcal: 507

2	Entenbrustfilets (je etwa 300 g)
	Salz
	frisch gemahlener Pfeffer
2 TL	flüssiger Honig
15 g	Butter
3–4 EL	Orangenlikör

Für die Orangensauce:

1	Bio-Orange (unbehandelt, ungewachst)
1 Becher (150 g)	Crème fraîche
etwas	flüssiger Honig

Zubereitungszeit: 35 Minuten
Garzeit: etwa 12 Minuten

1. Entenbrustfilets unter fließendem kalten Wasser abspülen, trocken tupfen, mit Salz und Pfeffer bestreuen.

2. Eine Pfanne ohne Fett erhitzen. Die Entenbrustfilets mit der Fettseite nach unten hineinlegen und etwa 6 Minuten braten. Die Filets dann wenden und von der anderen Seite ebenfalls etwa 6 Minuten braten.

3. Kurz vor Ende der Bratzeit die Haut der Entenbrustfilets mit Hilfe eines Backpinsels mit Honig bestreichen, die Butter hinzugeben. Die Entenbrustfilets mit Orangenlikör übergießen, aus dem Bratensatz nehmen, auf einer vorgewärmten Platte anrichten und zugedeckt warm stellen.

4. Für die Orangensauce Orange heiß waschen, trocken reiben und dünn schälen. Orangenschale in sehr feine Streifen schneiden oder die Schale mit einem Zestenreißer dünn abziehen. Die Orange halbieren und auspressen.

5. Von dem Bratensatz eventuell das Fett mit einem Löffel abnehmen (entfetten) oder abgießen, Orangensaft und -schale zu dem Bratensatz geben und loskochen. Crème fraîche unterrühren und zum Kochen bringen. Die Sauce mit Salz, Pfeffer und Honig abschmecken, eventuell ausgetretenen Bratensaft von den Filets unterrühren. Sauce zu den Filets reichen.

Beilage: Bandnudeln oder Herzoginkartoffeln und Brokkoli.

Entenbrust mit Pfefferkirschen I
Für Gäste
4 Portionen

Pro Portion:
E: 34 g, F: 37 g, Kh: 30 g, kJ: 2503, kcal: 597

2	*Entenbrustfilets (je etwa 350 g)*
	Salz
	frisch gemahlener Pfeffer
1 Glas	*Schattenmorellen*
	(Abtropfgewicht 350 g)
1 Glas	*grüner Pfeffer*
	(Abtropfgewicht 65 g)
200 ml	*Kirschsaft aus dem Glas*
400 ml	*Enten- oder*
	Geflügelfond
1 leicht	
geh. EL	*Speisestärke*
3 EL	*kaltes Wasser*

Zubereitungszeit: 30 Minuten
Garzeit: etwa 15 Minuten

1. Entenbrustfilets unter fließendem kalten Wasser abspülen, trocken tupfen und die Haut der Länge nach in schmalen Abständen einritzen.

2. Einen Wok erhitzen. Entenbrustfilets zuerst mit der Hautseite nach unten hineinlegen und anbraten. Die Hitze reduzieren, die Entenbrustfilets wenden und noch etwa 12 Minuten weiterbraten, dabei noch zweimal wenden. Entenbrustfilets mit Salz und Pfeffer würzen, herausnehmen und warm stellen.

3. Schattenmorellen in einem Sieb abtropfen lassen, dabei den Saft auffangen und 200 ml abmessen. Die Pfefferkörner abtropfen lassen und grob zerstoßen.

4. Die Pfefferkörner in den heißen Wok geben und sofort mit dem Kirschsaft ablöschen. Den Enten- oder Geflügelfond hinzugießen, zum Kochen bringen, mit Salz würzen und etwa 10 Minuten bei schwacher Hitze köcheln lassen.

5. Speisestärke mit kaltem Wasser anrühren, unter die Sauce rühren und nochmals gut aufkochen lassen. Schattenmorellen hinzufügen. Die Sauce nochmals mit Salz und Pfeffer abschmecken. Die Entenbrustfilets in Scheiben schneiden, mit den Pfefferkirschen servieren.

Beilage: Im Frühling und Sommer glasiertes, junges Gemüse und Kartoffeltaler zur Entenbrust reichen. In der kalten Jahreszeit passen Rahmwirsing und Kartoffelbrei sehr gut dazu.

Entenbrust mit Quittenkompott I

Für Gäste – mit Alkohol
4 Portionen

Pro Portion:
E: 32 g, F: 63 g, Kh: 18 g, kJ: 3555, kcal: 850

  2 Entenbrustfilets
    (je etwa 300 g)
    Salz
    frisch gemahlener Pfeffer
  2 Schalotten
 50 g Butter
  4 cl trockener Weißwein
  4 cl Cognac
125 g Crème double
  1 EL Geflügelbrühe
 40 g Gänseleberpastete
  2 Salbeiblättchen
  2 cl Portwein

Für das Quittenkompott:
250 g Quitten
 60 g Butter
 30 g Zucker
    Saft von
  1 Zitrone
  2 cl Weißwein

Zubereitungszeit: 40 Minuten
Garzeit Entenbrust: etwa 12 Minuten
Garzeit Quittenkompott: etwa 10 Minuten

1. Entenbrustfilets unter fließendem kalten Wasser abspülen, trocken tupfen, mit Salz und Pfeffer bestreuen.

2. Eine Pfanne ohne Fett erhitzen. Die Entenbrustfilets mit der Fettseite nach unten hineinlegen und in etwa 6 Minuten kross anbraten. Die Filets dann wenden und von der anderen Seite weitere etwa 6 Minuten braten. Entenbrustfilets herausnehmen und warm stellen.

3. Schalotten abziehen und in kleine Würfel schneiden. 20 g der Butter zerlassen, Schalottenwürfel darin andünsten, mit Wein und Cognac ablöschen. Crème double und Geflügelbrühe unterrühren, einmal aufkochen lassen.

4. Gänseleberpastete durch ein Sieb streichen und in die Sauce rühren. Restliche Butter unterschlagen (nicht mehr kochen lassen).

5. Salbeiblättchen abspülen, trocken tupfen und klein schneiden. Salbei unter die Sauce rühren. Mit Portwein, Salz und Pfeffer abschmecken.

6. Für das Quittenkompott die Quitten waschen, schälen, vierteln und das Kerngehäuse herausschneiden. Fruchtfleisch in Spalten schneiden.

7. Butter in einem Topf zerlassen, Zucker darin karamellisieren. Zitronensaft, Wein und die Quittenspalten hinzufügen, zum Kochen bringen und bei schwacher Hitze etwa 10 Minuten garen.

8. Entenbrustfilets mit der Sauce und dem Kompott auf Tellern anrichten.

Tipp: Butterreis, in Butter geschwenkte Spätzle oder Kartoffelpüree dazureichen.

Entenbrust mit rotem Zwiebelgemüse | Raffiniert – mit Alkohol
4 Portionen

Pro Portion:
E: 32 g, F: 19 g, Kh: 29 g, kJ: 1915, kcal: 459

Für das Zwiebelgemüse:

1 kg	*rote Zwiebeln*
4 EL	*Rapsöl*
2 EL	*Puderzucker*
250 ml (¼ l)	*Rotwein*
2 EL	*Johannisbeergelee*
	Salz
	frisch gemahlener Pfeffer
1 TL	*getrockneter Thymian*

Für die Entenbrust:

2	*Entenbrustfilets (je etwa 300 g)*
	Salz
	frisch gemahlener Pfeffer
2 TL	*flüssiger Honig*
15 g	*Butter*
3–4 EL	*Orangenlikör*

Zubereitungszeit: 50 Minuten, ohne Ruhezeit
Garzeit Entenbrust: etwa 12 Minuten
Garzeit Zwiebelgemüse: etwa 20 Minuten

1. Zwiebeln abziehen und je nach Größe vierteln oder sechsteln. Rapsöl in einem Bräter erhitzen. Zwiebelstücke darin unter mehrmaligem Wenden etwa 10 Minuten anbraten.

2. In der Zwischenzeit Entenbrustfilets unter fließendem kalten Wasser abspülen und trocken tupfen. Mit Salz und Pfeffer würzen.

3. Eine Pfanne ohne Fett erhitzen. Die Entenbrustfilets mit der Fettseite nach unten hineinlegen und etwa 6 Minuten braten. Die Filets wenden und von der anderen Seite ebenfalls etwa 6 Minuten braten.

4. Die Zwiebeln mit Puderzucker bestäuben, kurz karamellisieren lassen und mit Rotwein ablöschen. Johannisbeergelee unterrühren, aufkochen und etwa 20 Minuten bei schwacher Hitze leicht köcheln lassen.

5. Kurz vor Ende der Bratzeit die Haut der Entenbrustfilets mit Hilfe eines Backpinsels mit Honig bestreichen und Butter hinzugeben. Die Entenbrustfilets mit Orangenlikör übergießen, aus dem Bratensatz nehmen und warm gestellt etwa 10 Minuten ruhen lassen.

6. Die Zwiebelstücke mit Salz, Pfeffer und Thymian würzen. Die Entenbrustfilets in Scheiben schneiden und mit dem Zwiebelgemüse servieren.

Entenbrustaufstrich | Für Gäste

etwa 10 Portionen | etwa 480 g

Pro Portion:
E: 6 g, F: 20 g, Kh: 2 g, kJ: 881, kcal: 210

        350 g *Entenbrustfilet*
        150 g *Schweineschmalz*
            1 *Zwiebel*
            1 *Apfel*
        ½ TL *gerebelter Beifuß*
      1 Msp. *gemahlener Piment*
               (Nelkenpfeffer)
               Salz
               frisch gemahlener Pfeffer

Zubereitungszeit: 30 Minuten, ohne Abkühlzeit
Garzeit: etwa 90 Minuten
Haltbarkeit: gekühlt etwa 2 Wochen

1. Entenbrustfilet unter fließendem kalten Wasser abspülen und trocken tupfen. Die Haut mit dem Fett abschneiden. Haut und Fleisch in kleine Würfel schneiden.

2. Die Hautwürfel in einem Topf ausbraten. Dann die Grieben mit einem Schaumlöffel herausnehmen. Die Fleischwürfel in dem Entenfett unter Rühren anbraten.

3. Schweineschmalz vorsichtig hinzugeben und zerlassen. Die Fleischwürfel darin etwa 90 Minuten bei schwacher Hitze garen, dabei gelegentlich mit einem Holzlöffel umrühren.

4. Zwiebel abziehen, halbieren und in kleine Würfel schneiden. Apfel waschen, abtrocknen, schälen, halbieren, entkernen und ebenfalls in kleine Würfel schneiden. Zwiebel- und Apfelwürfel nach etwa 60 Minuten Garzeit zum Fleisch in den Topf geben.

5. Den Entenbrustaufstrich mit Beifuß, Piment, Salz und Pfeffer würzen und in gründlich gereinigte, mit heißem Wasser gespülte und getrocknete, hitzebeständige Gefäße füllen.

6. Entenbrustaufstrich etwas abkühlen lassen und die Gefäße dann verschließen, kalt stellen.

Brotempfehlung: Schwarz- und Vollkornbrot.

Entenbrustragout mit Orangen I
Für Gäste – mit Alkohol
8–10 Portionen

Pro Portion:
E: 29 g, F: 31 g, Kh: 10 g, kJ: 1883, kcal: 449

4	*Entenbrustfilets*
	(je etwa 350 g)
	Salz
	frisch gemahlener Pfeffer
3 EL	*Speiseöl*
3	*Bio-Saftorangen (unbehandelt, ungewachst)*
1	*Bio-Limette (unbehandelt, ungewachst)*
2 EL	*Tomatenmark*
200 ml	*Rotwein*
500 ml (½ l)	*Geflügelfond oder -brühe*
2 EL	*Himbeergelee*
1 kleines	
Bund	*Zitronenthymian*
evtl. 1 EL	*Speiseöl*

Zubereitungszeit: 40 Minuten
Garzeit: etwa 35 Minuten

1. Entenbrustfilets unter fließendem kalten Wasser abspülen und trocken tupfen. Jeweils die Haut der Entenbrustfilets abziehen und beiseitelegen. Entenbrustfilets in etwa 2 cm große Würfel schneiden. Mit Salz und Pfeffer bestreuen.

2. Speiseöl in einer großen Pfanne erhitzen. Fleischwürfel darin eventuell in 2 Portionen von allen Seiten anbraten.

3. Orangen und Limette gründlich waschen, abtrocknen, in Spalten schneiden, zu den Fleischwürfeln geben und kurz mit andünsten. Tomatenmark unterrühren.

4. Nach und nach Rotwein hinzugießen, zum Kochen bringen und einkochen lassen. Anschließend Fond oder Brühe und Gelee hinzugeben, zum Kochen bringen. Das Ragout bei schwacher Hitze etwa 35 Minuten garen, dabei gelegentlich umrühren.

5. Thymian abspülen und trocken tupfen (einige Stängel zum Garnieren beiseitelegen). Die Blättchen von den Stängeln zupfen. Blättchen zum Ragout geben. Mit Salz und Pfeffer abschmecken.

6. Nach Belieben die beiseitegelegte Entenhaut in Streifen schneiden. Speiseöl in einer Pfanne erhitzen und die Entenhaut darin knusprig braun braten und herausnehmen.

7. Entenbrustragout mit dem beiseitegelegten Thymian und nach Belieben mit der gebratenen Entenhaut garniert servieren.

Beilage: In Olivenöl und Gemüsebrühe gegarte Fenchelknollen und Salzkartoffeln.

Entenbrustspieße, gegrillt | Raffiniert

4 Portionen

Pro Portion:
E: 32 g, F: 30 g, Kh: 2 g, kJ: 1858, kcal: 444

2	*Entenbrustfilets (je etwa 350 g)*
2	*gelbe Paprikaschoten*
2	*Knoblauchzehen*
einige	
Stängel	*Thymian*
	Salz
	frisch gemahlener Pfeffer

Außerdem:

Holz- oder Metallspieße

Zubereitungszeit: 30 Minuten
Grillzeit: etwa 20 Minuten

1. Den Backofengrill vorheizen. Entenbrustfilets unter fließendem kalten Wasser abspülen, trocken tupfen, der Länge nach halbieren und in etwa 3 cm große Würfel schneiden. Paprikaschoten halbieren, entstielen, entkernen und die weißen Scheidewände entfernen. Schotenhälften waschen, abtropfen lassen und in etwa 3 cm große Würfel schneiden.

2. Knoblauch abziehen und durch eine Knoblauchpresse drücken. Thymian abspülen und trocken tupfen. Die Stängel etwas zerkleinern.

3. Entenbrustfilet- und Paprikawürfel abwechselnd auf Holz- oder Metallspieße stecken. Darauf achten, dass die Fettseite der Entenbrust jeweils zu einer Seite zeigt. Die Spieße mit Salz, Pfeffer, Knoblauch und Thymian würzen.

4. Die Entenbrustspieße auf einen mit Alufolie belegten Grillrost legen und unter dem vorgeheizten Grill etwa 20 Minuten grillen (die Hautseite nach oben).

Tipp: Die Entenbrustspieße mit frischem Tomatensalat und Baguette servieren.

Entenbruststreifen auf Kenia-Bohnen | Raffiniert

4 Portionen

Pro Portion:

E: 12 g, F: 28 g, Kh: 4 g, kJ: 1423, kcal: 339

400 g	Kenia-Bohnen
	Salzwasser
2	Entenbrustfilets (je etwa 200 g)
2 EL	Speiseöl
	Salz, frisch gemahlener Pfeffer
	gerebelter Majoran
2 EL	Butter
2 EL	Tomatenwürfel
4 EL	gehackte Champignons

Zubereitungszeit: 40 Minuten

1. Bohnen putzen und die Enden abschneiden, Bohnen eventuell abfädeln, waschen und abtropfen lassen. Bohnen in kochendem Salzwasser 6–8 Minuten garen, in ein Sieb geben, mit kaltem Wasser abschrecken und abtropfen lassen.

2. Entenbrustfilets unter fließendem kalten Wasser abspülen, trocken tupfen und quer in Streifen schneiden. Speiseöl in einer Pfanne erhitzen. Die Entenbrustfiletstreifen darin von allen Seiten kross anbraten, mit Salz, Pfeffer und Majoran würzen. Entenbrustfiletstreifen aus der Pfanne nehmen und warm stellen.

3. Etwas Butter zu dem Bratfett in die Pfanne geben. Die Bohnen, Tomatenwürfel und Champignonstücke darin andünsten. Das Gemüse mit Salz und Pfeffer abschmecken.

4. Das Gemüse auf einer Platte oder auf Tellern anrichten, Entenbrustfiletstreifen darauf verteilen.

Tipp: Mit einem Sträußchen frischem Majoran garnieren.

Entenkeule in Holundersauce I

Für Gäste – mit Alkohol

4 Portionen

Pro Portion:
E: 54 g, F: 33 g, Kh: 9 g, kJ: 2503, kcal: 599

8	Entenkeulen (je etwa 200 g)
1	Schalotte
100 g	Pfifferlinge
1 TL	Butter
1	Eigelb (Größe M)
1 EL	gehackte Petersilie
1 EL	Semmelbrösel
	Salz
	frisch gemahlener Pfeffer
1	Zwiebel
50 g	Knollensellerie
1	Möhre
4 EL	Speiseöl
250 ml (¼ l)	Holundersaft
3 cl	Wermut
2 Stängel	Petersilie

Außerdem:

Holzspießchen

Zubereitungszeit: 35 Minuten
Garzeit: etwa 45 Minuten

1. Den Backofen vorheizen.

Ober-/Unterhitze: etwa 220 °C
Heißluft: etwa 200 °C

2. Entenkeulen unter fließendem kalten Wasser abspülen und trocken tupfen. Von den Entenkeulen die oberen Schenkelknochen herauslösen.

3. Schalotte abziehen und in kleine Würfel schneiden. Pfifferlinge putzen, mit Küchenpapier abreiben, eventuell kurz abspülen und gut trocken tupfen.

4. Butter in einer Pfanne zerlassen. Schalottenwürfel und Pfifferlinge darin andünsten. Eigelb, Petersilie und Semmelbrösel hinzugeben und untermengen. Mit Salz und Pfeffer würzen.

5. Die Pfifferlingmasse in die Keulen füllen und mit Holzspießchen zusammenstecken. Die Entenkeulen mit Salz und Pfeffer würzen.

6. Zwiebel abziehen und in kleine Würfel schneiden. Sellerie und Möhre putzen, schälen, abspülen, abtropfen lassen und klein würfeln.

7. Speiseöl in einem Bräter erhitzen. Die Entenkeulen hineinlegen. Den Bräter auf dem Rost in den vorgeheizten Backofen schieben. Entenkeulen etwa 45 Minuten garen.

8. Wenn die Entenkeulen Farbe angenommen haben, die Zwiebel-, Sellerie- und Möhrenwürfel hinzugeben. Nach etwa 30 Minuten Garzeit den Holundersaft hinzugießen und die Entenkeulen fertig garen.

9. Entenkeulen herausnehmen und warm stellen. Den Bratenfond durch ein Sieb streichen, Wermut hinzugießen und etwas einkochen lassen. Die Sauce mit Salz und Pfeffer abschmecken.

10. Petersilie abspülen und trocken tupfen. Die Entenkeulen mit der Holundersauce auf einem Teller anrichten. Mit einem Petersiliensträußchen garnieren.

Entenkeulen auf Honig-Rotwein-Zwiebeln | Mit Alkohol
4 Portionen

Pro Portion:
E: 30 g, F: 38 g, Kh: 27 g, kJ: 2465, kcal: 589

4	Entenkeulen (je etwa 200 g)
	Salz
	frisch gemahlener Pfeffer
400 g	rote Zwiebeln
500 g	kleine, festkochende Kartoffeln
2 EL	Speiseöl
etwa 100 ml	Rotwein
etwa 100 ml	Geflügelbrühe
1 EL	flüssiger Honig

Zubereitungszeit: 35 Minuten
Garzeit: 30–40 Minuten

1. Den Backofen vorheizen.

Ober-/Unterhitze: etwa 180 °C
Heißluft: etwa 160 °C

2. Entenkeulen unter fließendem kalten Wasser abspülen, trocken tupfen, mit Salz und Pfeffer würzen.

3. Zwiebeln abziehen und achteln. Kartoffeln unter fließendem kalten Wasser gründlich abbürsten und abtropfen lassen.

4. Speiseöl in einem Bräter erhitzen, Entenkeulen darin von allen Seiten anbraten. Zwiebelspalten und Kartoffeln hinzugeben und unter mehrmaligem Wenden etwa 20 Minuten mitbraten lassen.

5. Rotwein und Geflügelbrühe hinzugießen. Den Bräter auf dem Rost in den vorgeheizten Backofen schieben. Die Entenkeulen mit den Kartoffeln und Zwiebelspalten 30–40 Minuten garen, dabei gelegentlich umrühren.

6. Verdampfte Flüssigkeit eventuell durch etwas Rotwein oder Geflügelbrühe ersetzen.

7. Die Entenkeulen auf Honig-Rotwein-Zwiebeln mit Salz, Pfeffer und Honig abschmecken.

Beilage: Frischer Blattsalat.

Entenkeulen mit Ingwer-Möhren I

Raffiniert

4 Portionen

Pro Portion:

E: 48 g, F: 74 g, Kh: 12 g, kJ: 3772, kcal: 902

4	*Entenkeulen, mit Knochen (je etwa 350 g)*
	Salz, frisch gemahlener Pfeffer
2 EL	*Speiseöl*
1	*Apfel (etwa 200 g)*
1	*dicke Zwiebel (etwa 200 g)*
400 ml	*Geflügelbrühe oder Entenfond*

Für die Ingwer-Möhren:

400 g	*Möhren*
	Salzwasser
40 g	*Butter*
1 EL	*Olivenöl*
	etwas Zitronensaft
	etwas frisch geriebene Ingwerwurzel
	evtl. 1
Stängel	*Zitronengras oder einige Stängel Zitronenmelisse*

Zubereitungszeit: 30 Minuten
Garzeit: etwa 60 Minuten

1. Den Backofen vorheizen.

Ober-/Unterhitze: etwa 200 °C
Heißluft: etwa 180 °C

2. Entenkeulen unter fließendem kalten Wasser abspülen und trocken tupfen. Mit Salz und Pfeffer würzen. Speiseöl in einem Bräter erhitzen. Die Entenkeulen darin von allen Seiten kross anbraten.

3. Apfel abwaschen, abtrocknen, vierteln und das Kerngehäuse herausschneiden. Apfelviertel mit Schale in grobe Würfel schneiden. Zwiebel abziehen und ebenfalls würfeln. Apfel- und Zwiebelwürfel zu den Entenkeulen in den Bräter geben und etwa 5 Minuten mit andünsten. Mit der Hälfte der Brühe oder des Fonds ablöschen.

4. Den Bräter auf dem Rost in den vorgeheizten Backofen schieben. Die Entenkeulen etwa 60 Minuten garen. Restliche Brühe oder Fond nach und nach hinzugießen. Die Entenkeulen während der Garzeit gelegentlich wenden.

5. Für die Ingwer-Möhren Möhren putzen, schälen, abspülen, abtropfen lassen und in Scheiben schneiden oder hobeln. Möhrenscheiben in kochendem Salzwasser 2–3 Minuten blanchieren. Möhrenscheiben in ein Sieb geben, mit kaltem Wasser übergießen und abtropfen lassen.

6. Butter in einer Pfanne zerlassen, Möhrenscheiben darin andünsten. Mit Olivenöl, Zitronensaft, geriebenem Ingwer, Salz und Pfeffer würzen.

7. Entenkeulen aus dem Bratensud nehmen und warm stellen.

8. Den Sud mit einem Passierstab pürieren oder durch ein Sieb streichen. Nach Belieben noch etwas Brühe hinzugeben. Die Sauce aufkochen lassen und mit den Gewürzen abschmecken.

9. Nach Belieben Zitronengras oder Melisse abspülen und trocken tupfen. Die Entenkeulen auf dem Möhrengemüse anrichten. Mit etwas Sauce umgießen. Mit Zitronengras oder Zitronenmelisse garnieren.

Entenkeulen mit Preiselbeeren I
Für Gäste
4 Portionen

Pro Portion:
E: 47 g, F: 35 g, Kh: 13 g, kJ: 2295, kcal: 546

4	*Entenkeulen*
	(je etwa 320 g)
	Salz
	frisch gemahlener Pfeffer
1	*rote Chilischote*
300 ml	*Hühnerbrühe*
3	*Gewürznelken*
1 TL	*Zucker*
200 g	*frische Preiselbeeren oder*
	Cranberries
1 Bund	*Frühlingszwiebeln*
2 TL	*Speisestärke*

Zubereitungszeit: 30 Minuten
Garzeit: etwa 2 Stunden

1. Den Backofen vorheizen.

Ober-/Unterhitze: etwa 180 °C
Heißluft: etwa 160 °C

2. Die Entenkeulen unter fließendem kalten Wasser abspülen, trocken tupfen und etwas Fett abschneiden. Mit Salz und Pfeffer würzen. Entenkeulen mit der Hautseite nach unten in einen Bräter legen. Den Bräter auf dem Rost in den vorgeheizten Backofen schieben. Die Entenkeulen etwa 2 Stunden garen.

3. Chilischote abspülen und trocken tupfen. Nach etwa 60 Minuten Garzeit die Entenkeulen wenden. Hühnerbrühe, Chilischote und Nelken hinzugeben, mit Zucker würzen. Die Entenkeulen weitergaren.

4. Preiselbeeren oder Cranberries verlesen, waschen und abtropfen lassen. Frühlingszwiebeln putzen, waschen, abtropfen lassen und in etwa 3 cm große Stücke schneiden.

5. Speisestärke mit etwas kaltem Wasser anrühren. Die Sauce etwa 15 Minuten vor Ende der Garzeit damit binden. Frühlingszwiebelstücke und Preiselbeeren oder Cranberries hinzugeben, Entenkeulen fertig garen.

Beilage: Zu den Entenkeulen Kartoffelklöße, Spätzle oder Kartoffelbrei und Rot- oder Rosenkohl servieren.

Tipp: Würzen Sie die Entenkeulen zusätzlich mit getrocknetem Thymian.

Entenkeulen mit Rosmarin I

Etwas teurer – dauert länger

4 Portionen

Pro Portion:

E: 55 g, F: 53 g, Kh: 43 g, kJ: 3861, kcal: 922

300 g	weiße Perlbohnen
1–1 ½ l	Wasser
600 ml	Fleischbrühe
4	Entenkeulen (je etwa 200 g)
3 EL	Olivenöl
600 g	Kartoffeln
2	rote Zwiebeln
2	Knoblauchzehen
1 Bund	Rosmarin
4	Tomaten
300 ml	Bohnen-Kochbrühe von den gegarten Bohnen
	Instantbrühe
	Salz
	frisch gemahlener Pfeffer
60 g	frisch geriebener Parmesan-Käse
3 EL	Semmelbrösel

Zubereitungszeit: 30 Minuten, ohne Einweichzeit
Garzeit Bohnen: 50–60 Minuten
Garzeit Gratin: etwa 60 Minuten

1. Bohnen mit 1 Liter Wasser 12–24 Stunden (am besten über Nacht) einweichen. Bohnen mit dem Einweichwasser (eventuell mit Wasser ergänzen, wenn die Bohnen sehr viel Wasser aufgesogen haben) in einem Topf zum Kochen bringen und zugedeckt bei schwacher Hitze 50–60 Minuten bissfest garen.

2. Den Backofen vorheizen.

Ober-/Unterhitze: etwa 180 °C
Heißluft: etwa 160 °C

3. Entenkeulen unter fließendem kalten Wasser abspülen und trocken tupfen. Olivenöl in einer Pfanne erhitzen. Entenkeulen darin von allen Seiten gut anbraten, herausnehmen und warm stellen.

4. Kartoffeln waschen, schälen, abspülen, abtropfen lassen und in Würfel schneiden. Kartoffelwürfel in dem verbliebenen Bratfett von allen Seiten knusprig braun braten.

5. Zwiebeln und Knoblauch abziehen, in kleine Würfel schneiden, zu den Kartoffeln geben und mit anbraten.

6. Rosmarin abspülen und trocken tupfen. Die Nadeln von den Stängeln zupfen. Die Nadeln klein schneiden. Tomaten waschen, trocken tupfen, halbieren und die Stängelansätze herausschneiden. Tomatenhälften grob zerkleinern.

7. Bohnen abgießen, dabei die Kochbrühe auffangen und 300 ml abmessen. Kochbrühe mit Instantbrühe würzen. Bohnen, Rosmarin und Tomatenstücke zu den gebratenen Kartoffelwürfeln geben und untermischen, mit Salz und Pfeffer würzen. Die Kartoffel-Gemüse-Masse mit den Entenkeulen in einer gefetteten Auflaufform verteilen. Die Bohnen-Kochbrühe darauf verteilen. Käse mit Semmelbröseln mischen und daraufstreuen. Die Form auf dem Rost in den vorgeheizten Backofen schieben. Rosmarin-Bohnen-Gratin etwa 60 Minuten garen. Sollte die Oberfläche zu stark bräunen, sie mit Backpapier zudecken.

Entenpastete | Mit Alkohol
4 Portionen

Pro Portion:
E: 42 g, F: 43 g, Kh: 52 g, kJ: 3227, kcal: 772

1 Pck. (450 g) TK-Blätterteig
2 Entenbrustfilets (je etwa 250 g)
180 g Hähnchenbrustfilet
Salz, frisch gemahlener Pfeffer
1 EL Olivenöl
1 Brötchen (Semmel) vom Vortag
1 Schalotte
50 g Crème fraîche
20 ml Grand Marnier (Orangenlikör)
25 g gehackte Pistazienkerne

Außerdem:
Mehl zum Ausrollen
Milch zum Bestreichen

Zubereitungszeit: 40 Minuten,
ohne Auftau-, Abkühl- und Kühlzeit
Garzeit: 35–40 Minuten
Haltbarkeit: gekühlt etwa 3 Tage

1. Blätterteigplatten zugedeckt nebeneinander bei Zimmertemperatur auftauen lassen.

2. Entenbrust- und Hähnchenbrustfilets unter fließendem kalten Wasser abspülen und trocken tupfen. Von den Entenbrustfilets Fett und Haut abschneiden. 1 Entenbrustfilet längs in 3 Streifen schneiden, mit Salz und Pfeffer würzen.

3. Olivenöl in einer Pfanne erhitzen. Die Entenbruststreifen darin von allen Seiten etwa 10 Minuten gut anbraten, herausnehmen und erkalten lassen.

4. Das zweite Entenbrust- und Hähnchenbrustfilet in kleine Würfel schneiden, etwa 10 Minuten in den Gefrierschrank legen.

5. Brötchen in kaltem Wasser einweichen und ausdrücken. Schalotte abziehen und in kleine Würfel schneiden. Fleisch-, Schalottenwürfel und Brötchen in einem Blitzhacker fein zerkleinern.

6. Die Fleischmasse mit Salz und Pfeffer abschmecken. Crème fraîche, Grand Marnier und Pistazienkerne unterrühren oder untermixen. Fleischmasse kalt stellen.

7. Blätterteigplatten aufeinanderlegen und auf einer bemehlten Arbeitsfläche zu einem Rechteck (etwa 30 x 40 cm) ausrollen. Etwa ein Drittel der Teigplatte mit der Fleischmasse bestreichen, dabei am Rand etwa 1 cm frei lassen.

8. Entenbruststreifen auf die Fleischmasse legen und den Teig von der schmalen Seite her, mit der Füllung beginnend, aufrollen. Die Enden gut zusammendrücken. Auf der Pastetenoberfläche mit einem spitzen Messer 3 kleine runde Blätterteigtaler ausschneiden.

9. Den Backofen vorheizen.

Ober-/Unterhitze: 180–200 °C
Heißluft: 160–180 °C

10. Die Pastete etwa 20 Minuten kalt stellen. Dann mit der Nahtseite nach unten auf ein mit Backpapier belegtes Backblech (30 x 40 cm) legen. Pastetenoberfläche mit Milch bestreichen. Das Backblech in den vorgeheizten Backofen schieben. Die Pastete 35–40 Minuten garen.

11. Die Pastete vom Backblech nehmen und etwa 5 Minuten ruhen lassen. Anschließend in Scheiben schneiden.

Entenragout in Basilikum-Schalotten-Sauce I

Für Gäste – mit Alkohol
4 Portionen

Pro Portion:
E: 41 g, F: 56 g, Kh: 5 g, kJ: 2941, kcal: 703

4	*Entenkeulen (je etwa 250 g)*
	Salz
	frisch gemahlener Pfeffer
1 ½ EL	*Speiseöl*
3	*Schalotten (etwa 125 g)*
1 EL	*Tomatenmark*
150 ml	*Geflügelbrühe*
½	*kleiner Kopf Blumenkohl (etwa 400 g)*
½	*kleiner Romanesco (etwa 400 g)*
1 kleiner	
	Topf Basilikum
100 ml	*trockener Weißwein*
100 g	*Schlagsahne*
evtl.	*Speisestärke*

Zubereitungszeit: 50 Minuten
Garzeit: etwa 80 Minuten

1. Das Fleisch der Entenkeulen von Knochen und Haut lösen. Fleisch unter fließendem kalten Wasser abspülen, trocken tupfen und in große Stücke schneiden, eventuell Sehnen entfernen. Mit Salz und Pfeffer würzen.

2. Speiseöl in einem Bräter erhitzen, Fleischstücke darin von allen Seiten kräftig anbraten.

3. Schalotten abziehen, in Scheiben schneiden, zu den Fleischstücken geben und mit andünsten. Tomatenmark unterrühren. Brühe hinzugießen und zum Kochen bringen. Die Fleischstücke etwa 70 Minuten garen, eventuell etwas Wasser hinzugießen.

4. Von Blumenkohl und Romanesco die Blätter und schlechte Stellen entfernen. Den Strunk abschneiden. Blumenkohl und Romanesco waschen, abtropfen lassen, in Röschen teilen und in kochendem Salzwasser etwa 8 Minuten blanchieren. Anschließend in ein Sieb geben, mit kaltem Wasser übergießen und abtropfen lassen.

5. Basilikum abspülen und trocken tupfen. Die Blättchen von den Stängeln zupfen (einige Blättchen zum Garnieren beiseitelegen). Blättchen in Streifen schneiden.

6. Wein und Sahne zu den gegarten Fleischstücken in den Bräter geben, Basilikumstreifen unterrühren.

7. Blumenkohl- und Romanesco-Röschen zum Ragout geben, mit den Gewürzen abschmecken und unter Rühren aufkochen lassen. Das Ragout nach Belieben mit angerührter Speisestärke binden und mit den beiseitegelegten Basilikumblättchen garniert servieren.

Beilage: Kleine Kartoffelklöße oder Kartoffelpüree.

Entensalat, chinesisch I

Für Gäste – gut vorzubereiten

4 Portionen

Pro Portion:

E: 33 g, F: 98 g, Kh: 17 g, kJ: 4835, kcal: 1155

1	*küchenfertige Flugente (etwa 1,2 kg)*
2	*Bio-Orangen (unbehandelt, ungewachst)*
1	*Bio-Zitrone (unbehandelt, ungewachst)*
1	*Zwiebel*
2	*Lorbeerblätter*
3–4	*Gewürznelken*
	Pfefferkörner
	Salz
100 g	*Sojabohnenkeimlinge*
20 g	*Butter*

Für die Salatsauce:

25 g	*frische Ingwerwurzel*
1	*Eigelb (Größe M, sehr frisch)*
1 TL	*mittelscharfer Senf*
1 EL	*Zitronensaft*
	frisch gemahlener Pfeffer
1 gestr. TL	*Zucker*
125 ml (¹⁄₈ l)	*Sojaöl*
2 EL	*Sojasauce*

Zubereitungszeit: 35 Minuten, ohne Abkühlzeit
Garzeit: etwa 90 Minuten

1. Ente innen und außen unter fließendem kalten Wasser abspülen, abtropfen lassen, halbieren und in einen großen Topf geben. So viel Wasser hinzugießen, dass die Ente bedeckt ist.

2. Orangen und Zitrone heiß abwaschen, abtrocknen und jeweils die Schale abreiben. Zwiebel abziehen und vierteln.

3. Orangen-, Zitronenschale, Zwiebelviertel, Lorbeerblätter, Nelken und Pfefferkörner zu den Entenhälften in den Topf geben, mit Salz würzen. Die Zutaten zum Kochen bringen, etwa 90 Minuten köcheln lassen.

4. Die garen Entenhälften aus der Brühe nehmen und abkühlen lassen. Das Fleisch von den Knochen lösen und enthäuten. Entenfleisch in Scheiben schneiden.

5. Die abgeriebenen Orangen und Zitrone so schälen, dass die weiße Haut vollständig entfernt wird. Orangen und Zitrone filetieren.

6. Sojabohnenkeimlinge verlesen, abspülen und abtropfen lassen. Butter zerlassen. Die Sojabohnenkeimlinge darin schwenken und abtropfen lassen.

7. Die Entenfleischscheiben auf 4 Portionsteller verteilen. Orangen- und Zitronenfilets darauf anrichten, die Sojabohnenkeimlinge daraufgeben.

8. Für die Salatsauce Ingwer schälen und reiben. Eigelb mit Senf, Zitronensaft, Salz, Pfeffer und Zucker zu einer dicklichen Masse aufschlagen. Nach und nach Sojaöl unterschlagen, Ingwer und Sojasauce unterrühren. Die Sauce auf den Entensalat geben.

Tipp: Eine Bio-Orange (unbehandelt, ungewachst) dick schälen und Blüten ausstechen. Den Salat mit den Blüten garnieren.

Entensugo | Raffiniert – mit Alkohol
4 Portionen

Pro Portion:
E: 31 g, F: 50 g, Kh: 10 g, kJ: 2682, kcal: 640

600 g	*Entenbrustfilet, mit Haut*
200 g	*Möhren*
180 g	*Knollensellerie*
150 ml	*trockener Wermut,*
	z. B. Noilly Prat
300 g	*Schlagsahne*
1 Stange	*Porree (Lauch)*
	Salz, frisch gemahlener Pfeffer

Zubereitungszeit: 45 Minuten
Garzeit: etwa 10 Minuten

1. Die Entenbrust unter fließendem kalten Wasser abspülen und trocken tupfen. Die fette Haut von der Entenbrust abtrennen, einen Teil davon in sehr kleine Würfel schneiden und in einer Pfanne ohne Fett braun rösten. Das Brustfleisch ebenfalls in kleine Würfel schneiden, hinzufügen und mit anbraten.

2. Möhren und Sellerie putzen, schälen, abspülen, abtropfen lassen und in sehr kleine Würfel schneiden. Möhren- und Selleriewürfel zu den Fleischwürfeln geben und unter Rühren kurz anbraten, Wermut und

Sahne hinzugießen. Die Zutaten zum Kochen bringen und etwa 10 Minuten bei schwacher Hitze köcheln lassen.

3. Inzwischen Porree putzen, die Stange längs halbieren, waschen, abtropfen lassen und in feine Streifen schneiden. Porreestreifen gegen Ende der Garzeit zu den Fleisch- und Gemüsewürfeln geben. Die Sauce mit Salz und Pfeffer abschmecken und servieren.

Beilage: Bandnudeln.

Tipp: Wenn Sie den Sugo zum Servieren mit den heißen Nudeln mischen, geben Sie etwa 100 ml von dem Nudelkochwasser hinzu.

Ententerrine | Dauert länger – mit Alkohol
4 Portionen

Pro Portion:
E: 97 g, F: 175 g, Kh: 12 g, kJ: 9057, kcal: 2164

1	*küchenfertige Ente (etwa 1,8 kg)*
3 EL	*Weinbrand*
2 EL	*Orangensaft*
gut 1 l	*kochendes Salzwasser*
1 Bund	*Suppengrün (Möhre, Sellerie,*
	Porree [Lauch])
1	*Lorbeerblatt*
	gerebelter Thymian
	Pfefferkörner
125 ml (1/8 l)	*Rotwein*
2 EL	*Speiseöl*
1	*Zwiebel*
1	*Knoblauchzehe*
250 g	*fettes Bauchfleisch, ohne Knochen*
400 g	*mageres Schweinefleisch*
2 TL	*rosa Pfefferbeeren*
1 1/2–2 TL	*Pastetengewürz*
	abgeriebene Schale von
1	*Bio-Orange (unbehandelt,*
	ungewachst)
20 g	*grob gehackte Pistazienkerne*
1	*Ei (Größe M)*
	gerebelter Thymian
	Salz, frisch gemahlener Pfeffer

*300 g frische, fette Speckscheiben,
dünn geschnitten*

Für den Madeira-Aspik:
*1 Pck. gemahlene, weiße Gelatine
5 EL kaltes Wasser
300 ml Entenbrühe
6 EL Madeira (Dessertwein)
Scheiben von
1 Bio-Orange (unbehandelt,
ungewachst)
Lorbeerblätter oder
vorbereitete Thymianzweige*

Zubereitungszeit: 60 Minuten,
ohne Durchzieh-, Abkühl- und Kühlzeit
Garzeit: 1 ³/₄ Stunden

1. Die Ente innen und außen unter fließendem kalten Wasser abspülen, trocken tupfen. Das Fleisch von den Knochen lösen.

2. Das Brustfilet mit der Leber in eine kleine Schüssel legen. Weinbrand mit Orangensaft verrühren und auf dem Entenbrustfilet und der Leber verteilen, zugedeckt 3–4 Stunden durchziehen lassen.

3. Knochen und Hals der Ente in Salzwasser geben. Suppengrün putzen, waschen, abtropfen lassen, klein schneiden. Mit Lorbeerblatt, Thymian, Pfefferkörnern und Rotwein zu den Knochen geben, zum Kochen bringen und ohne Deckel etwa 2 Stunden ziehen lassen, bis die Brühe auf gut 500 ml (¹/₂ l) eingekocht ist.

4. Brühe durch ein Geschirrtuch gießen, erkalten lassen und entfetten. Von der Brühe 400 ml abmessen. Den Backofen vorheizen.

Ober-/Unterhitze: etwa 200 °C
Heißluft: etwa 180 °C

5. Speiseöl in einer Pfanne erhitzen. Entenbrust und Leber aus der Marinade nehmen, trocken tupfen, im Speiseöl anbraten, herausnehmen, erkalten lassen.

6. Zwiebel und Knoblauch abziehen, klein würfeln und in dem verbliebenen Bratfett glasig dünsten.

7. Bauchfleisch und Schweinefleisch unter fließendem kalten Wasser abspülen, trocken tupfen, mit dem restlichen Entenfleisch, Zwiebel- und Knoblauchwürfeln durch die feine Scheibe des Fleischwolfs drehen. Die Entenbrust-Marinade, 100 ml von der Entenbrühe, Pfeffer, Pastetengewürz, Orangenschale, Pistazienkerne, Ei und Thymian gut verrühren, mit Salz und Pfeffer abschmecken und unter die Hackfleischmasse arbeiten. Die marinierte Leber in kleine Würfel schneiden und ebenfalls untermengen.

8. Die Entenbrustfilets mit einigen Speckscheiben umwickeln. Mit den restlichen Speckscheiben eine Terrinenform (1 ½–1 ¾ l Inhalt) auslegen (einige Scheiben beiseitelegen). Die Hälfte der Hackfleischmasse hineingeben. Die Entenbrustfilets darauflegen, restliche Hackfleischmasse darauf verteilen und mit den beiseitegelegten Speckscheiben belegen.

9. Terrine mit dem Deckel verschließen, in die Fettfangschale stellen und in den vorgeheizten Backofen schieben. 1 ½ Liter warmes Wasser in die Fettfangschale gießen. Die Enten-Terrine etwa 1 ¾ Stunden garen. Nach der Hälfte der Garzeit nochmals 750 ml warmes Wasser in die Fettfangschale gießen. Die Terrine aus dem Backofen nehmen und das flüssige Fett abgießen. Die Terrine beschweren und mindestens 1 Tag kalt stellen.

10. Für den Madeira-Aspik die Gelatine mit kaltem Wasser in einem kleinen Topf anrühren und 10 Minuten quellen lassen. Die restliche Entenbrühe in einem Topf zum Kochen bringen und von der Kochstelle nehmen. Gequollene Gelatine unterrühren. So lange rühren, bis sie vollständig gelöst ist, Madeira unterrühren, mit Salz und Pfeffer abschmecken.

11. Die Terrine mit Orangenscheiben, Lorbeerblättern oder Thymianzweigen garnieren, mit etwas von der leicht abgekühlten Aspikflüssigkeit begießen, so dass die Oberfläche bedeckt ist, im Kühlschrank erstarren lassen. Restliche Aspikflüssigkeit in einen mit kaltem Wasser ausgespülten Teller gießen und ebenfalls im Kühlschrank fest werden lassen.

12. Aspik auf dem Teller in Würfel schneiden. Die Terrine mit den Aspikwürfeln garnieren.

Fasan auf Weinsauerkraut I

Etwas teurer – mit Alkohol
4 Portionen

Pro Portion:
E: 57 g, F: 16 g, Kh: 19 g, kJ: 2117, kcal: 506

1	Zwiebel
1 Dose	Sauerkraut
	(Abtropfgewicht 770 g)
1	kleines Lorbeerblatt
einige	Pfefferkörner
einige	Wacholderbeeren
	Salz
250 ml (¹/₄ l)	Weißwein
1	küchenfertiger Fasan
	(etwa 1 kg)
6 Scheiben	durchwachsener Speck
200 g	blaue Weintrauben
200 g	grüne Weintrauben
etwas	Zucker
einige	
Stängel	Petersilie
2	Tomaten

Zubereitungszeit: 40 Minuten, ohne Ruhezeit
Garzeit: etwa 65 Minuten

1. Den Backofen vorheizen.

Ober-/Unterhitze: etwa 200 °C
Heißluft: etwa 180 °C

2. Zwiebel abziehen und in kleine Würfel schneiden. Zwiebelwürfel mit Sauerkraut, Lorbeerblatt, Pfefferkörnern und Wacholderbeeren vermengen. Mit Salz würzen und in eine gefettete Auflaufform oder einen kleinen Bräter geben. Weißwein hinzugießen.

3. Fasan innen und außen unter fließendem kalten Wasser abspülen, trocken tupfen, vierteln. Fasanenstücke mit Salz einreiben und auf das Sauerkraut legen. Die Fasanenstücke mit den Speckscheiben belegen. Die Form oder den Bräter mit Deckel auf dem Rost in den vorgeheizten Backofen schieben. Die Fasanenstücke mit dem Sauerkraut etwa 55 Minuten garen.

4. Nach etwa 25 Minuten Garzeit den Deckel abnehmen und das Gericht fertig garen.

5. In der Zwischenzeit Weintrauben waschen, abtropfen lassen, halbieren und entkernen.

6. Die garen Fasanenstücke aus der Auflaufform oder dem Bräter nehmen und zugedeckt etwa 10 Minuten ruhen lassen.

7. Die Weintraubenhälften zu dem Sauerkraut geben, untermengen und mit Zucker abschmecken. Die Form oder den Bräter mit dem Deckel verschließen und auf dem Rost wieder in den Backofen schieben. Das Sauerkraut noch etwa 10 Minuten bei der oben angegebenen Backofeneinstellung garen.

8. Petersilie abspülen und trocken tupfen. Die Blättchen von den Stängeln zupfen (einige Blättchen zum Garnieren beiseitelegen). Blättchen klein schneiden. Die Tomaten waschen, abtrocknen, achteln und die Stängelansätze herausschneiden. Die Fasanenstücke auf dem Sauerkraut auf einer vorgewärmten Platte anrichten. Mit Petersilie bestreuen. Mit Tomatenachteln und den beiseitegelegten Petersilienblättchen garnieren.

Beilage: Kartoffelpüree.

Fasan in Traubensauce mit Schmorkraut | Für Gäste

4 Portionen

Pro Portion:
E: 65 g, F: 29 g, Kh: 30 g, kJ: 2800, kcal: 678

1	küchenfertiger Fasan (etwa 1 ¼ kg)
	Salz
	frisch gemahlener Pfeffer
2 breite	
Scheiben	fetter Speck (etwa 40 g)
250 ml (¼ l)	Geflügelfond
400 g	grüne, kernlose Weintrauben
2–3 EL	heller Saucenbinder
	gemahlener Koriander

Für das Schmorkraut:

750 g	mildes Weinsauerkraut
1	Zwiebel (50 g)
40 g	Butter
8	Wacholderbeeren
2	Gewürznelken
2	Lorbeerblätter
125 ml (⅛ l)	Weißwein
80 ml	Geflügelfond
	Zucker

Zum Bestreuen:

2 Scheiben	Toastbrot
50 g	Bacon (Frühstücksspeck), in dünnen Scheiben
1 EL	Speiseöl

Zubereitungszeit: 40 Minuten
Garzeit Fasan: etwa 60 Minuten
Garzeit Schmorkraut: etwa 45 Minuten

1. Den Backofen vorheizen.

Ober-/Unterhitze: 180–200 °C
Heißluft: 160–180 °C

2. Den Fasan von innen und außen unter fließendem kalten Wasser abspülen, trocken tupfen und innen und außen mit Salz und Pfeffer einreiben.

3. Die Speckscheiben auf Fasanenbrust und -keulen legen und mit Küchengarn festbinden. Den Fasan mit der Speckseite nach oben in eine flache Auflaufform legen. Die Hälfte des Fonds in die Form gießen. Die Form auf dem Rost in den vorgeheizten Backofen schieben. Den Fasan etwa 45 Minuten garen, dabei nach und nach mit dem restlichen Fond begießen.

4. Für das Schmorkraut das Sauerkraut leicht ausdrücken und abtropfen lassen. Die Zwiebel schälen, würfeln und in der Butter glasig dünsten. Gewürze und Sauerkraut dazugeben und andünsten, Weißwein und Fond hinzufügen und aufkochen. Das Sauerkraut bei schwacher Hitze etwa 45 Minuten garen.

5. Für die Sauce die Weintrauben mit heißem Wasser abspülen, abtropfen lassen und halbieren. Die Trauben nach Ende der Garzeit zum Fasan in die Auflaufform geben. Den Fasan weitere 15–20 Minuten garen, dabei 1–2 mal mit dem Fond aus der Form begießen.

6. Das Toastbrot entrinden und in Würfel schneiden. Den Bacon quer in feine Streifen schneiden und bei mittlerer Hitze im Öl ausbraten. Den Bacon mit einer Schaumkelle aus der Pfanne heben und auf Küchenpapier abtropfen lassen. Die Brotwürfel bei schwacher Hitze im Speckfett goldbraun rösten und auf Küchenpapier abtropfen lassen.

7. Das Schmorkraut mit Salz, Pfeffer und Zucker abschmecken, Lorbeerblätter entfernen. Den Fasan aus der Form nehmen. Den Fond mit den Trauben in einen Topf füllen. Schmorkraut und Fasan in die Form geben, mit Brotwürfeln und Speck bestreuen und im ausgeschalteten Backofen warm halten.

8. Den Traubenfond entfetten, aufkochen, Saucenbindemittel einstreuen, unter Rühren aufkochen und mit Salz, Pfeffer und Koriander abschmecken. Etwas Traubensauce auf den Fasan in die Form geben. Restliche Sauce dazu servieren.

Beilage: Kartoffelbrei, Kroketten.

Tipp: Noch würziger schmeckt es, wenn Sie den Fasan zusätzlich mit 3 Teelöffeln getrocknetem Thymian einreiben.

Fasan mit Apfelfüllung | Raffiniert
4 Portionen

Pro Portion:
E: 96 g, F: 37 g, Kh: 7 g, kJ: 3233, kcal: 773

2	*küchenfertige Fasane*
	(je 800 g–1 kg)
	Salz
2 TL	*gerebelter Majoran*
2	*Äpfel*
	Gewürznelken
200 g	*geräucherter Speck,*
	in feinen Scheiben
4 EL	*Maiskeimöl*
evtl. etwas	*Wildfond oder*
	Wasser

Außerdem:

Fleischnadeln oder
Küchengarn

Zubereitungszeit: 30 Minuten
Garzeit: 50–60 Minuten

1. Den Backofen vorheizen.

Ober-/Unterhitze: etwa 180 °C
Heißluft: etwa 160 °C

2. Fasane innen und außen unter fließendem kalten Wasser abspülen, trocken tupfen, innen und außen mit Salz einreiben. Die Fasane innen zusätzlich mit Majoran würzen.

3. Äpfel waschen, abtrocknen und halbieren. Apfelhälften mit jeweils 2–3 Nelken spicken. Die Fasane damit füllen. Die Öffnungen der Fasane anschließend mit Fleischnadeln verschließen oder mit Küchengarn zunähen.

4. Fasane in einen Bräter geben und mit Speckscheiben (besonders die Brust) belegen. Fasane mit heißem Maiskeimöl übergießen.

5. Den Bräter auf dem Rost in den vorgeheizten Backofen schieben. Die Fasane 50–60 Minuten garen.

6. Die Fasane während der Garzeit einige Male mit dem entstandenen Bratenfond begießen, eventuell etwas Wildfond oder Wasser hinzugießen.

7. Die Fasane aus dem Bräter nehmen, Fleischnadeln oder Küchengarn entfernen. Die Apfelfüllung herausnehmen, Nelken entfernen. Apfelhälften in Stücke schneiden.

8. Die Fasanen mit den belegten Speckscheiben und den Apfelstücken auf einer vorgewärmten Platte anrichten.

Tipp: Pilzreis und Brokkoli dazureichen.

Fasan mit Bratäpfeln | Mit Alkohol
4 Portionen

Pro Portion:
E: 120 g, F: 42 g, Kh: 18 g, kJ: 4269, kcal: 1021

2	küchenfertige Fasane (je etwa 1 kg)
	Salz, frisch gemahlener Pfeffer
	gerebelter Thymian
6–8	Wacholderbeeren
25 g	Butterschmalz
	heißes Wasser
4	Äpfel, z. B. Boskop
evtl. etwas	Rot- oder Weißwein
dunkler	Saucenbinder
einige Stängel	glatte Petersilie
einige	blaue Weintrauben
4 EL	Preiselbeerkompott

Zubereitungszeit: 40 Minuten
Garzeit: 45–60 Minuten

1. Den Backofen vorheizen.

Ober-/Unterhitze: 200–220 °C
Heißluft: 180–200 °C

2. Die Fasane innen und außen unter fließendem kaltem Wasser abspülen und trocken tupfen. Die Fasane innen und außen mit Salz, Pfeffer und Thymian einreiben. Wacholderbeeren zerdrücken und in die Öffnungen der Fasane geben.

3. Butterschmalz in einem großen Bräter erhitzen. Die Fasane darin von allen Seiten anbraten. Den Bräter auf dem Rost in den vorgeheizten Backofen schieben. Die Fasane 45–60 Minuten garen.

4. Sobald der Bratensatz bräunt, etwas heißes Wasser hinzugießen. Verdampfte Flüssigkeit nach und nach durch Wasser ersetzen. Die Fasane ab und zu mit dem Bratensatz begießen.

5. In der Zwischenzeit Äpfel waschen und abtrocknen. Die Äpfel je nach Dicke 20–30 Minuten vor Ende der

Garzeit zu den Fasanen in den Bräter geben und mitgaren lassen.

6. Fasane und Äpfel aus dem Bräter nehmen. Den Bratensatz mit Wein oder Wasser loskochen. Saucenbinder unterrühren und kurz aufkochen lassen. Die Sauce mit Salz und Pfeffer abschmecken.

7. Petersilie abspülen und trocken tupfen. Die Blättchen von den Stängeln zupfen. Weintrauben waschen, abtrocknen, halbieren und entkernen.

8. Von den Äpfeln jeweils einen Deckel abschneiden. Je 1 Esslöffel Preiselbeerkompott daraufgeben. Die Fasane mit den Bratäpfeln auf einer vorgewärmten Platte anrichten. Mit Petersilienblättchen und Weintraubenhälften garnieren.

Beilage: Rosenkohl, Salzkartoffeln oder Bandnudeln.

Tipp: Damit die Fasanenbrust schön saftig bleibt, diese vor dem Garen mit 100 g durchwachsenen oder fetten Speckscheiben belegen.

Fasan mit Mandelfüllung | Für Gäste
4 Portionen

Pro Portion:
E: 68 g, F: 62 g, Kh: 14 g, kJ: 4002, kcal: 957

> 1 küchenfertiger Fasan
> (etwa 1 kg)

Für die Mandelfüllung:

> 2 EL weiche Butter
> 1 Eigelb (Größe M)
> 3 gestr. EL Semmelbrösel
> 2 EL gehackte Mandeln
> 2–3 EL Schlagsahne, Salz
> frisch geriebene Muskatnuss
> 1 Eiweiß (Größe M)
>
> frisch gemahlener Pfeffer
> gerebelter Estragon
> 100 g fetter Speck, in Scheiben
> 2 EL Butterschmalz
> 1 Schalotte (etwa 50 g)
> 375 ml (³/₈ l) Fleischbrühe

Für die Sauce:

> 125 g Schlagsahne
> 1–2
> gestr. EL Weizenmehl
> 1–2 EL kaltes Wasser

Außerdem:

> Küchengarn

Zubereitungszeit: 90 Minuten
Garzeit: 50–60 Minuten

1. Fasan innen und außen unter fließendem kalten Wasser abspülen und trocken tupfen.

2. Für die Füllung Butter geschmeidig rühren. Eigelb, Semmelbrösel, Mandeln und Sahne unterrühren. Mit Salz und Muskat würzen. Eiweiß steifschlagen und unterheben.

3. Den Fasan mit der Mandel-Semmelbrösel-Masse füllen. Die Öffnung mit Küchengarn zunähen. Den

Fasan von außen mit Salz, Pfeffer und Estragon würzen, mit Speckscheiben belegen und mit Küchengarn umwickeln.

4. Butterschmalz in einem Bräter erhitzen, den Fasan darin von allen Seiten anbraten.

5. Schalotte abziehen, mit etwas von der Fleischbrühe zu dem Fasan geben und zugedeckt 50–60 Minuten garen. Verdampfte Flüssigkeit nach und nach durch Brühe ersetzen.

6. Den Fasan aus dem Bräter nehmen, Küchengarn entfernen. Fasan in Portionsstücke teilen. Die Füllung in Scheiben schneiden.

7. Den Fasan mit der in Scheiben geschnittenen Mandelfüllung auf einer vorgewärmten Platte anrichten, mit Alufolie zudecken und warm stellen.

8. Für die Sauce Sahne zum Bratenfond geben und zum Kochen bringen. Mehl mit Wasser anrühren, in den Bratenfond rühren und unter Rühren kurz aufkochen lassen. Die Sauce mit Salz und Pfeffer abschmecken. Die Sauce zu dem Fasan reichen.

Beilage: Kroketten oder Semmelknödel, Rosenkohl.

Fasan mit Weintrauben | Mit Alkohol
4 Portionen

Pro Portion:
E: 106 g, F: 45 g, Kh: 47 g, kJ: 4709, kcal: 1126

2 küchenfertige Fasane
(je etwa 1 kg)
Salz
frisch gemahlener Pfeffer
200 g fetter oder
durchwachsener Speck,
in dünnen Scheiben
heißes Wasser

Für das Champagnerkraut:
600 g Sauerkraut
2 Zwiebeln
25 g Butterschmalz
½ Flasche
(375 ml) Champagner oder Sekt
Zucker

200 g grüne Weintrauben

Außerdem:
Küchengarn

Zubereitungszeit: 60 Minuten
Garzeit Fasane: etwa 50 Minuten
Garzeit Sauerkraut: etwa 30 Minuten

1. Den Backofen vorheizen.

Ober-/Unterhitze: etwa 200 °C
Heißluft: etwa 180 °C

2. Fasane innen und außen unter fließendem kalten Wasser abspülen, trocken tupfen, innen und außen mit Salz und Pfeffer einreiben. Fasane mit Speckscheiben belegen und mit Küchengarn umwickeln.

3. Fasane in einen Bräter legen. Den Bräter auf dem Rost in den vorgeheizten Backofen schieben. Fasane etwa 50 Minuten garen. Sobald der Bratensatz bräunt, etwas heißes Wasser hinzugießen. Verdampfte Flüssigkeit nach und nach durch heißes Wasser ersetzen.

4. In der Zwischenzeit Sauerkraut mit einer Gabel locker zupfen. Zwiebeln abziehen und in kleine Würfel schneiden. Butterschmalz in einem Topf zerlassen. Zwiebelwürfel darin andünsten. Sauerkraut hinzugeben, Champagner oder Sekt hinzugießen. Mit Salz, Pfeffer und Zucker würzen. Sauerkraut zum Kochen bringen und zugedeckt etwa 30 Minuten garen.

5. Das Champagnerkraut in die Mitte der Auflaufform geben. Fasane aus dem Bräter nehmen, Küchengarn und Speckscheiben entfernen. Die Fasane auf dem Champagnerkraut anrichten.

6. Weintrauben waschen, abtropfen lassen und entstielen. Weintrauben kurz in kochendem Wasser blanchieren, in ein Sieb geben, mit kaltem Wasser übergießen und die Haut abziehen. Die Weintrauben um die Fasane legen.

Tipp: Dazu schmeckt ein aus 1 kg Kartoffeln, 50 g Butter und 250 ml (¼ l) Milch zubereitetes Kartoffelpürre, das sie kurz unter dem Backofengrill übergrillen können.

Fasanenbrühe mit Tomatenklößchen | Für Gäste

4–6 Portionen

Pro Portion:
E: 43 g, F: 15 g, Kh: 14 g, kJ: 1522, kcal: 363

1 *küchenfertiger Fasan*
(etwa 1 kg)
1 ½ l *Wasser*
2 gestr. TL *Salz*
1 *Zwiebel*
1 *Möhre*
120 g *Knollensellerie*
1 *Lorbeerblatt*

Für die Tomatenklößchen:
200 ml *Milch*
80 g *Hartweizengrieß*
50 g *Tomatenmark*
1 *Eigelb (Größe M)*
20 g *geriebener Parmesan-Käse*
frisch gemahlener Pfeffer
frisch geriebene Muskatnuss

1 l *Wasser*
1 gestr. TL *Salz*
2–3 Stängel *Petersilie*

Zubereitungszeit: 70 Minuten
Garzeit Fasanenbrühe: etwa 45 Minuten
Garzeit Tomatenklößchen: etwa 5 Minuten

1. Fasan innen und außen unter fließendem kalten Wasser abspülen, mit Wasser und Salz in einen großen Topf geben, zum Kochen bringen und abschäumen.

2. Zwiebel abziehen und halbieren. Möhre und Sellerie putzen, schälen, abspülen, mit den Zwiebelhälften und dem Lorbeerblatt in den Topf geben. Die Zutaten ohne Deckel etwa 45 Minuten köcheln lassen, bis sich das Fleisch leicht mit einer Gabel von den Knochen lösen lässt.

3. Für die Tomatenklößchen Milch in einem Topf unter Rühren zum Kochen bringen. Grieß einstreuen, Tomatenmark unterrühren, unter ständigem Rühren noch etwa 1 Minute erhitzen. Den Topf von der Kochstelle nehmen. Eigelb unterschlagen und Parmesan-Käse unterrühren. Die Grießmasse mit Salz, Pfeffer und Muskat abschmecken.

4. Von der Grießmasse mit zwei Teelöffeln kleine Klößchen abstechen. Wasser mit Salz in einem Topf zum Kochen bringen. Die Klößchen darin etwa 5 Minuten gar ziehen lassen. Mit einer Schaumkelle herausnehmen und in einem Sieb abtropfen lassen.

5. Die Fasanenbrühe durch ein feines Sieb gießen. Das Fasanenfleisch vom Knochen lösen und klein schneiden. Fasanenbrühe eventuell nochmals erhitzen. Fleischstücke und Tomatenklößchen darin erwärmen.

6. Petersilie abspülen und trocken tupfen. Die Blättchen von den Stängeln zupfen. Blättchen klein schneiden. Die Fasanenbrühe mit Petersilie bestreuen und servieren.

Fasanenbrust auf Linsen | Für Gäste

4 Portionen

Pro Portion:
E: 43 g, F: 5 g, Kh: 46 g, kJ: 1713, kcal: 406

          1 Stange Porree (Lauch)
                 1 Möhre
             100 g Knollensellerie
                 2 Schalotten
                 4 Fasanenbrustfilets (etwa 400 g)
                    Salz
                    frisch gemahlener Pfeffer
              4 EL Speiseöl, z. B. Rapsöl

Für die Linsen:
             300 g rote Linsen
     500 ml (½ l) Gemüsebrühe
              1 EL Weißwein- oder
                    Sherryessig

              1 EL gehackte Petersilie

Zubereitungszeit: 40 Minuten
Garzeit: etwa 10 Minuten

1. Den Backofen vorheizen.

Ober-/Unterhitze: etwa 200 °C
Heißluft: etwa 180 °C

2. Porree putzen, die Stange längs halbieren, gründlich waschen, abtropfen lassen und in kleine Stücke schneiden. Möhre und Sellerie putzen, schälen, abspülen, abtropfen lassen und dann ebenfalls in kleine Stücke schneiden. Schalotten abziehen und in kleine Würfel schneiden.

3. Fasanenbrustfilets unter fließendem kalten Wasser abspülen, trocken tupfen, mit Salz und Pfeffer würzen.

4. Speiseöl in einem Bräter erhitzen. Filets darin von allen Seiten gut anbraten. Vorbereitete Gemüsestücke und Schalottenwürfel hinzugeben und mit anbraten. Den Bräter auf dem Rost in den vorgeheizten Backofen schieben. Die Fasanenbrustfilets etwa 10 Minuten garen.

5. In der Zwischenzeit Linsen mit der Gemüsebrühe in einem Topf zum Kochen bringen und etwa 10 Minuten garen. Linsen in einem Sieb abgießen, abtropfen lassen. Mit Essig, Salz und Pfeffer abschmecken.

6. Das Gemüse aus dem Bräter nehmen, mit den Linsen vermengen und auf Tellern anrichten. Fasanenbrustfilets darauflegen und mit Petersilie bestreut servieren.

Tipp: Zum Verfeinern zusätzlich noch 2 Esslöffel Crème fraîche unter das Linsengemüse rühren. Nach Belieben mit Zitronenmelisseblättchen garnieren.

Fasanenbrust auf Rote-Bete-Carpaccio | Raffiniert

4 Portionen

Pro Portion:
E: 27 g, F: 18 g, Kh: 7 g, kJ: 1247, kcal: 298

4	*Fasanenbrustfilets (etwa 400 g)*
	Salz
	frisch gemahlener Pfeffer
3 EL	*Speiseöl, z. B. Rapsöl*
50 g	*geräucherte Schinkenspeck-würfel*
350 g	*gegarte Rote Bete (gibt es vakuumverpackt)*
1	*Schalotte*
4 EL	*Himbeeressig*
4 EL	*Olivenöl*
20 g	*Walnusskerne*
4	*Friséesalatblätter*

Zubereitungszeit: 30 Minuten, ohne Abkühlzeit
Garzeit: etwa 12 Minuten

1. Fasanenbrustfilets unter fließendem kalten Wasser abspülen, trocken tupfen, mit Salz und Pfeffer würzen. Speiseöl in einer großen Pfanne erhitzen, Fasanenbrustfilets darin von allen Seiten gut anbraten und in etwa 12 Minuten fertig braten.

2. Etwa 2 Minuten vor Ende der Garzeit Schinkenwürfel in die Pfanne geben und mit anbraten. Fasanenbrustfilets herausnehmen und erkalten lassen. Gebratene Schinkenwürfel ebenfalls herausnehmen und auf Küchenpapier abtropfen lassen.

3. Rote Bete in feine Scheiben schneiden oder hobeln. 4 große Teller mit Rote-Bete-Scheiben dekorativ belegen.

4. Schalotte abziehen und in kleine Würfel schneiden. Schalotten- und Schinkenwürfel vermengen, die Rote-Bete-Scheiben damit bestreuen. Je 1 Esslöffel Himbeeressig und Olivenöl daraufträufeln.

5. Von den Walnusskernen 4 Nusshälften zum Garnieren beiseitelegen. Restliche Walnusskerne klein hacken. Das Rote-Bete-Carpaccio mit Salz, Pfeffer und gehackten Walnusskernen bestreuen.

6. Die Salatblätter abspülen und trocken tupfen. Fasanenbrustfilets in Scheiben schneiden und auf dem Carpaccio anrichten. Carpaccio mit Salatblättern und beiseitegelegten Walnusskernhälften garnieren

Beilage: Geröstete Baguettescheiben.

Tipp: Wenn Sie 2 ganze Fasane bekommen, können Sie die Fasanenbrustfilets herausschneiden und von dem restlichen Fasan eine Fasanenbrühe zubereiten.

Fasanenbrust mit Apfelgemüse und Kartoffelpüree | Einfach

4 Portionen

Pro Portion:
E: 29 g, F: 27 g, Kh: 56 g, kJ: 2491, kcal: 595

1 kg	mehligkochende Kartoffeln
	Salzwasser
4	Fasanenbrustfilets (etwa 400 g)
	Salz, frisch gemahlener Pfeffer
4 EL	Speiseöl, z. B. Rapsöl
2	Zwiebeln
4	säuerliche Äpfel (etwa 800 g),
	z. B. Cox Orange
2 EL	Speiseöl, z. B. Rapsöl
1 EL	brauner Zucker (Rohrzucker)
1 TL	gerebelter Majoran
75 g	Butter
250 ml (¼ l)	Milch
	frisch geriebene Muskatnuss

Zubereitungszeit: 40 Minuten
Garzeit Fasanenbrustfilets: etwa 12 Minuten
Garzeit Apfelgemüse: 3–4 Minuten

1. Kartoffeln waschen, schälen, abspülen, abtropfen lassen und in kleine Stücke schneiden. Kartoffelstücke mit Salzwasser bedeckt zum Kochen bringen und zugedeckt etwa 20 Minuten garen.

2. In der Zwischenzeit Fasanenbrustfilets unter fließendem kalten Wasser abspülen, trocken tupfen, mit Salz und Pfeffer würzen. Speiseöl in einer großen Pfanne erhitzen. Fasanenbrustfilets darin von allen Seiten gut anbraten und in etwa 12 Minuten fertig braten. Fasanenbrustfilets herausnehmen und warm stellen.

3. Zwiebeln abziehen und in Scheiben schneiden. Äpfel schälen, vierteln, entkernen und grob würfeln. Speiseöl in einem Topf erhitzen. Zwiebelscheiben darin andünsten. Apfelwürfel hinzufügen und unter Rühren 3–4 Minuten dünsten. Apfelgemüse mit Zucker, Salz, Pfeffer und Majoran abschmecken.

4. Kartoffeln abgießen, abdämpfen und sofort durch eine Kartoffelpresse drücken. Butter hinzugeben. Milch aufkochen, mit einem Schneebesen nach und nach unter die Kartoffelmasse rühren. Das Püree bei schwacher Hitze so lange mit einem Schneebesen rühren, bis eine einheitlich lockere Masse entstanden ist. Mit Salz und Muskat würzen.

5. Fasanenbrustfilets mit Apfelgemüse und Kartoffelpüree auf Tellern anrichten.

Fasanenbrüste, gefüllt | Mit Alkohol
4 Portionen

Zubereitungszeit: 40 Minuten
Garzeit: 8–10 Minuten

Pro Portion:
E: 39 g, F: 34 g, Kh: 4 g, kJ: 2047, kcal: 490

Für die Füllung:

1 kleines Glas	Pfifferlinge (Abtropfgewicht 115 g)
1 EL	gehackte Walnusskerne
1 EL	gehackte Pistazienkerne
100 g	Bratwurstbrät
	Salz
	frisch gemahlener Pfeffer
4	Fasanenbrüste (je etwa 150 g)
3 EL	Speiseöl

Für die Sauce:

100 ml	trockener Rotwein
200 ml	Wildfond
1 EL	Tomatenmark
1 EL	Preiselbeeren
3 EL	Crème double

Außerdem:

Holzstäbchen

1. Für die Füllung Pfifferlinge in einem Sieb abtropfen lassen, in kleine Stücke schneiden und in eine kleine Schüssel geben. Mit Walnuss- und Pistazienkernen mischen. Bratwurstbrät untermengen. Mit Salz und Pfeffer würzen.

2. Fasanenbrüste unter fließendem kalten Wasser abspülen und trocken tupfen. In die Fasanenbrüste jeweils längs eine Tasche einschneiden und mit dem Brätgemisch füllen. Die Öffnungen mit Holzstäbchen verschließen. Mit Salz und Pfeffer würzen.

3. Speiseöl in einer Pfanne erhitzen. Fasanenbrüste darin von beiden Seiten 8–10 Minuten braten, herausnehmen und zugedeckt warm stellen.

4. Für die Sauce den Bratensatz mit Rotwein und Fond loskochen und um die Hälfte einkochen lassen. Tomatenmark, Preiselbeeren und Crème double unterrühren. Die Sauce mit Salz und Pfeffer würzen.

5. Von den Fasanenbrüsten die Holzstäbchen entfernen. Die Fasanenbrüste mit der Sauce servieren.

Beilage: Kroketten und Apfelrotkohl.

Fasaneneintopf mit Gemüse und Brezelklößchen | Raffiniert

4 Portionen

Pro Portion:

E: 41 g, F: 17 g, Kh: 40 g, kJ: 2081, kcal: 496

500 g	Fasanenkeulen, ohne Knochen
2 EL	Speiseöl
300 g	Möhren
300 g	Knollensellerie
1	Petersilienwurzel (etwa 40 g)
½ Stange	Porree (Lauch, etwa 100 g)
1	kleine Zwiebel
	Salz
	frisch gemahlener Pfeffer
	zerstoßene und fein gehackte
	Wacholderbeeren
2 Stängel	Thymian
1	Lorbeerblatt
1 TL	rosa Pfefferbeeren
1,6 l	Wildbrühe oder Gemüsebrühe

Für die Brezelklößchen:

3	Laugenbrezeln (je etwa 70 g),
	frisch oder vom Vortag
200 ml	Milch
1 kleines	
Bund	gehackte Petersilie
1	Ei (Größe M)
1 TL	Speisestärke
1 l	Gemüsebrühe

Zubereitungszeit: 30 Minuten, ohne Abkühlzeit
Garzeit: 60–70 Minuten

1. Fasanenkeulen unter fließendem kalten Wasser abspülen, trocken tupfen und in grobe Würfel schneiden. Speiseöl in einer Pfanne erhitzen. Die Fleischwürfel darin von allen Seiten kräftig anbraten.

2. Möhren, Sellerie und Petersilienwurzel putzen, schälen, abspülen, abtropfen lassen und in Würfel schneiden. Porree putzen, die Stange längs halbieren, gründlich waschen, abtropfen lassen und in Streifen schneiden. Zwiebel abziehen und in kleine Würfel schneiden.

3. Die Fleischwürfel, das vorbereitete Gemüse, Salz, Pfeffer, Wacholderbeeren, Thymian, Lorbeerblatt und Pfefferbeeren in einen Topf geben. Brühe hinzugießen, zum Kochen bringen und das Ganze zugedeckt bei schwacher Hitze 60–70 Minuten garen.

4. Für die Brezelklößchen Brezeln in kleine Stücke schneiden und in eine Schüssel geben. Milch erhitzen, die Brezelstücke damit übergießen, abkühlen lassen.

5. Petersilie abspülen und trocken tupfen. Die Blättchen von den Stängeln zupfen. Blättchen klein schneiden und zu den eingeweichten Brezelstücken geben. Mit Salz und Pfeffer würzen. Ei und Speisestärke hinzufügen. Zutaten vorsichtig zu einem Teig verkneten.

6. Brühe in einem Topf zum Kochen bringen. Aus der Brezelmasse mit einem Esslöffel kleine, ovale Klößchen abstechen und in der Brühe etwa 5 Minuten gar ziehen lassen. Die Klößchen mit einer Schaumkelle herausnehmen und mit dem Eintopf servieren.

Fasanenkeulen, in Quittensauce mariniert | Mit Alkohol

4 Portionen

Pro Portion:
E: 51 g, F: 39 g, Kh: 41 g, kJ: 3289, kcal: 786

> 4 Fasanenkeulen mit Brust
> (je etwa 200 g)

Für die Marinade:

> 200 g Quittengelee
> 50 ml Cognac
> Saft von
> 1 Zitrone
> 125 ml (⅛ l) Weißwein
> 2 EL Kräuteressig
>
> Salz
> frisch gemahlener Pfeffer
> 50 g Butterschmalz
> 500 g Staudensellerie
> evtl. etwas Wasser oder Weißwein

Für das Kohlrabigratin:

> 1 kg Kohlrabi
> 4 Eier (Größe M)
> 125 g Schlagsahne
> etwas Zitronensaft

Zubereitungszeit: 60 Minuten, ohne Marinierzeit
Garzeit Fasanenkeulen: 30–35 Minuten
Garzeit Kohlrabigratin: etwa 25 Minuten

1. Fasanenkeulen unter fließendem kalten Wasser abspülen und trocken tupfen. Butterschmalz in einem flachen, breiten Topf erhitzen. Die Fasanenkeulen von jeder Seite etwa 3 Minuten anbraten, herausnehmen und in eine große, flache Schale legen.

2. Für die Marinade Quittengelee mit Cognac, Zitronensaft, Weißwein und Essig verrühren. Die Fasanenkeulen mit der Marinade übergießen und dann etwa 10 Stunden marinieren.

3. Die Fasanenkeulen aus der Marinade nehmen, leicht trocken tupfen, mit Salz und Pfeffer würzen. Butterschmalz in einen feuerfesten, weiten Topf geben. Die Fasanenkeulen hineingeben und 2–3 Minuten bei nicht zu starker Hitze braten (damit die Haut nicht zu dunkel wird). Die Marinade hinzugeben. Die Fasanenkeulen 30–35 Minuten garen.

4. Staudensellerie putzen und die harten Außenfäden abziehen. Sellerie waschen, abtropfen lassen und in Stücke schneiden. Selleriestücke nach etwa 20 Minuten Garzeit zu den Fasanenkeulen geben und alles 10–15 Minuten weitergaren, bis der Sellerie gar ist. Mit Salz und Pfeffer abschmecken. Sollte die Bratflüssigkeit zu stark verkocht sein, etwas Wasser oder Weißwein hinzugießen. Den Backofen vorheizen.

Ober-/Unterhitze: etwa 200 °C
Heißluft: etwa 180 °C

5. Für das Kohlrabigratin Kohlrabi schälen, waschen, abtropfen lassen und in dünne Scheiben schneiden. Kohlrabischeiben in kochendem Wasser etwa 3 Minuten blanchieren. Kohlrabischeiben in ein Sieb geben, mit kaltem Wasser abschrecken und abtropfen lassen.

6. Eier mit Sahne und Zitronensaft verschlagen. Mit Salz und Pfeffer abschmecken. In eine ovale Auflaufform schichtweise Kohlrabischeiben und Ei-Sahne geben, mit Salz und Pfeffer würzen. Die Auflaufform auf dem Rost in den vorgeheizten Backofen schieben und das Gratin etwa 25 Minuten garen.

7. Fasanenkeulen mit dem Kohlrabigratin und dem abgetropften Staudensellerie auf Tellern anrichten. Die Sauce dazureichen.

Feiner Hähnchenfleischtopf I

Beliebt – mit Alkohol

4 Portionen

Pro Portion:
E: 53 g, F: 12 g, Kh: 16 g, kJ: 1794, kcal: 406

2	*Hähnchenbrustfilets (etwa 375 g)*
2	*Hähnchenkeulen (etwa 500 g),*
	ohne Haut und Knochen
250 g	*festkochende Kartoffeln*
2	*Möhren (etwa 200 g)*
1	*Kohlrabi (etwa 200 g)*
1 Bund	*Frühlingszwiebeln (etwa 250 g)*
250 g	*grüner Spargel*
2 EL	*Speiseöl*
	Salz
	frisch gemahlener Pfeffer
1 EL	*Tomatenmark*
300 ml	*Hühnerbrühe*
100 ml	*trockener Weißwein,*
	z. B. Riesling
½ Bund	*Kerbel*

Zubereitungszeit: 45 Minuten
Garzeit: etwa 40 Minuten

1. Hähnchenbrustfilets und Hähnchenkeulen unter fließendem kalten Wasser abspülen und trocken tupfen. Filets in kleine Stücke schneiden. Das Fleisch der Hähnchenkeulen von den Knochen lösen und ebenfalls in kleine Stücke schneiden.

2. Kartoffeln waschen, schälen, abspülen, abtropfen lassen. Möhren putzen, schälen, abspülen und abtropfen lassen. Kohlrabi schälen, abspülen und abtropfen lassen. Kartoffeln, Möhren und Kohlrabi zuerst in Scheiben, dann in Stifte schneiden. Frühlingszwiebeln putzen, waschen, abtropfen lassen und in etwa 3 cm lange Stücke schneiden.

3. Vom Spargel das untere Drittel schälen und die Enden abschneiden. Spargel waschen, abtropfen lassen und in etwa 3 cm lange Stücke schneiden.

4. Speiseöl in einem großen Topf erhitzen. Hähnchenfleischstücke portionsweise darin von allen Seiten anbraten, mit Salz und Pfeffer würzen. Kartoffel-, Kohlrabi- und Möhrenstifte hinzugeben und mit andünsten. Tomatenmark unterrühren. Die Hälfte der Brühe hinzugießen. Die Zutaten zum Kochen bringen und zugedeckt etwa 20 Minuten garen.

5. Restliche Brühe und Wein hinzugießen, wieder zum Kochen bringen und zugedeckt bei schwacher Hitze noch etwa 10 Minuten garen. In der Zwischenzeit Kerbel abspülen und trocken tupfen. Die Blättchen von den Stängeln zupfen.

6. Spargel- und Frühlingszwiebelstücke zum Hähnchenfleischtopf geben, mit Salz und Pfeffer würzen. Einige Kerbelblättchen unterrühren. Suppe wieder zum Kochen bringen und weitere etwa 10 Minuten bei schwacher Hitze garen.

7. Den Hähnchenfleischtopf mit Salz und Pfeffer abschmecken. Mit den restlichen Kerbelblättchen bestreut servieren.

Flugente mit Thymian | Für Gäste
4 Portionen

Pro Portion:
E: 33 g, F: 66 g, Kh: 39 g, kJ: 3931, kcal: 939

> *1 kg kleine Kartoffeln*
> *   Salzwasser*
> *3 EL Thymianblättchen*
> *1 TL gehackte Rosmarinnadeln*
> *   Salz*
> *2 EL Olivenöl*
> *   1 küchenfertige Flugente*
> *   (etwa 1,2 kg)*
> *   2 mittelgroße Zwiebeln*
> *   heißes Wasser*
> *   Thymianzweige*

Zubereitungszeit: 30 Minuten
Garzeit: etwa 90 Minuten

1. Kartoffeln waschen, mit Salzwasser bedeckt zum Kochen bringen, zugedeckt etwa 20 Minuten garen.

2. Den Backofen vorheizen.

Ober-/Unterhitze: etwa 220 °C
Heißluft: etwa 200 °C

3. Die garen Kartoffeln abgießen, abdämpfen und heiß pellen. Kartoffeln mit Thymianblättchen, Rosmarinnadeln und Salz bestreuen. Mit Olivenöl beträufeln.

4. Flugente von innen und außen unter fließendem kalten Wasser abspülen und trocken tupfen. Flugente von innen und außen mit Salz einreiben, mit einem Teil der Kräuterkartoffeln füllen.

5. Die Ente mit dem Rücken nach unten in einen Bräter legen. Etwas Wasser hinzugeben, so dass der Boden leicht bedeckt ist. Den Bräter auf dem Rost in den vorgeheizten Backofen schieben. Die Flugente etwa 90 Minuten garen.

6. Während des Garens ab und zu mit einer Nadel unterhalb der Flügel und Keulen in die Ente stechen, damit das Fett ausbraten kann.

7. Zwiebeln abziehen und vierteln. Nach etwa 30 Minuten Garzeit das angesammelte Fett abschöpfen und Zwiebelviertel hinzugeben. Sobald der Bratensatz bräunt, etwas heißes Wasser hinzugießen. Die Ente ab und zu mit dem Bratensatz begießen. Verdampfte Flüssigkeit durch Wasser ersetzen.

8. Etwa 15 Minuten vor Ende der Garzeit die restlichen Kartoffeln zu der Ente in den Bräter geben und kurz mitbraten lassen.

9. Die Ente mit den Kartoffeln auf einer vorgewärmten Platte anrichten, mit abgespülten, trocken getupften Thymianzweigen garnieren. Den Bratensatz getrennt dazureichen.

Fruchtig-pikanter Putensalat I

Für Gäste

4 Portionen

Pro Portion:

E: 21 g, F: 24 g, Kh: 26 g, kJ: 1705, kcal: 408

4	*Tamarillos*
2	*reife Mangos*
½ Kopf	*Eichblattsalat*
½ Kopf	*Friséesalat*
250 g	*geräucherte Putenbrust*
1 EL	*gehackte, gebräunte Mandeln*
	oder Sesamsamen

Für die Salatsauce:

5 EL	*Walnussöl*
2 ½ EL	*Weißweinessig*
3–4 EL	*abgezogene, gemahlene Mandeln*
	Salz
	frisch gemahlener Pfeffer

Zubereitungszeit: 25 Minuten

1. Die Tamarillos kurz in kochendes Wasser legen, mit kaltem Wasser abschrecken und enthäuten. Mangos halbieren und jeweils den Stein herauslösen. Mango-hälften schälen. Das Fruchtfleisch der Tamarillos und Mangos in Spalten schneiden, kranzförmig auf einer großen, runden Platte anrichten.

2. Die Salate putzen, waschen, gut abtropfen lassen und in mundgerechte Stücke zupfen. Salatblätter in die Mitte der Platte geben. Die Putenbrustscheiben halbieren, dekorativ zwischen die Salatblätter stecken.

3. Für die Sauce Walnussöl mit Essig und Mandeln verrühren, mit Salz und Pfeffer abschmecken. Die Sauce auf den angerichteten Salat träufeln, mit den Mandeln bestreuen und sofort servieren.

Beilage: Aufgebackenes Kräuterbutter- oder Knob-lauchbutter-Baguette.

Gans, gebraten | Für Gäste

8 Portionen

Pro Portion:
E: 41 g, F: 79 g, Kh: 1 g, kJ: 3961, kcal: 947

> 1 küchenfertige Gans
> (etwa 3 1/4 kg)
> Salz, frisch gemahlener Pfeffer
> heißes Wasser
> Salzwasser
> 1 gestr. EL Speisestärke

Zubereitungszeit: 15 Minuten
Garzeit: etwa 3 Stunden

1. Den Backofen vorheizen.

Ober-/Unterhitze: 200–220 °C
Heißluft: 180–200 °C

2. Die Gans innen und außen unter fließendem kalten Wasser abspülen, trocken tupfen, innen und außen mit Salz und Pfeffer einreiben. Die Gans mit dem Rücken nach unten in einen Bräter legen. Den Bräter auf dem Rost in den vorgeheizten Backofen (untere Einschubleiste) schieben. Die Gans etwa 3 Stunden garen.

3. Während des Garens ab und zu unterhalb der Flügel und Keulen mit einer Nadel in die Gans einstechen, damit das Fett ausbraten kann. Dann nach etwa 45 Minuten Garzeit das angesammelte Fett abschöpfen.

4. Sobald der Bratensatz bräunt, etwas heißes Wasser hinzugießen. Die Gans ab und zu mit dem Bratensatz begießen. Verdampfte Flüssigkeit nach und nach durch heißes Wasser ersetzen. Etwa 10 Minuten vor Ende der Garzeit die Backofentemperatur um etwa 20 °C erhöhen. Die Gans mit kaltem Salzwasser bestreichen, damit die Haut schön kross wird. Gans fertig garen.

5. Die Gans aus dem Bräter nehmen, in Portionsstücke schneiden, auf einer vorgewärmten Platte anrichten und warm stellen.

6. Den Bratensatz mit etwas Wasser loskochen, durch ein Sieb gießen, entfetten, mit Wasser auf 500 ml (1/2 l) auffüllen. Speisestärke mit 2 Esslöffeln Wasser anrühren, in die Sauce rühren und unter Rühren aufkochen lassen. Die Sauce mit Salz und Pfeffer abschmecken.

Varianten: Die Gans mit einer der nachstehenden Füllungen füllen. Die Öffnung zunähen und die Gans braten.

Apfelfüllung:
1 kg gewaschene, nicht geschälte, aber entkernte Äpfel oder 500 g geschälte, entkernte, in Scheiben geschnittene Äpfel und 500 g eingeweichte, entsteinte Backpflaumen, etwas Zucker und Semmelbrösel.

Kastanienfüllung:
250 g Esskastanien (Maronen), von Schale und Haut befreit, halbweich gedünstet. 750 g geschälte, entkernte, in Scheiben geschnittene Äpfel.

Semmelfüllung:
100 g Speck zusammen mit 2 Zwiebeln, gewürfelt, glasig gedünstet. 3 Brötchen in Würfel geschnitten, in dem Speck angeröstet, mit 125 ml (1/8 l) heißer Milch übergossen, mit Salz, Pfeffer, Majoran, Thymian und Muskatnuss abgeschmeckt. 150 g entsteinte, abgetropfte Sauerkirschen, 1 Ei (Größe M) unterrühren, etwa 5 Minuten quellen lassen, eventuell Semmelbrösel unterrühren.

Gans mit Rotkohl I
Für Gäste – klassisch – mit Alkohol
6 Portionen

Pro Portion:
E: 64 g, F: 73 g, Kh: 37, kJ: 4448, kcal: 1055

1	*küchenfertige Gans (etwa 3 kg)*
	Salz, frisch gemahlener Pfeffer
	gerebelter Majoran
1 EL	*Butterschmalz*
4	*geachtelte Zwiebeln*
100 g	*Rosinen*
400 g	*geschälte, geachtelte säuerliche Äpfel*
	heißes Wasser
	Salzwasser

Für den Rotkohl:

50 g	*Schweineschmalz*
2	*gewürfelte Zwiebeln*
1 kg	*fein geschnittener Rotkohl*
375 g	*geschälte, klein geschnittene saure Äpfel, z. B. Cox Orange*
1	*Lorbeerblatt*
3	*Gewürznelken*
3	*Wacholderbeeren*
5	*Pimentkörner*
	Zucker
2 EL	*Rotweinessig*
3 EL	*Johannisbeergelee*
125 ml (¹/₈ l)	*Wasser*

Für die Sauce:

2 EL	*Weizenmehl*
	gerebelter Majoran
etwas	*Weißwein*

Außerdem:

	Küchengarn oder Holzstäbchen

Zubereitungszeit: 40 Minuten
Garzeit: etwa 3 Stunden

1. Gans innen und außen unter fließendem kalten Wasser abspülen und trocken tupfen. Das Fett aus dem Bauchraum entfernen. Gans innen und außen mit Salz, Pfeffer und Majoran würzen. Den Backofen vorheizen.

Ober-/Unterhitze: etwa 200 °C
Heißluft: etwa 180 °C

2. Für die Füllung Butterschmalz zerlassen. Zwiebelachtel darin bei mittlerer Hitze andünsten. Rosinen mit den Zwiebel- und Apfelstücken vermengen. Die Füllung in die Gans geben und dann die Öffnung mit Küchengarn zunähen oder mit Holzstäbchen verschließen. Die Gans mit der Brust nach unten in eine mit Wasser ausgespülte Fettfangschale geben, in den vorgeheizten Backofen schieben. Etwa 3 Stunden garen.

3. Während des Bratens ab und zu unterhalb der Flügel und Keulen einstechen, damit das Fett ausbraten kann. Das Fett gelegentlich abschöpfen. Sobald der Bratensatz bräunt, etwas heißes Wasser hinzugießen. Verdampfte Flüssigkeit nach und nach durch heißes Wasser ersetzen. Die Gans ab und zu mit dem Bratensatz begießen. Nach der Hälfte der Garzeit die Gans wenden.

4. Schmalz in einem Topf erhitzen. Zwiebelwürfel darin andünsten. Rotkohlstreifen und Apfelstücke hinzugeben, mit andünsten. Lorbeerblatt, Nelken, Wacholderbeeren, Pimentkörner, Salz, Pfeffer, Zucker, Essig, Gelee und Wasser hinzufügen. Zum Kochen bringen und zugedeckt bei schwacher Hitze 45–60 Minuten garen, dabei gelegentlich umrühren. Mit Salz, Pfeffer, Zucker und Essig abschmecken.

5. Etwa 10 Minuten vor Ende der Bratzeit die Gans mit Salzwasser bestreichen und die Temperatur um etwa 20 °C erhöhen, damit die Haut kross wird. Die Gans in Portionsstücke teilen (tranchieren), Küchengarn oder Holzstäbchen entfernen. Die Gans mit der Füllung zugedeckt warm stellen.

6. Den Bratensatz mit Wasser loskochen und durch ein Sieb in einen Topf geben (Fett abschöpfen), eventuell mit etwas Wasser auffüllen und zum Kochen bringen. Mehl mit Wasser anrühren, in die Sauce rühren, zum Kochen bringen und etwa 5 Minuten unter Rühren kochen lassen. Mit Salz, Pfeffer, Majoran, Zucker und Wein abschmecken. Die Gans mit der Sauce servieren.

Gänsebraten „Bismarck" | Mit Alkohol
8 Portionen

Pro Portion:
E: 70 g, F: 79 g, Kh: 22 g, kJ: 4599, kcal: 1098

> 1 *küchenfertige Gans (etwa 4 kg)*
> *Salz*
> *frisch gemahlener Pfeffer*

Für die Füllung:

500 g	*Weißkohl*
3	*Zwiebeln*
40 g	*Schweineschmalz*
	gehackter Kümmelsamen
	gerebelter Majoran
	gerebelter Beifuß
300 g	*Bratwurstbrät*
4	*große Äpfel, z. B. Boskop*
250 ml (¼ l)	*Weißwein*
300 ml	*Geflügelfond oder -brühe*
½ EL	*zerkleinerte Wacholderbeeren*
	heißes Wasser
250 g	*Maronen (aus der Dose)*
1 EL	*Speiseöl*
1 EL	*Zucker*
100 ml	*Geflügelfond oder -brühe*

Außerdem:

> *Küchengarn oder*
> *Holzstäbchen*

Zubereitungszeit: 45 Minuten, ohne Abkühlzeit
Garzeit: etwa 3 ½ Stunden

1. Die Gans innen und außen unter fließendem kalten Wasser abspülen, trocken tupfen, innen und außen mit Salz und Pfeffer einreiben.

2. Den Backofen vorheizen.

Ober-/Unterhitze: etwa 200 °C
Heißluft: etwa 180 °C

3. Für die Füllung den Weißkohl von den schlechten äußeren Blättern befreien. Den Kohl vierteln und den Strunk herausschneiden. Kohlviertel waschen, abtrop-

fen lassen und in Streifen schneiden. Zwiebeln abziehen und in kleine Würfel schneiden.

4. Schweineschmalz in einem Topf zerlassen. Weißkohlstreifen und Zwiebelwürfel darin andünsten. Mit Kümmel, Majoran, Beifuß, Salz und Pfeffer würzen. Weißkohl abkühlen lassen und mit dem Bratwurstbrät vermengen. Äpfel schälen, vierteln, entkernen, in kleine Stückchen schneiden, zur Kohlmasse geben und untermischen.

5. Die Gans mit der Kohlmasse füllen. Die Öffnung mit Küchengarn oder Holzstäbchen verschließen. Eine mit Wasser ausgespülte Fettfangschale im unteren Drittel in den vorgeheizten Backofen schieben. Die Gans mit dem Rücken nach unten auf einen Rost legen und den Rost oberhalb der Fettfangschale in den vorgeheizten Backofen schieben. Die Gans 3 ½ Stunden garen.

6. Während des Garens ab und zu unterhalb der Flügel und Keulen mit einer Nadel in die Gans stechen, damit das Fett besser ausbraten kann. Nach etwa 45 Minuten Garzeit das angesammelte Fett abschöpfen. Weißwein und Geflügelfond oder -brühe hinzugießen. Wacholderbeeren hinzugeben. Die Gans weitergaren lassen, dabei ab und zu mit dem Bratensatz begießen.

7. Nach etwa 90 Minuten Garzeit die Gans wenden und fertig garen. Die Gans herausnehmen, Küchengarn oder Holzstäbchen entfernen. Gans in Portionsstücke teilen und warm stellen.

8. Heißes Wasser zum Bratensatz geben, unter Rühren loskochen, in einen Topf geben und etwas einkochen lassen. Fett abschöpfen. Die Sauce mit Salz, Pfeffer und Majoran abschmecken.

9. Maronen in einem Sieb abtropfen lassen. Speiseöl in einer Pfanne erhitzen, Zucker hinzugeben und karamellisieren lassen. Maronen hinzufügen und von allen Seiten mit dem Karamell überziehen. Geflügelfond oder -brühe hinzugießen. Die Maronen darin etwa 5 Minuten dünsten und zum Gänsebraten servieren.

Beilage: Rotkohl, Kartoffelklöße.

Gänsebrust mit Orangensauce I
Raffiniert – klassisch
4 Portionen

Pro Portion:
E: 21 g, F: 49 g, Kh: 10 g, kJ: 2647, kcal: 633

1 kg	Gänsebrust, mit Knochen
	Salz
	frisch gemahlener Pfeffer
2	Möhren
1 Stück	Knollensellerie
etwa 500 ml	
(½ l)	heißes Wasser
	Saft von
2	Orangen
evtl. etwas	Wasser oder
	Orangensaft
evtl. etwas	Weizenmehl
2 EL	kaltes Wasser
	Zucker

Zubereitungszeit: 30 Minuten
Garzeit: etwa 90 Minuten

1. Den Backofen vorheizen.

Ober-/Unterhitze: etwa 200 °C
Heißluft: etwa 180 °C

2. Gänsebrust unter fließendem kalten Wasser abspülen, trocken tupfen, mit Salz und Pfeffer einreiben. Gänsebrust mit dem Knochen nach unten in einen Bräter legen. Den Bräter ohne Deckel auf dem Rost in den vorgeheizten Backofen schieben. Gänsebrust etwa 90 Minuten garen.

3. Nach etwa 30 Minuten Garzeit das angesammelte Fett abschöpfen. Möhren und Sellerie putzen, schälen, abspülen, abtropfen lassen, in Stücke schneiden, zu der Gänsebrust in den Bräter geben und kurz mitbraten lassen. Etwas heißes Wasser hinzugießen. Die Gänsebrust ohne Deckel weitergaren.

4. Während der Garzeit ab und zu wenden. Verdampfte Flüssigkeit nach und nach durch heißes Wasser ersetzen.

5. Kurz vor Ende der Garzeit die Gänsebrust mit Orangensaft übergießen. Gänsebrust fertig garen.

6. Die Gänsebrust aus dem Bräter nehmen. Das Fleisch vom Knochen lösen, in Scheiben schneiden, auf einer vorgewärmten Platte anrichten und warm stellen.

7. Den Bratensatz durch ein Sieb gießen, eventuell noch etwas Wasser oder Orangensaft hinzugießen. Nach Belieben Mehl mit Wasser anrühren, den Bratensatz damit binden. Die Sauce mit Salz, Pfeffer und Zucker abschmecken.

Beilage: Grüne Bohnen und Röstkartoffeln.

Gänsegulasch | Mit Alkohol
4 Portionen

Pro Portion:
E: 34 g, F: 72 g, Kh: 9 g, kJ: 3534, kcal: 844

800 g	Gänsebrust
40 g	Butterschmalz
	Salz
	frisch gemahlener Pfeffer
2	Möhren (etwa 200 g)
1	große Zwiebel (etwa 200 g)
2 EL	Tomatenmark
1 TL	Weizenmehl
700 ml	dunkle Fleischbrühe oder
	Gänsefond
200 ml	Rotwein
1 kleines	
Bund	Majoran
1 EL	Crema di Balsamico

Zubereitungszeit: 40 Minuten
Garzeit: 45–50 Minuten

1. Gänsebrust unter fließendem kalten Wasser abspülen, trocken tupfen und in mundgerechte Stücke schneiden.

2. Butterschmalz in einem Bräter erhitzen. Fleischstücke mit Salz und Pfeffer würzen, in den Bräter geben und von allen Seiten kräftig anbraten.

3. Möhren putzen, schälen, abspülen, abtropfen lassen und in mittelgroße Würfel schneiden. Zwiebel abziehen und ebenfalls würfeln. Nach 5–10 Minuten Bratzeit die Möhren- und Zwiebelwürfel hinzugeben, etwa 5 Minuten leicht anbraten. Tomatenmark unterrühren, mit Mehl bestäuben, gut verrühren.

4. 500 ml (½ l) von der Brühe oder dem Fond und den Rotwein hinzugießen, zum Kochen bringen und zugedeckt 45–50 Minuten bei schwacher Hitze garen, dabei gelegentlich umrühren.

5. Dann Majoran abspülen und trocken tupfen. Die Blättchen von den Stängeln zupfen. Blättchen klein schneiden.

6. Nach etwa 20 Minuten Garzeit restliche Brühe oder Fond hinzugießen. Mit Crema di Balsamico würzen. Majoranblättchen unterrühren und mit Salz und Pfeffer abschmecken.

Beilage: Butterspätzle und Chicoréesalat in Orangen-Joghurt-Dressing.

G

Gänsekeulen in Paprika | Raffiniert
4 Portionen

Pro Portion:
E: 87 g, F: 33 g, Kh: 8 g, kJ: 3082, kcal: 737

4	Gänsekeulen (je etwa 500 g)
	Salz, Paprikapulver edelsüß
1 EL	Schweineschmalz
3	Zwiebeln
250 ml (¼ l)	heißes Wasser
500 g	rote und grüne Paprikaschoten
500 g	Tomaten
	frisch gemahlener Pfeffer
	gehackte Petersilie

Zubereitungszeit: 25 Minuten
Garzeit: 1 ½–2 Stunden

1. Gänsekeulen unter fließendem kalten Wasser abspülen, trocken tupfen, mit Salz und Paprika würzen.

2. Schweineschmalz in einer großen Pfanne zerlassen. Gänsekeulen darin von allen Seiten gut anbraten. Die Hälfte des angesammelten Fettes abschöpfen. Zwiebeln abziehen, vierteln, zu den Gänsekeulen geben und mitdünsten lassen.

3. Die Hälfte des Wassers hinzugießen. Die Gänsekeulen ohne Deckel 1 ½–2 Stunden garen. Dabei ab und zu wenden und mit dem Bratensatz begießen. Verdampfte Flüssigkeit nach und nach durch restliches Wasser ersetzen.

4. Paprikaschoten halbieren, entstielen, entkernen und die weißen Scheidewände entfernen. Schoten waschen, abtropfen lassen und in Streifen schneiden. Tomaten waschen, abtropfen lassen, kreuzweise einschneiden, kurz in kochendes Wasser legen und in kaltem Wasser abschrecken. Tomaten enthäuten, halbieren, entkernen und die Stängelansätze herausschneiden. Tomatenhälften in Streifen schneiden.

5. Nach etwa 30 Minuten Garzeit Paprika- und Tomatenstreifen zu den Gänsekeulen geben, mit Salz und Pfeffer würzen. Gänsekeulen mit dem Gemüse fertig garen.

6. Die Gänsekeulen aus der Pfanne nehmen und warm stellen. Das Gemüse mit Salz, Pfeffer und Paprika abschmecken, in eine Schüssel geben. Die Gänsekeulen drauflegen und mit Petersilie bestreuen.

Beilage: Kartoffelklöße oder Salzkartoffeln.

Gänseleberklößchen | Gut vorzubereiten
4 Portionen (etwa 24 Stück)

Pro Portion:
E: 24 g, F: 19 g, Kh: 22 g, kJ: 1540, kcal: 368

2	Gänselebern (etwa 120 g)
150 g	Hähnchenbrustfilet
1	Ei (Größe M)
1 EL	Schlagsahne
20 g	weiche Butter
60 g	Semmelbrösel
	Salz
	frisch gemahlener Pfeffer
2 EL	gehackte, gemischte Kräuter,
	z. B. Kerbel, Schnittlauch,
	Petersilie, Majoran
300 ml	Hühnerbrühe

Zubereitungszeit: 30 Minuten, ohne Ruhezeit
Garzeit: etwa 8 Minuten

1. Gänselebern und Hähnchenbrustfilet unter fließendem kalten Wasser abspülen, trocken tupfen und in Würfel schneiden. Fleischwürfel in der Küchenmaschine (mit Messereinsatz) pürieren. (Gut gekühlt lassen sich die Fleischwürfel leichter pürieren.)

2. Die Fleischmasse aus der Küchenmaschine nehmen und in eine Schüssel geben. Ei, Sahne, Butter und Semmelbrösel gut untermengen. Mit Salz und Pfeffer würzen, Kräuter unterrühren. Die Masse etwa 10 Minuten ruhen lassen.

3. Aus der Fleischmasse mit angefeuchteten Händen etwa 24 Klößchen formen oder mit zwei Teelöffeln etwa 24 Klöße abstechen.

4. Gänseleberklößchen in heißer Hühnerbrühe etwa 8 Minuten gar ziehen lassen.

Tipp: Gänseleberklößchen in Gemüse- oder Hühnerbrühe servieren.

Gänserisotto | Raffiniert
4 Portionen

Pro Portion:
E: 52 g, F: 62 g, Kh: 55 g, kJ: 4119, kcal: 985

  1,4 kg *Gänsekeulen*
         Salzwasser
    10 *Pfefferkörner*
1 Bund *Suppengrün (Sellerie, Möhre,*
         Porree [Lauch])
     1 *Zwiebel*
     1 *Knoblauchzehe*

Für den Risotto:
   200 g *Möhren*
   200 g *Petersilienwurzeln*
    50 g *Knollensellerie*
       1 *Zwiebel*
       1 *Knoblauchzehe*
   100 g *Champignons*
  1 Bund *Petersilie*
    20 g *Gänseschmalz*
   250 g *Risottoreis*
500–600 ml *Gänsebrühe*
         von den Gänsekeulen
         Salz
  1 Msp. *frisch gemahlener Pfeffer*
  1 Msp. *gemahlener Ingwer*

   120 g *Gänseleber*
    30 g *Gänseschmalz*

Zubereitungszeit: 60 Minuten, ohne Abkühlzeit
Garzeit Gänsekeulen: etwa 90 Minuten
Garzeit Risotto: etwa 20 Minuten

1. Gänsekeulen unter fließendem kalten Wasser abspülen und trocken tupfen. Gänsekeulen in einem großen Topf mit Salzwasser bedeckt zum Kochen bringen. Pfefferkörner hinzugeben.

2. Suppengrün putzen, schälen, abspülen und abtropfen lassen. Zwiebel und Knoblauch abziehen, in kleine Würfel schneiden. Suppengrün, Zwiebel- und Knoblauchwürfel zu den Gänsekeulen in den Topf geben. Gänsekeulen zugedeckt etwa 90 Minuten garen.

3. Die Gänsekeulen mit einer Schaumkelle aus der Brühe nehmen und abkühlen lassen. Die Brühe durch ein Sieb geben, 500–600 ml abmessen und beiseitestellen. Das Fleisch von den Knochen lösen und ebenfalls beiseitestellen.

4. Möhren, Petersilienwurzeln und Knollensellerie putzen, schälen, abspülen, abtropfen lassen und in Stifte oder Würfel schneiden. Zwiebel und Knoblauch abziehen, in kleine Würfel schneiden. Champignons putzen, mit Küchenpapier abreiben, eventuell abspülen, trocken tupfen und in Stücke schneiden. Petersilie abspülen und trocken tupfen (etwas Petersilie zum Garnieren beiseitelegen). Die Blättchen von den Stängeln zupfen. Blättchen klein schneiden.

5. Gänseschmalz in einem Topf erhitzen. Vorbereitetes Gemüse (außer Petersilie) darin andünsten. Reis hinzugeben und glasig dünsten. Aufgefangene Gänsebrühe nach und nach hinzugießen, mit Salz, Pfeffer und Ingwer würzen. Den Reis etwa 20 Minuten ausquellen lassen. Petersilie unterrühren. Nochmals abschmecken.

6. Von der Gänseleber Fett entfernen. Gänseleber unter fließendem kalten Wasser abspülen, trocken tupfen und in Scheiben schneiden.

7. Gänseschmalz in einer Pfanne erhitzen. Die Gänseleberscheiben und das Gänsekeulenfleisch darin von beiden Seiten hellbraun anbraten und herausnehmen. Gänsekeulenfleisch in Portionsstücke schneiden.

8. Risotto auf eine vorgewärmte Platte geben. Die Gänseleber und das Gänsefleisch darauf anrichten. Mit der beiseitegelegten Petersilie garnieren. Sofort servieren.

Tipp: Für den Risotto können Sie jede andere Art von Geflügelkeulen verwenden. Der Risotto schmeckt auch mit gewürfeltem Staudensellerie, gewürfelten Paprikaschoten und entkernten, enthäuteten und gewürfelten Tomaten. Dafür die Tomaten waschen, abtropfen lassen, kreuzweise einschneiden, kurz in kochendes Wasser legen und in kaltem Wasser abschrecken. Tomaten enthäuten, halbieren, entkernen und die Stängelansätze herausschneiden.

Gänse-Schwarzsauer I

Klassisch – mit Alkohol

4 Portionen

Pro Portion:

E: 45 g, F: 42 g, Kh: 26 g, kJ: 3099, kcal: 740

1	*Gänsebrust (etwa 700 g)*
1	*Gänsekeule (etwa 300 g)*
	Salz
	frisch gemahlener Pfeffer
30 g	*Butter*
2	*Möhren*
½	*Knollensellerie*
2	*Zwiebeln*
750 ml (³/₈ l)	*Fleischbrühe*
250 ml (¹/₄ l)	*Madeira (Dessertwein)*
2 EL	*Weißweinessig*
2 EL	*Zucker*
	frisch geriebene Muskatnuss
	gemahlene Gewürznelken
	gemahlener Zimt
	gerebelter Thymian
1	*Lorbeerblatt*
50 g	*Zartbitter-Schokolade*
100 g	*Gänseleber*
50 g	*Butter*

Zubereitungszeit: 60 Minuten, ohne Abkühlzeit
Garzeit: etwa 90 Minuten

1. Gänsebrust und -keule unter fließendem kalten Wasser abspülen und trocken tupfen. Mit Salz und Pfeffer einreiben.

2. Butter in einer Pfanne zerlassen, Gänsebrust und -keule darin anbraten und herausnehmen.

3. Möhren und Sellerie putzen, schälen, abspülen, abtropfen lassen und in kleine Würfel schneiden. Zwiebeln abziehen und ebenfalls in kleine Würfel schneiden.

4. Brühe in einem Topf zum Kochen bringen. Gänse-brust, -keule, Möhren-, Sellerie- und Zwiebelwürfel hinzugeben, zum Kochen bringen und zugedeckt etwa 90 Minuten garen.

5. Gänsebrust und -keule mit einer Schaumkelle aus der Brühe nehmen und etwas abkühlen lassen. Gemüsewürfel ebenfalls aus der Brühe nehmen.

6. Madeira, Essig und Zucker in die Brühe geben und auf etwa 400 ml einkochen lassen, dabei entfetten. Mit Muskat, Nelken, Zimt, Thymian und Lorbeerblatt würzen. Schokolade in Stücke brechen und unter-rühren.

7. Gänsebrust und -keule von den Knochen lösen und das Fleisch in Würfel schneiden. Gänseleber vom Fett befreien und in sehr kleine Würfel schneiden. Butter in Flöckchen und Leberwürfel in die Sauce geben, aufkochen lassen. Nochmals mit den Gewürzen ab-schmecken. Gänsefleischwürfel und Gemüsewürfel wieder in die Sauce geben und erhitzen.

Beilage: Salzkartoffeln und Preiselbeeren, Feldsalat.

Gänsesülze in Kräutervinaigrette I

Für Gäste – mit Alkohol
4 Portionen

Pro Portion:
E: 41 g, F: 66 g, Kh: 18 g, kJ: 3928, kcal: 939

1	Gänsebrust (600–700 g)
1	Gänsekeule (etwa 300 g)
500 ml (½ l)	Wasser
125 ml (⅛ l)	Weißweinessig
2 gestr. TL	Salz
5	Pfefferkörner
1	abgezogene Zwiebel
2	Lorbeerblätter
200 g	Möhren
200 g	Staudensellerie
200 g	Zucchini
200 ml	Madeira (Dessertwein)
200 ml	weißer Vermouth, dry
	Salz
	Zucker
½ TL	rote Pfefferbeeren
2 Stängel	Thymian
10 Blatt	weiße Gelatine

Für die Kräutervinaigrette:

je 1 Bund	Schnittlauch, Dill, Petersilie, Kerbel
1	Schalotte
125 ml (⅛ l)	Kräuteressig
1 TL	mittelscharfer Senf
125 ml (⅛ l)	Speiseöl
	frisch gemahlener Pfeffer

Zubereitungszeit: 70 Minuten,
ohne Abkühl- und Kühlzeit
Garzeit: 60–90 Minuten

1. Gänsebrust und -keule unter fließendem kalten Wasser abspülen, trocken tupfen und in einen Topf geben. Wasser, Essig, Salz, Pfefferkörner, Zwiebel und Lorbeerblätter hinzufügen, zum Kochen bringen und zugedeckt 60–90 Minuten garen.

2. Möhren putzen, schälen, abspülen und abtropfen lassen. Staudensellerie putzen und die harten Außen-

fäden abziehen. Sellerie waschen, abtropfen lassen. Zucchini waschen, abtrocknen und die Enden abschneiden. Möhren, Sellerie und Zucchini in Würfel schneiden. Das Gemüse etwa 20 Minuten vor Ende der Garzeit zu Gänsebrust und -keule geben und fertig garen.

3. Gänsebrust, -keule und das Gemüse mit einer Schaumkelle aus der Brühe nehmen. Die Brühe durch ein Sieb gießen, etwas abkühlen lassen und entfetten. Das Fleisch von den Knochen lösen und in Würfel schneiden.

4. Brühe in einen Topf geben, Madeira und Vermouth hinzugeben, zum Kochen bringen, auf etwa 750 ml (¾ l) einkochen lassen und durch ein Sieb gießen. Mit Salz, Zucker und roten Pfefferbeeren würzen.

5. Thymian abspülen und trocken tupfen. Die Blättchen von den Stängeln zupfen. Gelatine in kaltem Wasser nach Packungsanleitung einweichen, leicht ausdrücken.

6. Die Gelatine in dem heißen Fond unter Rühren vollständig auflösen und abkühlen lassen. Thymianblättchen unterrühren.

7. Fleisch- und Gemüsewürfel in kleine Förmchen oder eine Terrinenform geben, mit dem Fond auffüllen, kalt stellen und fest werden lassen.

8. Für die Vinaigrette Kräuter abspülen und trocken tupfen. Die Blättchen bzw. Spitzen von den Stängeln zupfen. Blättchen und Spitzen klein schneiden. Schnittlauch in Röllchen schneiden. Schalotte abziehen und in kleine Würfel schneiden.

9. Essig mit Senf glattrühren. Speiseöl tropfenweise unterschlagen. Die Vinaigrette mit Salz, Pfeffer und Zucker würzen. Kräuter und Schalottenwürfel unterrühren.

10. Die fest gewordene Gänsesülze aus den Förmchen oder der Terrine stürzen, in Scheiben schneiden und anschließend mit der Kräutervinaigrette anrichten.

Beilage: Toast.

Geflügelburger | Für Kinder

4 Portionen

Pro Portion:
E: 39 g, F: 7 g, Kh: 45 g, kJ: 1703, kcal: 407

2	*kleine Möhren (je etwa 70 g)*
1	*Zwiebel (etwa 80 g)*
1 kleine	
Dose	*Gemüsemais*
	(Abtropfgewicht 135 g)
500 g	*Geflügelhackfleisch*
	(Hähnchen oder Pute)
1	*Ei (Größe M)*
	Salz
	frisch gemahlener Pfeffer
1	*kleiner Kopfsalat (etwa 200 g)*
4	*Hamburger Brötchen*
	(je etwa 50 g)
2 EL	*Speiseöl,*
	z. B. Sonnenblumenöl
1 Flasche	
(180 ml)	*Hot Chilisauce*

Zubereitungszeit: 30 Minuten
Grillzeit Burger: etwa 10 Minuten
Grillzeit Brötchen: etwa 5 Minuten

1. Den Grill vorheizen. Möhren putzen, schälen, abspülen, abtropfen lassen und in kleine Würfel schneiden. Zwiebel abziehen und ebenfalls in kleine Würfel schneiden. Den Gemüsemais in einem Sieb abtropfen lassen.

2. Geflügelhackfleisch in eine Schüssel geben. Möhren-, Zwiebelwürfel, Mais und Ei hinzufügen. Die Zutaten gut vermengen. Mit Salz und Pfeffer würzen. Aus der Hackfleischmasse mit angefeuchteten Händen 4 flache Burger in Größe der Brötchen formen und beiseitelegen.

3. Vom Salat die äußeren, welken Blätter entfernen. Salatblätter vorsichtig vom Strunk lösen, gründlich waschen, gut abtropfen lassen und trocken tupfen. Brötchen waagerecht halbieren.

4. Die beiseitegelegten Burger mit Speiseöl bestreichen und auf dem heißen Grill unter Wenden etwa 10 Minuten grillen. Die Brötchenhälften mit der Schnittfläche nach unten ebenfalls auf den heißen Grill legen und etwa 5 Minuten grillen.

5. Die unteren Brötchenhälften zuerst mit den Salatblättern, dann mit den Burgern belegen. Jeweils 1 Esslöffel Chilisauce darauf verteilen. Die oberen Brötchenhälften darauflegen und sofort servieren. Restliche Chilisauce dazureichen.

Tipp: Geflügelburger zusätzlich mit dünnen Gurken-, Tomaten- und Käsescheiben belegen.

Gefüllte Gans | Für Gäste – mit Alkohol
6–8 Portionen

Pro Portion:
E: 45 g, F: 87 g, Kh: 16 g, kJ: 4597, kcal: 1099

> 1 *küchenfertige Gans (etwa 3 kg)*
> *Salz*
> *frisch gemahlener Pfeffer*
> *gerebelter Majoran*
> 4 *Zwiebeln*
> 1 EL *Butterschmalz*
> 400 g *säuerliche Äpfel*
> 100 g *Rosinen*
> *Salzwasser*

Für die Sauce:
> 200 ml *Wasser*
> 2 EL *Weizenmehl*
> 4 EL *kaltes Wasser*
> 1 Prise *Zucker*
> *etwas Weißwein*

Außerdem:
> *Küchengarn oder*
> *Holzstäbchen*

Zubereitungszeit: 30 Minuten
Garzeit: etwa 3 Stunden

1. Den Backofen vorheizen.

Ober-/Unterhitze: etwa 200 °C
Heißluft: etwa 180 °C

2. Die Gans innen und außen unter fließendem kalten Wasser abspülen und trocken tupfen. Die Gans innen und außen mit Salz, Pfeffer und Majoran würzen.

3. Für die Füllung Zwiebeln abziehen und achteln. Butterschmalz in einer Pfanne zerlassen, Zwiebelspalten darin bei mittlerer Hitze von allen Seiten leicht anbraten. Äpfel schälen, vierteln und entkernen. Apfelviertel nochmals längs durchschneiden. Rosinen mit den Zwiebel- und Apfelspalten vermengen. Die Füllung in die Gans geben. Die Öffnung mit Küchengarn zunähen oder mit Holzstäbchen verschließen.

4. Die Gans mit der Brust nach oben in eine Fettfangschale (mit Wasser ausgespült) legen. Die Fettfangschale in den vorgeheizten Backofen schieben. Die Gans etwa 3 Stunden garen.

5. Während des Garens ab und zu unterhalb der Flügel und Keulen mit einer Nadel in die Gans stechen, damit das Fett besser ausbraten kann. Das angesammelte Fett gelegentlich abschöpfen und die Gans damit übergießen.

6. Sobald der Bratensatz bräunt, etwas heißes Wasser hinzugießen. Verdampfte Flüssigkeit nach und nach durch heißes Wasser ersetzen. Die Gans etwa 10 Minuten vor Ende der Garzeit mit Salzwasser bestreichen, damit die Haut kross wird.

7. Die Gans aus der Fettfangschale nehmen, in Portionsstücke teilen (tranchieren), mit der Füllung auf einer vorgewärmten Platte anrichten und warm stellen.

8. Für die Sauce den Bratensatz mit Wasser loskochen, durch ein Sieb in einen Topf gießen und entfetten. Den Bratenfond eventuell mit etwas Wasser auffüllen und zum Kochen bringen.

9. Mehl mit Wasser anrühren, in den Bratenfond rühren, unter Rühren zum Kochen bringen, etwa 5 Minuten köcheln lassen. Die Sauce mit Salz, Pfeffer, Majoran, Zucker und Wein abschmecken. Die Gans mit der Füllung servieren. Die Sauce dazureichen.

Gefüllte Hähnchen nach Gödöllöer Art | Raffiniert – mit Alkohol

4–6 Portionen

Pro Portion:
E: 98 g, F: 83 g, Kh: 27 g, kJ: 5428, kcal: 1297

2	küchenfertige Hähnchen (je etwa 1,2 kg)
3	Brötchen (Semmeln) vom Vortag
200 ml	Milch
200 g	Hähnchenleber
100 ml	Maiskeimöl
100 g	gewürfelter, geräucherter, durchwachsener Speck
3	gewürfelte Zwiebeln
250 g	gewürfelte Champignons
	Salz, frisch gemahlener Pfeffer
½ Bund	Petersilie
50 g	weiche Butter
3	Eier (Größe M)
2 TL	gerebelter Majoran
200 g	Möhren
100 g	Petersilienwurzeln
2	Zwiebeln
150 g	Äpfel
3 EL	Speiseöl
150 ml	Gemüsebrühe
100 ml	trockener Weißwein

Zubereitungszeit: 60 Minuten, ohne Einweichzeit
Garzeit: etwa 45 Minuten

1. Hähnchen innen und außen unter fließendem kalten Wasser abspülen und trocken tupfen. Vorsichtig mit den Fingern die Haut vom Fleisch an Brust und Schenkeln lösen, ohne die Haut zu verletzen.

2. Die Brötchen dünn entrinden, in eine Schale legen, mit Milch übergießen und einweichen. Brötchen gut ausdrücken.

3. Hähnchenleber unter fließendem kalten Wasser abspülen, trocken tupfen und in Stücke schneiden.

4. Maiskeimöl in einer Pfanne erhitzen, Speckwürfel darin glasig dünsten. Zwiebelwürfel hinzugeben und

goldgelb dünsten lassen. Hähnchenleberstücke und Champignonwürfel unterrühren. Mit Salz und Pfeffer würzen. Die Zutaten etwa 3 Minuten dünsten lassen.

5. Die Petersilie abspülen und trocken tupfen. Die Blättchen von den Stängeln zupfen. Blättchen klein schneiden und unter die Hähnchenleber-Pilz-Masse rühren. Butter geschmeidig rühren. Mit den ausgedrückten Brötchen und Eiern zu der Hähnchenleber-Pilz-Masse geben und zu einer Füllung verarbeiten.

6. Den Backofen vorheizen.

Ober-/Unterhitze: etwa 200 °C
Heißluft: etwa 180 °C

7. Die Füllmasse in einen Spritzbeutel mit großer Lochtülle geben, diesen am Hals der Hähnchen ansetzen und so die Füllung gleichmäßig unter die Haut der Brust und Schenkel der Hähnchen spritzen.

8. Die Hähnchen innen und außen mit Salz und Majoran einreiben. Die Form der Hähnchen gegebenenfalls korrigieren. Die Hähnchen in eine Fettfangschale setzen.

9. Möhren und Petersilienwurzeln putzen, schälen, abspülen, abtropfen lassen. Zwiebeln abziehen. Möhren, Petersilienwurzeln und Zwiebeln in dünne Scheiben schneiden. Äpfel schälen, vierteln, entkernen und ebenfalls in Scheiben schneiden.

10. Möhren-, Petersilienwurzeln, Apfel- und Zwiebelscheiben um die Hähnchen legen und mit Speiseöl beträufeln. Gemüsebrühe hinzugießen. Die Fettfangschale in den vorgeheizten Backofen schieben. Die Hähnchen etwa 45 Minuten garen.

11. Die Hähnchen während der Garzeit zunächst mit Weißwein, dann ab und zu mit dem entstandenen Bratenfond begießen.

12. Die Hähnchen aus der Fettfangschale nehmen und einige Minuten ruhen lassen. Den Bratenfond durch ein Sieb geben. Die Hähnchen in Portionsstücke teilen und mit dem Bratenfond beträufeln. Das Gemüse dazureichen.

Gefüllte Putenbrustfilets | Raffiniert
4 Portionen

Pro Portion:
E: 52 g, F: 36 g, Kh: 12 g, kJ: 2580, kcal: 617

 2 *Putenbrustfilets (je etwa 350 g)*
 Salz
 frisch gemahlener, weißer Pfeffer
 Paprikapulver edelsüß

Für die Füllung:
 75 g *Zucchini*
 1 Bund *Basilikum*
 150 g *Schafkäse*

 30 g *Butterschmalz*
 40 g *Weizenmehl*

Für die Sauce:
 1 Becher
 (150 g) *Crème fraîche*
 100 g *Schlagsahne*
 1 EL *Tomatenmark*
 Cayennepfeffer

Außerdem:
 Holzstäbchen oder
 Küchengarn

Zubereitungszeit: 40 Minuten
Garzeit: etwa 25 Minuten

1. Putenbrustfilets unter fließendem kalten Wasser abspülen und trocken tupfen. Jeweils mit einem scharfen Messer eine längliche Tasche einschneiden. Mit Salz, Pfeffer und Paprika würzen.

2. Für die Füllung Zucchini waschen, abtrocknen und die Enden abschneiden. Zucchini in kleine Würfel schneiden. Basilikum abspülen und trocken tupfen. Die Blättchen von den Stängeln zupfen, in feine Streifen schneiden (einige Basilikumstreifen für die Sauce beiseitelegen). Schafkäse in kleine Würfel schneiden.

3. Zucchiniwürfel mit Schafkäsewürfeln und Basilikumstreifen vermengen. Mit Salz und Pfeffer würzen. Die

Putenbrustfilets damit füllen. Die Öffnungen mit Holzstäbchen oder Küchengarn verschließen.

4. Butterschmalz in einer Pfanne erhitzen. Putenbrustfilets mit Mehl bestäuben und in dem Butterschmalz von beiden Seiten etwa 25 Minuten garen. Putenbrustfilets herausnehmen, Holzstäbchen oder Küchengarn entfernen. Putenbrustfilets warm stellen.

5. Für die Sauce Crème fraîche, Sahne und Tomatenmark unter den Bratensatz rühren und unter Rühren aufkochen lassen. Die Sauce mit Salz, Pfeffer und Cayennepfeffer würzen, beiseitegelegte Basilikumstreifen unterrühren.

6. Die Putenbrustfilets in Scheiben schneiden, mit der Sauce auf Tellern anrichten.

Beilage: Kräuterkartoffeln, Reis, verschiedene Blattsalate oder Baguette mit Kräuterbutter.

Gefüllte Putenschnitzel I

Schnell – mit Alkohol
4 Portionen

Pro Portion:
E: 52 g, F: 23 g, Kh: 8 g, kJ: 1912, kcal: 459

2	*Putenschnitzel (je etwa 350 g)*
	Salz
	frisch gemahlener, weißer Pfeffer
	Paprikapulver edelsüß

Für die Füllung:

2 Scheiben	*gekochter Schinken*
1	*Ei (Größe M)*
1 EL	*Semmelbrösel*
1 TL	*zerdrückte, grüne Pfefferkörner in Lake*
30 g	*Butterschmalz*
etwas	*Weizenmehl*

Für die Sauce:

100 ml	*Rotwein oder Geflügelfond*
1 Becher (150 g)	*Crème fraîche*
1 EL	*Tomatenmark*
	Cayennepfeffer
1 TL	*getrocknete, italienische Kräuter*

Außerdem:

	Holzstäbchen oder Küchengarn

Zubereitungszeit: 25 Minuten
Garzeit: etwa 17 Minuten

1. Putenschnitzel unter fließendem kalten Wasser abspülen und trocken tupfen. Jeweils mit einem scharfen Messer eine längliche Tasche einschneiden. Mit Salz, Pfeffer und Paprika würzen.

2. Für die Füllung Schinken in Würfel schneiden, mit Ei, Semmelbröseln und Pfefferkörnern vermengen. Die Putenschnitzel damit füllen. Die Öffnungen mit Holzstäbchen oder Küchengarn verschließen.

3. Butterschmalz in einer Pfanne erhitzen. Putenschnitzel mit Mehl bestäuben, in die Pfanne geben und bei schwacher Hitze von beiden Seiten etwa 17 Minuten garen. Putenschnitzel herausnehmen, Holzstäbchen oder Küchengarn entfernen. Putenschnitzel warm stellen.

4. Für die Sauce den Bratensatz mit Rotwein oder Geflügelbrühe loskochen. Crème fraîche und Tomatenmark hinzugeben und unter Rühren aufkochen lassen. Die Sauce mit Salz, Pfeffer, Cayennepfeffer und italienischen Kräutern würzen.

5. Die Putenschnitzel in dicke Scheiben schneiden und mit der Sauce auf Tellern anrichten.

Beilage: Kräuterkartoffeln oder Reis, verschiedene Blattsalate oder Paprikasalat oder Stangenweißbrot mit Kräuterbutter.

Gegrillte Hähnchenbrust I
Gut vorzubereiten
4 Portionen

Pro Portion:
E: 40 g, F: 11 g, Kh: 28 g, kJ: 1599, kcal: 382

12 *mittelgroße Kartoffeln*
(etwa 600 g)
Salzwasser

Für die Gemüse-Kräuter-Sauce:
1 *Gemüsezwiebel (etwa 300 g)*
2 *Knoblauchzehen*
je 1 *milde, rote und grüne Chilischote*
(je etwa 75 g)
1 kleines
Bund *glatte Petersilie*
1 Bund *Koriander*
1 *eingelegte Ingwerpflaume*
4 EL *Olivenöl*

4 *Hähnchenbrustfilets*
(je etwa 150 g)
Salz, frisch gemahlener Pfeffer

Zubereitungszeit: 45 Minuten,
ohne Abkühl- und Marinierzeit
Grillzeit: etwa 15 Minuten

1. Kartoffeln unter fließendem kalten Wasser gründlich abbürsten. Kartoffeln in einem Topf mit Salzwasser bedeckt zum Kochen bringen und zugedeckt etwa 20 Minuten garen. Kartoffeln abgießen, abtropfen und erkalten lassen.

2. Zwiebel und Knoblauch abziehen. Chilischoten abspülen, trocken tupfen, längs halbieren, entkernen und Stängelansätze abschneiden. Petersilie und Koriander abspülen und trocken tupfen. Einige Stängel zum Garnieren beiseitelegen. Von den restlichen Stängeln die Blättchen abzupfen. Blättchen klein schneiden.

3. Zwiebel, Knoblauch, Chilischoten und die Ingwerpflaume in kleine Würfel schneiden. Olivenöl in einer Pfanne erhitzen. Die vorbereiteten Gemüse- und Ingwerwürfel darin andünsten. Petersilie und Koriander

unterrühren. Die Gemüse-Kräuter-Sauce erkalten lassen.

4. Die Hähnchenbrustfilets unter fließendem kalten Wasser abspülen und trocken tupfen. Die Filets auf der Oberseite mit einem scharfen Messer mehrmals rautenförmig einschneiden und in eine große, flache Schale legen.

5. Kartoffeln längs halbieren und zu den Filets in die Schale geben. Hähnchenbrustfilets und Kartoffelhälften mit der Gemüse-Kräuter-Sauce bestreichen und etwa 2 Stunden im Kühlschrank marinieren. Den Grill nach etwa 90 Minuten Marinierzeit vorheizen.

6. Gemüse-Kräuter-Sauce von den Hähnchenbrustfilets und Kartoffelhälften abstreifen. Hähnchenbrustfilets und Kartoffelhälften auf dem heißen Grill unter gelegentlichem Wenden etwa 15 Minuten grillen. Mit Salz und Pfeffer würzen. Nach Belieben mit der Gemüse-Kräuter-Sauce und den beiseitegelegten Kräuterstängeln servieren.

Beilage: Gemischter Salat.

Gegrillte Hähnchenkeulen | Preiswert
4 Portionen

Pro Portion:
E: 50 g, F: 25 g, Kh: 4 g, kJ: 1990, kcal: 476

4	*Hähnchenkeulen (je etwa 250 g)*
6 EL	*Speiseöl*
	Salz
	frisch gemahlener Pfeffer
etwas	*Currypulver*
2–3 TL	*flüssiger Honig*
1 TL	*Kümmelsamen*
etwas	*Zitronensaft*

Außerdem:

Alufolie

Zubereitungszeit: 25 Minuten
Grillzeit: etwa 20 Minuten

1. Den Backofengrill vorheizen. Hähnchenkeulen unter fließendem kalten Wasser abspülen und trocken tupfen.

2. Speiseöl mit Salz, Pfeffer und Curry verrühren. Die Hähnchenkeulen damit bestreichen, auf ein Stück Alufolie legen und auf dem Rost unter den vorgeheizten Grill schieben. Darauf achten, dass die Hähnchenkeulen nicht zu nah unter dem Grill liegen.

3. Die Hähnchenkeulen unter mehrmaligem Wenden etwa 20 Minuten grillen und zwischendurch mit dem restlichen, gewürzten Speiseöl bestreichen.

4. Honig und Kümmel verrühren. Nach etwa 15 Minuten Grillzeit auf den Hähnchenkeulen verteilen. Hähnchenkeulen fertig grillen.

5. Hähnchenkeulen mit Zitronensaft beträufeln und servieren.

Gegrillte Putenbrust mit Curry-Mayonnaise | Mit Alkohol – einfach

4 Portionen

Pro Portion:
E: 44 g, F: 30 g, Kh: 7 g, kJ: 1994, kcal: 477

4 *Putenschnitzel, ohne Haut*
(je etwa 180 g)
Salz, frisch gemahlener Pfeffer
4 TL *Distelöl*

Für die Curry-Mayonnaise:

10 *eingelegte Silberzwiebeln*
(aus dem Glas)
125 g *Delikatessmayonnaise*
(aus dem Glas)
1 EL *Aprikosenkonfitüre*
1–2 TL *Currypulver*
einige
Tropfen Rum

Zubereitungszeit: 15 Minuten
Garzeit: 8–10 Minuten

1. Putenschnitzel unter fließendem kalten Wasser abspülen und trocken tupfen. Mit Salz und Pfeffer würzen.

2. Distelöl in einer Grillpfanne erhitzen. Die Putenschnitzel darin von beiden Seiten 8–10 Minuten garen.

3. Für die Curry-Mayonnaise zunächst die Silberzwiebeln abtropfen lassen und in kleine Stücke schneiden. Danach mit Delikatessmayonnaise, Aprikosenkonfitüre, Currypulver und Rum verrühren und anschließend mit Salz abschmecken.

Beilage: Dazu Baguette oder Röstkartoffeln sowie eine Gemüseplatte oder einen gemischten Salat servieren. Statt Putenschnitzel können auch Hähnchenbrustfilets verwendet werden.

Gegrillte Putenkeulen I
Für Gäste – etwas aufwändiger
4 Portionen

Pro Portion:
E: 40 g, F: 18 g, Kh: 2 g, kJ: 1357, kcal: 325

4	*Putenunterkeulen (je 200–250 g)*
100 g	*frische, rote Johannisbeeren oder*
	Preiselbeeren (aus dem Glas)
2–3 Stängel	*Thymian*
10 EL	*Speiseöl*
10	*Wacholderbeeren*

Für die Champignonspieße:
> 200 g *kleine, braune Champignons*

> *Salz*
> *frisch gemahlener Pfeffer*

> 40 g *weiche Kräuterbutter*

Außerdem:
> *8–10 Holzspieße*

Zubereitungszeit: 40 Minuten, ohne Marinierzeit
Grillzeit Putenkeulen: etwa 20 Minuten
Grillzeit Champignonspieße: etwa 10 Minuten

1. Putenunterkeulen unter fließendem kalten Wasser abspülen und trocken tupfen. Die Knochen herauslösen und die Haut abziehen. Putenunterkeulen so weit wie möglich auseinanderklappen, dabei das Fleisch mit einer Hand flach drücken.

2. Johannisbeeren waschen, abtropfen lassen und entstielen. Johannisbeeren in eine Schüssel geben und mit einer Gabel zerdrücken. Thymian abspülen und trocken tupfen. Die Blättchen von den Stängeln zupfen. Thymianblättchen klein schneiden. Thymian und Speiseöl zu den Johannisbeeren geben und untermischen. Wacholderbeeren unterrühren.

3. Die Johannisbeermasse auf dem Putenfleisch verteilen und zugedeckt etwa 2 Stunden im Kühlschrank marinieren. Den Grill nach etwa 90 Minuten Marinierzeit vorheizen.

4. Für die Champignonspieße Champignons putzen, mit Küchenpapier abreiben, eventuell abspülen, trocken tupfen und auf Holzspieße stecken.

5. Das Putenfleisch aus der Marinade nehmen und auf dem vorgeheizten Grill bei mäßiger Hitze unter mehrmaligem Wenden etwa 20 Minuten grillen. Das Putenfleisch während des Grillens ab und zu mit der Marinade bestreichen. Die Champignonspieße mit auf den Grill legen und unter mehrmaligem Wenden etwa 10 Minuten grillen. Das Putenfleisch mit Salz und Pfeffer würzen. Champignonspieße mit Kräuterbutter bestreichen.

Tipp: Statt Putenkeulen können auch Perlhuhn- oder Hähnchenkeulen verwendet werden.

Gelbe Spaghetti mit Hähnchenbrust | Für Gäste

4 Portionen

Pro Portion:
E: 45 g, F: 26 g, Kh: 89 g, kJ: 3445, kcal: 822

500 g	Hähnchenbrustfilets
3 EL	Sojasauce
1 EL	flüssiger Honig
etwas	gemahlener Ingwer
1 Bund	Frühlingszwiebeln
4	mittelgroße Möhren
	Salzwasser
1 Dose	Aprikosen
	(Abtropfgewicht 240 g)
4 EL	Olivenöl
125 ml (⅛ l)	Gemüsebrühe
125 g	Schlagsahne
2 EL	Zitronensaft
1 geh. TL	Estragon
	Salz
	frisch gemahlener Pfeffer
4 l	Wasser
4 gestr. TL	Salz
2 gestr. TL	gemahlener Kurkuma
400 g	Spaghetti

Zubereitungszeit: 40 Minuten, ohne Marinierzeit

1. Die Hähnchenbrustfilets unter fließendem kalten Wasser abspülen, trocken tupfen und in gleich große Würfel schneiden. Sojasauce mit Honig und Ingwer verrühren. Die Fleischwürfel damit bestreichen und zugedeckt 1–2 Stunden marinieren.

2. Frühlingszwiebeln putzen, waschen, abtropfen lassen und in etwa 4 cm lange Stücke schneiden. Möhren putzen, schälen, abspülen, abtropfen lassen und ebenfalls in etwa 4 cm lange Stücke schneiden.

3. Salzwasser in einem Topf zum Kochen bringen. Möhrenstifte darin etwa 6 Minuten garen, dann Frühlingszwiebelstücke hinzugeben und noch weitere etwa 2 Minuten garen. Möhrenstifte und Frühlingszwiebelstücke in ein Sieb geben, mit kaltem Wasser übergie-

ßen und abtropfen lassen. Aprikosenhälften in einem Sieb abtropfen lassen und halbieren.

4. Jeweils die Hälfte des Olivenöls in einer Pfanne erhitzen. Die Fleischwürfel darin in 2 Portionen rundherum anbraten. Möhrenstifte und Zwiebelstücke hinzufügen und kurz mitdünsten lassen. Fleischwürfel und das Gemüse herausnehmen, beiseitestellen. Brühe und Sahne zu dem Bratensatz geben und aufkochen lassen. Aprikosenviertel unterrühren. Mit Zitronensaft, Estragon, Salz und Pfeffer würzen. Beiseitegestellte Fleischwürfel und das Gemüse unterrühren, nochmals erhitzen und warm stellen.

5. Wasser in einem großen Topf mit geschlossenem Deckel zum Kochen bringen. Dann Salz, Kurkuma und Spaghetti zugeben. Die Spaghetti im geöffneten Topf bei mittlerer Hitze nach Packungsanleitung kochen lassen, dabei zwischendurch 4–5-mal umrühren.

6. Anschließend die Spaghetti in ein Sieb geben, mit heißem Wasser abspülen und abtropfen lassen.

7. Spaghetti auf einem großen Teller anrichten. Warm gestellte Fleischwürfel-Gemüse-Masse darauf verteilen und sofort servieren.

Gemüseeintopf mit Putenkeule I
Deftig
4 Portionen

Pro Portion:
E: 57 g, F: 16 g, Kh: 30 g, kJ: 2240, kcal: 536

1	*Putenoberkeule (etwa 1 kg)*
	Salz, frisch gemahlener Pfeffer
250 g	*Zwiebeln*
500 g	*Kartoffeln*
2	*rote Paprikaschoten*
	Paprikapulver edelsüß
2 EL	*frischer Oregano,*
	in Streifen geschnitten
evtl. 1	*entkernte, in Ringe*
	geschnittene Peperoni
30 g	*zerlassene Butter*
500 g	*Tomaten*

Zubereitungszeit: 50 Minuten
Garzeit: 1 ¾ Stunden

1. Putenoberkeule unter fließendem kalten Wasser abspülen und trocken tupfen. Mit Salz und Pfeffer würzen.

2. Zwiebeln abziehen und klein würfeln. Kartoffeln waschen, schälen, abspülen, abtropfen lassen und ebenfalls in Würfel schneiden. Paprikaschoten halbieren, entstielen, entkernen und die weißen Scheidewände entfernen. Schotenhälften waschen, abtropfen lassen und in Streifen schneiden.

3. Paprikastreifen abwechselnd mit den Zwiebel- und Kartoffelwürfeln in einen gewässerten Römertopf® schichten. Mit Salz, Pfeffer, Paprika und Oregano würzen. Nach Belieben Peperoniringe unterrühren.

4. Dann die Putenoberkeule auf das Gemüse legen und mit Butter bestreichen. Den Römertopf® mit dem Deckel verschließen und auf dem Rost in den kalten Backofen stellen.

Ober-/Unterhitze: 200–220 °C
Heißluft: 180–200 °C
Garzeit: etwa 1 ¾ Stunden.

5. Tomaten waschen, abtropfen lassen, kreuzweise einschneiden, kurz in kochendes Wasser legen und in kaltem Wasser abschrecken. Tomaten enthäuten, halbieren, entkernen und die Stängelansätze herausschneiden. Tomatenhälften in kleine Würfel schneiden. Mit Salz und Pfeffer würzen.

6. Tomatenwürfel etwa 30 Minuten vor Ende der Garzeit zum Gemüseeintopf geben. Den Gemüseeintopf ohne Deckel fertig garen.

7. Die Putenkeule aus dem Römertopf® nehmen. Das Fleisch von den Knochen lösen und in Scheiben schneiden. Den Gemüseeintopf umrühren, mit den Gewürzen abschmecken und mit dem Fleisch servieren.

Gepökelte Gänsebrust in Rieslingkraut | Mit Alkohol

4 Portionen

Pro Portion:
E: 36 g, F: 80 g, Kh: 10 g, kJ: 4131, kcal: 987

1	kleiner Weißkohl (etwa 1 kg)
1	kleine Zwiebel
1 EL	Gänseschmalz
200 ml	Weißwein (Riesling)
100 ml	Gemüsebrühe
3	Wacholderbeeren
1	Lorbeerblatt
2	Gewürznelken
	Salz
	grob geschroteter, bunter Pfeffer
4	Gänsebrüste, gepökelt (insgesamt etwa 800 g)
1 EL	Speiseöl
125 g	Pfifferlinge
1 EL	Butter

Zubereitungszeit: 40 Minuten
Garzeit: 60–70 Minuten

1. Weißkohl putzen, vierteln und den Strunk herausschneiden. Kohlviertel abspülen, abtropfen lassen und in feine Streifen schneiden oder hobeln (ergibt etwa 800 g). Zwiebel abziehen und in kleine Würfel schneiden.

2. Gänseschmalz in einem Bräter erhitzen. Zwiebelwürfel und Weißkohlstreifen darin leicht anbraten. Mit Wein und Gemüsebrühe ablöschen. Wacholderbeeren, Lorbeerblatt und Nelken hinzugeben. Mit wenig Salz und Pfeffer abschmecken.

3. Den Backofen vorheizen.

Ober-/Unterhitze: 180–200 °C
Heißluft: 160–180 °C

4. Gänsebrüste unter fließendem kalten Wasser abspülen und trocken tupfen. Speiseöl in einer Pfanne erhitzen. Gänsebrüste von allen Seiten anbraten, herausnehmen und auf den Weißkohl legen. Den Bräter auf dem Rost in den vorgeheizten Backofen schieben. Die Gänsebrust mit dem Rieslingkraut 60–70 Minuten garen.

5. Die Pfifferlinge putzen, mit Küchenpapier abreiben, eventuell abspülen und trocken tupfen. Butter in einer Pfanne zerlassen, die Pfifferlinge darin kurz braten. Mit Salz und Pfeffer abschmecken.

6. Gepökelte Gänsebrust in Rieslingkraut mit den gebratenen Pfifferlingen bestreuen und servieren.

Geschmorte Poularde | Für Gäste
4 Portionen

Pro Portion:
E: 61 g, F: 69 g, Kh: 6 g, kJ: 3992, kcal: 953

1	küchenfertige Maispoularde (etwa 1,2 kg)
	Salz
	Paprikapulver edelsüß
2–3 EL	Speiseöl
1	Zwiebel
1	Knoblauchzehe
375 ml (³/₈ l)	heißes Wasser oder Hühnerbrühe
70 g	Tomatenmark (aus der Dose)
1 EL	Paprikapulver edelsüß
1 TL	Paprikapulver rosenscharf
½ TL	gerebelter Majoran
3 EL	saure Sahne
1 EL	Speisestärke

Zubereitungszeit: 25 Minuten
Garzeit: etwa 35 Minuten

1. Poularde unter fließendem kalten Wasser abspülen, trocken tupfen und in Portionsstücke schneiden. Fleischstücke mit Salz und Paprika würzen.

2. Speiseöl in einer Pfanne erhitzen. Fleischstücke darin von allen Seiten gut anbraten. Zwiebel und Knoblauch abziehen, klein würfeln, hinzufügen und kurz mitdünsten lassen. Etwas heißes Wasser oder Brühe hinzugießen. Die Fleischstücke etwa 35 Minuten garen, dabei gelegentlich wenden. Verdampfte Flüssigkeit nach und nach durch heißes Wasser oder Brühe ersetzen.

3. Die garen Fleischstücke aus der Pfanne nehmen und warm stellen. Den Bratensatz mit dem restlichem heißen Wasser oder Brühe auf 375 ml (³/₈ l) auffüllen. Tomatenmark unterrühren. Mit Paprika und Majoran würzen. Den Bratenfond zum Kochen bringen.

4. Saure Sahne mit Speisestärke anrühren, in den Bratenfond rühren und unter Rühren aufkochen lassen. Die Sauce mit Salz abschmecken. Die Poulardenstücke in der Sauce kurz erhitzen.

Beilage: Herzoginkartoffeln und Brokkoli.

Geschnetzelte Hähnchenbrust I

Mit Alkohol
4 Portionen

Pro Portion:
E: 41 g, F: 41 g, Kh: 3 g, kJ: 2450, kcal: 586

        4 *Hähnchenbrustfilets*
           (je etwa 150 g)
           Salz
           frisch gemahlener Pfeffer
    400 g *Champignons*
        1 *Schalotte*
    100 g *Butter*
    125 ml (⅛ l) *Weißwein (Riesling)*
     4 cl *trockener Wermut*
    250 g *Schlagsahne*
       20 *Zitronenmelisseblättchen*

Zubereitungszeit: 35 Minuten

1. Hähnchenbrustfilets eventuell enthäuten. Anschließend unter fließendem kalten Wasser abspülen, trocken tupfen und in feine Streifen schneiden. Mit Salz und Pfeffer würzen.

2. Champignons putzen, mit Küchenpapier abreiben, eventuell abspülen, trocken tupfen und in feine Scheiben schneiden. Schalotte abziehen und in kleine Würfel schneiden.

3. Die Hälfte der Butter in einer Pfanne zerlassen. Die Hähnchenbrustfiletstreifen darin von allen Seiten anbraten, herausnehmen und warm stellen. Restliche Butter in dem Bratensatz zerlassen, Schalottenwürfel und Champignonscheiben darin andünsten. Mit Weißwein und Wermut ablöschen. Sahne hinzugießen und zum Kochen bringen. Die Sauce sämig einkochen lassen.

4. Zitronenmelisseblättchen abspülen, trocken tupfen, klein schneiden und in die Sauce rühren. Hähnchenbrustfiletstreifen hinzugeben und in der Sauce kurz erhitzen (nicht mehr kochen lassen). Mit Salz und Pfeffer abschmecken.

Beilage: Bandnudeln und Tomatenwürfel.

Glasierte Hähnchenflügel I

Für die Party

8–10 Portionen (etwa 40 Hähnchenflügel)

Pro Portion:

E: 20 g, F: 12 g, Kh: 7 g, kJ: 891, kcal: 213

etwa 40 Hähnchenflügel

Für die Marinade:

4 TL *Sojasauce*
4 EL *flüssiger Honig*
1 TL *gemahlener Ingwer*
2 TL *Chili-Pfeffer*
Salz, frisch gemahlener Pfeffer
gemahlener Koriander
etwas *Weißweinessig oder*
Zitronensaft

Außerdem:

Alu-Grillschalen

Zubereitungszeit: 30 Minuten, ohne Marinierzeit
Grillzeit: 15–20 Minuten

1. Den Grill vorheizen. Hähnchenflügel unter fließendem kalten Wasser abspülen, trocken tupfen und in eine flache Schale legen.

2. Für die Marinade Sojasauce, Honig, Ingwer, Chili-Pfeffer, Salz, Pfeffer, Koriander und Essig oder Zitronensaft gut verrühren. Die Hähnchenflügel damit bestreichen und etwas durchziehen lassen.

3. Die Hähnchenflügel in die Grillschalen legen und auf dem heißen Grill unter mehrmaligem Wenden 15–20 Minuten grillen. Die Hähnchenflügel während des Grillens häufig mit der Marinade bestreichen.

Beilage: Baguette, Kartoffelsalat.

Tipp: Die Marinade eignet sich auch für anderes Grillfleisch, wie z.B. Hähnchenkeulen.

Gratinierte Putenstreifen Provençal | Schnell

4 Portionen

Pro Portion:
E: 17 g, F: 18 g, Kh: 5 g, kJ: 1077, kcal: 257

250 g	*Putenbrustfilet*
2 EL	*Speiseöl*
1	*Knoblauchzehe*
1 gestr. TL	*Salz, frisch gemahlener Pfeffer*
	Kräuter der Provence
1 kleine	
Dose	*Artischockenherzen*
	(Einwaage 180 g)
2	*Tomaten (etwa 200 g)*
2 EL	*Olivenöl*
2 EL	*Zitronensaft*
30 g	*frisch geriebener*
	Emmentaler-Käse
2 EL	*frisch gehacktes Basilikum*

Zubereitungszeit: 40 Minuten
Garzeit: etwa 20 Minuten

1. Den Backofen vorheizen.

Ober-/Unterhitze: etwa 200 °C
Heißluft: etwa 180 °C

2. Putenbrustfilet unter fließendem kalten Wasser abspülen, trocken tupfen und in Streifen schneiden. Speiseöl in einer Pfanne erhitzen. Putenbrustfiletstreifen darin von allen Seiten kurz anbraten.

3. Knoblauch abziehen, in kleine Würfel schneiden, mit Salz zu einer Paste zerreiben und auf den Putenbrustfiletstreifen verteilen. Mit Pfeffer und Kräutern der Provence würzen.

4. Artischockenherzen in einem Sieb gut abtropfen lassen. Tomaten waschen, abtropfen lassen, kreuzweise einschneiden, kurz in kochendes Wasser legen und in kaltem Wasser abschrecken. Tomaten enthäuten, halbieren, entkernen und die Stängelansätze herausschneiden. Tomatenhälften in Scheiben schneiden.

5. Die Putenbrustfiletscheiben mit Artischockenherzen und Tomatenscheiben in eine gefettete Auflaufform schichten. Mit Olivenöl und Zitronensaft beträufeln. Mit Käse bestreuen. Die Form auf dem Rost in den vorgeheizten Backofen schieben. Das Gratin etwa 20 Minuten garen. Mit Basilikum bestreut servieren.

Grüner Spargelsalat mit gebratener Entenbrust I

Für Gäste – mit Alkohol

4 Portionen

Pro Portion:
E: 50 g, F: 80 g, Kh: 13 g, kJ: 4395, kcal: 1049

1 kg	*grüner Spargel*
375 ml (³/₈ l)	*Wasser*
	Salz
1 Prise	*Zucker*
1 EL	*Butter*
4	*kleine Entenbrustfilets (je etwa 250 g) frisch gemahlener Pfeffer*
1 EL	*Olivenöl*
2	*rosa Grapefruits*

Für die Marinade:

3 EL	*Weißweinessig*
4 EL	*Sherry*
125 ml (¹/₈ l)	*Olivenöl*
75 g	*Kerbel*

Außerdem:

Alufolie
Küchengarn

Zubereitungszeit: 50 Minuten, ohne Ruhezeit
Garzeit Spargelstangen: 8–10 Minuten
Garzeit Entenbrustfilets: etwa 10 Minuten

1. Von dem Spargel nur das untere Drittel schälen und die Enden abschneiden. Die Stangen möglichst gleich lang schneiden. Spargelstangen waschen, abtropfen lassen und in Portionen bündeln.

2. Wasser mit 1 Teelöffel Salz, Zucker und Butter in einem Topf zum Kochen bringen. Spargelstangen hineingeben, zum Kochen bringen und 8–10 Minuten garen.

3. Spargelstangen vorsichtig mit einem Schaumlöffel aus dem Kochwasser nehmen, auf eine vorgewärmte Platte legen und die Fäden entfernen. Spargelstangen warm stellen.

4. Entenbrustfilets unter fließendem kalten Wasser abspülen, trocken tupfen, mit Salz und Pfeffer würzen. Eine Pfanne ohne Fett erhitzen. Die Entenbrustfilets zuerst mit der Hautseite nach unten hineinlegen und bei starker Hitze etwa 2 Minuten braten. Olivenöl hinzugießen. Entenbrustfilets wenden und bei mittlerer Hitze etwa 8 Minuten braten, dabei ab und zu wenden. Aus der Pfanne nehmen, in Alufolie wickeln und mindestens 10 Minuten ruhen lassen.

5. Grapefruits so schälen, dass die weiße Haut vollständig entfernt wird. Grapefruits filetieren und nach Belieben in Stücke schneiden.

6. Für die Marinade Essig und Sherry verrühren, Olivenöl langsam in einem dünnen Strahl unterschlagen. Mit Salz und Pfeffer würzen.

7. Kerbel abspülen und trocken tupfen. Die Blättchen von den Stängeln zupfen. Einige Blättchen zum Garnieren beiseitelegen. Restliche Kerbelblättchen klein schneiden und unter die Marinade rühren.

8. Die warmen Spargelstangen und die Grapefruitstücke mit der Marinade mischen, auf einem Teller anrichten. Entenbrustfilets aus der Folie wickeln, in Scheiben schneiden, dachziegelartig auf den Teller legen.

Grünes Entengericht | Raffiniert
4 Portionen

Pro Portion:
E: 42 g, F: 95 g, Kh: 10 g, kJ: 4754, kcal: 1137

> 1 *küchenfertige Ente (etwa 1 ½ kg)*

Für die Marinade:

300 g	*Joghurt*
1 EL	*Fischsauce*
	(erhältlich im Asialaden)
1 EL	*Sojasauce*
1 EL	*Worcestersauce*
4 EL	*Speiseöl*
1 EL	*Weizenmehl*
	Salz
200 ml	*Fleischbrühe*
100 g	*gekochter, fein gehackter Spinat*
2 EL	*gehackte Petersilie*
2 EL	*gehackter Kerbel*
3 EL	*Schlagsahne*
1 EL	*Weizenmehl*

Zubereitungszeit: 30 Minuten, ohne Marinierzeit
Garzeit: etwa 60 Minuten

1. Ente innen und außen unter fließendem kalten Wasser abspülen, trocken tupfen, in 8 Stücke teilen und in eine flache Schale legen.

2. Für die Marinade Joghurt mit Fisch-, Soja- und Worcestersauce verrühren. Die Fleischstücke mit der Marinade übergießen, zugedeckt und kalt gestellt etwa 12 Stunden marinieren. Dabei ab und zu wenden. Die Fleischstücke sollten mit der Marinade bedeckt sein.

3. Die Fleischstücke aus der Marinade nehmen und abtropfen lassen. Speiseöl in einer großen Pfanne erhitzen. Die Fleischstücke darin leicht anbraten und mit Mehl bestäuben, mit Salz würzen. Fleischbrühe hinzugießen und zum Kochen bringen. Die Fleischstücke etwa 60 Minuten garen (die Knochen müssen sich gut herauslösen lassen).

4. Das Fleisch von den Knochen lösen und in Stücke schneiden.

5. Von dem Bratenfond das Fett abschöpfen. Marinade in den Fond rühren. Spinat, Petersilie, Kerbel und das Entenfleisch hinzugeben, aufkochen lassen. Sahne mit Mehl anrühren, in die Sauce rühren und unter Rühren 5 Minuten kochen lassen. Mit Salz abschmecken.

Grünkohlsalat mit Entenbrust I

Raffiniert

4 Portionen

Pro Portion:
E: 35 g, F: 39 g, Kh: 16 g, kJ: 2301, kcal: 548

> 2 *Entenbrustfilets (je etwa 350 g)*
> *Salz*
> *frisch gemahlener Pfeffer*

Für den Grünkohlsalat:

> 500 g *frischer Grünkohl*
> 2 *Schalotten*
> 3 EL *Zitronensaft*
> 3 EL *Haselnussöl*
> 2 EL *brauner Zucker (Rohrzucker)*
> 1 *rote Paprikaschote*
> 1 *Birne*

Zubereitungszeit: 45 Minuten, ohne Ruhezeit
Garzeit: 15–20 Minuten

1. Den Backofen vorheizen.

Ober-/Unterhitze: etwa 120 °C
Heißluft: etwa 100 °C

2. Entenbrustfilets unter fließendem kalten Wasser abspülen, trocken tupfen, mit Salz und Pfeffer würzen. Eine Pfanne ohne Fett erhitzen. Die Entenbrustfilets zuerst auf der Hautseite, dann von der anderen Seite kurz anbraten, herausnehmen und in eine Auflaufform legen. Die Form auf dem Rost in den vorgeheizten Backofen schieben. Die Entenbrustfilets 15–20 Minuten garen. Zugedeckt etwa 10 Minuten ruhen lassen, damit der Fleischsaft sich setzen kann.

3. Für den Grünkohlsalat von dem Grünkohl die welken und fleckigen Blätter und Rippen entfernen. Den Grünkohl gründlich waschen, abtropfen lassen und in kochendem Wasser etwa 2 Minuten blanchieren. Grünkohl in ein Sieb geben, mit kaltem Wasser abschrecken und gut abtropfen lassen.

4. Schalotten abziehen und in kleine Würfel schneiden. Schalottenwürfel mit Zitronensaft verrühren, Haselnussöl unterschlagen. Mit Zucker, Salz und Pfeffer würzen. Paprikaschote halbieren, entstielen, entkernen und die weißen Scheidewände entfernen. Schotenhälften waschen, abtropfen lassen und in kleine Würfel schneiden. Birne schälen, achteln, entkernen und in Scheiben schneiden.

5. Paprikawürfel mit Birnenscheiben und Grünkohl in einer Schüssel mischen, Dressing darauf verteilen und untermischen.

6. Entenbrustfilets aus der Form nehmen, in Scheiben schneiden und mit dem Grünkohlsalat anrichten.

Beilage: Kräftiges Steinofenbrot.

Hähnchen auf Schnittlauchsauce I

Schnell – mit Alkohol

4 Portionen

Pro Portion:
E: 50 g, F: 53 g, Kh: 5 g, kJ: 3071, kcal: 734

4	*Hähnchenbrustfilets*
	(je etwa 150 g)
120 g	*Räucherlachs*
	Salz, frisch gemahlener Pfeffer
70 g	*Butter*

Für die Schnittlauchsauce:

2	*Schalotten*
50 ml	*Weißwein*
100 ml	*Hühnerbrühe*
250 g	*Schlagsahne*
2 Bund	*Schnittlauch*
50 g	*kalte Butter*

1	*Petersiliensträußchen*

Außerdem:

Holzstäbchen

Zubereitungszeit: 25 Minuten
Garzeit: etwa 15 Minuten

1. Hähnchenbrustfilets unter fließendem kalten Wasser abspülen und trocken tupfen. Jeweils mit einem scharfen Messer eine längliche Tasche einschneiden.

2. Räucherlachs in 4 gleich große Stücke schneiden und in den Fleischtaschen verteilen. Die Öffnungen mit Holzstäbchen verschließen. Hähnchenbrustfilets mit Salz und Pfeffer würzen.

3. 50 g der Butter in einer Pfanne zerlassen. Hähnchenbrustfilets darin etwa 15 Minuten von beiden Seiten braten, herausnehmen und Holzstäbchen entfernen. Hähnchenbrustfilets warm stellen.

4. Schalotten abziehen und klein würfeln. Restliche Butter in dem verbliebenen Bratfett zerlassen und Schalottenwürfel darin andünsten.

5. Weißwein und Hühnerbrühe hinzugießen, zum Kochen bringen. Sahne unterrühren und etwas einkochen lassen.

6. Schnittlauch abspülen, trocken tupfen, in kleine Röllchen schneiden und unterrühren. Butter in Flöckchen unterschlagen. Die Sauce mit Salz und Pfeffer abschmecken.

7. Hähnchenbrustfilets in Scheiben schneiden und mit der Schnittlauchsauce auf einem vorgewärmten Teller anrichten. Mit den beiseitegelegten Schnittlauchhalmen und dem abgespülten, trocken getupften Petersiliensträußchen garnieren.

Beilage: Nudeln.

Hähnchen aus dem Wok I

Einfach – mit Alkohol

4 Portionen

Pro Portion:
E: 18 g, F: 32 g, Kh: 19 g, kJ: 1913, kcal: 457

400 g	Hähnchenbrustfilet
2 Scheiben	frische Ingwerwurzel
1 EL	Sherry
¼ TL	Salz
1 TL	Speisestärke
½	Eiweiß (Größe M)
10 g	getrocknete Shiitake-Pilze
je 2	kleine, grüne und rote Paprikaschoten
200 g	Bambussprossen (aus der Dose)
2	Knoblauchzehen
2	Frühlingszwiebeln
4 EL	Speiseöl
1 gestr. TL	Salz
1 TL	Zucker
75 g	Cashewkerne

Zubereitungszeit: 35 Minuten, ohne Durchziehzeit

1. Hähnchenbrustfilet unter fließendem kalten Wasser abspülen, trocken tupfen und in Würfel schneiden. Die Ingwerscheiben schälen und sehr klein hacken. Sherry, Ingwer und Salz zu den Fleischwürfeln geben, gut untermischen. 1 Teelöffel Spciscstärke auf die Fleischwürfel streuen und einmassieren. Eiweiß verschlagen und unterrühren, etwa 20 Minuten durchziehen lassen.

2. Pilze in kaltem Wasser nach Packungsanleitung einweichen, abtropfen lassen und in kleine Stücke schneiden. Paprikaschoten halbieren, entstielen, entkernen und die weißen Scheidewände entfernen. Schotenhälften waschen, abtropfen lassen und in größere Würfel schneiden.

3. Bambussprossen in einem Sieb abtropfen lassen. Knoblauch abziehen und in kleine Stücke schneiden. Frühlingszwiebeln putzen, waschen, abtropfen lassen und in Scheiben schneiden.

4. Drei Esslöffel des Speiseöls in einem Wok erhitzen. Fleischwürfel hinzugeben und etwa 2 Minuten von allen Seiten anbraten. Sie sollen nicht bräunen und noch nicht gar werden. Fleischwürfel herausnehmen, auf Küchenpapier abtropfen lassen und beiseitelegen.

5. Den Wok säubern und wieder erhitzen. Restliches Speiseöl hinzugeben und erhitzen. Knoblauch und Frühlingszwiebelscheiben darin kurz andünsten. Paprikawürfel, Pilzstücke und Bambussprossen hinzufügen und etwa 1 Minute ständig umrühren (pfannenrühren). Mit Salz und Zucker würzen. Beiseitegelegte Fleischwürfel und Cashewkerne hinzugeben, nochmals etwa 1 Minute pfannenrühren, bis die Fleischwürfel gar sind.

Tipp: Schmeckt auch sehr gut mit einer Sauce. Nachdem das Fleisch am Schluss zugegeben wurde, mit ein wenig Brühe und je 1 Esslöffel Sherry und Sojasauce ablöschen und mit angerührter Speisestärke (1 Esslöffel Speisestärke auf 2 Esslöffel Wasser) leicht andicken.

Hähnchen, baskisch | Für Gäste

6 Portionen

Pro Portion:
E: 73 g, F: 36 g, Kh: 31 g, kJ: 3222, kcal: 796

2	*Kalbsknochen*
1	*Kalbshaxe (etwa 1,2 kg),*
	in Scheiben
	Salz
1	*küchenfertiges Hähnchen*
	(mit Innereien, etwa 1,2 kg)
1 Bund	*geputztes Suppengrün (Möhren,*
	Sellerie, Porree [Lauch])
1 Bund	*gemischte Kräuter, z. B. Petersilie,*
	Majoran, Thymian
1	*abgezogene Zwiebel, gespickt*
mit 2	*Gewürznelken*
	Pfefferkörner

Für die Füllung:

100 g	*Weißbrot vom Vortag*
200 ml	*heiße Milch*
1	*abgezogene Knoblauchzehe*
1 Bund	*klein gehackte Petersilie*
25 g	*gewürfelter, roher Schinken*
100 g	*gewürfeltes Kalbfleisch*
100 g	*Bratwurstbrät (Kalbsbrät)*
30 g	*Leberpastete*
1	*Ei (Größe M)*
	gerebelter Thymian
	frisch geriebene Muskatnuss
	frisch gemahlener Pfeffer
	Zitronensaft
4	*Bundmöhren*
4	*weiße Rüben*
6 Stangen	*Porree (Lauch)*
6 Scheiben	*Toastbrot*

Zubereitungszeit: 70 Minuten
Garzeit: etwa 2 Stunden

1. Kalbsknochen und Haxenscheiben unter fließendem kalten Wasser abspülen, in kochendes Wasser geben, wieder zum Kochen bringen und etwa 5 Minuten kochen lassen, herausnehmen und abtropfen lassen. Kalbsknochen und Haxenscheiben wieder in den gesäuberten Topf geben, so viel Wasser hinzugießen, dass das Fleisch bedeckt ist. Mit Salz würzen.

2. Aus dem Hähnchen die Innereien herausnehmen. Hähnchen innen und außen unter fließendem kalten Wasser abspülen und trocken tupfen. Innereien ebenfalls abspülen. Kräuter mit Küchengarn zusammenbinden, abspülen und trocken tupfen.

3. Innereien (ohne Leber), Suppengrün, gespickte Zwiebel, Kräuterstrauß und Pfefferkörner zu den Kalbsknochen und Haxenscheiben in den Topf geben und zum Kochen bringen, dabei ab und zu abschäumen. Etwa 30 Minuten kochen lassen.

4. In der Zwischenzeit für die Füllung Brot zerbröseln und mit Milch übergießen. Knoblauch klein schneiden. Hühnerleber in kleine Würfel schneiden. Die vorbereiteten Zutaten in einer Schüssel mischen. Bratwurstbrät, Leberpastete, leicht ausgedrückte Brotbrösel und Ei gut unterarbeiten. Mit Thymian, Muskat, Salz und Pfeffer würzen. Hähnchen damit füllen. Die Öffnung mit Küchengarn zubinden. Schenkel und Flügel gegen den Brustkorb drücken und zusammenbinden. Das Hähnchen mit Zitronensaft bestreichen (damit es weiß bleibt), in die kochende Brühe geben, wieder zum Kochen bringen und etwa 90 Minuten bei schwacher Hitze garen.

5. Möhren (etwas Grün stehen lassen) und weiße Rüben putzen, schälen, abspülen. Porree putzen, die Stangen längs halbieren, gründlich waschen und abtropfen lassen. Nach Belieben Möhren, Rüben und Porree etwas kleiner schneiden. Nach etwa 2 Stunden Garzeit in die Brühe geben und mitgaren lassen.

6. Hähnchen, die großen Gemüsestücke, Haxenscheiben und Knochen aus der Brühe nehmen. Die Brühe durch ein Sieb gießen. Von dem Hähnchen das Küchengarn entfernen. Hähnchen tranchieren und die Füllung herausnehmen. Die Füllung mit Salz und Pfeffer würzen und in Scheiben schneiden.

7. Kurz vor dem Servieren Brotscheiben toasten und in eine Suppenterrine legen. Die Brühe daraufgießen. Gemüse, Hähnchenteile und Haxenscheiben auf einer großen, tiefen Platte anrichten, mit Brühe servieren.

Hähnchen, gefüllt | Für Gäste
4 Portionen

Pro Portion:
E: 49 g, F: 33 g, Kh: 12 g, kJ: 2255, kcal: 538

1	*küchenfertiges Hähnchen (etwa 1,2 kg)*
	Salz
	frisch gemahlener Pfeffer
	Paprikapulver edelsüß

Für die Füllung:

100 g	*Champignons*
100 g	*gekochter Schinken*
150 g	*gekochter Reis*
125 g	*feines Bratwurstbrät*
2 EL	*gehackte Petersilie*
2 EL	*Speiseöl*
400 g	*Tomaten*
1–2 EL	*Schlagsahne*

Außerdem:

	Holzstäbchen
1 Stück	*Bratfolie oder Bratschlauch*

Zubereitungszeit: 35 Minuten
Garzeit: etwa 60 Minuten

1. Den Backofen vorheizen.

Ober-/Unterhitze: 180–200 °C
Heißluft: 160–180 °C

2. Hähnchen innen und außen unter fließendem kalten Wasser abspülen und trocken tupfen. Hähnchen innen und außen mit Salz, Pfeffer und Paprika würzen.

3. Für die Füllung Champignons putzen, mit Küchenpapier abreiben, eventuell abspülen, trocken tupfen und in Scheiben schneiden. Den Schinken in Würfel schneiden.

4. Reis in eine Schüssel geben, mit Bratwurstbrät, Champignonscheiben, Schinkenwürfeln und Petersilie gut vermischen, mit Salz würzen.

5. Das Hähnchen mit der Masse füllen. Die Öffnung mit Holzstäbchen verschließen. Speiseöl mit Salz und Paprika verrühren. Das gefüllte Hähnchen damit bestreichen und auf ein großes Stück Bratfolie oder in den Bratschlauch geben.

6. Tomaten waschen, trocken tupfen, vierteln, entkernen und die Stängelansätze herausschneiden. Tomatenviertel nochmals durchschneiden, mit Salz und Pfeffer bestreuen und zum Hähnchen geben.

7. Die Bratfolie oder den Bratschlauch nach Packungsanleitung verschließen und auf ein Backblech legen. Das Backblech in den vorgeheizten Backofen schieben. Das Hähnchen etwa 60 Minuten garen.

8. Die Folie aufschneiden. Das Hähnchen herausnehmen, Holzstäbchen entfernen. Hähnchen in Portionen teilen. Hähnchenteile mit der Füllung auf einer vorgewärmten Platte anrichten.

9. Den Bratensud mit den Tomaten durch ein Sieb passieren. Sahne unterrühren. Die Sauce mit Salz und Pfeffer abschmecken und zum Hähnchen reichen.

Hähnchen im Gemüsebett I

Für Kinder
8–10 Portionen

Pro Portion:
E: 23 g, F: 6 g, Kh: 2 g, kJ: 675, kcal: 161

200 g	*Brokkoli*
200 g	*Blumenkohl*
200 g	*Kohlrabi*
200 g	*Möhren*
500 ml (¹/₂ l)	*Gemüsebrühe*
8–10	*kleine Hähnchenbrustfilets*
	(je 80–100 g)
	Salz
	frisch gemahlener Pfeffer
4 EL	*Speiseöl*
etwas	*Petersilie*

Zubereitungszeit: 50 Minuten
Garzeit Gemüse: etwa 8 Minuten
Garzeit Hähnchenbrustfilets: 8–10 Minuten

1. Von dem Brokkoli und Blumenkohl die Blätter und schlechte Stellen entfernen. Brokkoli und Blumenkohl in Röschen teilen, waschen und gut abtropfen lassen. Kohlrabi schälen, abspülen, abtropfen lassen und in Stifte schneiden. Möhren putzen, schälen, abspülen, abtropfen lassen und ebenfalls stifteln.

2. Gemüsebrühe in einem Topf erhitzen. Zunächst Kohlrabi- und Möhrenstifte darin etwa 3 Minuten garen, dann Blumenkohlröschen hinzugeben und etwa 2 Minuten mitgaren lassen. Zuletzt Brokkoliröschen hinzufügen. Alles weitere etwa 3 Minuten garen.

3. Hähnchenbrustfilets unter fließendem kalten Wasser abspülen und trocken tupfen. Mit Salz und Pfeffer würzen. Speiseöl in einer Pfanne erhitzen. Hähnchenbrustfilets darin bei mittlerer Hitze 8–10 Minuten von beiden Seiten braten und herausnehmen.

4. Petersilie abspülen und trocken tupfen. Die Blättchen von den Stängeln zupfen. Hähnchenbrustfilets auf dem Gemüse anrichten. Das Gemüse mit den Petersilienblättchen bestreut servieren.

Hähnchen, in Käsesauce
gebacken | Raffiniert – mit Alkohol
4 Portionen

Pro Portion:
E: 49 g, F: 65 g, Kh: 8 g, kJ: 3636, kcal: 869

1	küchenfertiges Hähnchen (etwa 1,2 kg)
	Salz
	frisch gemahlener Pfeffer
25 g	Weizenmehl
2 EL	Speiseöl
60 g	Butter
250 ml (¼ l)	trockener Weißwein
250 g	Schlagsahne
2 EL	Dijon-Senf
100 g	frisch geriebener Emmentaler-Käse

Zubereitungszeit: 45 Minuten
Garzeit: etwa 35 Minuten

1. Das Hähnchen innen und außen unter fließendem kalten Wasser abspülen, trocken tupfen und dann in 4 Stücke teilen. Mit Salz und Pfeffer würzen, mit Mehl bestäuben.

2. Speiseöl und Butter in einer Pfanne erhitzen, Hähnchenteile hinzugeben und von allen Seiten anbraten. Mit Weißwein und Sahne ablöschen, Senf unterrühren. Die Hähnchenteile etwa 25 Minuten garen. Nach etwa 15 Minuten Garzeit den Backofen vorheizen.

Ober-/Unterhitze: etwa 200 °C
Heißluft: etwa 180 °C

3. Die Hähnchenteile aus der Pfanne nehmen und in eine Auflaufform legen. Die Sauce etwas einkochen lassen, mit Salz und Pfeffer würzen. Käse hinzugeben und unter Rühren schmelzen.

4. Die Käsesauce auf den Hähnchenteilen verteilen. Die Form auf dem Rost in den vorgeheizten Backofen schieben. Die Hähnchenteile etwa 10 Minuten garen.

Hähnchen in Rauchbier I

Raffiniert – mit Alkohol
4 Portionen

Pro Portion:
E: 68 g, F: 44 g, Kh: 9 g, kJ: 3093, kcal: 739

2	*küchenfertige Hähnchen (je etwa 750 g)*
	Salz, frisch gemahlener Pfeffer
	Paprikapulver edelsüß
3	*Zwiebeln*
2	*Möhren*
4	*Tomaten*
40 g	*Butterschmalz*
1 Stängel	*Thymian*
1	*Lorbeerblatt*
125 ml (⅛ l)	*Geflügelfond*
125 ml (⅛ l)	*Rauchbier*
125 g	*Geflügelleber*
2 EL	*Crème fraîche*

Zubereitungszeit: 40 Minuten
Garzeit: etwa 30 Minuten

1. Hähnchen innen und außen unter fließendem kalten Wasser abspülen, trocken tupfen und in jeweils 4 Stücke teilen. Mit Salz, Pfeffer und Paprika würzen.

2. Zwiebeln abziehen und in kleine Würfel schneiden. Möhren putzen, schälen, abspülen, abtropfen lassen und grob raspeln. Tomaten waschen, abtropfen lassen, kreuzweise einschneiden, kurz in kochendes Wasser legen und in kaltem Wasser abschrecken. Tomaten enthäuten, halbieren, entkernen und die Stängelansätze herausschneiden. Tomatenhälften in Würfel schneiden.

3. Butterschmalz in einem Bräter erhitzen. Die Hähnchenteile darin von allen Seiten anbraten. Zwiebelwürfel, Möhrenraspel und Tomatenwürfel hinzufügen, kurz mit andünsten.

4. Thymian abspülen und trocken tupfen. Lorbeerblatt und Thymian ebenfalls zu den Hähnchenteilen in den Bräter geben. Fond und Rauchbier nach und nach hinzugießen und die Hähnchenteile zugedeckt etwa 25 Minuten garen.

5. Geflügelleber kurz unter fließendem kalten Wasser abspülen, trocken tupfen, mit einer Gabel zerdrücken und nach etwa 15 Minuten Garzeit zu den Hähnchenteilen geben, Crème fraîche unterrühren. Die Hähnchenteile fertig garen.

Tipp: Wenn Sie kein Rauchbier bekommen, können Sie auch anderes dunkles Bier verwenden.

Hähnchen in Rotwein I

Preiswert – raffiniert – mit Alkohol

4 Portionen

Pro Portion:
E: 68 g, F: 47 g, Kh: 19 g, kJ: 3419, kcal: 817

1	*küchenfertiges Hähnchen*
	(etwa 1 ¼ kg)
	Salz, frisch gemahlener Pfeffer
3 EL	*Weizenmehl*
20 g	*Butter*
3 EL	*Speiseöl*
200 g	*Schalotten*
300 g	*kleine Champignons*
2 Stangen	*Staudensellerie*
250 ml (¼ l)	*Rotwein*
½ TL	*gerebelter Thymian*
1	*Lorbeerblatt*
1	*Hühnerleber*
etwas	*Butter*

Zubereitungszeit: 40 Minuten
Garzeit: etwa 25 Minuten

1. Hähnchen innen und außen unter fließendem kalten Wasser abspülen, trocken tupfen und in 4 Teile zerlegen. Mit Salz und Pfeffer würzen, dünn mit Mehl bestäuben.

2. Butter und Speiseöl in einem großen Bräter erhitzen. Die Hähnchenteile darin von allen Seiten braun anbraten und herausnehmen.

3. Schalotten abziehen, zuerst in dünne Scheiben schneiden, dann in Ringe teilen. Champignons putzen, mit Küchenpapier abreiben, eventuell abspülen und trocken tupfen.

4. Schalottenringe in dem verbliebenen Bratfett andünsten. Champignons hinzugeben und mitdünsten lassen. Selleriestangen putzen und die harten Außenfäden abziehen. Stangen waschen, abtropfen lassen, grob würfeln und hinzugeben. Hähnchenteile wieder in den Bräter legen. Rotwein hinzugießen. Mit Thymian und Lorbeerblatt würzen. Das Hähnchen zugedeckt etwa 25 Minuten garen.

5. Hühnerleber unter fließendem kalten Wasser abspülen und trocken tupfen. Butter in einer kleinen Pfanne zerlassen. Hühnerleber darin von beiden Seiten etwa 1 Minute braten, herausnehmen, etwas abkühlen lassen und durch ein Sieb streichen.

6. Hähnchenteile aus dem Bräter nehmen und auf einer tiefen Platte anrichten, Lorbeerblatt entfernen.

7. Die Sauce mit der passierten Leber verrühren und um die Hähnchenteile gießen.

Hähnchen in Sesam, paniert |

Einfach

4 Portionen

Pro Portion:
E: 40 g, F: 18 g, Kh: 3 g, kJ: 1391, kcal: 333

4	*Hähnchenbrustfilets*
	(je etwa 150 g)
	Salz
	frisch gemahlener Pfeffer
	Paprikapulver edelsüß
1	*Ei (Größe M)*
etwa 75 g	*Sesamsamen*
2 EL	*Butterschmalz oder Speiseöl*
2	*Limetten*
	einige Eisbergsalatblätter

Zubereitungszeit: 20 Minuten
Garzeit: 10–15 Minuten

1. Die Hähnchenbrustfilets unter fließendem kalten Wasser abspülen und trocken tupfen. Mit Salz, Pfeffer und Paprika würzen.

2. Ei in einem flachen Teller verschlagen. Die Hähnchenbrustfilets zuerst durch das verschlagene Ei ziehen, am Tellerrand abstreifen und dann in Sesam wenden. Panade gut andrücken.

3. Butterschmalz oder Speiseöl in einer Pfanne erhitzen. Die Filets darin von beiden Seiten 10–15 Minuten (je nach Dicke der Filets) braten.

4. Limetten heiß abwaschen, abtrocknen und die Schale mit einem Zestenreißer von einer Limettenhälfte abziehen. Restliche Limetten in Spalten schneiden. Salatblätter abspülen und trocken tupfen.

5. Die Hähnchenbrustfilets mit Limettenschalen, -spalten und Salatblättern auf einem Teller anrichten.

Hähnchen „Jambalaja" (Reistopf mit Hähnchen) | Raffiniert

4 Portionen

Pro Portion:
E: 70 g, F: 47 g, Kh: 57 g, kJ: 3933, kcal: 940

2	*kleine, küchenfertige Hähnchen (je etwa 700 g)*
	Salz, frisch gemahlener Pfeffer
	Paprikapulver edelsüß
4 EL	*Speiseöl*
250 g	*Langkornreis*
500 ml (½ l)	*Salzwasser*
je 2	*rote und grüne Paprikaschoten*
2	*Schalotten*
100 g	*roher Schinken*
80 g	*Butter*
einige	*vorbereitete Radicchio- und Basilikumblättchen*

Zubereitungszeit: 40 Minuten
Garzeit: 30–40 Minuten

1. Den Backofen vorheizen.

Ober-/Unterhitze: etwa 200 °C
Heißluft: etwa 180 °C

2. Hähnchen halbieren. Hähnchenhälften unter fließendem kalten Wasser abspülen und trocken tupfen. Mit Salz, Pfeffer und Paprika würzen, mit etwas Speiseöl bestreichen. Hähnchenhälften auf ein Backblech legen. Das Backblech in den vorgeheizten Backofen schieben. Hähnchenhälften 30–40 Minuten garen. Hähnchenhälften während der Garzeit ab und zu mit dem restlichem Speiseöl bestreichen.

3. In der Zwischenzeit Reis in kochendem Salzwasser nach Packungsanleitung garen. Reis in einem Sieb abtropfen lassen.

4. Paprikaschoten halbieren, entstielen, entkernen und die weißen Scheidewände entfernen. Schotenhälften waschen, abtropfen lassen und in Würfel schneiden. Schalotten abziehen, mit dem Schinken in kleine Würfel schneiden.

5. Die Hähnchenhälften vom Backblech nehmen. Das Fleisch von den Knochen lösen, in Portionsstücke schneiden und warm stellen.

6. Butter in einer Pfanne zerlassen. Paprika-, Schalotten- und Schinkenwürfel darin etwa 5 Minuten dünsten. Reis unterrühren, mit Salz und Pfeffer würzen, etwa 2 Minuten mitdünsten lassen. Mit den Fleischstücken in einer flachen Schale anrichten. Nach Belieben mit Radicchio- und Basilikumblättchen garnieren.

Hähnchen mit grünem Spargel I

Raffiniert

4 Portionen

Pro Portion:
E: 34 g, F: 22 g, Kh: 8 g, kJ: 1545, kcal: 369

700 g	grüner Spargel
400 g	Hähnchenbrustfilet
40 g	frische Ingwerwurzel
1	Knoblauchzehe
1 TL	Speisestärke
1 TL	Currypulver
2 EL	Sojasauce
6 EL	Olivenöl
40 g	Pinienkerne
80 g	Katenschinkenwürfel
250 g	Cocktail- oder Cherrytomaten
1 Bund	Petersilie

Zubereitungszeit: 30 Minuten

1. Vom Spargel das untere Drittel schälen und die unteren Enden abschneiden. Den Spargel in etwa 2 cm lange Stücke schneiden. Spargelstücke abspülen und abtropfen lassen.

2. Hähnchenbrustfilet unter fließendem kalten Wasser abspülen, trocken tupfen und in etwa 1 cm große Würfel schneiden. Ingwer schälen und Knoblauch abziehen. Danach Ingwer und Knoblauch in feine Würfel schneiden.

3. Die Fleischwürfel mit Ingwer-, Knoblauchwürfeln, Speisestärke, Curry und Sojasauce mischen.

4. Das Olivenöl in einer großen Pfanne erhitzen. Die Fleischwürfelmasse darin von allen Seiten anbraten. Spargelstücke hinzugeben und weitere etwa 2 Minuten braten.

5. Pinienkerne und Schinkenwürfel hinzugeben und kurz durchschwenken. Tomaten waschen, trocken tupfen und eventuell die Stängelansätze entfernen. Anschließend Tomaten zu der Fleischmasse geben und miterhitzen.

6. Die Petersilie abspülen und trocken tupfen. Die Blättchen von den Stängeln zupfen. Blättchen klein schneiden. Die Petersilie unter die Hähnchenpfanne heben und sofort servieren.

Beilage: Basmatireis oder Eiernudeln.

Hähnchen mit Honig gebraten I

Schnell

4 Portionen

Pro Portion:
E: 59 g, F: 38 g, Kh: 11 g, kJ: 2635, kcal: 629

1	*küchenfertiges Hähnchen (etwa 1,2 kg)*

Für die Marinade:

3 EL	*flüssiger Honig*
5 EL	*Orangensaft*
1 EL	*scharfer Senf*
1 TL	*Sojasauce*
½ TL	*frisch gemahlener, weißer Pfeffer*

3 EL	*Speiseöl*
einige	
Stängel	*Thymian*

Zubereitungszeit: 20 Minuten, ohne Marinierzeit
Garzeit: 30–45 Minuten

1. Hähnchen innen und außen unter fließendem kalten Wasser abspülen, trocken tupfen. Das Hähnchen in 8 Portionsstücke teilen und in eine flache Schale legen.

2. Für die Marinade Honig mit Orangensaft, Senf und Sojasauce gut verrühren und dann mit weißem Pfeffer würzen.

3. Die Hähnchenteile mit der Marinade bestreichen. Zudeckt und kalt gestellt etwa 2 Stunden durchziehen lassen.

4. Speiseöl in einem Bräter erhitzen. Hähnchenteile darin von allen Seiten gut anbraten und eventuell etwas Marinade hinzugießen. Hähnchenteile 30–45 Minuten (je nach Dicke der Hähnchenteile) bei schwacher Hitze unter gelegentlichem Wenden garen, eventuell etwas Wasser hinzufügen.

5. Thymian abspülen und trocken tupfen. Die Hähnchenteile auf einer vorgewärmten Platte anrichten. Mit Thymian garniert servieren.

Hähnchen mit Joloffreis I
Raffiniert
4 Portionen

Pro Portion:
E: 80 g, F: 49 g, Kh: 85 g, kJ: 4757, kcal: 1136

150 g	schwarze Bohnen
500 ml (½ l)	Wasser
1–2	gehackte, getrocknete Chilischoten
	Salz
1	küchenfertiges Hähnchen (etwa 1 ½ kg)
500 ml (½ l)	kochendes Salzwasser
250 g	Langkornreis
4	Zwiebeln
1	Knoblauchzehe
2 EL	Speiseöl
800 g	reife Tomaten
70 g	Tomatenmark
	Cayennepfeffer
1	Ei (Größe M)
2 EL	Semmelbrösel
1 geh. EL	Weizenmehl
1 EL	Speiseöl
1 EL	gehackte, glatte Petersilie

Zubereitungszeit: 40 Minuten, ohne Einweichzeit
Garzeit Bohnen: etwa 60 Minuten
Garzeit Hähnchenteile: etwa 30 Minuten
Garzeit Reis: 20–25 Minuten

1. Bohnen in kaltem Wasser über Nacht einweichen. Bohnen mit dem Einweichwasser in einem Topf zum Kochen bringen und zugedeckt etwa 60 Minuten garen. Nach etwa 50 Minuten Garzeit Chilischoten und Salz hinzugeben. Bohnen in einem Sieb abtropfen lassen und warm stellen.

2. In der Zwischenzeit Hähnchen innen und außen unter fließendem kalten Wasser abspülen, trocken tupfen und in 6–8 Stücke teilen. Salzwasser in einem Topf zum Kochen bringen. Hähnchenteile darin etwa 15 Minuten garen.

3. Hähnchenteile mit einer Schaumkelle aus der Brühe nehmen und in einem Sieb abtropfen lassen. Von der Brühe 500 ml (½ l) abmessen, eventuell mit Wasser ergänzen. Den Reis hinzugeben und in der Brühe 15–20 Minuten ausquellen lassen.

4. Zwiebeln und Knoblauch abziehen, in kleine Würfel schneiden. Speiseöl in einem Topf erhitzen, Zwiebel- und Knoblauchwürfel darin hellbraun andünsten.

5. Tomaten waschen, trocken tupfen, vierteln und die Stängelansätze herausschneiden. Tomatenviertel pürieren, mit Tomatenmark zu den Zwiebel- und Knoblauchwürfeln geben, mit Salz und Cayennepfeffer würzen. Die Tomatenmasse etwa 5 Minuten unter Rühren dünsten. Reis unterrühren.

6. Den Tomatenreis mit den abgetropften Bohnen lagenweise in eine Schüssel schichten und zugedeckt warm stellen.

7. Ei in einem flachen Teller verschlagen. Semmelbrösel und Mehl in einem zweiten Teller mischen. Die Hähnchenteile zuerst durch das verschlagenem Ei ziehen und am Tellerrand abstreifen. Dann in der Semmelbrösel-Mehl-Mischung wenden. Die Panade andrücken.

8. Speiseöl in einer großen Pfanne erhitzen. Hähnchenteile darin bei schwacher Hitze etwa 15 Minuten von allen Seiten braun braten, herausnehmen und auf einem vorgewärmten Teller anrichten. Den eingeschichteten Tomatenreis mit Petersilie bestreuen und dazureichen.

Hähnchen mit Kichererbsen | Deftig

4 Portionen

Pro Portion:
E: 59 g, F: 35 g, Kh: 27 g, kJ: 2881, kcal: 689

1	*Bio-Zitrone (unbehandelt, ungewachst)*
1 Dose	*Kichererbsen (Einwaage 500 g)*
2	*Gemüsezwiebeln (etwa 500 g)*
1 Döschen (0,2 g)	*Safran*
2–3	*Knoblauchzehen*
3 Bund	*glatte Petersilie*
1	*küchenfertiges Hähnchen (etwa 1 ¼ kg)*
	Salz
	frisch gemahlener, weißer Pfeffer
2 EL	*Zitronensaft*
3–4 EL	*Olivenöl*
2 TL	*gerebelter Thymian*
6 EL	*Tomatenmark*
500 ml (½ l)	*Hühnerbrühe*

Außerdem:

Küchengarn

Zubereitungszeit: 45 Minuten
Garzeit: 60–70 Minuten

1. Die Zitrone heiß abwaschen, trocken tupfen und in dünne Scheiben schneiden. Kichererbsen in ein Sieb geben und mit kaltem Wasser abspülen. Zwiebeln abziehen, halbieren und in dünne Scheiben schneiden. Safran in 2 Esslöffeln lauwarmem Wasser einweichen.

2. Den Backofen vorheizen.

Ober-/Unterhitze: etwa 220 °C
Heißluft: etwa 200 °C

3. Knoblauch abziehen und durch eine Knoblauchpresse drücken. Petersilie abspülen und trocken tupfen. Von der Hälfte der Petersilie die Blättchen von den Stängeln zupfen. Blättchen klein schneiden.

4. Hähnchen innen und außen unter fließendem kalten Wasser abspülen und trocken tupfen. Hähnchen innen und außen mit Salz und Pfeffer einreiben, mit Zitronensaft beträufeln. Die Beine des Hähnchens mit Küchengarn fest zusammenbinden.

5. Olivenöl in einem Bräter erhitzen. Das Hähnchen darin von allen Seiten kräftig anbraten und herausnehmen.

6. Knoblauch und Zwiebelscheiben in dem verbliebenen Bratfett glasig dünsten. Kichererbsen, Thymian, klein geschnittene Petersilie und Safran mit der Flüssigkeit hinzugeben und gut verrühren.

7. Tomatenmark unterrühren und Brühe hinzugießen. Das Hähnchen darauflegen und die Zitronenscheiben auf den Kichererbsen verteilen. Den Bräter zugedeckt auf dem Rost in den vorgeheizten Backofen schieben. Das Hähnchen 60–70 Minuten garen.

8. Nach etwa 45 Minuten Garzeit den Deckel abnehmen und das Hähnchen fertig garen.

9. Kurz vor Ende der Garzeit von der restlichen Petersilie die Blättchen von den Stängeln zupfen. Blättchen klein schneiden.

10. Das Hähnchen aus dem Bräter nehmen und Küchengarn entfernen. Zitronenscheiben ebenfalls herausnehmen und beiseitelegen.

11. Kichererbsen mit Salz und Pfeffer abschmecken und auf einer vorgewärmten Platte anrichten. Das Hähnchen daraufsetzen und mit den beiseitegelegten Zitronenscheiben belegen. Kichererbsen dick mit Petersilie bestreuen.

Hähnchen mit Kräuterfüllung I

Preiswert – für Kinder
4 Portionen

Pro Portion:
E: 67 g, F: 42 g, Kh: 8 g, kJ: 2915, kcal: 696

Für die Füllung:

100 g	gekochter Schinken
1 Bund	glatte Petersilie
1 Kästchen	Kresse
1 Bund	Schnittlauch
1	Ei (Größe M)
4 EL	Semmelbrösel
	Salz
	frisch gemahlener Pfeffer
1	küchenfertiges Hähnchen
	(etwa 1,2 kg)
1 TL	Paprikapulver edelsüß
40 g	zerlassene Butter

Außerdem:

Küchengarn oder Holzstäbchen

Zubereitungszeit: 25 Minuten, ohne Ruhezeit
Garzeit: etwa 60 Minuten

1. Den Backofen vorheizen.

Ober-/Unterhitze: etwa 200 °C
Heißluft: etwa 180 °C

2. Für die Füllung Schinken in kleine Würfel schneiden. Petersilie und Kresse abspülen, trocken tupfen. Die Kresse abschneiden. Die Petersilienblättchen von den Stängeln zupfen. Blättchen klein schneiden.

3. Schnittlauch abspülen, trocken tupfen und in Röllchen schneiden. Schinkenwürfel, Petersilie, Kresse und Schnittlauchröllchen in einer Schüssel mischen. Ei und Semmelbrösel untermischen, mit Salz und Pfeffer würzen.

4. Hähnchen innen und außen unter fließendem kalten Wasser abspülen und trocken tupfen. Hähnchen innen und außen mit Salz und Pfeffer würzen. Mit der Kräuter-Schinken-Masse füllen. Die Öffnung mit Küchengarn oder Holzstäbchen verschließen.

5. Das Hähnchen mit der Brust nach unten in eine große Auflaufform oder einen Bräter legen.

6. Paprika mit Butter verrühren, das Hähnchen mit etwa der Hälfte der Paprikabutter bestreichen. Die Form oder den Bräter zugedeckt auf dem Rost in den vorgeheizten Backofen schieben. Das Hähnchen etwa 60 Minuten garen.

7. Etwa 20 Minuten vor Ende der Garzeit das Hähnchen wenden und mit der restlichen Paprikabutter bestreichen. Hähnchen fertig garen.

8. Das Hähnchen aus der Form oder dem Bräter nehmen und etwas ruhen lassen. Küchengarn oder Holzstäbchen entfernen. Hähnchen in Portionsstücke schneiden, mit der Kräuterfüllung auf einer vorgewärmten Platte anrichten.

Hähnchen mit Pastis I
Raffiniert – mit Alkohol
4 Portionen

Pro Portion:
E: 59 g, F: 57 g, Kh: 33 g, kJ: 3908, kcal: 933

2	küchenfertige Hähnchen (etwa 1 ½ kg)
	Salz
	frisch gemahlener Pfeffer
je 2	Stängel Rosmarin und Thymian
4	Lorbeerblätter
3 EL	Olivenöl
1 EL	Fenchelsamen
4 EL	Pastis (Spirituose aus Anis)
4	Knoblauchzehen
750 g	kleine Kartoffeln
100 g	kalte Butter
einige	vorbereitete Thymianstängel

Außerdem:
evtl. Holzstäbchen

Zubereitungszeit: 35 Minuten
Garzeit: 50–60 Minuten

1. Den Backofen vorheizen.

Ober-/Unterhitze: etwa 200 °C
Heißluft: etwa 180 °C

2. Hähnchen innen und außen unter fließendem kalten Wasser abspülen und trocken tupfen. Hähnchen innen und außen mit Salz und Pfeffer würzen.

3. Rosmarin und Thymian abspülen und trocken tupfen. Lorbeerblätter und Kräuterstängel in die Bauchhöhlen geben. Die Öffnungen eventuell mit Holzstäbchen verschließen.

4. Olivenöl in einem Bräter erhitzen. Die Hähnchen darin von allen Seiten anbraten, mit Fenchel bestreuen und mit Pastis beträufeln. Knoblauch ungeschält mit in den Bräter geben.

5. Dann Kartoffeln unter fließendem kalten Wasser gründlich abbürsten, abtropfen lassen und zu den Hähnchen in den Bräter geben.

6. Den Bräter zugedeckt in den vorgeheizten Backofen schieben. Die Hähnchen 50–60 Minuten garen. Etwa 15 Minuten vor Ende der Garzeit den Deckel abnehmen. Die Hähnchen bräunen lassen und fertig garen.

7. Die Hähnchen aus dem Bräter nehmen. Den Bratenfond in einen Topf gießen und entfetten. Butter in Stückchen unter den Bratenfond schlagen, bis eine sämige Sauce entstanden ist.

8. Die Hähnchen (eventuell Holzstäbchen entfernen) mit Thymian garniert servieren und die Sauce dazureichen.

Hähnchen nach Zigeunerart I

Gut vorzubereiten – mit Alkohol

4 Portionen

Pro Portion:

E: 74 g, F: 54 g, Kh: 3 g, kJ: 3403, kcal: 813

Für die Marinade:

1 EL	Calvados
4 EL	Apfelessig
6 EL	Olivenöl
3	Knoblauchzehen
	Salz
1 TL	grüne Pfefferkörner
einige	Rosmarinnadeln
1 TL	flüssiger Honig
2	küchenfertige Hähnchen (je etwa 750 g)
2 Kästchen	Kresse

Zubereitungszeit: 40 Minuten, ohne Marinierzeit
Garzeit: 10–12 Minuten

1. Den Grill vorheizen. Calvados mit Essig verrühren. Olivenöl unterschlagen. Knoblauch abziehen, durch eine Knoblauchpresse drücken und unterrühren. Mit Salz, Pfefferkörnern und Rosmarinnadeln würzen. Honig unterrühren.

2. Hähnchen innen und außen unter fließendem kalten Wasser abspülen, trocken tupfen und in 6 Stücke teilen. Fleischstücke in eine flache Schale legen, mit der Marinade bestreichen und zugedeckt 4–6 Stunden kalt stellen, dabei ab und zu wenden.

3. Die Fleischstücke aus der Marinade nehmen, abtropfen lassen, auf den heißen Grillrost legen und von jeder Seite 5–6 Minuten grillen. Die Fleischstücke während des Grillens ab und zu mit der Marinade bestreichen.

4. Kresse abschneiden, abspülen und trocken tupfen. 4 flache Teller mit der Kresse auslegen. Die Hähnchenfleischstücke darauf anrichten.

Beilage: Fladenbrot, Salatplatte.

Hähnchen, pikant im Gemüsebett I
Raffiniert – mit Alkohol
4 Portionen

Pro Portion:
E: 47 g, F: 22 g, Kh: 31 g, kJ: 2277, kcal: 544

4	Hähnchenkeulen (je etwa 200 g)
2 EL	Weißweinessig
3 EL	Sojasauce
3 EL	Sherry
3 EL	Haselnussöl
	Salz, frisch gemahlener Pfeffer
2 Msp.	Cayennepfeffer
etwas	Zucker
4	große, festkochende Kartoffeln
etwas	Wasser
etwas	gemahlener Ingwer
2 EL	Speiseöl
50 g	Zuckerschoten
1 Pck. (300 g)	TK-Erbsen
	Salzwasser
2	rote Zwiebeln
1 Bund	Frühlingszwiebeln

Zubereitungszeit: 45 Minuten ohne Marinierzeit
Garzeit: etwa 30 Minuten

1. Hähnchenkeulen unter fließendem kalten Wasser abspülen, trocken tupfen und in eine flache Schale legen. Essig mit Sojasauce und Sherry verrühren, Haselnussöl unterschlagen. Mit Salz, Pfeffer, Cayennepfeffer und Zucker würzen. Die Hähnchenkeulen mit der Marinade bestreichen, zugedeckt und kalt gestellt über Nacht marinieren.

2. Den Backofen vorheizen.

Ober-/Unterhitze: etwa 200 °C
Heißluft: etwa 180 °C

3. Die Hähnchenkeulen aus der Marinade nehmen, Marinade beiseitestellen. Die Hähnchenkeulen in einem erhitzten Bräter von allen Seiten leicht anbraten. Den Bräter auf dem Rost in den vorgeheizten Backofen schieben. Die Hähnchenkeulen etwa 30 Minuten garen.

4. In der Zwischenzeit Kartoffeln waschen, schälen, abspülen, halbieren, abtropfen lassen und in Scheiben schneiden oder hobeln. Wasser mit Salz und Ingwer in einem Topf zum Kochen bringen. Kartoffelscheiben hinzugeben und 8–10 Minuten garen. Kartoffelscheiben abgießen und in einem Sieb abtropfen lassen. Speiseöl in einer Pfanne erhitzen, Kartoffelscheiben darin unter Wenden hellbraun braten.

5. Von den Zuckerschoten die Enden abschneiden, eventuell abfädeln. Zuckerschoten waschen und abtropfen lassen. Die gefrorenen Erbsen mit den Zuckerschoten in etwas kochendem Salzwasser etwa 5 Minuten garen. Erbsen und Zuckerschoten in ein Sieb geben, mit kaltem Wasser abschrecken und abtropfen lassen.

6. Zwiebeln abziehen, halbieren und in Scheiben schneiden. Frühlingszwiebeln putzen, waschen, abtropfen lassen und in 3–4 cm lange Stücke schneiden. Zwiebelscheiben und Frühlingszwiebelstücke in etwas Salzwasser etwa 2 Minuten garen, ebenfalls in ein Sieb geben und abtropfen lassen.

7. Die garen Hähnchenkeulen aus dem Bräter nehmen und warm stellen.

8. Das gegarte Gemüse mit der beiseitegestellten Marinade zum verbliebenen Bratfett in den Bräter geben und durchschwenken. Gemüse mit Salz abschmecken. Die gebratenen Kartoffelscheiben unterheben. Das Gemüse mit den Kartoffelscheiben auf einem vorgewärmten Teller anrichten. Hähnchenkeulen drauflegen.

Hähnchenauflauf mit Zuckerschoten | Raffiniert

4 Portionen

Pro Portion:
E: 32 g, F: 60 g, Kh: 10 g, kJ: 3132, kcal: 748

400 g *Hähnchenfleisch*
3 EL *Speiseöl*
200 g *Zuckerschoten*
1 *mittelgroße Zwiebel*
200 g *Zucchini*
Salz
frisch gemahlener Pfeffer
frisch geriebene Muskatnuss
1 *abgezogene, zerdrückte Knoblauchzehe*

Für den Guss:

125 g *Doppelrahm-Frischkäse*
200 g *Schlagsahne*
2 *Eier (Größe M)*
1 EL *gehackter Kerbel*
1 EL *gehackte Petersilie*
1 EL *Schnittlauchröllchen*

40 g *geriebener Greyerzer-Käse*
30 g *Butter*

Zubereitungszeit: 40 Minuten
Garzeit: 30–40 Minuten

1. Den Backofen vorheizen.

Ober-/Unterhitze: 180–200 °C
Heißluft: 160–180 °C

2. Das Hähnchenfleisch unter fließendem kalten Wasser abspülen, trocken tupfen und in grobe Würfel schneiden. Speiseöl in einer Pfanne erhitzen. Fleischwürfel darin von allen Seiten kräftig anbraten und herausnehmen.

3. Von den Zuckerschoten die Enden abschneiden, eventuell abfädeln. Zuckerschoten in kochendem Wasser etwa 2 Minuten blanchieren, in ein Sieb geben, mit kaltem Wasser abschrecken und abtropfen lassen.

4. Zwiebel abziehen, halbieren und in kleine Würfel schneiden. Zwiebelwürfel in dem verbliebenen Bratfett in der Pfanne andünsten. Zucchini waschen, abtrocknen und die Enden abschneiden. Zucchini in Scheiben schneiden, zu den Zwiebelwürfeln geben und mit andünsten. Mit Salz, Pfeffer, Muskat und Knoblauch würzen.

5. Für den Guss Frischkäse mit Sahne, Eiern, Kerbel, Petersilie und Schnittlauchröllchen verrühren.

6. Die Fleischwürfel, Zuckerschoten und Zwiebel-Zucchini-Masse in eine gefettete Auflaufform geben und mit dem Guss übergießen. Mit Käse bestreuen und Butter in Flöckchen daraufsetzen. Die Form auf dem Rost in den vorgeheizten Backofen schieben. Den Hähnchenauflauf 30–40 Minuten garen.

Hähnchen-Avocado-Salat I
Gut vorzubereiten
4 Portionen

Pro Portion:
E: 19 g, F: 57 g, Kh: 12 g, kJ: 2750, kcal: 657

300 g	gebratene Hähnchenbrust
100 g	durchwachsener Speck
100 g	Cocktailtomaten
100 g	Frühlingszwiebeln
1	Avocado
etwas	Zitronensaft
150 g	Staudensellerie

Für die Salatsauce:

2 EL	Basilikumessig oder weißer Balsamico-Essig
2 EL	Zitronensaft
5 EL	Speiseöl
	Salz
	frisch gemahlener, weißer Pfeffer
1 Prise	Zucker
	gerebelter Estragon
½ Bund	Schnittlauch
	Zucker
	flüssiger Honig
	Zitronensaft

Zubereitungszeit: 25 Minuten, ohne Durchziehzeit

1. Hähnchenbrust enthäuten, das Fleisch in Scheiben schneiden. Speck würfeln und in einer Pfanne ohne Fett knusprig ausbraten.

2. Tomaten waschen, trocken tupfen, halbieren und die Stängelansätze herausschneiden. Frühlingszwiebeln putzen, waschen, abtropfen lassen und in Scheiben schneiden.

3. Avocado halbieren und den Stein herauslösen. Avocadohälften schälen und das Fruchtfleisch in Würfel schneiden. Mit Zitronensaft beträufeln.

4. Staudensellerie putzen und die harten Außenfäden abziehen. Sellerie waschen, abtropfen lassen und in

Scheiben schneiden. Die vorbereiteten Salatzutaten in einer Schüssel mischen.

5. Für die Salatsauce Basilikum- oder Balsamico-Essig und Zitronensaft verrühren, Speiseöl unterschlagen. Mit Salz, Pfeffer, Zucker und Estragon würzen. Schnittlauch abspülen, trocken tupfen und in feine Ringe schneiden. Schnittlauchröllchen unter die Salatsauce rühren.

6. Die Sauce mit Zucker, Honig und Zitronensaft abschmecken, unter die Salatzutaten heben. Den Salat gut durchziehen lassen.

Tipp: Wenn Balsamico-Essig verwendet wird, kann der Salat zusätzlich mit 3–4 klein geschnittenen Basilikumblättchen gewürzt werden.

Hähnchenbrust in Orangensauce I
Raffiniert
4 Portionen

Pro Portion:
E: 31 g, F: 32 g, Kh: 11 g, kJ: 1922, kcal: 460

500 g	*Hähnchenbrustfilet,*
	ohne Haut und Knochen
2 EL	*Weizenmehl*
4 EL	*Speiseöl*
4	*Schalotten*
1 TL	*Currypulver*
125 ml (⅛ l)	*frisch gepresster Orangensaft*
125 ml (⅛ l)	*Hühnerbrühe*
100 g	*kalte Butter*

Zum Garnieren:

1	*Orange*
	frische Minzeblättchen

Zubereitungszeit: 30 Minuten
Garzeit: etwa 10 Minuten

1. Hähnchenbrustfilet unter fließendem kalten Wasser abspülen, trocken tupfen und dann in Würfel schneiden. Fleischwürfel hauchdünn mit Mehl bestäuben. Speiseöl in einer Pfanne erhitzen. Fleischwürfel darin von allen Seiten gut anbraten.

2. Schalotten abziehen, in kleine Würfel schneiden, zu den Fleischwürfeln geben und glasig mitdünsten lassen. Mit Curry bestäuben.

3. Orangensaft und Brühe hinzugießen, zum Kochen bringen und zugedeckt etwa 10 Minuten garen.

4. Die Fleischwürfel eventuell mit einem Pfannenwender aus der Pfanne nehmen und warm stellen.

5. Den Bratenfond sämig einkochen lassen. Die Pfanne von der Kochstelle nehmen. Die kalte Butter in kleinen Stückchen mit einem Schneebesen unter den Bratenfond schlagen.

6. Zum Garnieren Orange so schälen, dass die weiße Haut vollständig mit entfernt wird. Orange filetieren. Minzeblättchen abspülen und trocken tupfen.

7. Die warm gestellten Fleischwürfel auf Tellern anrichten und mit der Orangensauce überziehen. Mit Orangenfilets und Minzeblättchen garnieren.

Hähnchenbrust in Spinatsauce I

Für die Party
12 Portionen

Pro Portion:
E: 39 g, F: 14 g, Kh: 6 g, kJ: 1307, kcal: 313

1,8 kg	*Hähnchenbrustfilets*
80 g	*Butter*
40 g	*Weizenmehl*
500 ml (¹/₂ l)	*Gemüsebrühe*
200 g	*Schlagsahne*
¹/₂ Pck.	
(225 g)	*gehackter*
	TK-Blattspinat
40 g	*geriebener Meerrettich*
	(aus dem Glas)
	Salz
	frisch gemahlener Pfeffer
2	*Eier (Größe M)*
40 g	*Semmelbrösel*

Zubereitungszeit: 40 Minuten
Garzeit: 20–25 Minuten

1. Den Backofen vorheizen.

Ober-/Unterhitze: etwa 200 °C
Heißluft: etwa 180 °C

2. Hähnchenbrustfilets unter fließendem kalten Wasser abspülen und trocken tupfen.

3. Die Hälfte der Butter in einem Topf zerlassen. Mehl darin unter Rühren so lange erhitzen, bis es hellgelb ist. Brühe und Sahne nach und nach unter Rühren hinzugießen. Mit einem Schneebesen durchschlagen, dabei darauf achten, dass keine Klümpchen entstehen. Die Sauce aufkochen lassen.

4. Spinat unaufgetaut in die Sauce geben und erhitzen, dabei gelegentlich umrühren. Meerrettich unterrühren. Die Spinatsauce aufkochen lassen, mit Salz und Pfeffer würzen, etwas abkühlen lassen. Eier unter die Spinatsauce rühren und in eine Fettfangschale geben.

5. Hähnchenbrustfilets mit Salz und Pfeffer würzen, in die Sauce legen und mit Semmelbröseln bestreuen. Restliche Butter in Flöckchen darauf verteilen. Die Fettfangschale in den vorgeheizten Backofen schieben. Die Hähnchenbrustfilets in Spinatsauce 20–25 Minuten garen.

Hähnchenbrust in Weinbrandsauce | Für Gäste – mit Alkohol

4 Portionen

Pro Portion:
E: 54 g, F: 42 g, Kh: 20 g, kJ: 3076, kcal: 735

800 g	*Hähnchenbrustfilets*
2 EL	*Zitronensaft*
	Salz
	frisch gemahlener Pfeffer
100 g	*Butter*
	frisch gehackte Thymianblättchen
125 ml (⅛ l)	*trockener Weißwein*
100 g	*Rosinen*
6 cl	*griechischer Weinbrand*
1 ½ Becher	
(225 g)	*Crème fraîche*
einige	
Stängel	*vorbereiteter Thymian*
einige	*blaue Weintrauben*

Zubereitungszeit: 40 Minuten, ohne Marinierzeit
Garzeit: etwa 15 Minuten

1. Hähnchenbrustfilets unter fließendem kalten Wasser abspülen, trocken tupfen und in eine flache Schale legen. Zitronensaft mit Salz und Pfeffer verrühren. Hähnchenbrustfilets damit bestreichen und anschließend zugedeckt im Kühlschrank etwa 60 Minuten marinieren.

2. Hähnchenbrustfilets aus der Marinade nehmen und trocken tupfen. Butter in einer Kasserolle zerlassen. Hähnchenbrustfilets darin von allen Seiten anbraten und mit etwas Thymian bestreuen. Mit Wein ablöschen und Rosinen hinzugeben. Die Zutaten zum Kochen bringen und zugedeckt bei schwacher Hitze etwa 15 Minuten garen. Eventuell etwas Wein nachgießen.

3. Weinbrand mit Crème fraîche verrühren und in die Sauce rühren. Anschließend mit Salz und Pfeffer abschmecken.

4. Thymian abspülen und trocken tupfen. Weintrauben waschen und trocken tupfen. Hähnchenbrustfilets mit Thymian und Weintrauben garnieren.

Beilage: Reis.

Hähnchenbrust „La Fontaine" I

Für Gäste
4 Portionen

Pro Portion:
E: 28 g, F: 32 g, Kh: 27 g, kJ: 2167, kcal: 518

3	*Hähnchenbrustfilets (je etwa 250 g)*
	Salz
	frisch gemahlener Pfeffer
	gerebelter Thymian
20 g	*Butterschmalz*
1	*Zwiebel*
2	*Tomaten*
1 Pck. (300 g)	*TK-Blätterteig*
1 Glas	*Champignons (Abtropfgewicht 230 g)*
1 Bund	*glatte Petersilie*
3 Scheiben	*gekochter Schinken*
2 EL	*Milch*
1	*Eigelb (Größe M)*
2	*Cocktailtomaten*
einige	*frische Champignons*
einige	*Salatblätter*
etwas	*Thymian*

Zubereitungszeit: 30 Minuten,
ohne Auftau- und Ruhezeit
Garzeit: 20–30 Minuten

1. Hähnchenbrustfilets unter fließendem kalten Wasser abspülen und trocken tupfen. Mi Salz, Pfeffer und Thymian würzen. Butterschmalz in einer Pfanne erhitzen. Hähnchenbrustfilets darin von allen Seiten gut anbraten und bei mittlerer Hitze etwa 10 Minuten unter mehrmaligem Wenden garen.

2. In der Zwischenzeit Zwiebel abziehen und in kleine Würfel schneiden. Tomaten waschen, abtropfen lassen, kreuzweise einschneiden, kurz in kochendes Wasser legen und in kaltem Wasser abschrecken. Tomaten enthäuten, halbieren, entkernen und die Stängelansätze herausschneiden. Tomatenhälften in kleine Würfel schneiden.

3. Blätterteigplatten nach Packungsanleitung auftauen lassen. Den Backofen vorheizen.

Ober-/Unterhitze: 200–220 °C
Heißluft: 180–200 °C

4. Champignons in einem Sieb abtropfen lassen und klein schneiden. Petersilie abspülen und trocken tupfen. Die Blättchen von den Stängeln zupfen. Blättchen klein schneiden.

5. Hähnchenbrustfilets aus der Pfanne nehmen und abkühlen lassen. Zwiebelwürfel in dem verbliebenen Bratfett glasig dünsten. Champignonstücke und Tomatenwürfel hinzugeben und mitdünsten lassen. So lange dünsten, bis die Flüssigkeit verdampft ist. Petersilie unterrühren. Mit Salz, Pfeffer und Thymian abschmecken. Champignon-Tomaten-Masse aus der Pfanne nehmen und kalt stellen.

6. Die Blätterteigplatten aufeinanderlegen (nicht durchkneten) und auf einer bemehlten Arbeitsfläche zu einem Rechteck (etwa 30 x 35 cm) ausrollen.

7. Schinkenscheiben darauflegen, die Champignon-Tomaten-Masse darauf verteilen, mit den Hähnchenbrustfilets belegen und fest aufrollen. Milch mit Eigelb verschlagen. Die Blätterteigrolle damit bestreichen. Die Oberfläche mehrmals mit einer Gabel einstechen.

8. Blätterteigrolle auf ein Backblech (mit kaltem Wasser abgespült) legen. Das Backblech in den vorgeheizten Backofen schieben und die Blätterteigrolle 20–30 Minuten garen.

9. Tomaten waschen, trocken tupfen und die Stängelansätze herausschneiden. Die Tomaten in Scheiben schneiden. Champignons putzen, mit Küchenpapier abreiben, eventuell abspülen, gut trocken tupfen und ebenfalls in Scheiben schneiden. Salatblätter und Thymian abspülen und trocken tupfen.

10. Die gefüllte Blätterteigrolle vom Backblech nehmen, kurz ruhen lassen, in Scheiben schneiden und auf einer vorgewärmten Platte anrichten. Nach Belieben mit Tomaten-, Champignonscheiben, Salatblättern und Thymian garniert servieren.

Hähnchenbrust
mit Chili und Honig | Für Gäste
4 Portionen

Pro Portion:
E: 35 g, F: 12 g, Kh: 16 g, kJ: 1308, kcal: 313

Für die Marinade:
150 ml Geflügel- oder Gemüsebrühe
4 EL flüssiger Honig
je 1 rote und grüne Chilischote
1 Schalotte

4 Hähnchenbrustfilets
(je 140–150 g)
frisch gemahlener Pfeffer, Salz
40 g Butter
1 EL Speiseöl

Außerdem:
Chilifäden oder -flocken zur
Schärfe und zum Garnieren

Zubereitungszeit: 60 Minuten, ohne Marinierzeit
Garzeit: etwa 15 Minuten

1. Für die Marinade Brühe und Honig in einem Topf unter Rühren leicht erwärmen und in eine flache Auflaufform geben.

2. Chilischoten abspülen, trocken tupfen, längs halbieren, entstielen und entkernen. Schotenhälften in kleine Würfel schneiden. Schalotte abziehen, ebenfalls klein würfeln. Chili- und Schalottenwürfel unter die Honigbrühe rühren.

3. Hähnchenbrustfilets unter fließendem kalten Wasser abspülen, trocken tupfen und mit Pfeffer würzen. Hähnchenbrustfilets in die Marinade legen, zugedeckt und kalt gestellt etwa 60 Minuten marinieren, dabei gelegentlich wenden. Den Backofen vorheizen.

Ober-/Unterhitze: etwa 180 °C
Heißluft: etwa 160 °C

4. Hähnchenbrustfilets aus der Marinade nehmen, kurz abtropfen lassen und mit Salz würzen. Butter in einer feuerfesten Pfanne zerlassen, Speiseöl miterhitzen. Hähnchenbrustfilets darin von beiden Seiten anbraten. Die Pfanne auf dem Rost in den vorgeheizten Backofen schieben. Hähnchenbrustfilets etwa 15 Minuten garen.

5. Hähnchenbrustfilets aus der Pfanne nehmen und warm stellen. Den Bratensatz mit der restlichen Marinade ablöschen, zum Kochen bringen und um die Hälfte einkochen.

6. Hähnchenbrustfilets auf einer vorgewärmten Platte anrichten und mit der Sauce übergießen. Mit Chilifäden oder -flocken garnieren.

Beilage: In Butter geschwenkte, kleine Kartoffeln und Zuckerschoten.

Hähnchenbrust mit Mozzarella I
Schnell
4 Portionen

Pro Portion:
E: 42 g, F: 9 g, Kh: 1 g, kJ: 1047, kcal: 250

4	*Hähnchenbrustfilets, ohne Haut*
	(je etwa 150 g)
	Salz, frisch gemahlener,
	schwarzer Pfeffer
2	*große Tomaten*
125 g	*Mozzarella-Käse*
3 EL	*Speiseöl, z. B. Sonnenblumenöl*
einige	*vorbereitete Basilikumblättchen*

Zubereitungszeit: 30 Minuten
Grillzeit: 5–10 Minuten

1. Den Backofengrill vorheizen. Hähnchenbrustfilets unter fließendem kalten Wasser abspülen und trocken tupfen. Mit Salz und Pfeffer würzen.

2. Tomaten waschen, abtrocknen und die Stängelansätze herausschneiden. Tomaten jeweils in 4 Scheiben schneiden. Mozzarella abtropfen lassen und in 8 Scheiben schneiden.

3. Speiseöl in einer feuerfesten Pfanne erhitzen. Die Hähnchenbrustfilets darin etwa 10 Minuten von beiden Seiten braten.

4. Die Hähnchenbrustfilets zuerst mit je 2 Tomatenscheiben belegen und mit Pfeffer bestreuen, dann mit je 2 Mozzarellascheiben belegen und ebenfalls mit Pfeffer bestreuen.

5. Die Pfanne auf dem Rost unter den vorgeheizten Grill in den Backofen schieben und die Hähnchenbrustfilets 5–10 Minuten grillen, bis der Käse zerläuft (wer keine feuerfeste Pfanne hat, kann die Filets auch nach dem Anbraten in eine Auflaufform geben).

6. Die übergrillten Hähnchenbrustfilets mit Mozzarella vor dem Servieren mit den vorbereiteten Basilikumblättchen garnieren.

Beilage: Butterreis oder Knoblauchtoast und Eisbergsalat oder ofenfrisches Baguette.

Tipp: Wenn Sie keinen Backofengrill haben, die Pfanne (Auflaufform) bei Ober-/Unterhitze: etwa 220 °C, Heißluft: etwa 200 °C auf dem Rost in den vorgeheizten Backofen schieben und 5–10 Minuten überbacken, bis der Käse zerläuft.

Hähnchenbrust mit Orangenminze und Ingwer | Preiswert

4 Portionen

Pro Portion:
E: 42 g, F: 10 g, Kh: 52 g, kJ: 1950, kcal: 463

4	Hähnchenbrustfilets (je etwa 130 g)
1 kleines Stück	frische Ingwerwurzel (etwa 50 g)
3 Stängel	Orangenminze
2	Limetten
320 g	Couscous (Instant)
400 ml	kochendes Wasser
4 EL	Olivenöl
	Salz
	frisch gemahlener Pfeffer
1 Bund	glatte Petersilie

Zum Garnieren:

einige	vorbereitete Orangenminzeblättchen
1 EL	rote Pfefferbeeren

Zubereitungszeit: 40 Minuten, ohne Marinier- und Quellzeit
Garzeit: 8–10 Minuten

1. Die Hähnchenbrustfilets unter fließendem kalten Wasser abspülen, trocken tupfen und quer halbieren. Hähnchenbrustfiletstücke in eine flache Schale legen.

2. Ingwer schälen, abspülen, trocken tupfen und in kleine Würfel schneiden oder auf einer Haushaltsreibe raspeln.

3. Minze abspülen, trocken tupfen und grob zerkleinern. Limetten halbieren und den Saft auspressen, mit Ingwerwürfeln oder -raspeln und Orangenminze verrühren. Die Marinade auf den Hähnchenbrustfiletstücken verteilen. Zugedeckt und kalt gestellt etwa 60 Minuten marinieren.

4. Couscous in eine große Schüssel geben und mit 400 ml kochendem Wasser übergießen. Mindestens 10 Minuten quellen lassen, dabei ab und zu umrühren.

5. Zwei Esslöffel des Olivenöls in einer Pfanne erhitzen. Marinierte Hähnchenbrustfiletstücke aus der Marinade nehmen, abtropfen lassen, mit Salz und Pfeffer würzen.

6. Hähnchenbrustfiletstücke in dem erhitzten Olivenöl 8–10 Minuten von beiden Seiten leicht braten.

7. Die Petersilie abspülen und trocken tupfen. Die Blättchen von den Stängeln zupfen, Blättchen grob zerkleinern.

8. Restliches Olivenöl in einer weiteren Pfanne erhitzen. Den gequollenen Couscous darin unter Rühren anbraten, mit Salz und Pfeffer würzen. Die Petersilie unterrühren.

9. Hähnchenbrustfiletstücke mit dem Couscous in einer Schale anrichten. Mit Orangenminze und roten Pfefferbeeren garnieren.

Tipp: Statt frischem Ingwer kann auch Ingwer in Sirup zum Marinieren verwendet werden.

Hähnchenbrust mit Salbei I
Für Gäste
4 Portionen

Pro Portion:
E: 62 g, F: 20 g, Kh: 12 g, kJ: 1993, kcal: 476

4	*Hähnchenbrustfilets (je 180–200 g)*
	Salz
	frisch gemahlener Pfeffer
12 große	
Blätter	*Salbei*
12 Scheiben	*magerer Schinkenspeck (etwa 240 g)*
2 EL	*Speiseöl*
250 g	*grüne Bohnenkerne (Flageolets)*
250 g	*rote Cocktailtomaten*
1	*Zwiebel*
40 g	*Butter*
	Knoblauchpulver
1 EL	*gehackte Petersilie*
einige	*vorbereitete Salbeiblätter*

Außerdem:

Holzstäbchen

Zubereitungszeit: 50 Minuten
Garzeit: etwa 15 Minuten

1. Den Backofen vorheizen.

Ober-/Unterhitze: 180–200 °C
Heißluft: 160–180 °C

2. Die Hähnchenbrustfilets unter fließendem kalten Wasser abspülen und trocken tupfen. Mit Salz und Pfeffer würzen. Salbeiblätter abspülen und trocken tupfen. Die Hähnchenbrustfilets mit je 3 Salbeiblättern belegen, aufrollen und mit je 3 Speckscheiben umwickeln. Mit Holzstäbchen feststecken.

3. Das Speiseöl in einer feuerfesten Pfanne erhitzen. Hähnchenrollen darin von allen Seiten anbraten. Die Pfanne auf dem Rost in den vorgeheizten Backofen schieben. Hähnchenrollen etwa 15 Minuten garen.

4. Den Backofen auf Ober-/Unterhitze etwa 80 °C herunterschalten.

5. Die gegarten Hähnchenrollen aus der Pfanne nehmen und auf einen vorgewärmten Teller legen. Den Teller auf dem Rost in den heißen Backofen schieben und die Hähnchenrollen warm halten. Die Pfanne mit dem Bratfett beiseitestellen.

6. Die Bohnenkerne in einem Sieb abtropfen lassen. Tomaten waschen, trocken tupfen, halbieren und die Stängelansätze herausschneiden. Zwiebel abziehen und in kleine Würfel schneiden.

7. Butter in dem verbliebenen Bratfett in der beiseitegestellten Pfanne erhitzen. Zwiebelwürfel darin glasig dünsten. Tomatenhälften hinzufügen und etwa 3 Minuten mitdünsten lassen. Bohnenkerne vorsichtig unterrühren und miterhitzen. Mit Salz, Pfeffer und Knoblauch würzen, mit Petersilie bestreuen.

8. Die Hähnchenrollen mit dem Bohnengemüse anrichten. Mit Salbeiblättern garnieren.

Beilage: Pennenudeln mit Salbei oder kleine gebratene Bio-Kartoffeln mit Schale.

Hähnchenbrust mit Senfkruste |

Einfach
4 Portionen

Pro Portion:
E: 39 g, F: 6 g, Kh: 3 g, kJ: 918, kcal: 220

                4 *Hähnchenbrustfilets*
                   (je etwa 150 g)
                   Salz, frisch gemahlener Pfeffer
                   Currypulver
                2 *Eiweiß (Größe M)*
           1 EL *körniger Senf*
           1 EL *mittelscharfer Senf*
    1 geh. EL *Semmelbrösel*
          20 g *Butter*
      1 Bund *Schnittlauch*

Zubereitungszeit: 35 Minuten
Garzeit: 20–25 Minuten

1. Den Backofen vorheizen.

Ober-/Unterhitze: etwa 200 °C
Heißluft: etwa 180 °C

2. Die Hähnchenbrustfilets unter fließendem kalten Wasser abspülen und trocken tupfen. Mit Salz, Pfeffer und Curry würzen. Hähnchenbrustfilets nebeneinander in eine gefettete Auflaufform legen.

3. Eiweiß sehr steifschlagen. Beide Senfsorten mit Semmelbröseln und Salz verrühren und unter den Eischnee heben. Die Eischneemasse auf den Hähnchenbrustfilets verteilen und Butter in Flöckchen daraufsetzen. Die Form auf dem Rost im unteren Drittel in den vorgeheizten Backofen schieben. Die Hähnchenbrustfilets 20–25 Minuten garen.

4. Schnittlauch abspülen, trocken tupfen (einige Schnittlauchhalme beiseitelegen) und in Röllchen schneiden. Die Hähnchenbrustfilets kurz vor dem Servieren mit Schnittlauchröllchen bestreuen und mit den Schnittlauchhalmen garnieren.

Beilage: Porreegemüse und Bandnudeln oder Kartoffelpüree.

Tipp: Das Gericht für mehr als 4 Personen auf dem Backblech zubereiten. Das Fleisch schmeckt noch herzhafter, wenn die Hähnchenbrustfilets in Speiseöl angebraten werden. Nach Belieben jedes Hähnchenbrustfilet mit 1 Scheibe gekochten Schinken belegen. Die Filets schmecken auch kalt, in Scheiben geschnitten, sehr gut. Dazu passt ein gemischter Salat oder ein Kartoffelsalat.

Hähnchenbrust mit Stockschwämmchen I

Für Gäste – mit Alkohol

4 Portionen

Pro Portion:

E: 33 g, F: 82 g, Kh: 7 g, kJ: 3958, kcal: 945

4	*Hähnchenbrustfilets (etwa 600 g)*
	Salz, frisch gemahlener Pfeffer
	Paprikapulver edelsüß
20 g	*Weizenmehl*
20 g	*Butterschmalz*
170 g	*Stockschwämmchen (aus dem Glas)*
1	*Zwiebel*
20 g	*Butterschmalz*
1 Bund	*Frühlingszwiebeln*
1–2 EL	*Sojasauce*
2 EL	*gehackte Petersilie*

Für die Sauce hollandaise:

200 g	*Butter*
2	*Eigelb (Größe M)*
2 EL	*Weißwein*
	Zitronensaft

Zubereitungszeit: 40 Minuten, ohne Abkühlzeit
Garzeit Hähnchenbrustfilet: etwa 10 Minuten
Garzeit Stockschwämmchen: etwa 3 Minuten

1. Hähnchenbrustfilets unter fließendem kalten Wasser abspülen und trocken tupfen. Mit Salz, Pfeffer und Paprika würzen, mit Mehl bestäuben.

2. Butterschmalz in einer Pfanne erhitzen. Hähnchenbrustfilets darin von beiden Seiten etwa 10 Minuten braten, herausnehmen und warm stellen.

3. Stockschwämmchen in ein Sieb geben, mit kaltem Wasser abspülen und abtropfen lassen. Zwiebel abziehen und in kleine Würfel schneiden.

4. Butterschmalz in der gesäuberten Pfanne erhitzen. Zwiebelwürfel darin andünsten, Stockschwämmchen hinzufügen und mit andünsten. Mit Salz und Pfeffer würzen.

5. Frühlingszwiebeln putzen, waschen, abtropfen lassen, in Scheiben schneiden, zu den Stockschwämmchen geben. Etwa 3 Minuten unter gelegentlichem Rühren dünsten lassen, mit Sojasauce abschmecken. Petersilie unterrühren. Den Backofengrill vorheizen.

6. Für die Sauce hollandaise Butter zerlassen, etwas abkühlen lassen und den Schaum abschöpfen. Eigelb mit Wein in einer kleinen Schüssel mit einem Schneebesen verschlagen. Die Schüssel in ein heißes Wasserbad (Wasser darf nicht kochen) setzen. Die Eigelbmasse mit dem Schneebesen so lange schlagen, bis die Masse dicklich ist. Die Butter langsam unter die Eigelbmasse schlagen. Mit Zitronensaft, Salz und Pfeffer würzen.

7. Hähnchenbrustfilets auf 4 feuerfeste Teller verteilen, Stockschwämmchenmasse daraufgeben. Die Sauce hollandaise darauf verteilen. Die Teller kurz unter den vorgeheizten Grill schieben und die Hähnchenbrustfilets goldgelb überbacken.

Tipp: Dazu frisches, knuspriges Weißbrot reichen.

Hähnchenbrust mit Wirsinggemüse | Einfach
4 Portionen

Pro Portion:
E: 34 g, F: 9 g, Kh: 6 g, kJ: 984, kcal: 235

½ Kopf	*Wirsing (etwa 500 g)*
1	*Zwiebel*
1	*gelbe Zucchini*
4	*Tomaten*
2 EL	*Olivenöl*
500 g	*Hähnchenbrustfilets*
	Salz
	frisch gemahlener Pfeffer
2 EL	*Olivenöl*
1 TL	*Instant-Gemüsebrühe*
1 EL	*gemischte, gehackte Kräuter*

Zubereitungszeit: 40 Minuten, ohne Ruhezeit
Garzeit Hähnchenbrustfilet: 8–10 Minuten
Garzeit Wirsinggemüse: 10–12 Minuten

1. Die Wirsinghälfte vom Strunk befreien und welke Blätter entfernen. Wirsinghälfte waschen, abtropfen lassen und in feine Streifen schneiden. Zwiebel abziehen und in kleine Würfel schneiden. Zucchini waschen, abtrocknen und die Enden abschneiden. Zucchini in dünne Scheiben schneiden.

2. Tomaten waschen, abtropfen lassen, kreuzweise einschneiden, kurz in kochendes Wasser legen und in kaltem Wasser abschrecken. Tomaten enthäuten, halbieren, entkernen und die Stängelansätze herausschneiden. Tomatenhälften in Streifen schneiden.

3. Olivenöl in einem großen Topf erhitzen, Zwiebelwürfel darin andünsten. Wirsingstreifen hinzufügen und unter gelegentlichem Rühren 10–12 Minuten dünsten.

4. In der Zwischenzeit Hähnchenbrustfilets unter fließendem kalten Wasser abspülen und trocken tupfen. Mit Salz und Pfeffer würzen. Olivenöl in einer Pfanne erhitzen. Hähnchenbrustfilets darin 8–10 Minuten von allen Seiten braten, herausnehmen und etwas ruhen lassen.

5. Wirsing mit Salz, Pfeffer und Gemüsebrühe würzen, Kräuter unterrühren. Zucchinischeiben und Tomatenstreifen hinzufügen und kurz mitdünsten lassen.

6. Hähnchenbrustfilets in Scheiben schneiden und mit dem Gemüse auf Tellern anrichten.

Hähnchenbrust mit Zwiebeln, Pinienkernen und Basilikum gefüllt | Raffiniert

(Topf mit Dämpfeinsatz Ø etwa 24 cm)
2 Portionen

Pro Portion:
E: 53 g, F: 17 g, Kh: 18 g, kJ: 1852, kcal: 442

1	*kleine, rote Zwiebel*
¹/₂ Topf	*Basilikum*
einige	
Stängel	*Thymian*
1 EL	*Pinienkerne*
1 EL	*flüssiger Honig*
	Salz
	frisch gemahlener Pfeffer
2	*Hähnchenbrustfilets*
	(je etwa 180 g)
4 Scheiben	*Frühstücksspeck (Bacon)*

Für den Salat:

1	*kleiner Römersalat*
250 g	*Cocktailtomaten*
3 EL	*Weißweinessig*
1 TL	*flüssiger Honig*
1 EL	*Olivenöl*
1 EL	*Pinienkerne*

Zubereitungszeit: 25 Minuten
Dämpfzeit: etwa 15 Minuten

1. Zwiebel abziehen, halbieren und in Streifen schneiden. Basilikum und Thymian abspülen, trocken tupfen. Die Basilikumblättchen von den Stängeln zupfen und 8 Blättchen beiseitelegen. Restliche Basilikumblättchen klein schneiden.

2. Pinienkerne mit der Hälfte der klein geschnittenen Basilikumblättchen, den Zwiebelstreifen und dem Honig vermengen, mit Salz und Pfeffer würzen.

3. Hähnchenbrustfilets unter fließendem kalten Wasser abspülen und trocken tupfen. Die Filets längs bis etwa zur Mitte einschneiden und aufklappen. Filets mit Salz und Pfeffer würzen, mit je 4 Basilikumblättchen und der Pinienkern-Zwiebel-Masse belegen.

Hähnchenbrustfilets zusammenklappen. Die gefüllten Hähnchenbrustfilets jeweils mit 2 Speckscheiben umwickeln.

4. Dann einen Topf etwa 2 cm hoch mit Wasser füllen, Thymianstängel hinzufügen. Wasser zum Kochen bringen. Die Hähnchenbrustfilets in einen Dämpfeinsatz legen. Den Dämpfeinsatz in den Topf hängen und mit einem Deckel verschließen. Hähnchenbrustfilets etwa 15 Minuten dämpfen.

5. Für den Salat Römersalat putzen, waschen und trocken schleudern. Salat nach Belieben in kleinere Stücke zupfen. Die Tomaten waschen, abtrocknen, halbieren und die Stängelansätze herausschneiden. Essig mit Honig verrühren, Olivenöl unterschlagen, mit Salz und Pfeffer würzen. Restliche klein geschnittene Basilikumblättchen unterrühren.

6. Den Salat mit den Tomatenhälften auf 2 Tellern anrichten, mit dem Dressing beträufeln und mit Pinienkernen bestreuen. Hähnchenbrustfilets halbieren und zum Salat servieren.

Beilage: Vollkornbaguette.

Hähnchenbrust, süß-scharf I

Für Gäste
4 Portionen

Pro Portion:
E: 45 g, F: 15 g, Kh: 26 g, kJ: 1818, kcal: 435

4	Hähnchenbrustfilets
	(je etwa 150 g)
	Salz
	frisch gemahlener Pfeffer
etwas	Currypulver
1 EL	Weizenmehl
4 EL	Speiseöl
1 Dose	Ananasscheiben
	(Abtropfgewicht 250 g)
	Ananassaft aus der Dose
1 Flasche	
(250 ml)	Currysauce
1 Flasche	
(250 ml)	Chilisauce
200 g	Schlagsahne
80 g	frisch geriebener Gouda-Käse
evtl.	etwas Schnittlauch

Zubereitungszeit: 50 Minuten
Garzeit: etwa 30 Minuten

1. Den Backofen vorheizen.

Ober-/Unterhitze: 200–220 °C
Heißluft: 180–200 °C

2. Die Hähnchenbrustfilets unter fließendem kalten Wasser abspülen und trocken tupfen. Mit Salz, Pfeffer und Curry würzen, leicht mit Mehl bestäuben.

3. Speiseöl in einer Pfanne erhitzen. Hähnchenbrustfilets darin von beiden Seiten anbraten, herausnehmen und nebeneinander in eine flache, gefettete Auflaufform legen.

4. Ananasscheiben in einem Sieb abtropfen lassen, dabei den Saft auffangen. Ananasscheiben in Stücke schneiden und dann zum verbliebenen Bratfett in die Pfanne geben. Den aufgefangenen Ananassaft, Currysauce, Chilisauce und Sahne hinzufügen, unter Rüh-

ren zum Kochen bringen. Die Sauce eventuell mit Salz, Pfeffer und Curry abschmecken und auf den Hähnchenbrustfilets verteilen. Mit Käse bestreuen.

5. Die Auflaufform auf dem Rost in den vorgeheizten Backofen schieben und die Hähnchenbrustfilets etwa 30 Minuten garen.

6. Nach Belieben Schnittlauch abspülen, trocken tupfen und in Röllchen schneiden. Die Hähnchenbrust mit Schnittlauchröllchen bestreuen und servieren.

Tipp: Anstelle von Ananasscheiben können Sie auch in Spalten oder Würfel geschnittene Pfirsiche (aus der Dose) verwenden.

Hähnchenbrustfilet in Safrangemüse | Gut vorzubereiten
4 Portionen

Pro Portion:
E: 37 g, F: 11 g, Kh: 6 g, kJ: 1160, kcal: 278

4	*Hähnchenbrustfilets*
	(je etwa 150 g)
	Salz
	frisch gemahlener Pfeffer
1 EL	*Weizenmehl*
1 Bund	*Suppengrün (etwa 250 g, Sellerie,*
	Möhren, Porree [Lauch])
1	*kleine Fenchelknolle*
1 kleiner	
Topf	*Zitronenthymian*
4 EL	*Olivenöl*
300 ml	*Hühnerbrühe*
1 Döschen	
(0,2 g)	*Safran*
2	*Tomaten*

Zubereitungszeit: 30 Minuten
Garzeit: etwa 25 Minuten

1. Die Hähnchenbrustfilets unter fließendem kalten Wasser abspülen, trocken tupfen, mit Salz und Pfeffer würzen, mit Mehl bestäuben.

2. Suppengrün putzen, schälen, waschen, abtropfen lassen und in Würfel schneiden. Porree putzen, die Stange längs halbieren, gründlich waschen, abtropfen lassen und in kleine Stücke schneiden.

3. Den Backofen vorheizen.

Ober-/Unterhitze: 180–200 °C
Heißluft: 160–180 °C

4. Von der Fenchelknolle die Stiele dicht oberhalb der Knolle abschneiden. Braune Stellen und Blätter entfernen, die Wurzelenden gerade schneiden. Die Knolle waschen, abtropfen lassen und in Würfel schneiden.

5. Zitronenthymian abspülen und trocken tupfen. Einige Stängel zum Garnieren beiseitelegen.

6. Olivenöl in einer Pfanne erhitzen. Die Hähnchenbrustfilets darin von allen Seiten anbraten, herausnehmen und in eine flache Auflaufform legen.

7. Vorbereitete Gemüsewürfel, Porreestücke und Zitronenthymian in dem verbliebenen Bratfett in der Pfanne unter Rühren andünsten. Hühnerbrühe hinzugießen und kurz aufkochen lassen. Mit Safran, Salz und Pfeffer würzen.

8. Die Gemüsemasse zu den Hähnchenbrustfilets in die Auflaufform geben. Die Form auf dem Rost in den vorgeheizten Backofen schieben. Hähnchenbrustfilets mit dem Gemüse etwa 25 Minuten garen.

9. Tomaten waschen, abtrocknen, halbieren, entkernen und die Stängelansätze herausschneiden. Tomaten in Würfel schneiden.

10. Die Hähnchenbrustfilets mit dem Gemüse auf 4 Tellern anrichten. Tomatenwürfel darauf verteilen. Mit den beiseitegelegten Zitronenthymianstängeln garnieren.

Beilage: Reis oder Bandnudeln.

Hähnchenbrustfilet in Tomatensauce I

Für Kinder – einfach
12 Portionen

Pro Portion:
E: 35 g, F: 22 g, Kh: 8 g, kJ: 1576, kcal: 377

> 12 *Hähnchenbrustfilets*
> *(je etwa 120 g)*
> *Salz, frisch gemahlener Pfeffer*
> 6 EL *Speiseöl*

Für die Tomatensauce:

> 10 *Tomaten (je etwa 70 g)*
> 1 *Gemüsezwiebel (etwa 400 g)*
> 2 Pck. *TK-Kräuter der Provence*
> 400 ml *Gemüsebrühe oder -fond*
> 60 g *Saucenbinder*
> 600 g *Schlagsahne*

Zubereitungszeit: 90 Minuten
Garzeit: etwa 45 Minuten

1. Hähnchenbrustfilets unter fließendem kalten Wasser abspülen und trocken tupfen. Mit Salz und Pfeffer würzen. Speiseöl in einer großen Pfanne erhitzen. Die Hähnchenbrustfilets darin portionsweise von beiden Seiten anbraten und herausnehmen.

2. Den Backofen vorheizen.

Ober-/Unterhitze: etwa 200 °C
Heißluft: etwa 180 °C

3. Hähnchenbrustfilets nebeneinander in eine große Auflaufform oder Fettfangschale legen.

4. Tomaten waschen, abtropfen lassen, kreuzweise einschneiden, kurz in kochendes Wasser legen und in kaltem Wasser abschrecken. Tomaten enthäuten, halbieren, entkernen und die Stängelansätze herausschneiden. Die Tomatenhälften in Würfel schneiden. Gemüsezwiebel abziehen und ebenfalls in Würfel schneiden.

5. Zwiebel- und Tomatenwürfel in dem verbliebenen Bratenfett (von den Hähnchenbrustfilets) andünsten. Kräuter und Gemüsebrühe oder -fond hinzugeben, zum Kochen bringen und etwas einkochen lassen. Mit Saucenbinder nach Packungsanleitung leicht binden. Sahne hinzugießen. Mit Salz und Pfeffer würzen. Die Tomatensauce unter gelegentlichem Rühren noch etwa 10 Minuten kochen lassen.

6. Die Hähnchenbrustfilets mit der Tomatensauce übergießen. Die Form auf dem Rost oder die Fettfangschale in den vorgeheizten Backofen schieben. Die Hähnchenbrustfilets etwa 45 Minuten garen.

Hähnchen-Gemüse-Eintopf I

Klassisch

4 Portionen

Pro Portion:

E: 44 g, F: 12 g, Kh: 31 g, kJ: 1710, kcal: 409

2	*Hähnchenbrüste, mit Knochen (etwa 800 g)*
1 ½ l	*Wasser*
	Salz
	frisch gemahlener Pfeffer
1	*Lorbeerblatt*
2	*Pimentkörner (Nelkenpfeffer)*
2	*Zwiebeln*
1 Bund	*Suppengrün (etwa 400 g)*
750 g	*mehligkochende Kartoffeln*
3	*Möhren*
1 Stange	*Porree (Lauch)*
etwas	*frische Petersilie*

Zubereitungszeit: 45 Minuten, ohne Abkühlzeit
Garzeit: etwa 37 Minuten

1. Hähnchenbrüste unter fließendem kalten Wasser abspülen und trocken tupfen. Wasser mit Salz, Pfeffer, Lorbeerblatt und Pimentkörnern in einem großen Topf zum Kochen bringen. Zwiebeln abziehen, halbieren und in schmale Spalten schneiden. Hähnchenbrüste und Zwiebelspalten hinzugeben, wieder zum Kochen bringen und das Ganze zugedeckt bei mittlerer Hitze etwa 10 Minuten garen.

2. In der Zwischenzeit Suppengrün putzen, waschen, abtropfen lassen und klein schneiden. Suppengrün in die Brühe geben, zum Kochen bringen und zugedeckt noch etwa 15 Minuten garen.

3. Kartoffeln waschen, schälen, abspülen, abtropfen lassen und in Würfel schneiden. Möhren putzen, schälen, abspülen, abtropfen lassen und in Stifte schneiden. Kartoffelwürfel und Möhrenstifte in die Brühe geben und noch etwa 7 Minuten mitgaren lassen.

4. Hähnchenbrüste aus der Brühe nehmen und etwas abkühlen lassen. Das Fleisch von den Knochen lösen und die Haut entfernen. Fleisch in kleine Stücke schneiden.

5. Porree putzen, die Stange längs halbieren, gründlich waschen, abtropfen lassen und in Streifen schneiden. Fleischstücke und Porreestreifen in den Eintopf geben und zugedeckt weitere etwa 5 Minuten bei schwacher Hitze garen.

6. Den Eintopf vor dem Servieren mit Salz und Pfeffer abschmecken. Petersilie abspülen und trocken tupfen. Die Blättchen von den Stängeln zupfen. Blättchen klein schneiden. Den Eintopf mit Petersilie bestreut servieren.

Hähnchengeschnetzeltes

Einfach
4 Portionen

Pro Portion:
E: 30 g, F: 10 g, Kh: 12 g, kJ: 1063, kcal: 254

3	*Hähnchenbrustfilets*
	(etwa 400 g)
300 g	*Champignons*
400 g	*Möhren*
1 Stange	*Porree (Lauch)*
1 leicht	
geh. EL	*Butterschmalz*
	Salz
	frisch gemahlener Pfeffer
	Paprikapulver edelsüß
250 ml (¼ l)	*Gemüsebrühe*
1 EL	*Zitronensaft*
2 EL	*heller Saucenbinder*
150 g	*saure Sahne (10 % Fett)*
½	*Bund Kerbel*

Zubereitungszeit: 35 Minuten
Garzeit Gemüse: etwa 5 Minuten

1. Die Hähnchenbrustfilets unter fließendem kalten Wasser abspülen, trocken tupfen und in schmale Streifen oder kleine Würfel schneiden. Champignons putzen, mit Küchenpapier abreiben, eventuell abspülen, abtropfen lassen und vierteln.

2. Möhren putzen, schälen, abspülen, abtropfen lassen und in kleine Würfel schneiden. Porree putzen, die Stange längs halbieren, gründlich waschen, abtropfen lassen und in Streifen schneiden.

3. Butterschmalz in einem Topf erhitzen. Fleischstreifen oder -würfel darin unter Wenden anbraten. Mit Salz, Pfeffer und Paprika würzen. Das Geschnetzelte herausnehmen und warm stellen.

4. Die Porreestreifen und Champignonviertel in dem verbliebenen Bratfett unter Rühren andünsten. Möhrenwürfel hinzugeben und mit andünsten. Mit Salz, Pfeffer und Paprika würzen, Gemüsebrühe und Zitronensaft hinzugießen und das Gemüse zugedeckt bei schwacher Hitze etwa 5 Minuten garen.

5. Saucenbinder auf die Gemüsemischung streuen und unter Rühren kurz aufkochen lassen. Das Geschnetzelte hinzugeben und nochmals bei schwacher Hitze erhitzen. Saure Sahne unterrühren. Hähnchengeschnetzeltes mit Salz, Pfeffer und Paprika abschmecken.

6. Kerbel abspülen und trocken tupfen. Die Blättchen von den Stängeln zupfen. Hähnchengeschnetzeltes mit Kerbelblättchen bestreut servieren.

Hähnchen-Gurken-Ragout mit Dill | Raffiniert

4 Portionen

Pro Portion:
E: 36 g, F: 6 g, Kh: 2 g, kJ: 890, kcal: 213

4	*Hähnchenbrustfilets (je etwa 150 g)*
1	*Salat- oder Schmorgurke (etwa 600 g)*
1 Bund	*frischer Dill*
	Salz
	frisch gemahlener Pfeffer
2 EL	*Olivenöl*
einige	*vorbereitete Dillspitzen*

Außerdem:

1 Stück	*Bratfolie oder Bratschlauch*

Zubereitungszeit: 20 Minuten
Garzeit: etwa 30 Minuten

1. Den Backofen vorheizen.

Ober-/Unterhitze: etwa 200 °C
Heißluft: etwa 180 °C

2. Hähnchenbrustfilets unter fließendem kalten Wasser abspülen, trocken tupfen und in mundgerechte Würfel schneiden.

3. Salat- oder Schmorgurke waschen, abtrocknen, längs halbieren und entkernen. Gurkenhälften in Stücke schneiden. Dill abspülen und trocken tupfen. Die Spitzen von den Stängeln zupfen. Spitzen grob zerkleinern.

4. Fleischwürfel, Gurkenstücke und Dill in einer Schüssel mischen, mit Salz und Pfeffer würzen, mit Olivenöl beträufeln.

5. Fleisch-Gurken-Mischung auf ein großes Stück Bratfolie oder in den Bratschlauch geben, nach Packungsanleitung verschließen und auf ein Backblech legen. Das Backblech in den vorgeheizten Backofen schieben. Das Hähnchen-Gurken-Ragout etwa 30 Minuten garen.

6. Die Folie aufschneiden. Hähnchen-Gurken-Ragout herausnehmen und in einer Schale anrichten. Mit Dillspitzen garniert servieren.

Tipp: Die Fleisch-Gurken-Mischung zusätzlich in einer beschichteten Pfanne unter Wenden anbraten, so entsteht ein besonderes Aroma.

Hähnchenkeulen | Beliebt

4 Portionen (Foto links unten)

Pro Portion:

E: 34 g, F: 21 g, Kh: 0 g, kJ: 1369, kcal: 327

4	*Hähnchenkeulen (je etwa 250 g)*
½ gestr. TL	*Salz*
1 Msp.	*frisch gemahlener Pfeffer*
1 TL	*Paprikapulver edelsüß*
2–3 EL	*Speiseöl, z. B. Sonnenblumenöl*

Zubereitungszeit: 55 Minuten
Bratzeit: etwa 45 Minuten

1. Den Backofen vorheizen.

Ober-/Unterhitze: etwa 200 °C
Heißluft: etwa 180 °C

2. Hähnchenkeulen unter fließendem kalten Wasser abspülen, trocken tupfen, eventuell Rückenstück, Fett und Hautreste abschneiden.

3. Salz, Pfeffer und Paprika mit Speiseöl verrühren. Die Hähnchenkeulen damit bestreichen und in eine Fettfangschale legen. Die Fettfangschale in den vorgeheizten Backofen schieben. Die Hähnchenkeulen etwa 45 Minuten braten.

Beilage: Pommes frites, Kartoffelsalat.

Abwandlung 1: Für **Tandoori-Hähnchenkeulen** (Foto rechts unten) 125 g Vollmilchjoghurt (3,5 % Fett) glattrühren. 1 Knoblauchzehe abziehen und durch die Knoblauchpresse zu dem Joghurt drücken. ½ Teelöffel Salz, 1–1 ½ Teelöffel Paprikapulver edelsüß, ½–1 Teelöffel Madrascurry, knapp ½ Teelöffel gemahlener Zimt, 1 kleine Messerspitze Cayennepfeffer und 1 Prise gemahlene Gewürznelken unterrühren. Die wie oben in Punkt 1 vorbereiteten Hähnchenkeulen mit der Marinade bestreichen, in eine flache Schale legen und zugedeckt mindestens 2 Stunden oder über Nacht kalt stellen. Die Keulen wie oben angegeben in eine Fettfangschale geben, nochmals mit der Marinade bestreichen und wie oben angegeben braten. Die Keulen nach Belieben nach der Hälfte der Bratzeit nochmals mit der Marinade bestreichen und anschließend mit Sesamsamen bestreuen.

Abwandlung 2: Für pikante **Chili-Hähnchenkeulen** (Foto links oben) 4 gehäufte Esslöffel scharfe Chilisauce mit 1 durchgepressten Knoblauchzehe, 1 Teelöffel Balsamico-Essig, 1 Teelöffel flüssigem Honig und 1 Esslöffel Speiseöl unterrühren. Die wie oben in Punkt 1 vorbereiteten Hähnchenkeulen mit der Marinade bestreichen, in eine flache Schale legen und zugedeckt mindestens 2 Stunden oder über Nacht kalt stellen. Die Keulen wie oben angegeben in eine Fettfangschale geben, nochmals mit der Marinade bestreichen und wie oben angegeben braten. Die Keulen während der Bratzeit ab und zu mit der Marinade bestreichen.

Abwandlung 3: Für **Hähnchenkeulen mit Kräuterpanade** (Foto rechts oben) die Hähnchenkeulen wie in Punkt 1 angegeben vorbereiten, mit Salz, Pfeffer und Paprikapulver edelsüß einreiben. 4–5 Esslöffel gemischte, gehackte Kräuter (frisch oder TK, z. B. Petersilie, Estragon, Schnittlauch) mit 6 Esslöffeln Semmelbröseln mischen. Die Hähnchenkeulen zunächst in Weizenmehl, dann in 1 verschlagenem Ei und zuletzt in der Semmelbrösel-Kräuter-Mischung wenden und die Panade gut andrücken. Die Keulen wie oben angegeben in eine Fettfangschale geben, mit 3–4 Esslöffeln Speiseöl, z.B. Sonnenblumenöl, beträufeln und anschließend wie oben angegeben braten.

Hähnchenpaella I

Raffiniert – klassisch

4 Portionen

Pro Portion:
E: 60 g, F: 23 g, Kh: 29 g, kJ: 2508, kcal: 600

4	*Hähnchenkeulen (je etwa 250 g)*
2	*Zwiebeln*
2	*Knoblauchzehen*
4	*enthäutete Tomaten*
2	*rote Paprikaschoten*
4 EL	*Speiseöl*
200 g	*italienischer Rundkornreis*
	Salz, frisch gemahlener Pfeffer
2 Döschen	
(je 0,2 g)	*Safran*
etwa 500 ml	
(½ l)	*Hühnerbrühe*
300 g	*TK-Erbsen*

Zubereitungszeit: 50 Minuten
Garzeit: etwa 35 Minuten

1. Hähnchenkeulen unter fließendem kalten Wasser abspülen und trocken tupfen. Hähnchenkeulen in Ober- und Unterkeule teilen. Zwiebeln und Knoblauch abziehen, in kleine Würfel schneiden.

2. Von den Tomaten die Stängelansätze herausschneiden. Tomaten in Stücke schneiden. Paprikaschoten halbieren, entstielen, entkernen und dann die weißen Scheidewände entfernen. Schotenhälften waschen, abtropfen lassen und in Würfel schneiden.

3. Speiseöl in einer großen Pfanne (Paellapfanne) erhitzen. Hähnchenkeulen darin von allen Seiten braun anbraten. Zwiebel- und Knoblauchwürfel hinzufügen und kurz mit andünsten. Paprikawürfel unterrühren.

4. Rundkornreis einstreuen und unter Rühren andünsten. Mit Salz und Pfeffer würzen. Safran unterrühren. Hühnerbrühe hinzugießen und zum Kochen bringen. Die Zutaten ohne Deckel bei schwacher Hitze etwa 35 Minuten garen.

5. Tomatenstücke und Erbsen etwa 10 Minuten vor Ende der Garzeit unter die Paella rühren und fertig garen.

Tipp: Nach Belieben noch Muscheln, Scampi oder Tintenfischringe hinzugeben.

Hähnchenschenkel mit Parmaschinken-Pesto | Raffiniert

4 Portionen

Pro Portion:
E: 37 g, F: 56 g, Kh: 3 g, kJ: 2771, kcal: 662

          4 Hähnchenschenkel
              (je etwa 200 g)
              Salz, frisch gemahlener Pfeffer
    etwa 1 EL Olivenöl

Für das Pesto:
      1 dicke
      Scheibe Parmaschinken (etwa 120 g)
    1 kleiner
        Topf Petersilie
    1 kleiner
        Topf Basilikum
          1 Knoblauchzehe
        40 g gehackte Mandeln
        4 EL Olivenöl

Für den Salat:
        250 g Cocktailtomaten
    1 kleiner
        Kopf Lollo Bionda (etwa 250 g)
    1 Kästchen Kresse
        3 EL Weißweinessig
              Zucker
        8 EL Olivenöl

Zubereitungszeit: 30 Minuten
Garzeit: 35–40 Minuten

1. Den Backofen vorheizen.

Ober-/Unterhitze: etwa 180 °C
Heißluft: etwa 160 °C

2. Hähnchenschenkel unter fließendem kalten Wasser abspülen und trocken tupfen, mit Salz und Pfeffer würzen, mit Olivenöl bestreichen.

3. Hähnchenschenkel auf ein gefettetes Backblech legen. Das Backblech in den vorgeheizten Backofen schieben. Hähnchenschenkel 35–45 Minuten garen.

4. Während der Garzeit die Hähnchenschenkel wenden und gelegentlich mit dem Bratensaft bestreichen.

5. In der Zwischenzeit Schinken in sehr kleine Würfel schneiden. Petersilie und Basilikum abspülen und trocken tupfen. Die Blättchen von den Stängeln zupfen. Einige Basilikumblättchen beiseitelegen. Restliche Blättchen klein schneiden.

6. Knoblauch abziehen und durch eine Knoblauchpresse drücken, mit Schinkenwürfeln, klein geschnittenen Kräutern, Mandeln und Olivenöl zu einem Pesto verrühren. Die Hähnchenschenkel nach etwa 25 Minuten Garzeit mit dem Pesto bestreichen und fertig garen.

7. Für den Salat Tomaten waschen, abtrocknen und die Stängelansätze herausschneiden. Von dem Salat die äußeren, welken Blätter entfernen. Den Salat waschen, trocken tupfen oder trocken schleudern. Die Salatblätter in mundgerechte Stücke zupfen. Kresse abspülen, abschneiden und trocken tupfen.

8. Für die Salatsauce Essig mit Salz, Pfeffer und Zucker verrühren, Olivenöl unterschlagen.

9. Hähnchenschenkel mit Pesto und dem Salat auf Tellern anrichten. Die Salatsauce auf den Salat träufeln und mit den beiseitegelegten Basilikumblättchen garnieren.

Hähnchenschnitzel in Kräuterpanade | Raffiniert

8–10 Portionen

Pro Portion:
E: 44 g, F: 20 g, Kh: 58 g, kJ: 2497, kcal: 597

250 g	Semmelbrösel
2 Pck.	TK-Kräuter der Provence
4	Eier (Größe M)
10	Hähnchenbrustfilets (je etwa 120 g)
	Salz, frisch gemahlener Pfeffer
4 EL	Weizenmehl
8 EL	Speiseöl

Für die Fenchelnudeln:

5 l	Wasser
5 gestr. TL	Salz
500 g	feine Bandnudeln oder Spaghetti
1	Fenchelknolle (etwa 300 g)
100 g	Butter oder Margarine

Zubereitungszeit: 50 Minuten
Garzeit: etwa 20 Minuten

1. Semmelbrösel in einer Schüssel zusammen mit den Kräutern vermischen und die Eier in einer Schüssel verschlagen.

2. Den Backofen vorheizen.

Ober-/Unterhitze: 180–200 °C
Heißluft: 160–180 °C

3. Die Hähnchenbrustfilets unter fließendem kalten Wasser abspülen und trocken tupfen. Mit Salz und Pfeffer würzen.

4. Hähnchenbrustfilets zuerst in Mehl wenden, dann durch die verschlagenen Eier ziehen, am Schüsselrand etwas abstreifen und zuletzt in der Semmelbrösel-Kräuter-Mischung wenden. Panade fest andrücken.

5. Jeweils die Hälfte des Speiseöls in einer großen Pfanne erhitzen. Hähnchenbrustfilets darin in 2 Portionen von beiden Seiten anbraten, herausnehmen und auf ein gefettetes Backblech legen. Das Backblech in den vorgeheizten Backofen schieben. Die Schnitzel etwa 20 Minuten garen.

6. Für die Fenchelnudeln Wasser in einem großen Topf mit geschlossenem Deckel zum Kochen bringen. Dann Salz und Nudeln hinzugeben. Die Nudeln im geöffneten Topf bei mittlerer Hitze nach Packungsanleitung kochen lassen, dabei zwischendurch 4–5-mal umrühren. Anschließend die Nudeln in ein Sieb geben, mit heißem Wasser abspülen und abtropfen lassen.

7. Von der Fenchelknolle die Stiele dicht oberhalb der Knolle abschneiden. Braune Stellen und Blätter entfernen. Wurzelende gerade schneiden. Knolle waschen, abtropfen lassen, halbieren, in feine Streifen oder kleine Würfel schneiden.

8. Butter oder Margarine in einer großen Pfanne erhitzen, Fenchelstreifen oder -würfel darin andünsten. Nudeln hinzugeben und gut miteinander vermischen. Mit Salz und Pfeffer würzen.

Tipp: Zusätzlich noch frische Kräuter der Provence unter die Nudeln heben oder die Fenchelnudeln damit bestreuen.

Hähnchenschnitzel in Zitronen-Ei-Hülle | Für Gäste
8–10 Portionen

Pro Portion:
E: 38 g, F: 15 g, Kh: 52 g, kJ: 2077, kcal: 496

8–10	Hähnchenbrustfilets (je etwa 125 g)
	Salz, frisch gemahlener Pfeffer
1 Topf	Zitronenmelisse
3	Eier (Größe M)
1 Pck.	Dr. Oetker Finesse Geriebene Zitronenschale
100 g	Weizenmehl
60 g	Butter oder Margarine
3 EL	Speiseöl

Für den Safranreis:

2 EL	Speiseöl
500 g	Langkornreis
1 Döschen (0,2 g)	Safran
1 l	Gemüsebrühe

Für das Frühlingsgemüse:

500 g	grüner Spargel
250 ml (¼ l)	Wasser
½ gestr. TL	Salz
	etwas Zucker
500 g	Kaiserschoten (Zuckerschoten)
80 g	Butter
	frisch gemahlener Pfeffer

einige Zitronenmelisseblättchen

Zubereitungszeit: 80 Minuten
Garzeit: etwa 20 Minuten

1. Hähnchenbrustfilets unter fließendem kalten Wasser abspülen, trocken tupfen, in einen Gefrierbeutel legen und flach klopfen. Hähnchenbrustfilets herausnehmen, mit Salz und Pfeffer würzen.

2. Zitronenmelisse abspülen und trocken tupfen. Die Blättchen von den Stängeln zupfen. Blättchen klein schneiden.

3. Den Backofen vorheizen.

Ober-/Unterhitze: etwa 180 °C
Heißluft: etwa 160 °C

4. Eier in einer Schüssel verschlagen, Zitronenmelisse und Zitronenschale unterrühren. Hähnchenbrustfilets zuerst in Mehl wenden, dann durch die verschlagenen Eier ziehen und am Schüsselrand etwas abstreifen.

5. Jeweils die Hälfte der Butter oder Margarine in einer großen Pfanne zerlassen, Speiseöl miterhitzen. Hähnchenbrustfilets darin in 2 Portionen von beiden Seiten 2–3 Minuten anbraten, herausnehmen und auf ein gefettetes Backblech legen. Backblech für etwa 20 Minuten in den vorgeheizten Backofen schieben.

6. In der Zwischenzeit für den Safranreis Speiseöl in einem großen Topf erhitzen. Reis hinzufügen und unter Rühren anrösten. Safran unterrühren. Brühe hinzugießen und zum Kochen bringen. Reis 15–20 Minuten unter gelegentlichem Rühren ausquellen lassen. Der Reis soll dabei die gesamte Flüssigkeit aufsaugen. Reis mit Salz abschmecken.

7. Vom Spargel das untere Drittel schälen und die unteren Enden abschneiden. Spargel waschen, abtropfen lassen und in 2–3 cm lange Stücke schneiden. Wasser mit Salz und Zucker in einem Topf zum Kochen bringen. Spargelstücke hinzugeben und zugedeckt etwa 8 Minuten garen. Die Spargelstücke mit einem Schaumlöffel herausnehmen, mit kaltem Wasser abschrecken, in ein Sieb geben und abtropfen lassen.

8. Von den Kaiserschoten die Enden abschneiden. Schoten eventuell abfädeln, waschen und abtropfen lassen. Spargelwasser wieder zum Kochen bringen. Kaiserschoten darin etwa 3 Minuten blanchieren, in ein Sieb geben, mit kaltem Wasser abschrecken und abtropfen lassen.

9. Butter in einer Pfanne zerlassen. Spargelstücke und Kaiserschoten darin kurz andünsten. Mit Salz und Pfeffer würzen.

10. Hähnchenschnitzel mit dem Reis und Gemüse anrichten, mit Zitronenmelisseblättchen garnieren.

Hähnchenschnitzel mit Jägerchampignons | Raffiniert
2 Portionen

Pro Portion:
E: 49 g, F: 65 g, Kh: 48 g, kJ: 4033, kcal: 964

2	*Hähnchenbrustfilets (je etwa 150 g)*
	Salz, frisch gemahlener Pfeffer
1	*Ei (Größe M)*
1–2 EL	*Weizenmehl*
2 EL	*Semmelbrösel*
4 EL	*Olivenöl*
300 g	*TK-Kartoffel-Wedges*
1	*Zwiebel*
1	*Knoblauchzehe*
50 g	*magerer Speck*
2 EL	*Olivenöl*
400 g	*Champignons*
2 EL	*Crème fraîche*
1 TL	*gerebelter Thymian*
1 Bund	*Schnittlauch*

Zubereitungszeit: 30 Minuten
Garzeit: 10–15 Minuten

1. Hähnchenbrustfilets eventuell etwas flach klopfen. Hähnchenbrustfilets unter fließendem kalten Wasser abspülen, trocken tupfen, mit Salz und Pfeffer würzen. Ei in einer flachen Schüssel verschlagen.

2. Hähnchenbrustfilets zuerst in Mehl wenden, dann durch das verschlagene Ei ziehen, am Schüsselrand etwas abstreifen und zuletzt in Semmelbröseln wenden. Panade gut andrücken. Olivenöl in einer Pfanne erhitzen. Hähnchenschnitzel darin von beiden Seiten 10–15 Minuten braten, herausnehmen und warm stellen.

3. Kartoffel-Wedges nach Packungsanleitung zubereiten. Zwiebel und Knoblauch abziehen, in kleine Würfel schneiden. Den Speck ebenfalls in Würfel schneiden. Olivenöl in einer Pfanne erhitzen, Speckwürfel darin anbraten.

4. Champignons putzen, mit Küchenpapier abreiben, eventuell abspülen, trocken tupfen und in Scheiben schneiden. Champignonscheiben mit den Zwiebel- und Knoblauchwürfeln zu den Speckwürfeln in die Pfanne geben, unter gelegentlichem Rühren etwa 5 Minuten mitbraten lassen. Crème fraîche unterrühren. Mit Salz, Pfeffer und Thymian abschmecken.

5. Schnittlauch abspülen, trocken tupfen und in Röllchen schneiden. Hähnchenschnitzel mit den Jägerchampignons, Kartoffel-Wedges und den Schnittlauchröllchen garniert servieren.

Hähnchenspieße in Bierteig I

Für Gäste

4 Portionen

Pro Portion:
E: 38 g, F: 54 g, Kh: 26 g, kJ: 3084, kcal: 744

Für den Bierteig:

200 g	*Weizenmehl*
2	*Eier (Größe M)*
300 ml	*alkoholfreies Bier*
	Salz
	frisch gemahlener Pfeffer

500 g	*Hähnchenbrustfilet*
1 l	*Speiseöl zum Ausbacken*

Für den Dip:

2 Becher	
(500 g)	*Crème fraîche*
je 1 EL	*Schnittlauchröllchen,*
	gehackte Petersilie und
	Kerbelspitzen
4 Stangen	*Staudensellerie (etwa 320 g)*

evtl. einige *vorbereitete Kräuterstängel*

Außerdem:

dünne Holzspieße

Zubereitungszeit: 30 Minuten, ohne Quellzeit
Garzeit: 4–5 Minuten je Spieß

1. Für den Teig Mehl in eine Rührschüssel geben. Eier und Bier hinzufügen, zu einem dickflüssigen Teig verrühren, mit Salz und Pfeffer würzen. Den Teig etwa 15 Minuten ausquellen lassen.

2. Hähnchenbrustfilet unter fließendem kalten Wasser abspülen, trocken tupfen und in kleine Stücke schneiden. Fleischstücke in 4 Portionen teilen. Je 1 Fleischportion auf 1 Holzspieß stecken (je Spieß etwa 125 g). Mit Salz und Pfeffer würzen.

3. Für den Dip Crème fraîche in eine Schüssel geben, Kräuter unterrühren. Mit Salz und Pfeffer würzen. Den Dip in 2 Schalen verteilen.

4. Staudensellerie putzen und die harten Außenfäden abziehen. Selleriestangen waschen, abtropfen lassen und schräg in längliche Stücke schneiden.

5. Speiseöl in einem Topf oder in einer Fritteuse auf etwa 180 °C erhitzen.

6. Den gequollenen Bierteig noch einmal durchrühren. Die Hähnchenspieße jeweils durch den Bierteig ziehen, am Schüsselrand abstreifen und kurz abtropfen lassen.

7. Die Hähnchenspieße nacheinander schwimmend in dem siedenden Ausbackfett 4–5 Minuten frittieren, mit einer Schaumkelle herausnehmen und auf Küchenpapier abtropfen lassen.

8. Spieße auf einer Platte anrichten und nach Belieben mit Kräutern garnieren. Crème-fraîche-Dip und Staudenselleriestücke dazureichen.

Tipp: Zu den Hähnchenspießen einen kleinen, gemischten Salat mit Kresse reichen. Ideal als Fingerfood-Gericht.

Hähnchenspieße mit Äpfeln und Zwiebeln | Gut vorzubereiten
4 Portionen

Pro Portion:
E: 26 g, F: 4 g, Kh: 21 g, kJ: 929, kcal: 222

400 g	Hähnchenbrustfilet
2	rote Zwiebeln
2	Äpfel, z. B. Boskop
2 EL	Olivenöl
	Salz
	frisch gemahlener Pfeffer
1 TL	getrockneter Thymian

Für den Dip:

1	Schalotte
1	Knoblauchzehe
1	Tomate
200 g	Tomatenketchup
2 TL	Currypulver

Außerdem:

Metallspieße

Zubereitungszeit: 30 Minuten
Grillzeit: etwa 15 Minuten

1. Den Grill vorheizen. Hähnchenbrustfilet unter flie-ßendem kalten Wasser abspülen, trocken tupfen und in etwa 3 cm große Würfel schneiden.

2. Zwiebeln abziehen, vierteln und etwas zerteilen. Äpfel schälen, achteln und das Kerngehäuse heraus-schneiden. Apfel-, Zwiebelstücke und Hähnchenbrust-filetwürfel in eine flache Schale legen, mit Olivenöl beträufeln. Mit Salz, Pfeffer und Thymian würzen. Die Zutaten gut vermischen.

3. Filetwürfel, Apfel- und Zwiebelstücke abwechselnd auf Spieße stecken und auf dem vorgeheizten Grill etwa 15 Minuten unter mehrmaligem Wenden grillen.

4. Für den Dip Schalotte und Knoblauch abziehen, in kleine Würfel schneiden. Tomate waschen, trocken tupfen, halbieren und den Stängelansatz heraus-schneiden. Tomatenhälften in kleine Stücke schnei-den, mit Zwiebel- und Knoblauchwürfeln mischen, Ketchup unterrühren, mit Curry würzen. Den Dip zu den Hähnchenspießen reichen.

Beilage: Kräuterbaguette und gemischter Salat.

Tipp: Statt Hähnchenbrustfilet kann auch Putenbrust-filet verwendet werden.

Hähnchenwürfel in Pfefferpanade I
Raffiniert
4 Portionen

Pro Portion:
E: 35 g, F: 12 g, Kh: 7 g, kJ: 1165, kcal: 279

> 4 Hähnchenbrustfilets
> (je etwa 140 g)
je 1 EL getrocknete grüne und rote
> Pfefferkörner
> Salz
je 1 rote, grüne und gelbe
> Paprikaschote (etwa 600 g)
1 Bund glatte Petersilie
4 EL Olivenöl
> frisch gemahlener Pfeffer

einige
Stängel vorbereitete Petersilie

Zubereitungszeit: 40 Minuten
Garzeit Paprikagemüse: 15–20 Minuten

1. Hähnchenbrustfilets unter fließendem kalten Wasser abspülen und trocken tupfen. Filets in je 4 gleich große Würfel schneiden.

2. Pfefferkörner mit dem Messerrücken klein zerdrücken. Die Hähnchenwürfel mit Salz und dem zerstoßenen Pfeffer bestreuen, leicht andrücken.

3. Paprikaschoten halbieren, entstielen, entkernen und die weißen Scheidewände entfernen. Schotenhälften waschen, abtropfen lassen und grob zerkleinern. Petersilie abspülen und trocken tupfen. Die Blättchen von den Stängeln zupfen. Blättchen grob zerkleinern.

4. Zwei Esslöffel des Olivenöls in einer Pfanne erhitzen. Die Hähnchenwürfel darin von allen Seiten braten, herausnehmen und warm stellen.

5. Restliches Olivenöl in dem verbliebenen Bratfett erhitzen. Paprikastücke darin bei schwacher Hitze unter mehrmaligem Wenden 15–20 Minuten dünsten. Mit Salz und etwas Pfeffer würzen, Petersilie unterrühren. Paprikagemüse auf Tellern anrichten. Die Hähnchenwürfel darauf verteilen. Mit Petersilie garnieren.

Beilage: Bratkartoffeln, in Butter geschwenkte Nudeln.

Tipp: Wer es besonders scharf mag, kann das Paprikagemüse mit klein geschnittenen Chilischoten anreichern.

Hähnchen-Zwiebel-Salat | Für Gäste

4 Portionen

Pro Portion:
E: 46 g, F: 49 g, Kh: 9 g, kJ: 2938, kcal: 701

500 g	rote Zwiebeln
500 ml (½ l)	Salzwasser
1	kleines, gebratenes Hähnchen
	(etwa 750 g)
125 g	Emmentaler-Käse

Für die Salatsauce:

1 Bund	Radieschen
5 EL	Speiseöl
4 EL	Weißweinessig
	Salz
	frisch gemahlener, weißer Pfeffer
	Paprikapulver edelsüß
2–3 EL	fein gehackter Dill und
	fein gehackte Petersilie

Zubereitungszeit: 30 Minuten,
ohne Abkühl- und Durchziehzeit

1. Die Zwiebeln abziehen und in Scheiben schneiden. Die Zwiebelscheiben in kochendem Salzwasser etwa 2 Minuten garen. Zwiebelscheiben in ein Sieb geben, mit kaltem Wasser abschrecken, abtropfen und erkalten lassen.

2. Hähnchen von Haut und Knochen befreien. Das Fleisch in Streifen schneiden. Käse in Stifte schneiden.

3. Für die Sauce Radieschen putzen, waschen, trocken tupfen und in kleine Stücke schneiden. Speiseöl mit Essig verrühren, mit Salz, Pfeffer und Paprika würzen. Dill und Petersilie unterrühren.

4. Die vorbereiteten Salatzutaten in einer Schüssel mischen. Die Sauce darauf verteilen und gut untermengen. Den Salat gut durchziehen lassen. Vor dem Servieren mit Salz, Pfeffer und Paprika abschmecken.

Herbstsalat mit Entenbrust | Schnell
4 Portionen

Pro Portion:
E: 18 g, F: 42 g, Kh: 8 g, kJ: 2097, kcal: 501

> 1 *Entenbrustfilet, mit Haut*
> *(etwa 350 g)*
> *Salz*
> *frisch gemahlener Pfeffer*
> *Thymianblättchen*
> 2 EL *Speiseöl*
> 1–2 EL *flüssiger Honig*
> ½ Kopf *Lollo Rosso*
> ½ Kopf *Lollo Bionda*
> ½ *Kopfsalat*

Für die Salatsauce:
> 2–3 EL *Himbeeressig*
> 5 EL *Walnussöl*
>
> 30 g *gehackte Walnusskerne*

Auserdem:
> *Alufolie*

Zubereitungszeit: 40 Minuten, ohne Ruhezeit

1. Entenbrustfilet unter fließendem kalten Wasser abspülen, trocken tupfen und enthäuten. Die Entenhaut in feine Streifen schneiden.

2. Entenbrustfilet mit Salz und Pfeffer würzen, mit Thymianblättchen bestreuen. Speiseöl in einer Pfanne zerlassen. Entenbrustfilet darin von beiden Seiten 10–12 Minuten langsam braten und herausnehmen. Entenbrustfilet in Alufolie wickeln und ruhen lassen.

3. In der Zwischenzeit die Hautstreifen in dem verbliebenen Bratfett kross anbraten und das Bratfett abgießen. Honig unter die Hautstreifen rühren und noch etwas braten. Mit Salz und Pfeffer würzen.

4. Lollo Rosso, Lollo Bionda und Kopfsalat putzen, etwas zerpflücken, waschen, gut abtropfen lassen oder trocken schleudern und auf 4 Tellern anrichten.

5. Für die Salatsauce Essig mit Salz und Pfeffer verrühren, Walnussöl unterschlagen. Die Sauce auf den Salat träufeln und mit Walnusskernen bestreuen.

6. Entenbrustfilet aus der Alufolie nehmen, längs in feine Scheiben schneiden und dachziegelartig auf den Salat legen. Die gebratenen Hautstreifen darauf verteilen und mit dem Honigsud übergießen.

Huhn à la Tante Martine I

Für Gäste – mit Alkohol
4 Portionen

Pro Portion:
E: 69 g, F: 40 g, Kh: 5 g, kJ: 3146, kcal: 750

1	*küchenfertiges Huhn (etwa 1,2 kg)*
	Salz
	frisch gemahlener Pfeffer
2	*Zwiebeln*
50 g	*durchwachsener Speck*
1 EL	*Speiseöl*
4 cl	*Cognac oder Weinbrand*
100 ml	*Rotwein*
100 ml	*Geflügelbrühe*
4	*Knoblauchzehen*
½ Bund	*Thymian*
50 g	*schwarze Oliven*
50 g	*Walnusskerne*
1	*Lorbeerblatt*
1	*Gewürznelke*

Zubereitungszeit: 50 Minuten
Garzeit: etwa 70 Minuten

1. Das Huhn innen und außen unter fließendem kalten Wasser abspülen, trocken tupfen, mit Salz und Pfeffer würzen. Das Huhn in einen gewässerten Römertopf® geben.

2. Zwiebeln abziehen und in kleine Würfel schneiden. Speck ebenfalls klein würfeln. Speiseöl in einer Pfanne erhitzen. Speckwürfel darin anbraten, Zwiebelwürfel hinzugeben und kurz mitdünsten lassen. Mit Cognac oder Weinbrand übergießen und flambieren.

3. Rotwein und Geflügelbrühe unter den Bratenfond rühren, aber nicht weiter erhitzen. Das Huhn mit der Sauce übergießen.

4. Knoblauch abziehen und längs halbieren. Thymian abspülen und trocken tupfen. Oliven abtropfen lassen. Knoblauchhälften, Thymian, Oliven, Walnusskerne, Lorbeerblatt und Nelke zu dem Huhn in den Römertopf® geben.

5. Den Römertopf® mit dem Deckel verschließen und auf dem Rost in den kalten Backofen schieben.

Ober-/Unterhitze: etwa 200 °C
Heißluft: etwa 180 °C
Garzeit: etwa 70 Minuten.

Beilage: Kartoffelkroketten oder Reis.

Tipp: Dieses Rezept kann auch mit Hähnchen- oder Kaninchenteilen zubereitet werden. Dazu zuerst die einzelnen Fleischteile in dem Speiseöl anbraten, den Speck und Zwiebeln hinzugeben, kurz mitbraten lassen und flambieren. Dann wie im Rezept beschrieben fortfahren. Die Garzeit verringert sich dann um etwa 10 Minuten.

Huhn in Kokossauce | Raffiniert

4 Portionen

Pro Portion:
E: 59 g, F: 49 g, Kh: 9 g, kJ: 2997, kcal: 722

1	*küchenfertige Poularde (etwa 1,3 kg)*
800 ml	*Kokosmilch*
	Salz
5	*Knoblauchzehen*
$^{1}/_{2}$–1 EL	*Kreuzkümmel (Cumin)*
$^{1}/_{2}$–1 EL	*Koriander*
4	*Pfefferkörner*
1 EL	*geröstete Erdnusskerne*
1 TL	*abgeriebene Schale von 1 Bio-Zitrone (unbehandelt, ungewachst)*
1 EL	*Fischsauce*
1–2 TL	*Chilipulver*
2 EL	*dunkle Sojasauce*
1 EL	*Shrimps-Paste*
1 TL	*Zucker*

Zubereitungszeit: 40 Minuten, ohne Abkühl- und Einkochzeit
Garzeit: etwa 80 Minuten

1. Poularde halbieren, innen und außen unter fließendem kalten Wasser abspülen, trocken tupfen und in einen Topf geben. Kokosmilch hinzugießen, leicht mit Salz würzen, zum Kochen bringen und zugedeckt etwa 80 Minuten garen.

2. Die Poularde mit einem großen Schaumlöffel aus der Kokosbrühe nehmen und etwas abkühlen lassen. Die Kokosbrühe um die Hälfte einkochen lassen.

3. Von der Poularde die Haut entfernen. Das Fleisch von den Knochen lösen, in Stücke schneiden und warm stellen.

4. Knoblauch abziehen und in einen Blitzhacker geben. Kreuzkümmel, Koriander, Pfefferkörner in einem Mörser fein zerstoßen und zum Knoblauch geben. Erdnusskerne hinzufügen. Die Zutaten im Blitzhacker fein zerkleinern. Zitronenschale, Fischsauce, Chilipulver, Sojasauce, Shrimps-Paste und Zucker unterrühren, in die kochende Kokosbrühe rühren, wieder zum Kochen bringen und sämig einkochen lassen. Die Sauce mit Salz abschmecken.

5. Die warm gestellten Fleischscheiben auf einer vorgewärmten Platte anrichten und mit der Sauce übergießen.

Huhn mit pikanter Sauce | Preiswert
4 Portionen

Pro Portion:
E: 60 g, F: 52 g, Kh: 8 g, kJ: 3163, kcal: 756

1	*küchenfertiges Hähnchen (etwa 1 kg)*
	Salz, Paprikapulver rosenscharf
1	*Zwiebel*
2	*Knoblauchzehen*
200 g	*spanischer, luftgetrockneter Schinken, im Stück*
500 g	*rote Paprikaschoten*
4 EL	*Olivenöl*
500 g	*reife Tomaten*

Zubereitungszeit: 50 Minuten
Garzeit: etwa 40 Minuten

1. Hähnchen innen und außen unter fließendem kalten Wasser abspülen, trocken tupfen und vierteln. Mit Salz und Paprika würzen.

2. Zwiebel und Knoblauch abziehen, in kleine Würfel schneiden. Schinken ebenfalls fein würfeln. Paprikaschoten halbieren, entstielen, entkernen und dann die weißen Scheidewände entfernen. Die Schotenhälften waschen, abtropfen lassen und danach in Würfel schneiden.

3. Olivenöl in einem Bräter erhitzen. Hähnchenteile darin von allen Seiten anbraten. Zwiebel-, Knoblauch- und Schinkenwürfel hinzugeben und kurz mitdünsten lassen. Paprikawürfel unterrühren. Die Zutaten zugedeckt etwa 10 Minuten garen.

4. In der Zwischenzeit Tomaten waschen, abtropfen lassen, kreuzweise einschneiden, kurz in kochendes Wasser legen und in kaltem Wasser abschrecken. Tomaten enthäuten, halbieren, entkernen und die Stängelansätze herausschneiden. Tomatenhälften in Würfel schneiden.

5. Tomatenwürfel zu den Hähnchenteilen geben und zugedeckt weitere etwa 30 Minuten bei schwacher Hitze garen.

6. Die Hähnchenteile aus dem Bräter nehmen. Die Sauce mit Salz und Paprika pikant abschmecken. Die Hähnchenteile mit der Sauce auf einem Teller anrichten.

Tipp: Dazu gebratene Kartoffelspalten servieren. Die Sauce eventuell mit Frühlingszwiebeln und Oliven verfeinern.

Hühnerbrühe | Klassisch
6–8 Portionen

Pro Portion:
E: 17 g, F: 17 g, Kh: 2 g, kJ: 954, kcal: 229

> 1 *küchenfertiges Suppenhuhn*
> *(etwa 1 ½ kg)*
> 2–3 l *Wasser*
> 1 EL *Salz*
> 1 Bund *Suppengrün (Möhre, Sellerie,*
> *Porree [Lauch], Petersilie)*
> 1 *Knoblauchzehe*
> 10 *weiße Pfefferkörner*
> 2 *Lorbeerblätter*
> 1 *Kräutersträußchen (3 Stängel*
> *Petersilie, 2–3 Stängel Thymian)*

Zubereitungszeit: 30 Minuten, ohne Kühlzeit
Garzeit: 1 ½–2 Stunden

1. Suppenhuhn innen und außen unter fließendem kalten Wasser abspülen und trocken tupfen. Wenn nötig, Innereien entfernen.

2. Wasser in einem großen Topf zum Kochen bringen. Das Huhn in das kochende Wasser geben, alles fast zum Kochen bringen und abschäumen. Salz in den Topf geben. Das Huhn 1 ½–2 Stunden köcheln lassen, wenn nötig, etwas kaltes Wasser nachgießen.

3. In der Zwischenzeit Suppengrün putzen, schälen, abspülen, abtropfen lassen und grob zerkleinern. Porree putzen, die Stange längs halbieren, gründlich waschen und abtropfen lassen. Petersilie abspülen und trocken tupfen. Knoblauch abziehen.

4. Vorbereitetes Suppengrün mit Knoblauch, Pfefferkörnern und Lorbeerblättern nach etwa 60 Minuten Garzeit in die Brühe geben und mitgaren lassen.

5. Kräutersträußchen abspülen und trocken tupfen. Etwa 15 Minuten vor Ende der Garzeit das Kräutersträußchen in die Brühe geben und ziehen lassen.

6. Das Huhn aus der Suppe nehmen. Die Brühe durch ein feines Sieb gießen. Das Huhn enthäuten. Das Fleisch von den Knochen lösen, in Stücke schneiden und als Suppeneinlage nutzen. Oder für einen Salat oder ein Sandwich verwenden.

Tipp: Die Hühnerbrühe ist die ideale Basis für Risotto, ergibt aber auch mit frischen Kräutern und ein paar Gemüsestreifen eine gute Suppe. Etwas Portwein oder Sherry verbessert den Geschmack. Den Rest der Brühe kann man gut einfrieren.

Hühnerfrikassee | Klassisch – mit Alkohol
4 Portionen

Pro Portion:
E: 41 g, F: 24 g, Kh: 8 g, kJ: 1788, kcal: 427

1 Bund	*Suppengrün (Knollensellerie, Möhren, Porree [Lauch])*
1	*Zwiebel*
1	*Lorbeerblatt*
1	*Gewürznelke*
1	*küchenfertiges Suppenhuhn (1–1,2 kg)*
1 ½ l	*Wasser*
1 ½ TL	*Salz*

Für die Sauce:

25 g	*Butter*
30 g	*Weizenmehl*
500 ml (½ l)	*Hühnerbrühe von dem Huhn*
1 Glas	*Spargelstücke (Abtropfgewicht 175 g)*
1 Glas	*Champignons (Abtropfgewicht 150 g)*
4 EL	*Weißwein*
etwa 1 EL	*Zitronensaft*
1 TL	*Zucker*
2	*Eigelb (Größe M)*
4 EL	*Schlagsahne*
	Salz, frisch gemahlener Pfeffer
	Worcestersauce

Zubereitungszeit: 50 Minuten, ohne Abkühlzeit
Garzeit: etwa 65 Minuten

1. Sellerie und Möhren putzen, schälen, abspülen und abtropfen lassen. Porree putzen, die Stange längs halbieren, gründlich waschen und abtropfen lassen. Sellerie, Möhren und Porree in grobe Stücke schneiden. Zwiebel abziehen, mit Lorbeerblatt und Nelke spicken.

2. Das Huhn innen und außen unter fließendem kalten Wasser abspülen, trocken tupfen. Wasser in einem großen Topf zum Kochen bringen. Huhn und Salz hinzufügen, wieder zum Kochen bringen und abschäumen.

3. Die Gemüsestücke in den Topf geben. Das Huhn zugedeckt bei schwacher Hitze etwa 60 Minuten garen.

4. Das Huhn aus der Brühe nehmen und etwas abkühlen lassen. Die Brühe durch ein Sieb gießen, eventuell entfetten und davon 500 ml (½ l) für die Sauce abmessen. Fleisch von den Knochen lösen, die Haut entfernen. Das Fleisch in große Stücke schneiden.

5. Für die Sauce Butter in einem Topf zerlassen. Mehl darin unter Rühren so lange erhitzen, bis es hellgelb ist. Die abgemessene Brühe hinzugießen und mit einem Schneebesen gut durchschlagen. Dabei darauf achten, dass keine Klümpchen entstehen. Die Sauce zum Kochen bringen und etwa 5 Minuten ohne Deckel leicht kochen lassen, dabei gelegentlich umrühren.

6. Spargelstücke und Champignons in einem Sieb abtropfen lassen, mit den Fleischstücken in die Sauce geben und kurz aufkochen lassen. Weißwein, 1 Esslöffel Zitronensaft und Zucker unterrühren.

7. Eigelb mit Sahne verschlagen und vorsichtig unter das Frikassee rühren, Frikassee nicht mehr kochen lassen. Das Frikassee mit Salz, Pfeffer, Worcestersauce und Zitronensaft abschmecken.

Beilage: Reis oder Nudeln und Salat.

Indische Putenbrust | Raffiniert
4 Portionen

Pro Portion:
E: 33 g, F: 8 g, Kh: 18 g, kJ: 1179, kcal: 282

500 g	Putenbrustfilet
2	Zwiebeln
2 EL	Speiseöl
	Salz, frisch gemahlener Pfeffer
1 TL	Currypulver
400 g	Knollensellerie
evtl. etwas	Wasser
2	säuerliche Äpfel (etwa 240 g)
2	Bananen (etwa 120 g)
	gemahlener Ingwer
150 g	fettarmer Joghurt

Zubereitungszeit: 35 Minuten
Garzeit: 8–10 Minuten

1. Das Putenbrustfilet unter fließendem kalten Wasser abspülen, trocken tupfen und in große Stücke schneiden. Zwiebeln abziehen und in kleine Würfel schneiden.

2. Speiseöl in einer Pfanne erhitzen, die Fleischstücke darin von allen Seiten kräftig anbraten. Mit Salz, Pfeffer und Curry würzen. Zwiebelwürfel hinzufügen und kurz mitbraten lassen. Fleischstücke herausnehmen und warm stellen.

3. Sellerie putzen, schälen, abspülen und abtropfen lassen. Sellerie in kleine Würfel schneiden und in dem verbliebenen Bratfett kurz andünsten, eventuell etwas Wasser hinzugießen. Selleriewürfel 8–10 Minuten garen.

4. In der Zwischenzeit Äpfel schälen, vierteln und entkernen. Bananen schälen. Äpfel und Bananen in kleine Würfel schneiden. Nach etwa 5 Minuten Garzeit zu den Selleriewürfeln geben und unter Rühren mitdünsten lassen.

5. Fleischstücke wieder in die Pfanne geben, mit Curry, Pfeffer und Ingwer kräftig würzen, eventuell etwas Wasser hinzufügen.

6. Joghurt unterrühren, aber nicht mehr aufkochen lassen, damit der Joghurt nicht gerinnt.

Ingwer-Honig-Ente I Für Gäste
4 Portionen

Pro Portion:
E: 64 g, F: 36 g, Kh: 9 g, kJ: 2562, kcal: 613

Für die Marinade:

    2 EL *Sojasauce*
    1 EL *flüssiger Honig*
    2 TL *frisch geriebene Ingwerwurzel*
    2 EL *Sesamöl*

      1 *küchenfertige Ente (etwa 2 kg)*
    2 l *Wasser*
        Salz
        heißes Wasser
  50 ml *Hühnerbrühe*
    1 EL *Sojasauce*
    1 EL *flüssiger Honig*
    1 TL *gemahlener Ingwer*
evtl. etwas *Speisestärke*

Außerdem:

        Küchengarn

Zubereitungszeit: 45 Minuten,
ohne Einzieh- und Ruhezeit
Garzeit: 2–2 ¼ Stunden

1. Den Backofen vorheizen.

Ober-/Unterhitze: etwa 180 °C
Heißluft: etwa 160 °C

2. Für die Marinade Sojasauce mit Honig und Ingwer verrühren, Sesamöl unterschlagen.

3. Ente innen und außen unter fließendem kalten Wasser abspülen und trocken tupfen. 2 Liter Wasser in einem hohen Topf zum Kochen bringen. Die Ente kurz hineintauchen, herausnehmen und trocken tupfen. Die Ente innen und außen mit Salz einreiben, etwa 10 Minuten einziehen lassen, dann nochmals trocken tupfen. Die Ente innen und außen mit der Marinade bestreichen. Das Bestreichen noch zweimal wiederholen.

4. Keulen und Flügel mit Küchengarn an den Körper binden. Die Ente mit der Brust nach unten in einen Bräter legen. Den Bräter ohne Deckel auf dem Rost in den vorgeheizten Backofen schieben. Die Ente 2–2 ¼ Stunden garen.

5. Die Ente während der Garzeit mehrmals unterhalb der Flügel und Keulen einstechen, damit das Fett besser ausbraten kann. Nach etwa 30 Minuten Garzeit das angesammelte Fett abschöpfen. Sobald der Bratensatz bräunt, etwas heißes Wasser hinzugießen. Verdampfte Flüssigkeit nach und nach durch heißes Wasser ersetzen.

6. Hühnerbrühe mit Sojasauce, Honig und Ingwer verrühren. Die Ente nach etwa 60 Minuten Garzeit wenden und während der restlichen Garzeit immer wieder mit der Honigbrühe bestreichen.

7. Die Backofentemperatur etwa 10 Minuten vor Ende der Garzeit um etwa 20 °C erhöhen, damit die Haut kross wird.

8. Die Ente aus dem Bräter nehmen und zugedeckt mindestens 10 Minuten ruhen lassen. Küchengarn entfernen.

9. Den Bratenfond eventuell etwas einkochen lassen oder leicht mit angerührter Speisestärke binden. Ente in Portionsstücke schneiden und sofort mit der Sauce servieren.

Beilage: Stachelbeer- oder Mango-Chutney, Stangenbaguette.

Italienischer Puten-Gemüse-Topf I
Raffiniert – für Kinder
4 Portionen

Pro Portion:
E: 40 g, F: 7 g, Kh: 23 g, kJ: 1351, kcal: 322

500 g	Putenfleisch (aus Keule und Brust), ohne Haut und Knochen
1 Bund	Suppengrün (Sellerie, Möhre, Porree [Lauch])
200 g	Brokkoli
1 Dose	weiße Bohnen (Abtropfgewicht 450 g)
2 EL	Olivenöl
	Salz, frisch gemahlener Pfeffer
etwas	Knoblauchpulver
500 ml (½ l)	Gemüsebrühe
250 g	Tomaten in Stücken (Tetra Pak)
1 Pck.	TK-Kräuter der Provence
½ Topf	Basilikum

Zubereitungszeit: 60 Minuten
Garzeit: etwa 45 Minuten

1. Putenfleisch unter fließendem kalten Wasser abspülen, trocken tupfen und in kleine Würfel schneiden.

2. Sellerie und Möhre putzen, schälen, abspülen, abtropfen lassen und in kleine Würfel schneiden. Porree putzen, Stange längs halbieren, gründlich waschen, abtropfen lassen und in Streifen schneiden.

3. Vom Brokkoli die Blätter entfernen. Brokkoli in kleine Röschen teilen, waschen und abtropfen lassen. Bohnen in ein Sieb geben, mit kaltem Wasser kurz abspülen und abtropfen lassen.

4. Olivenöl in einem großen Topf erhitzen. Putenwürfel darin von allen Seiten anbraten, mit Salz, Pfeffer und Knoblauch würzen. Vorbereitetes Suppengrün hinzufügen und kurz mit andünsten. Brühe hinzugießen und zum Kochen bringen. Die Zutaten zugedeckt bei schwacher Hitze etwa 30 Minuten garen.

5. Brokkoliröschen, Bohnen und Tomatenstücke mit dem Fond in den Fleischtopf geben. Kräuter der Provence unterrühren, mit Salz, Pfeffer und Knoblauch würzen. Alles wieder zum Kochen bringen und zugedeckt weitere etwa 15 Minuten garen.

6. In der Zwischenzeit Basilikum abspülen und trocken tupfen. Die Blättchen von den Stängeln zupfen. Den Puten-Gemüse-Topf nochmals mit den Gewürzen abschmecken und mit Basilikumblättchen bestreut servieren.

Tipp: Nach Belieben die Flüssigkeit mit etwas Kartoffelpüreepulver (Fertigprodukt) binden. Die Suppe mit geraspeltem Pecorino-Käse bestreuen.

Beilage: Ofenfrisches Olivenbrot oder Ciabatta.

Italienisches Hähnchen | Einfach

4 Portionen

Pro Portion:
E: 52 g, F: 14 g, Kh: 21 g, kJ: 1783, kcal: 426

1	*Gemüsezwiebel*
2	*dicke Fleischtomaten*
400 g	*kleine, festkochende Kartoffeln*
800 g	*Hähnchenfleisch (Brust und Keule), ohne Haut und Knochen Salz, frisch gemahlener Pfeffer*
1	*abgezogene, durchgepresste Knoblauchzehe*
4 EL	*Olivenöl*
100 ml	*Geflügelbrühe*
3 kleine Stängel	*Rosmarin*
1 EL	*gehackte Petersilie*

Zubereitungszeit: 60 Minuten
Garzeit: etwa 40 Minuten

1. Gemüsezwiebel abziehen, halbieren und in Würfel schneiden. Tomaten waschen, abtropfen lassen, kreuzweise einschneiden, kurz in kochendes Wasser legen und in kaltem Wasser abschrecken. Tomaten enthäuten, halbieren, entkernen und die Stängelansätze herausschneiden. Tomatenhälften würfeln. Kartoffeln waschen, schälen, abspülen, abtropfen lassen.

2. Den Backofen vorheizen.

Ober-/Unterhitze: 180–200 °C
Heißluft: 160–180 °C

3. Das Hähnchenfleisch unter fließendem kalten Wasser abspülen und trocken tupfen. Mit Salz, Pfeffer und Knoblauch würzen. Olivenöl in einem Bräter erhitzen. Hähnchenfleisch darin von allen Seiten anbraten. Zwiebelwürfel und Kartoffeln hinzugeben, ebenfalls mit andünsten. Tomatenwürfel unterrühren. Geflügelbrühe hinzugießen.

4. Rosmarin abspülen und trocken tupfen, mit der Petersilie zu dem Hähnchenfleisch in den Bräter geben. Den Bräter auf dem Rost in den vorgeheizten Backofen schieben. Das Hähnchenfleisch etwa 40 Minuten garen.

5. Geschmortes Hähnchen mit Salz und Pfeffer abschmecken und mit den Kartoffeln servieren.

Kapaun à la Chipolata | Raffiniert
4 Portionen

Pro Portion:
E: 9 g, F: 63 g, Kh: 26 g, kJ: 3044, kcal: 727

1	küchenfertiger Kapaun (etwa 1,4 kg)
	Salz, frisch gemahlener Pfeffer
100 g	fetter Speck, in Scheiben
2	Zwiebeln
2	Möhren
100 g	Knollensellerie
100 g	Butter
etwa 300 ml	Hühnerbrühe oder Wasser
100 g	durchwachsener Speck
12	geschälte Esskastanien
20	Perlzwiebeln
12	Cocktailwürstchen

Außerdem:

Küchengarn

Zubereitungszeit: 40 Minuten
Garzeit: etwa 60 Minuten

1. Den Backofen vorheizen.

Ober-/Unterhitze: etwa 200 °C
Heißluft: etwa 180 °C

2. Kapaun innen und außen unter fließendem kalten Wasser abspülen und trocken tupfen. Kapaun innen und außen mit Salz und Pfeffer würzen. Brust mit Speckscheiben belegen, mit Küchengarn umwickeln.

3. Zwiebeln abziehen und grob würfeln. Möhren und Sellerie putzen, waschen, abtropfen lassen und ebenfalls in grobe Würfel schneiden. Zwiebel-, Möhren-, Selleriewürfel und die Hälfte der Butter in einen Bräter geben. Den Kapaun daraufsetzen. Den Bräter auf dem Rost in den vorgeheizten Backofen schieben und den Kapaun etwa 60 Minuten garen.

4. Nach etwa 20 Minuten Garzeit etwas Brühe oder Wasser zum Kapaun geben. Verdampfte Flüssigkeit nach und nach durch Brühe oder Wasser ersetzen.

5. Den Kapaun aus dem Bräter nehmen und Küchengarn entfernen. Kapaun tranchieren und warm stellen. Das Gemüse durch ein Sieb streichen.

6. Den Speck in Streifen schneiden und mit der restlichen Butter in einer Pfanne auslassen. Kastanien, Perlzwiebeln und Würstchen hinzugeben und leicht anbraten. Den Bratenfond und das durch ein Sieb gestrichene Gemüse unterrühren, eventuell noch etwas Brühe oder Wasser hinzufügen, falls die Sauce zu dickflüssig ist.

7. Den Kapaun mit den Kastanien, Perlzwiebeln und Würstchen anrichten. Die Sauce dazureichen.

Beilage: Gemischtes Gemüse und Herzoginkartoffeln.

Tipp: Kapaun ist die alte Bezeichnung für einen jungen, gemästeten, kastrierten Hahn.

Kapaun, gefüllt | Für Gäste
4 Portionen

Pro Portion:
E: 65 g, F: 41 g, Kh: 13 g, kJ: 2980, kcal: 712

1	*küchenfertiger Kapaun (1,3–1,6 kg)*
60 g	*Leber vom Kapaun oder Geflügelleber*
	Salz, frisch gemahlener Pfeffer

Für die Füllung:

30 g	*Butter*
40 g	*Schalottenwürfel*
½ EL	*gehackte Petersilie*
1	*Brötchen (Semmel) vom Vortag*
etwas	*kalte Milch*
1	*Ei (Größe M)*
	frisch geriebene Muskatnuss
je 1 Prise	*gerebelter Majoran und gemahlener Rosmarin*
etwas	*abgeriebene Schale von 1 Bio-Zitrone (unbehandelt, ungewachst)*
	frisch gemahlener, weißer Pfeffer
	Paprikapulver edelsüß
3 EL	*Speiseöl*
1 EL	*gehackte Rosmarinnadeln*
400 ml	*Geflügelfond*
etwas	*dunkler Saucenbinder oder 1 EL Weizenmehl und 2–3 EL kaltes Wasser*

Außerdem:

	Küchengarn
1 Stück	*Bratfolie oder Bratschlauch*

Zubereitungszeit: 50 Minuten, ohne Kühl- und Ruhezeit
Garzeit: 60–70 Minuten

1. Die Innereien des Kapauns herausnehmen. Den Kapaun, die Innereien und Leber unter fließendem kalten Wasser abspülen und trocken tupfen. Mit Salz und Pfeffer würzen. Leber in kleine Würfel schneiden.

2. Für die Füllung Butter in einer Pfanne zerlassen. Leber- und Schalottenwürfel darin andünsten, Petersilie hinzugeben und mit andünsten, kalt stellen.

3. Brötchen in kleine Würfel schneiden und in der kalten Milch einweichen. Ei und die erkaltete Leber-Schalotten-Petersilien-Mischung gut untermengen. Mit Salz, Pfeffer, Muskat, Majoran, Rosmarin und Zitronenschale würzen. Die Füllmasse etwa 10 Minuten kalt stellen. Den Backofen vorheizen.

Ober-/Unterhitze: etwa 180 °C
Heißluft: etwa 160 °C

4. Vorsichtig mit den Fingern die Haut vom hinteren Teil der Bruststücke lösen, ohne die Haut zu verletzen. Die Füllmasse in einen Spritzbeutel mit Lochtülle geben und vorsichtig unter die Haut spritzen. Keulen und Flügel des Kapauns mit Küchengarn zusammenbinden.

5. Für die Gewürzmischung Salz, Pfeffer und Paprika vermischen. Den Kapaun damit vorsichtig einreiben.

6. Speiseöl in einem Bräter erhitzen. Den Kapaun darin von allen Seiten leicht anbraten, herausnehmen, auf ein großes Stück Bratfolie oder in den Bratschlauch geben und mit Rosmarinnadeln bestreuen. Etwas Geflügelfond hinzugießen. Bratfolie oder Bratschlauch nach Packungsanleitung verschließen und auf ein Backblech legen. Das Backblech in den vorgeheizten Backofen schieben. Kapaun 60–70 Minuten garen.

7. Den Kapaun vom Backblech nehmen. Folie aufschneiden. Den Kapaun herausnehmen und das Küchengarn entfernen. Kapaun zugedeckt etwa 5 Minuten ruhen lassen.

8. Den Bratenfond in einen Topf geben, restlichen Geflügelfond hinzugießen. Mit Salz und Pfeffer würzen. Den Fond zum Kochen bringen und 2–3 Minuten einkochen lassen. Die Sauce nach Belieben mit Saucenbinder oder angerührtem Mehl binden.

9. Den Kapaun auf einer vorgewärmten Platte anrichten. Sauce dazureichen.

Beilage: Petersilienkartoffeln, Brokkoli.

Kapaun in Gemüsesauce I

Für Gäste – mit Alkohol

4 Portionen

Pro Portion:

E: 46 g, F: 53 g, Kh: 9 g, kJ: 3229, kcal: 771

1	*küchenfertiger Kapaun*
	(etwa 1,4 kg)
	Salz, frisch gemahlener Pfeffer
1	*Zwiebel*
2	*Möhren*
2 Stangen	*Staudensellerie (etwa 150 g)*
150 g	*Zucchini*
100 g	*Butter*
250 ml (¼ l)	*Weißwein*
250 g	*Schlagsahne*
2 EL	*gehackter Estragon*

Zubereitungszeit: 30 Minuten
Garzeit: etwa 45 Minuten

1. Kapaun innen und außen unter fließendem kalten Wasser abspülen, trocken tupfen, in 8 Stücke teilen und entbeinen. Mit Salz und Pfeffer würzen.

2. Zwiebel abziehen. Möhren putzen, schälen, abspülen. Staudensellerie putzen und die harten Außenfäden abziehen. Sellerie waschen und abtropfen lassen. Zucchini waschen, abtrocknen und die Enden abschneiden. Zwiebel, Möhren, Sellerie und Zucchini in Würfel schneiden.

3. Butter in einem Bräter zerlassen, Fleischstücke darin von allen Seiten anbraten und herausnehmen. Gemüsewürfel hinzugeben und andünsten. Mit Wein ablöschen, Sahne hinzugießen, Estragon unterrühren.

4. Die Fleischstücke auf das Gemüse legen und zum Kochen bringen. Die Fleischstücke mit den Gemüsewürfeln etwa 45 Minuten garen. Anschließend Fleischstücke aus dem Bräter nehmen.

5. Die Gemüsewürfel mit dem Fond pürieren, mit Salz und Pfeffer abschmecken.

6. Kapaun mit der Gemüsesauce auf einem vorgewärmten Teller anrichten.

Tipp: Nach Belieben mit Zucchini-, Möhrenscheiben und Zwiebelringen garnieren.

Kapaunbrust mit Brombeeren I

Schnell – mit Alkohol

4 Portionen

Pro Portion:

E: 37 g, F: 22 g, Kh: 12 g, kJ: 1890, kcal: 452

4	*Kapaunbrustfilets (je etwa 200 g)*
	Salz, frisch gemahlener Pfeffer
40 g	*zerlassene Butter*
400 g	*Brombeeren*
150 ml	*Rotwein*
1 Becher	
(150 g)	*Crème fraîche*
20 ml	*Crème de Cassis*
	(Schwarzer Johannisbeerlikör)

Zubereitungszeit: 25 Minuten, ohne Ruhezeit
Garzeit: 15–20 Minuten

1. Den Backofen vorheizen.

Ober-/Unterhitze: etwa 200 °C
Heißluft: etwa 180 °C

2. Kapaunbrustfilets unter fließendem kalten Wasser abspülen und trocken tupfen. Mit Salz und Pfeffer würzen und mit zerlassener Butter bestreichen. Die Kapaunbrustfilets in eine Kasserolle oder Auflaufform legen. Die Kasserolle oder die Form auf dem Rost in den vorgeheizten Backofen schieben. Kapaunbrustfilets 15–20 Minuten garen.

3. In der Zwischenzeit Brombeeren verlesen, abspülen und abtropfen lassen.

4. Die Kapaunbrustfilets aus der Kasserolle oder Form nehmen und zugedeckt etwas ruhen lassen. Den Bratensatz mit Rotwein ablöschen und in einen Topf geben. Brombeeren und Crème fraîche unterrühren. Die Sauce zum Kochen bringen und etwas einkochen lassen. Cassis unterrühren, mit Salz und Pfeffer abschmecken.

5. Die Kapaunbrustfilets in Scheiben schneiden und mit der Brombeersauce auf Tellern anrichten.

Beilage: Herzoginkartoffeln, Kroketten oder Reis, Orangen-Fenchel-Salat, Brokkoli oder grüne Bohnen.

Karamellisierte Hähnchenflügel I

Einfach
4 Portionen

Pro Portion:
E: 30 g, F: 29 g, Kh: 15 g, kJ: 1846, kcal: 440

1 kg	Hähnchenflügel
	(je Portion 6 Flügel)
	Salz
	frisch gemahlener Pfeffer
320 g	Kaiserschoten (Zuckerschoten)
	Salzwasser
1 Topf	Koriander
2 EL	Speiseöl
20 g	Zucker
200 ml	Geflügelbrühe oder -fond
4 EL	Sojasauce

Zum Garnieren:

1 Fleischtomate (etwa 200 g)

Zubereitungszeit: 45 Minuten
Garzeit: etwa 30 Minuten

1. Den Backofen vorheizen.

Ober-/Unterhitze: 180–200 °C
Heißluft: 160–180 °C

2. Hähnchenflügel unter fließendem kalten Wasser abspülen, trocken tupfen, mit Salz und Pfeffer würzen.

3. Von den Kaiserschoten die Enden abschneiden, eventuell abfädeln. Kaiserschoten waschen, abtropfen lassen und quer halbieren. Schotenhälften in leicht gesalzenem Wasser 1–2 Minuten blanchieren, mit einer Schaumkelle herausnehmen, mit eiskaltem Wasser abschrecken und in einem Sieb abtropfen lassen.

4. Koriander abspülen und trocken tupfen. Die Blättchen von den Stängeln zupfen. Einige Blättchen zum Garnieren beiseitelegen.

5. Speiseöl in einem großen Bräter erhitzen. Hähnchenflügel darin von allen Seiten etwa 10 Minuten anbraten. Hähnchenflügel mit Zucker bestreuen und unter Rühren karamellisieren.

6. Kaiserschotenhälften hinzugeben, mit Brühe oder Fond ablöschen. Mit Sojasauce würzen, Korianderblättchen unterrühren.

7. Den Bräter auf dem Rost in den vorgeheizten Backofen schieben. Die Hähnchenflügel unter gelegentlichem Wenden etwa 20 Minuten garen. Eventuell nochmals mit Salz und Pfeffer würzen.

8. Zum Garnieren Tomate waschen, abtrocknen, vierteln, entkernen und den Stängelansatz entfernen. Tomatenviertel in Würfel schneiden.

9. Die Hähnchenflügel mit den Zuckerschoten auf einer vorgewärmten Platte anrichten. Mit Tomatenwürfeln und den beiseitegelegten Korianderblättchen garnieren.

Beilage: Ofenfrisches Baguette oder Butterreis mit Paprikawürfeln.

X

Kartoffel-Hähnchen-Kokossuppe

Raffiniert

4 Portionen

Pro Portion:
E: 10 g, F: 20 g, Kh: 9 g, kJ: 1156, kcal: 279

5 Stängel	Zitronengras
200 g	Kartoffeln
20 g	frische Ingwerwurzel
1 EL	Speiseöl
500 ml (½ l)	Hühnerbrühe
1 Dose (400 ml)	Kokosmilch
250 g	Hähnchenbrustfilet
1 EL	Speiseöl
	Salz
	frisch gemahlener Pfeffer
etwas	Zitronensaft

Zubereitungszeit: 40 Minuten
Garzeit: etwa 20 Minuten

1. Zitronengrasstängel putzen, zuerst quer halbieren, dann der Länge nach durchschneiden. Zitronengrasstücke abspülen, trocken tupfen und etwas flach klopfen, damit sich das Aroma besser entfalten kann. 4 Zitronengrasstücke zum Garnieren beiseitelegen.

2. Kartoffeln waschen, schälen, abspülen, abtropfen lassen und in Würfel schneiden. Ingwer schälen, abspülen, abtropfen lassen und klein schneiden.

3. Speiseöl in einem Topf erhitzen. Zitronengrasstücke, Kartoffelwürfel und Ingwerstückchen darin andünsten. Mit Brühe ablöschen, Kokosmilch hinzugießen. Die Zutaten zum Kochen bringen und zugedeckt etwa 20 Minuten kochen lassen.

4. Hähnchenbrustfilet unter fließendem kalten Wasser abspülen, trocken tupfen und in etwa 2 cm große Würfel schneiden. Speiseöl in einer Pfanne erhitzen. Hähnchenbrustfiletwürfel darin von allen Seiten anbraten. Mit Salz, Pfeffer und etwas Zitronensaft würzen.

5. Die mitgegarten Zitronengrasstücke mit einem Schaumlöffel aus der Suppe nehmen. Die Suppe fein pürieren. Mit Salz und Pfeffer abschmecken.

6. Hähnchenbrustfiletwürfel hinzugeben und in der Suppe erhitzen. Beiseitegelegte Zitronenstängelstücke zerteilen. Die Suppe damit garnieren.

181

Käsesalat mit Putenbrust I
Für die Party
8–10 Portionen

Pro Portion:
E: 41 g, F: 49 g, Kh: 10 g, kJ: 2826, kcal: 675

900 g	Emmentaler-Käse, in Scheiben
350 g	Putenbrustaufschnitt
2 Bund	Radieschen
2	gelbe Paprikaschoten
1 große Stange	Porree (Lauch)

Für die Sauce:

100 ml	Rotweinessig
	Salz
	frisch gemahlener Pfeffer
125 ml (⅛ l)	Speiseöl, z. B. Sonnenblumenöl
70 g	Sonnenblumenkerne

Zubereitungszeit: 30 Minuten

1. Käsescheiben der Länge nach dritteln, in schmale Streifen schneiden und in eine große Schüssel geben. Putenbrustaufschnitt ebenfalls in feine Streifen schneiden und mit den Käsestreifen vermischen.

2. Radieschen putzen, waschen, trocken tupfen und vierteln. Paprikaschoten halbieren, entstielen, entkernen und die weißen Scheidewände entfernen. Schotenhälften waschen, trocken tupfen und in Streifen schneiden. Porree putzen, die Stange längs halbieren, gründlich waschen, gut abtropfen lassen und in feine Streifen schneiden. Radieschenspalten, Paprika- und Porreestreifen mit den Käse- und Putenbruststreifen vermischen.

3. Für die Sauce Essig mit Salz und Pfeffer verrühren, Speiseöl unterschlagen. Die Sauce auf den Salatzutaten verteilen und gut untermischen.

4. Den Salat mit Sonnenblumenkernen bestreuen und bis zum Servieren kalt stellen.

Knoblauchhähnchen
aus dem Wok | Raffiniert
4 Portionen

Pro Portion:
E: 24 g, F: 9 g, Kh: 4 g, kJ: 1001, kcal: 240

Für die Marinade:

1 Bund	Frühlingszwiebeln
3	Knoblauchzehen
1 kleines	
Stück	frische Ingwerwurzel
4 EL	Sojasauce
1 EL	Speiseöl, z. B. Sojaöl
¼ TL	geschroteter Chili
300 g	Hähnchenbrustfilet
30 g	Cashewkerne
2	mittelgroße Möhren
1	Chinakohl (etwa 700 g)
200 g	Cocktailtomaten
1 EL	Speiseöl
1–2 EL	Sojasauce
2–3 EL	Zitronensaft
	frisch gemahlener Pfeffer
1 Bund	Schnittlauch

Zubereitungszeit: 30 Minuten, ohne Marinierzeit
Garzeit: 9–10 Minuten

1. Für die Marinade Frühlingszwiebeln putzen, waschen, abtropfen lassen. 2 Frühlingszwiebeln in kleine Würfel schneiden. Knoblauch abziehen, Ingwer schälen. Knoblauch und Ingwer in sehr kleine Würfel schneiden. Frühlingszwiebel-, Knoblauch- und Ingwerwürfel mit Sojasauce verrühren. Speiseöl unterschlagen. Chili hinzufügen.

2. Hähnchenbrustfilet unter fließendem kalten Wasser abspülen, gut trocken tupfen, in Streifen schneiden und in eine flache Schale legen. Die Marinade darauf verteilen. Hähnchenbrustfilets zugedeckt und kalt gestellt mindestens 2 Stunden durchziehen lassen.

3. Cashewkerne in einem Wok ohne Fett anrösten und herausnehmen. Restliche Frühlingszwiebeln in Stücke schneiden. Möhren putzen, schälen, abspü-

len, abtropfen lassen und in feine Stifte schneiden. Chinakohl putzen, den Kohl vierteln und den Strunk herausschneiden. Chinakohl in Streifen schneiden, waschen und gut abtropfen lassen. Tomaten abspülen, abtropfen lassen, eventuell halbieren und Stängelansätze herausschneiden.

4. Die Hähnchenstreifen aus der Marinade nehmen und trocken tupfen. Speiseöl in dem Wok erhitzen. Hähnchenstreifen darin bei starker Hitze unter Wenden etwa 1 Minute anbraten. Die Frühlingszwiebelstücke, Möhrenstifte und Chinakohlstreifen hinzugeben, unter Wenden bei starker Hitze etwa 5 Minuten mitbraten lassen. Die Marinade unterrühren. Die Zutaten weitere 3–4 Minuten unter Wenden bei starker Hitze braten. Tomaten unterheben. Mit Sojasauce, Zitronensaft und eventuell Pfeffer abschmecken.

5. Schnittlauch abspülen, trocken tupfen und in Röllchen schneiden. Knoblauchhähnchen mit Schnittlauchröllchen und Cashewkernen anrichten, sofort servieren.

Beilage: Jasmin-Duftreis.

Tipp: Anstelle von Chinakohl können Sie für dieses Gericht auch Mangold verwenden.

Knusprige Entenfäden I
Dauert länger – mit Alkohol
4 Portionen

Pro Portion:
E: 25 g, F: 67 g, Kh: 11 g, kJ: 3316, kcal: 792

1	*küchenfertige Ente (1,8–2 kg)*
3 l	*Wasser*
100 g	*Zuckerschoten*
50 g	*Möhren*
2	*frische, rote Chilischoten*
1 l	*Speiseöl zum Frittieren*
3 EL	*Speiseöl*
3	*Knoblauchzehen*
20 g	*in Streifen geschnittene Frühlingszwiebeln*
1 TL	*Sambal Oelek*
1 TL	*Essig-Essenz (25 %)*
½ TL	*Salz*
1 EL	*Zucker*
3 EL	*Sojasauce*
2 EL	*Reiswein*
1 TL	*Kartoffelstärke*
3 EL	*kaltes Wasser*

Zubereitungszeit: 45 Minuten
Garzeit: etwa 2 Stunden

1. Die Ente innen und außen unter fließendem kalten Wasser abspülen, abtropfen lassen und in einen Wok geben. Wasser hinzugießen und zum Kochen bringen. Den Deckel auflegen. Die Ente etwa 2 Stunden bei schwacher Hitze garen, bis sie ganz zerfallen ist.

2. Die Ente aus dem Wok nehmen und die Haut entfernen. Das Fleisch von den Knochen lösen und in sehr feine Fasern zerpflücken.

3. Von den Zuckerschoten die Enden abschneiden, eventuell abfädeln. Zuckerschoten waschen und etwa 10 Minuten in kaltes Wasser legen.

4. Möhren putzen, schälen, abspülen, abtropfen lassen und in feine Streifen schneiden. Chilischoten halbieren, entkernen, abspülen, trocken tupfen und in feine Streifen schneiden.

5. Speiseöl in einem Wok erhitzen. Die Entenfasern darin unter Wenden frittieren, mit einem Schaumlöffel herausnehmen, abtropfen lassen. Speiseöl wieder erhitzen. Die Entenfasern nochmals in dem Speiseöl frittieren, bis sie ganz knusprig und goldbraun sind. Die Entenfasern mit dem Schaumlöffel herausnehmen, auf Küchenpapier legen und gut abtropfen lassen. Das Speiseöl in einen Topf gießen, anderweitig verwenden.

6. Speiseöl in dem Wok erhitzen. Knoblauch abziehen, in Streifen schneiden, hinzugeben und andünsten. Die Zuckerschoten, Möhren-, Chili- und Frühlingszwiebelstreifen hinzugeben und etwa 1 Minute unter Wenden braten.

7. Die Entenfasern hinzufügen. Dann die Zutaten mit Sambal Oelek, Essig-Essenz, Salz, Zucker, Sojasauce, Reiswein übergießen und etwa 1 Minute kochen lassen. Kartoffelstärke mit Wasser anrühren, unterrühren und kurz unter Rühren aufkochen lassen.

8. Die knusprigen Entenfäden heiß servieren.

Kokoshähnchenfilets im Bananenblatt | Für Gäste

4 Portionen

Pro Portion:
E: 46 g, F: 32 g, Kh: 44 g, kJ: 2725, kcal: 652

4	große Bananenblätter
	Salzwasser
2	mittelgroße Zucchini
	(je etwa 350 g)
	Salz, frisch gemahlener Pfeffer
	Cayennepfeffer
4	Hähnchenbrustfilets
	(je etwa 150 g)
4 EL	Sojasauce
2	Fleischtomaten
1 Topf	Zitronenbasilikum oder Basilikum
100 ml	ungesüßte Kokosmilch
	(aus der Dose)
40 g	Kokosraspel
80 g	Kräuterbutter (8 Scheiben)
2	Kräuterbutter-Baguettes
	(aus dem Kühlregal)

Außerdem:

kleine Holzstäbchen
Alufolie

Zubereitungszeit: 60 Minuten
Grillzeit Kokoshähnchenfilets: 20–30 Minuten
Grillzeit Baguette: 8–10 Minuten

1. Den Grill vorheizen. Bananenblätter abspülen, abtropfen lassen und die dicken Mittelblattrippen herausschneiden. Blätter so halbieren, dass die Hähnchenbrustfilets darin eingewickelt werden können. Salzwasser in einem großen Topf zum Kochen bringen. Die Blätter kurz hineinlegen, herausnehmen, mit kaltem Wasser abschrecken und gut abtropfen lassen.

2. Zucchini waschen, abtrocknen und die Enden abschneiden. Zucchini in sehr dünne Scheiben schneiden (eventuell mit einer Aufschnittmaschine). Zucchinischeiben dachziegelartig in die Mitte der Bananenblätter legen. Mit Salz, Pfeffer und Cayennepfeffer bestreuen.

3. Die Hähnchenbrustfilets unter fließendem kalten Wasser abspülen, trocken tupfen und in Streifen schneiden. Hähnchenstreifen auf die Zucchinischeiben legen und mit Sojasauce beträufeln.

4. Tomaten abspülen, abtropfen lassen, kreuzweise einschneiden, kurz in kochendes Wasser legen, mit kaltem Wasser abschrecken. Tomaten enthäuten, halbieren, entkernen und die Stängelansätze herausschneiden. Tomaten in kleine Würfel schneiden.

5. Basilikum abspülen und trocken tupfen. Die Blättchen von den Stängeln zupfen. Einige Blättchen zum Garnieren beiseitelegen. Tomatenwürfel und Basilikumblättchen auf die Hähnchenstreifen legen. Mit je 2 Esslöffeln Kokosmilch beträufeln. Kokosraspel daraufstreuen und mit je 2 Scheiben Kräuterbutter belegen.

6. Bananenblätter fest zu einem Päckchen zusammenfalten, so dass keine Flüssigkeit auslaufen kann, mit Holzstäbchen feststecken. Die Päckchen auf dem heißen, mit Alufolie belegten Grill 20–30 Minuten grillen.

7. Die Baguettes in Alufolie wickeln und auf dem Grill unter Wenden 8–10 Minuten grillen. Hähnchenfilets mit den beiseitegelegten Basilikumblättchen garnieren und mit den warmen Baguettes servieren.

Kokossuppe mit Huhn und Koriander | Exotisch

4 Portionen

Pro Portion:
E: 32 g, F: 22 g, Kh: 4 g, kJ: 1427, kcal: 344

500 ml (¹/₂ l)	Hühnerbrühe
500 ml (¹/₂ l)	Kokosmilch
1	rote Chilischote
	Saft von
¹/₂	Limette
2	doppelte Hühnerbrüste, ohne Haut und Knochen
4	Limettenblättchen
	Salz
	frisch gemahlener Pfeffer
¹/₂ Bund	Koriander

Zubereitungszeit: 20 Minuten
Garzeit: etwa 10 Minuten

1. Hühnerbrühe und Kokosmilch in einen Wok geben und aufkochen lassen. Chilischote halbieren, entstielen und entkernen. Schote waschen, trocken tupfen und in feine Ringe schneiden. Limettensaft und Chiliringe zu der Kokosbrühe in den Wok geben.

2. Hühnerbrüste unter fließendem kalten Wasser abspülen, mit Küchenpapier trocken tupfen, quer in dünne Scheiben schneiden und etwa 10 Minuten in der Suppe bei schwacher Hitze gar ziehen lassen. Limettenblättchen abspülen, trocken tupfen und unter die Suppe rühren. Mit Salz und Pfeffer abschmecken.

3. Koriander abspülen und trocken tupfen. Die Blättchen von den Stängeln zupfen (einige Blättchen beiseitelegen). Blättchen klein schneiden und in die Suppe geben. Die Suppe mit den beiseitegelegten Basilikumblättchen garnieren.

Tipp: Die Suppe eignet sich für 4 Personen als Vorspeise oder für 2 Personen als Hauptspeise.

Kräuter-Putenbraten mit Tomatensauce | Etwas aufwändiger

8 Portionen

Pro Portion:
E: 62 g, F: 17 g, Kh: 13 g, kJ: 2058, kcal: 492

1	*Gemüsezwiebel*
1	*Putenbrustfilet (etwa 2 kg), ohne Haut und Knochen*
	Salz, frisch gemahlener Pfeffer
250 ml (¼ l)	*Fleischbrühe*

Für die Tomatensauce:

2	*Zwiebeln*
3–4	*Knoblauchzehen*
2 EL	*Rapsöl*
1 EL	*gerebeltes Basilikum*
2 EL	*Tomatenmark*
400 g	*geschälte Tomaten (aus der Dose)*
1–2 EL	*Tomatenketchup*
2 EL	*flüssiger Honig*
1 TL	*Sambal Oelek*
	Paprikapulver edelsüß
1	*Bio-Zitrone (unbehandelt, ungewachst)*
1 EL	*Olivenöl*
2 EL	*flüssiger Honig*
100 g	*Kräuterbutter*
je 2–3	
Stängel	*Thymian und Oregano*

Außerdem:

Alufolie

Zubereitungszeit: 20 Minuten, ohne Ruhezeit
Garzeit: etwa 90 Minuten

1. Den Backofen vorheizen.

Ober-/Unterhitze: etwa 200 °C
Heißluft: etwa 180 °C

2. Gemüsezwiebel abziehen, halbieren und in Spalten schneiden. Putenbrustfilet unter fließendem kalten Wasser abspülen, trocken tupfen, mit Salz und Pfeffer würzen. Putenbrustfilet mit den Zwiebelspalten in einen großen Bräter oder eine Fettfangschale legen. Den Bräter auf dem Rost oder die Fettfangschale in den vorgeheizten Backofen schieben. Putenbrustfilet etwa 90 Minuten garen. Den Bratensatz nach etwa 30 Minuten mit etwas Fleischbrühe ablösen. Restliche Fleischbrühe nach und nach hinzugießen.

3. In der Zwischenzeit für die Tomatensauce Zwiebeln und Knoblauch abziehen, in kleine Würfel schneiden. Rapsöl in einer Pfanne erhitzen, Zwiebel- und Knoblauchwürfel darin glasig dünsten. Mit Basilikum bestreuen. Tomatenmark unterrühren. Geschälte Tomaten etwas zerkleinern, hinzufügen, zum Kochen bringen und etwa 2 Minuten kochen lassen. Die Sauce mit Ketchup, Honig, Salz, Pfeffer, Sambal Oelek und Paprika würzig abschmecken.

4. Die Zitrone heiß abwaschen, abtrocknen und die Schale abreiben. Zitronenschale mit Olivenöl, Honig und Kräuterbutter verrühren. Das Putenbrustfilet etwa 15 Minuten vor Ende der Garzeit mit der Kräuterbutter bestreichen.

5. Thymian- und Oreganoblättchen abspülen und trocken tupfen. Die Blättchen von den Stängeln zupfen. Blättchen klein schneiden. Putenbrustfilet damit bestreuen und fertig garen.

6. Putenbrustfilet aus dem Bräter oder der Fettfangschale nehmen, in Alufolie wickeln und etwa 10 Minuten ruhen lassen. Putenbrustfilet in Scheiben schneiden und auf einer vorgewärmten Platte anrichten. Sauce dazureichen.

Linsensalat mit geräucherter Gänsebrust | Schnell – für Gäste

4 Portionen

Pro Portion:
E: 25 g, F: 19 g, Kh: 35 g, kJ: 1836, kcal: 436

je 80 g	rote, grüne und braune Linsen
2–3 Stängel	Majoran
100 ml	Gemüsefond oder –brühe
4 EL	Balsamico-Essig
2 EL	Zwiebelwürfel
8 EL	Walnussöl
	Salz, frisch gemahlener Pfeffer
	Salatblätter
200 g	geräucherte Gänsebrust, in Scheiben

Zubereitungszeit: 30 Minuten, ohne Einweich- und Durchziehzeit

1. Linsen in reichlich kaltem Wasser über Nacht einweichen.

2. Linsen abtropfen lassen und in kochendem Wasser etwa 5 Minuten blanchieren. Linsen in ein Sieb geben, mit kaltem Wasser abschrecken und abtropfen lassen. Majoran abspülen und trocken tupfen. Die Blättchen von den Stängeln zupfen. Blättchen klein schneiden.

3. Gemüsefond oder -brühe mit Essig und Zwiebelwürfeln verrühren, Walnussöl unterschlagen, Majoran unterrühren. Die Sauce mit Salz und Pfeffer würzen.

4. Die Linsen in eine Schüssel geben mit der Salatsauce gut unterrühren. Den Linsensalat etwa 30 Minuten durchziehen lassen.

5. Salatblätter abspülen und trocken tupfen. Linsensalat mit den Salatblättern auf Tellern anrichten. Die Gänsebrust dachziegelartig darauflegen.

Linsensalat mit warmer Entenleber | Deftig

4 Portionen

Pro Portion:
E: 27 g, F: 17 g, Kh: 17 g, kJ: 1386, kcal: 331

1	Zwiebel
2	Gewürznelken
½	Lorbeerblatt
	Salzwasser
125 g	Tellerlinsen

Für die Vinaigrette:

1	Schalotte
1	kleine Knoblauchzehe
2 EL	Rotweinessig
½ TL	Dijon-Senf
4 EL	Nussöl
	Salz
	frisch gemahlener Pfeffer

1–2 Stauden	Chicorée
300 g	Entenleber
100 g	geräucherter, durchwachsener Speck
1 EL	Butter
4 Stängel	glatte Petersilie

Zubereitungszeit: 35 Minuten, ohne Abkühl- und Durchziehzeit
Garzeit Leber: 3–4 Minuten
Garzeit Linsen: etwa 35 Minuten

1. Zwiebel abziehen, mit Nelken und Lorbeerblatt spicken. Salzwasser mit der gespickten Zwiebel in einem Topf zum Kochen bringen. Linsen hinzufügen und wieder zum Kochen bringen. Linsen zugedeckt bei schwacher Hitze etwa 35 Minuten garen.

2. Für die Vinaigrette Schalotte und Knoblauch abziehen. Schalotte in kleine Würfel schneiden. Knoblauch zerdrücken oder durch eine Knoblauchpresse drücken. Schalottenwürfel mit Knoblauch, Essig und Senf verrühren. Nussöl unterschlagen. Mit Salz und Pfeffer würzen.

3. Linsen in ein Sieb geben, abtropfen, etwas abkühlen lassen und in eine Schüssel geben. Die Vinaigrette unter die noch warmen Linsen rühren. Den Salat etwa 30 Minuten durchziehen lassen.

4. Von dem Chicorée die äußeren schlechten Blätter entfernen. Chicorée in Blättchen zerteilen, vorsichtig abspülen und trocken tupfen. Die Blattspitzen abschneiden und den unteren Teil in Ringe schneiden.

5. Die Blattspitzen blütenförmig auf 4 Teller legen. Den Linsensalat in der Mitte der Teller anrichten.

6. Leber eventuell enthäuten, unter fließendem kalten Wasser abspülen und trocken tupfen. Leber in größere, Speck in kleine Würfel schneiden.

7. Speckwürfel in einer Pfanne auslassen. Mit einem Schaumlöffel herausnehmen und auf Küchenpapier abtropfen lassen.

8. Butter in dem Speckfett zerlassen. Leberwürfel darin bei mittlerer Hitze 3–4 Minuten rosa braten. Petersilie abspülen und trocken tupfen. Die Blättchen von den Stängeln zupfen. Blättchen klein schneiden. Speck- und Leberwürfel auf dem Linsensalat anrichten. Mit Petersilie und Chicoréeringen garnieren.

Beilage: Ofenfrisches Baguette.

Linsensuppe mit Fasan I
Raffiniert – mit Alkohol
4 Portionen

Pro Portion:
E: 48 g, F: 18 g, Kh: 36 g, kJ: 2289, kcal: 547

1	küchenfertiger Fasan (etwa 800 g)
1	Zwiebel
1	Lorbeerblatt
3	Gewürznelken
2 l	kochendes Wasser

½ Stange	Porree (Lauch)
1	Möhre
6	Pfefferkörner
3	Wacholderbeeren
1 gestr. TL	Salz
	frisch gemahlener Pfeffer
1 EL	Schweineschmalz
60 g	fein gewürfelter, geräucherter Speck
je 60 g	fein gewürfelte Zwiebeln und Möhren
40 g	fein gewürfelter Staudensellerie
200 g	getrocknete Linsen
2 EL	Tomatenmark
125 ml (⅛ l)	Rotwein
80 g	Backpflaumen
80 ml	Sherry
3 EL	Balsamico-Essig
1 TL	Dijon-Senf
1 Prise	Zucker
	frisch geriebene Muskatnuss
½ Bund	Schnittlauch

Zubereitungszeit: 50 Minuten, ohne Abkühlzeit
Garzeit: 75–85 Minuten

1. Fasan innen und außen unter fließendem kalten Wasser abspülen. Den Fasan abtropfen lassen und in einen Topf geben. Zwiebel mit Lorbeerblatt und Gewürznelken spicken, zum Fasan geben. So viel kochendes Wasser hinzugießen, dass der Fasan gut bedeckt ist, wieder zum Kochen bringen und abschäumen.

2. Porree putzen, die Stange längs halbieren, gründlich waschen, abtropfen lassen. Möhre putzen, schälen, abspülen, abtropfen lassen. Porree, Möhre, Pfefferkörner, Wacholderbeeren, Salz und Pfeffer zum Fasan in den Topf geben, wieder zum Kochen bringen und zugedeckt 40–50 Minuten garen.

3. Den Fasan aus der Brühe nehmen und etwas abkühlen lassen. Die Brühe durch ein Sieb gießen. Die Fasanenhaut abziehen, das Fleisch von den Knochen lösen. Sehnen entfernen, Fleisch in Stücke schneiden.

4. Das Schmalz in dem Topf zerlassen, Speck- und Gemüsewürfel darin andünsten. Linsen hinzufügen, andünsten. Tomatenmark unterrühren und mit andünsten.

5. Rotwein hinzugießen, zum Kochen bringen und einkochen lassen, mit der Fasanenbrühe auffüllen. Backpflaumen vierteln, hinzufügen, zum Kochen bringen und zugedeckt etwa 35 Minuten kochen lassen.

6. Die Suppe mit Sherry, Essig, Senf, Salz, Pfeffer, Zucker und Muskat süßsauer abschmecken.

7. Schnittlauch abspülen, trocken tupfen und in Röllchen schneiden. Fleischstücke in der Suppe erhitzen. Die Suppe mit Schnittlauchröllchen bestreut servieren.

Löwenzahnsalat mit Orangen und Putenbrust | Für die Party

8–10 Portionen

Pro Portion:
E: 9 g, F: 22 g, Kh: 10 g, kJ: 1202, kcal: 287

500 g	*Löwenzahnblätter*
750 g	*Putenbrustfilet*
	Salz, frisch gemahlener Pfeffer
5 EL	*Speiseöl*

Für die Salatsauce:

2	*Knoblauchzehen*
4 EL	*Himbeeressig*
	rosa Pfefferbeeren
etwas	*Zucker*
6 EL	*Olivenöl*
4 EL	*Sonnenblumenöl*
2–3	*rote Zwiebeln*
4	*Orangen*

Zubereitungszeit: 40 Minuten
Garzeit: 5–6 Minuten

1. Löwenzahnblätter unter fließendem kalten Wasser abspülen, eventuell etwas zerkleinern und gut abtropfen lassen.

2. Putenbrustfilet unter fließendem kalten Wasser abspülen, trocken tupfen und in breite Streifen schneiden. Mit Salz und Pfeffer würzen. Speiseöl in einer Pfanne erhitzen. Putenstreifen darin von beiden Seiten 5–6 Minuten braten, aus der Pfanne nehmen und warm stellen.

3. Für die Sauce Knoblauch abziehen und durch eine Knoblauchpresse drücken. Essig mit Pfefferbeeren, Zucker und Knoblauch verrühren, Olivenöl und Sonnenblumenöl unterschlagen.

4. Die Zwiebeln abziehen, zuerst in dünne Scheiben schneiden, dann in Ringe teilen. Orangen so schälen, dass die weiße Haut mit entfernt wird. Orangen filetieren, den Saft dabei auffangen. Orangensaft unter die Salatsauce rühren.

5. Löwenzahnblätter mit Orangenfilets und Zwiebelringen auf Tellern anrichten. Die Sauce daufträufeln, die Putenstreifen darauf verteilen.

Maishuhn mit Zuckermöhren I

Einfach

4 Portionen

Pro Portion:
E: 47 g, F: 31 g, Kh: 16 g, kJ: 2242, kcal: 536

4	*Maishuhnbrüste (je 140–150 g),*
	mit Flügelknochen
4 EL	*Speiseöl*
	Salz, frisch gemahlener Pfeffer
2 Bund	*Möhren*
½ Bund	*glatte Petersilie*
2 EL	*Butter*
1 TL	*Zucker*

Zubereitungszeit: 30 Minuten
Garzeit: etwa 20 Minuten

1. Den Backofen vorheizen.

Ober-/Unterhitze: etwa 180 °C
Heißluft: etwa 160 °C

2. Maishuhnbrüste unter fließendem kalten Wasser abspülen und mit Küchenpapier trocken tupfen. 2–3 Esslöffel des Speiseöls in einer Pfanne erhitzen. Die Maishuhnbrüste darin von allen Seiten anbraten und herausnehmen. Mit Salz und Pfeffer würzen.

3. Die Maishuhnbrüste auf ein Backblech legen. Das Backblech in den vorgeheizten Backofen schieben. Maishuhnbrüste etwa 20 Minuten garen.

4. In der Zwischenzeit Möhren putzen, dabei etwas Grün stehen lassen. Möhren schälen, abspülen, abtropfen lassen und schräg in lange, dünne Stifte schneiden. Petersilie abspülen und trocken tupfen. Die Blättchen von den Stängeln zupfen. Blättchen klein schneiden.

5. Restliches Speiseöl in einer Pfanne erhitzen. Möhrenstifte darin in 2 Portionen unter Rühren braten. Alle Möhrenstifte wieder in die Pfanne geben. Butter, Zucker und etwas Salz unterrühren. Die Möhren mit Salz und Pfeffer abschmecken und die Petersilie unterheben.

6. Maishuhnbrüste aus dem Backofen nehmen und schräg halbieren. Möhren auf vorgewärmte Teller geben und jeweils ½ Maishuhnbrust darauf anrichten.

Beilage: Reis, Erdnuss- oder Chilisauce.

Tipp: Sollten Sie kein Maishuhn bekommen, so können Sie Perlhuhn verwenden. Da Perlhuhnbrüste meist dünner sind, verringert sich die Garzeit im Backofen um etwa 5 Minuten. Sie können die Maishuhnbrüste statt im Backofen auch in der Pfanne fertig garen. Dazu nach dem Anbraten die Brüste mit Salz und Pfeffer würzen und bei mittlerer Hitze etwa 15 Minuten braten, dabei gelegentlich wenden.

Maispoularde mit Apfelspalten I

Für Gäste – mit Alkohol

8–10 Portionen

Pro Portion:
E: 30 g, F: 22 g, Kh: 11 g, kJ: 1617, kcal: 386

400 g	*kleine Schalotten*
3 EL	*Olivenöl*
300 ml	*Rotwein*
1,2 kg	*Poulardenfleisch von etwa 2 Maispoularden (Brust und Keule), ohne Knochen*
	Salz
	frisch gemahlener Pfeffer
4 EL	*Olivenöl*
2 EL	*Zucker*
2 EL	*dunkler Balsamico-Essig*
200 ml	*Geflügelbrühe*
4	*kleine, grüne Äpfel, z. B. Granny Smith*
80 g	*kalte Butter*
1 Bund	*Kerbel*

Zubereitungszeit: 65 Minuten
Garzeit: etwa 40 Minuten

1. Schalotten abziehen. Olivenöl in einer Pfanne erhitzen. Schalotten darin unter mehrmaligem Wenden anbraten. Rotwein hinzugießen, zum Kochen bringen und auf die Hälfte einkochen lassen (etwa 10 Minuten).

2. Poulardenfleisch unter fließendem kalten Wasser abspülen, trocken tupfen und in Streifen schneiden. Mit Salz und Pfeffer würzen.

3. Olivenöl in einer großen Pfanne erhitzen. Fleischstreifen darin in 2 Portionen von allen Seiten anbraten. Fleischstreifen mit Zucker bestreuen und etwas karamellisieren lassen.

4. Essig und Geflügelbrühe hinzugießen, zum Kochen bringen. Fleischstreifen etwa 30 Minuten garen, eventuell etwas Wasser hinzufügen.

5. Schalotten mit dem Rotwein hinzufügen und aufkochen lassen.

6. Äpfel waschen, trocken tupfen und in Spalten schneiden. Apfelspalten entkernen. Jeweils 20 g Butter in einem Topf zerlassen. Apfelspalten darin in 2 Portionen vorsichtig andünsten (nicht zu lange, da sie sonst zu weich werden).

7. Kerbel abspülen und trocken tupfen (einige Zweige zum Garnieren beiseitelegen). Die Blättchen von den Stängeln zupfen. Die Blättchen zu dem Geschnetzelten geben und unterrühren. Mit Salz und Pfeffer abschmecken. Restliche Butter in Stückchen schneiden und in die Sauce rühren.

8. Apfelspalten vorsichtig unterheben. Geschnetzeltes mit den beiseitegelegten Kerbelzweigen garnieren und servieren.

Beilage: Gebratene Schupfnudeln.

Tipp: Für dieses Gericht können Sie auch Hähnchen-, Puten- oder Perlhuhnfleisch verwenden.

Maispoulardenbrust mit Preiselbeeren und Sahne I

Etwas teurer
4 Portionen

Pro Portion:

E: 37 g, F: 19 g, Kh: 22 g, kJ: 1728, kcal: 413

4	*Maispoulardenbrüste (je 140–150 g), mit Flügel-knochen*
	Salz
	frisch gemahlener Pfeffer
40 ml	*Speiseöl*
600 g	*festkochende Kartoffeln*
200 g	*Schlagsahne*
2 EL	*Preiselbeeren (etwa 60 g, aus dem Glas)*
4	*zerstoßene Wacholderbeeren*
evtl.	*vorbereitete Minzeblättchen Johannisbeerrispen*

Außerdem:

1 Stück *Bratfolie oder Bratschlauch*

Zubereitungszeit: 35 Minuten
Garzeit: etwa 30 Minuten

1. Den Backofen vorheizen.

Ober-/Unterhitze: etwa 200 °C
Heißluft: etwa 180 °C

2. Poulardenbrüste unter fließendem kalten Wasser abspülen, trocken tupfen, mit Salz und Pfeffer würzen. Speiseöl in einer Pfanne erhitzen. Poulardenbrüste von jeder Seite etwa 2 Minuten braun anbraten.

3. Kartoffeln waschen, schälen, abspülen, abtropfen lassen und in Stifte schneiden. Sahne in eine Rührschüssel geben, Preiselbeeren und Wacholderbeeren unterrühren, mit Salz und Pfeffer würzen. Kartoffelstifte untermengen.

4. Die Kartoffel-Sahne-Mischung auf ein großes Stück Bratfolie oder in den Bratschlauch geben. Poulardenbrüste darauflegen.

5. Die Bratfolie oder den -schlauch nach Packungsanleitung verschließen und auf ein Backblech legen. Das Backblech in den vorgeheizten Backofen (unteres Drittel) schieben. Die Poulardenbrüste etwa 30 Minuten garen.

6. Nach Belieben zum Garnieren Minzeblättchen und Johannisbeerrispen abspülen und trocken tupfen.

7. Die Poulardenbrüste aus dem Backofen nehmen. Die Folie aufschneiden, Poulardenbrüste mit Kartoffelstiften herausnehmen und auf vorgewärmten Tellern anrichten.

8. Mit Minzeblättchen und Johannisbeerrispen garnieren.

Tipp: Statt Maispoulardenbrüsten können auch Hähnchenbrustfilets verwendet werden.

Mangold mit Hähnchenbrustfilet gefüllt | Raffiniert – für Gäste

4 Portionen

Pro Portion:
E: 39 g, F: 11 g, Kh: 17 g, kJ: 1414, kcal: 339

4	*Hähnchenbrustfilets (je etwa 120 g)*
6 EL	*Speiseöl*
	Salz
	frisch gemahlener, bunter Pfeffer
1 Staude	*Mangold (etwa 500 g)*
	Salzwasser
2	*Fleischtomaten (etwa 200 g)*
125 g	*Mozzarella-Käse*

Für das Möhren-Kartoffel-Püree:

300 g	*Kartoffeln*
300 g	*Möhren*
100 ml	*warme Milch*
	frisch geriebene Muskatnuss

Außerdem:

Holzstäbchen

Zubereitungszeit: 45 Minuten
Garzeit: etwa 35 Minuten

1. Hähnchenbrustfilets unter fließendem kalten Wasser abspülen und trocken tupfen. 3 Esslöffel des Speiseöls in einer Pfanne erhitzen. Die Filets darin von jeder Seite etwa 4 Minuten braten. Mit Salz und Pfeffer würzen. Den Backofen vorheizen.

Ober-/Unterhitze: etwa 200 °C
Heißluft: etwa 180 °C

2. Mangold putzen, gründlich waschen und abtropfen lassen. Die dicken Blattstiele in 1–2 cm lange Stücke schneiden und beiseitelegen. Salzwasser in einem Topf zum Kochen bringen. Mangoldblätter darin etwa 1 Minute blanchieren. Anschließend in ein Sieb geben, mit kaltem Wasser übergießen und abtropfen lassen. Jeweils 2 Mangoldblätter übereinanderlegen. Hähnchenbrustfilets darin einwickeln. Mit Holzstäbchen feststecken.

3. Restliches Speiseöl in einem Bräter erhitzen. Die beiseitegelegten Mangoldstiele darin andünsten, etwas Wasser hinzugießen und etwa 5 Minuten dünsten lassen. Die Hähnchenbrustrouladen darauflegen.

4. Tomaten waschen, abtrocknen und die Stängelansätze herausschneiden. Tomaten und Mozzarella in Scheiben schneiden. Die Hähnchenrouladen mit je 2 Tomaten- und Mozzarella-Scheiben belegen. Den Bräter auf dem Rost in den vorgeheizten Backofen schieben und etwa 35 Minuten garen.

5. In der Zwischenzeit für das Püree Kartoffeln waschen, schälen, abspülen. Möhren putzen, schälen, abspülen. Kartoffeln und Möhren abtropfen lassen und in Würfel schneiden. Kartoffel- und Möhrenwürfel mit Salzwasser bedeckt zum Kochen bringen und etwa 25 Minuten garen.

6. Kartoffel- und Möhrenwürfel abgießen, abdämpfen und sofort durch eine Kartoffelpresse drücken. Milch unterrühren. Mit Salz, Pfeffer und Muskat würzen.

7. Hähnchenrouladen aus dem Bräter nehmen, mit Salz und Pfeffer würzen, Holzstäbchen entfernen. Rouladen auf einer vorgewärmten Platte anrichten, mit Gemüse und Möhren-Kartoffel-Püree servieren.

Tipp: Mit Thymian garniert servieren. Das Püree in einen Spritzbeutel mit großer Sterntülle füllen und jeweils einen Ring auf vorgewärmte Teller spritzen. Die Hähnchenrouladen darauf anrichten.

Marinierte Putenspieße | Schnell
4 Portionen

Pro Portion:
E: 51 g, F: 15 g, Kh: 6 g, kJ: 1641, kcal: 392

800 g	Putenbrustfilet
4–6 EL	Sojasauce
3–4 EL	Wasser
1 EL	flüssiger Honig
4 EL	Sojaöl
	frisch gemahlener Pfeffer

Außerdem:

8 Holzspieße
Alufolie

Zubereitungszeit: 25 Minuten, ohne Marinierzeit
Garzeit: 6–8 Minuten

1. Putenbrustfilet unter fließendem kalten Wasser abspülen, trocken tupfen und von der längeren Seite her in sehr dünne Scheiben schneiden. Die Fleischscheiben wellenförmig auf 8 Holzspieße stecken.

2. Sojasauce mit Wasser und Honig verrühren, Sojaöl unterschlagen, mit Pfeffer würzen. Die Putenspieße in eine flache Schale legen, mit der Marinade bestreichen, zugedeckt und kalt gestellt 2 Stunden marinieren, dabei zwischendurch wenden. Nach etwa 1 ¾ Stunden Marinierzeit den Backofengrill vorheizen.

3. Die Putenspieße aus der Marinade nehmen und auf ein mit Alufolie belegtes Backblech legen. Das Backblech unter den vorgeheizten Grill in den Backofen schieben. Die Spieße 6–8 Minuten grillen.

4. Die Putenspieße nach 3–4 Minuten Grillzeit einmal wenden und nochmals mit der Marinade bestreichen.

Marinierte Wildenten I Mit Alkohol
4 Portionen

Pro Portion:
E: 72 g, F: 96 g, Kh: 39 g, kJ: 5842, kcal: 1395

2	*küchenfertige Wildenten (je etwa 800 g)*
400 ml	*Weißwein*
250 ml (¼ l)	*Weißweinessig*
2	*Lorbeerblätter*
4	*Gewürznelken*
1 TL	*zerdrückte Wacholderbeeren*
2 TL	*schwarze Pfefferkörner frisch gemahlener Pfeffer*

Für die Semmelknödel:

1	*mittelgroße Zwiebel*
2 EL	*Butterschmalz*
4	*Brötchen (Semmeln)*
150 ml	*lauwarme Milch*
20 g	*zerlassene Butter*
2	*Eier (Größe M)*
4 Stängel	*gehackte Petersilie*
	Salz

2 EL	*Butterschmalz*
	Speckscheiben
	Salzwasser
600 g	*Brokkoli*
30 g	*Butter*
125 g	*Schlagsahne*
	Zucker

Zubereitungszeit: 50 Minuten, ohne Marinierzeit
Garzeit: 60–70 Minuten

1. Wildenten innen und außen unter fließendem kalten Wasser abspülen, trocken tupfen und in ein ausreichend großes Gefäß legen.

2. Den Wein mit Essig und den Gewürzen verrühren. Die Enten so mit der Marinade übergießen, dass sie ganz bedeckt sind. Das Gefäß mit einem Deckel oder Alufolie verschließen und 24 Stunden im Kühlschrank stehen lassen. Den Backofen vorheizen.

Ober-/Unterhitze: etwa 200 °C
Heißluft: etwa 180 °C

3. Für die Semmelknödel Zwiebel abziehen und in kleine Würfel schneiden. Butterschmalz in einer kleinen Pfanne erhitzen. Zwiebelwürfel darin andünsten, herausnehmen und in eine Schüssel geben.

4. Die Brötchen in Würfel schneiden und zu den Zwiebelwürfeln geben. Milch und Butter verrühren, Eier unterschlagen. Die Eiermilch unter die Zwiebel-Brotwürfel-Masse heben. Petersilie unterrühren. Mit Salz würzen. Die Semmelbröselmasse ruhen lassen.

5. Die Enten aus der Marinade nehmen und trocken tupfen. Enten innen und außen mit Salz und Pfeffer einreiben. Die Marinade durch ein Sieb in einen Topf gießen, zum Kochen bringen, etwas einkochen lassen.

6. Schmalz in einem Bräter erhitzen. Die Enten darin von allen Seiten anbraten. Die Ente mit der Brust nach oben in den Bräter legen und mit Speckscheiben belegen. Die Marinade hinzugießen. Den Bräter auf dem Rost in den vorgeheizten Backofen schieben. Die Ente etwa 50 Minuten garen. Die Enten während der Garzeit immer wieder mit dem Bratenfond begießen.

7. In der Zwischenzeit aus der Semmelbröselmasse mit bemehlten Händen kleine Knödel formen in kochendem Salzwasser etwa 10 Minuten gar ziehen, aber nicht mehr kochen lassen.

8. Vom Brokkoli die Blätter entfernen. Brokkoli in Röschen teilen. Die Stängel am Strunk schälen, bis kurz vor den Röschen kreuzförmig einschneiden. Röschen waschen, abtropfen lassen und in kochendem Salzwasser etwa 8 Minuten garen. In einem Sieb abtropfen lassen, in eine Schüssel geben, die Butter darauf verteilen und warm stellen.

9. Die Wildenten aus dem Backofen nehmen und warm stellen. Den Bratenfond etwas einkochen lassen, Sahne unterrühren. Die Sauce mit Salz, Pfeffer und Zucker abschmecken.

10. Die Wildenten tranchieren. Mit Semmelknödeln und Brokkoliröschen auf Tellern anrichten.

Marsalahuhn | Für Gäste – mit Alkohol
4 Portionen

Pro Portion:
E: 56 g, F: 39 g, Kh: 61 g, kJ: 3446, kcal: 824

1 *küchenfertiges Huhn*
(etwa 1,2 kg)
1 *Zwiebel*
1 *Knoblauchzehe*
1 Bund *glatte Petersilie*
1 gestr. TL *Salz*
½ TL *gemahlener Kümmel*
1 EL *mittelscharfer Senf*
2 TL *Currypulver*
3 EL *Speiseöl*
2 EL *Marsala (Dessertwein)*

Für den Reis:
300 g *Brühreis*
600 ml *Salzwasser*
30 g *Butter*

evtl. *Wasser oder Hühnerbrühe*

Zubereitungszeit: 25 Minuten
Garzeit: 45–50 Minuten

1. Das Huhn innen und außen unter fließendem kalten Wasser abspülen, trocken tupfen und in Viertel schneiden. Zwiebel und Knoblauch abziehen, in kleine Würfel schneiden. Petersilie abspülen und trocken tupfen. Die Blättchen von den Stängeln zupfen, Blättchen klein schneiden.

2. Den Backofen vorheizen.

Ober-/Unterhitze: etwa 200 °C
Heißluft: etwa 180 °C

3. Zwiebel-, Knoblauchwürfel und Petersilie mit Salz, Kümmel, Senf, Curry, Speiseöl und Marsala vermengen. Die Hühnerteile damit bestreichen und in eine feuerfeste Form oder in eine Auflaufform legen.

4. Für den Reis den Brühreis mit Salzwasser und Butter in eine runde, feuerfeste Form geben. Die Form mit dem Deckel verschließen.

5. Die Form mit den Hühnerteilen (ohne Deckel) und die Form mit dem Reis (mit Deckel) auf dem Rost in den vorgeheizten Backofen schieben. Das Marsalahuhn und den Reis 45–50 Minuten garen. Während der Garzeit eventuell etwas Wasser oder Hühnerbrühe zu den Hühnerteilen geben.

Martinsgans mit Majoranäpfeln I

Klassisch – mit Alkohol
6 Portionen

Pro Portion:
E: 71 g, F: 71 g, Kh: 20 g, kJ: 4217, kcal: 1008

1	*küchenfertige Gans mit Hals und Innereien (4,5–5 kg)*
	Salz
	frisch gemahlener Pfeffer
1 kg	*säuerliche Äpfel, z. B. Boskop*
1 Bund	*Majoran*
4	*Zwiebeln (etwa 200 g)*
2 Stängel	*Thymian*
3	*Lorbeerblätter*
	kaltes Salzwasser
evtl. 250 ml	
(¼ l)	*Geflügelfond oder -brühe*
evtl. 100 ml	*Rotwein*
2 TL	*Speisestärke*
1	*kleiner Apfel*

Außerdem:

Holzstäbchen
Küchengarn

Zubereitungszeit: 70 Minuten
Garzeit: etwa 3 Stunden

1. Das Fett der Gans herausnehmen. Den Hals, möglichst ohne Haut, abschneiden. Die Gans innen und außen sowie Hals und Innereien unter fließendem kalten Wasser abspülen und trocken tupfen. Den Hals in Stücke teilen und mit den Innereien beiseitelegen. Die Gans von innen mit Salz und Pfeffer einreiben. Die Haut vom Hals mit Holzstäbchen am Rücken feststecken. Den Backofen vorheizen.

Ober-/Unterhitze: 180–200 °C
Heißluft: 160–180 °C

2. Äpfel schälen, vierteln und die Kerngehäuse herausschneiden. Majoran abspülen und trocken tupfen. Einige Stängel zum Garnieren beiseitelegen. Von den restlichen Stängeln die Blättchen abzupfen, mit den Apfelvierteln mischen und in die Gans füllen. Die

Öffnung mit Holzstäbchen und Küchengarn verschließen. Flügel mit Küchengarn unter den Rumpf binden, Keulen zusammenbinden.

3. Die Fettfangschale des Backofens mit Wasser ausspülen. Die Gans mit dem Rücken nach unten hineinlegen und in den vorgeheizten Backofen schieben. Die Gans etwa 3 Stunden garen.

4. Zwiebeln abziehen und grob zerkleinern. Thymian abspülen, trocken tupfen, mit dem Gänsehals, den Innereien und Lorbeerblättern zu der Gans in die Fettfangschale geben. Sobald der Bratensatz bräunt, etwas Wasser hinzugießen. Nach etwa 60 Minuten Garzeit die Gans auf die Brustseite legen und gelegentlich mit dem Bratensatz begießen. Verdampfte Flüssigkeit nach und nach durch Wasser ersetzen. Während des Garens ab und zu unterhalb der Flügel und Keulen in die Gans stechen, damit das Fett besser ausbraten kann.

5. Etwa 10 Minuten vor Ende der Garzeit die Gans wieder umdrehen. Mit etwas kaltem Salzwasser bestreichen und die Backofentemperatur um etwa 20 °C erhöhen, damit die Haut schön kross wird.

6. Die Gans aus dem Bräter nehmen, Küchengarn und Holzstäbchen entfernen. Die Gans warm stellen. Den Bratensatz in der Fettfangschale mit etwas Wasser lösen und durch ein Sieb in einen Topf gießen, das Fett abschöpfen.

7. Den Bratensatz nach Belieben mit Geflügelfond oder -brühe und Rotwein auffüllen, zum Kochen bringen und etwa 5 Minuten einkochen lassen. Speisestärke mit 2 Esslöffeln Wasser anrühren, in die Sauce rühren und unter Rühren aufkochen. Die Sauce mit Salz und Pfeffer abschmecken.

8. Den Apfel abspülen, trocken tupfen, vierteln und das Kerngehäuse herausschneiden. Apfelviertel in Scheiben schneiden. Die Gans auf einer vorgewärmten Platte anrichten, mit Apfelscheiben, dem beiseitegelegten Majoran und der Sauce servieren.

Beilage: Apfelrotkohl, glasierte Maronen (Esskastanien), Kartoffelklöße und Apfelscheiben.

Minutensteaks von Pute mit Rucolasalat | Schnell – für Gäste

4 Portionen

Pro Portion:
E: 25 g, F: 29 g, Kh: 6 g, kJ: 1702, kcal: 406

4	*Putensteaks (je etwa 120 g)*
	Salz
	frisch gemahlener Pfeffer
3 EL	*Speiseöl*
300 g	*Rucola (Rauke)*

Für die Salatsauce:

2 EL	*Balsamico-Essig*
1	*abgezogene, zerdrückte Knoblauchzehe*
4 EL	*Olivenöl*
2 EL	*geriebener Parmesan-Käse*

Zubereitungszeit: 30 Minuten
Garzeit: etwa 10 Minuten

1. Putensteaks unter fließendem kalten Wasser abspülen und trocken tupfen. Mit Salz und Pfeffer würzen. Speiseöl in einer Pfanne erhitzen. Die Putensteaks darin von beiden Seiten etwa 10 Minuten braten.

2. Rucola verlesen und dicke Stängel abschneiden. Rucola waschen, trocken schleudern und größere Blätter einmal durchschneiden.

3. Für die Sauce Essig mit Salz, Pfeffer und Knoblauch verrühren und unter den Salat heben.

4. Den Salat mit den Putensteaks auf Tellern anrichten. Salat mit Parmesan-Käse bestreuen.

Beilage: Ofenfrisches Baguette.

Moorhühnchen mit Thymian und Cranberries | Mit Alkohol
4 Portionen

Pro Portion:
E: 64 g, F: 35 g, Kh: 31 g, kJ: 3092, kcal: 738

4	küchenfertige Moorhühnchen (je etwa 350 g)
	Salz
	frisch gemahlener Pfeffer
2 EL	Speiseöl
2	Schalotten
4 kleine Stängel	Thymian
125 g	getrocknete Cranberries
200 ml	Wildfond
200 ml	Rotwein
1 EL	Heidelbeerkonfitüre
40 g	eiskalte Butter

Zubereitungszeit: 35 Minuten
Garzeit: etwa 15 Minuten

1. Den Backofen vorheizen.

Ober-/Unterhitze: etwa 180 °C
Heißluft: etwa 160 °C

2. Moorhühnchen innen und außen unter fließendem kalten Wasser abspülen und trocken tupfen. Die Schenkel von den Moorhühnchen abtrennen. Die Brüste jeweils längs halbieren, Rückenknochen abtrennen und entfernen.

3. Die einzelnen Fleischteile (Brüste und Keulen) mit Salz und Pfeffer würzen. Speiseöl in einer Pfanne erhitzen. Die Fleischteile darin von allen Seiten anbraten, herausnehmen und in eine Auflaufform legen. Die Form auf dem Rost in den vorgeheizten Backofen schieben. Die Fleischteile etwa 15 Minuten garen.

4. In der Zwischenzeit Schalotten abziehen und klein würfeln. Thymian abspülen und trocken tupfen.

5. Schalottenwürfel in dem verbliebenen Bratfett glasig dünsten. Cranberries und Thymian hinzugeben, kurz durchschwenken. Mit Fond und Rotwein ablöschen. Die Sauce zum Kochen bringen und um die Hälfte einkochen. Mit Salz, Pfeffer und Heidelbeerkonfitüre würzen. Butter in Stücken unterrühren. Das gegarte Moorhuhnfleisch in die Sauce geben und einige Minuten durchziehen lassen (nicht aufkochen lassen, da das Fleisch sonst zäh wird).

Tipp: Alternative zu Moorhühnchen: küchenfertige Wachteln oder Rebhühner oder auch Fasanenbrüste.

Nudeln mit Hühnerleber | Für Gäste

4 Portionen

Pro Portion:
E: 30 g, F: 24 g, Kh: 78 g, kJ: 2752, kcal: 657

>   1 Zwiebel
>   1 Knoblauchzehe
>   150 g Champignons
>   300 g Hühnerleber
>   3 EL Olivenöl
>   150 g Schlagsahne
>   15 junge Salbeiblättchen
>   12 Cocktailtomaten
>   Salz
>   frisch gemahlener Pfeffer
>   4 l Wasser
> 4 gestr. TL Salz
>   400 g Nudeln, z. B. Penne

Zubereitungszeit: 30 Minuten

1. Zwiebel und Knoblauch abziehen, in kleine Würfel schneiden. Champignons putzen, mit Küchenpapier abreiben, eventuell abspülen, trocken tupfen und in Scheiben schneiden.

2. Hühnerleber unter fließendem kalten Wasser abspülen, trocken tupfen und in etwa 2 cm große Würfel schneiden, dabei eventuell Sehnen entfernen.

3. Olivenöl in einem Topf erhitzen, Leberwürfel darin anbraten. Dann Zwiebel- und Knoblauchwürfel mit andünsten. Champignonscheiben hinzufügen, ebenfalls mit andünsten. Sahne hinzugießen.

4. Salbeiblättchen abspülen, trocken tupfen und klein schneiden. Tomaten waschen und trocken tupfen. Salbei und Tomaten zur Sauce geben, aufkochen lassen und mit Salz und Pfeffer würzen. Die Sauce warm stellen.

5. Wasser in einem großen Topf mit geschlossenem Deckel zum Kochen bringen. Dann Salz und Nudeln hinzugeben. Die Nudeln im geöffneten Topf bei mittlerer Hitze nach Packungsanleitung kochen lassen, dabei zwischendurch 4–5-mal umrühren.

6. Anschließend die Nudeln in ein Sieb geben, mit heißem Wasser abspülen und abtropfen lassen.

7. Nudeln in eine Schüssel geben, mit der Sauce vermischen und sofort servieren.

Nudelpfanne mit Putenbrust I

Klassisch

4 Portionen

Pro Portion:

E: 36 g, F: 27 g, Kh: 50 g, kJ: 2589, kcal: 618

15 g	*Trockenpilze, z. B. Mu-err-Pilze*
1 Pck.	
(300 g)	*TK-Erbsen-Möhren-*
	Mischung
2 ½ l	*Wasser*
2 ½	
gestr. TL	*Salz*
250 g	*Spiralnudeln*
400 g	*Putenbrustfilet*
3 EL	*Speiseöl*
	Salz
	frisch gemahlener Pfeffer
125 g	*Schlagsahne*
1 EL	*gehackte Petersilie*

Zubereitungszeit: 35 Minuten,
ohne Einweich- und Auftauzeit

1. Trockenpilze in Wasser nach Packungsanleitung einweichen. Erbsen-Möhren-Mischung nach Packungsanleitung auftauen lassen.

2. Wasser in einem großen Topf mit geschlossenem Deckel zum Kochen bringen. Dann Salz und Nudeln hinzugeben. Die Nudeln im geöffneten Topf bei mittlerer Hitze nach Packungsanleitung kochen lassen, dabei zwischendurch 4–5-mal umrühren. Anschließend die Nudeln in ein Sieb geben, mit heißem Wasser abspülen und abtropfen lassen.

3. Eingeweichte Pilze in einem Sieb abtropfen lassen und in Stücke schneiden.

4. Putenbrustfilet unter fließendem kalten Wasser abspülen, trocken tupfen und in Streifen schneiden. Speiseöl in einer Pfanne erhitzen. Die Putenstreifen darin portionsweise mit den Pilzen unter Wenden anbraten, mit Salz und Pfeffer würzen, herausnehmen und warm stellen.

5. Die Nudeln zum Bratensatz in die Pfanne geben. Aufgetaute Erbsen und Möhren hinzufügen, unter mehrmaligem Wenden etwa 5 Minuten erhitzen. Warm gestellte Fleisch-Pilz-Mischung und Sahne untermengen, etwa 3–4 Minuten unter Wenden miterhitzen. Nochmals mit den Gewürzen abschmecken und mit Petersilie bestreut servieren.

Tipp: Statt der Trockenpilze 200 g geputzte Austernpilze mit den Putenstreifen anbraten.

Orangenente | Für Gäste

6 Portionen

Pro Portion:
E: 89 g, F: 83 g, Kh: 23 g, kJ: 5026, kcal: 1198

1	*küchenfertige Ente (etwa 2,3 kg)*
	Salz
	frisch gemahlener Pfeffer
5 Stängel	*Thymian*
300 ml	*Hühnerbrühe*
150 ml	*Orangensaft*
	gemahlener Zimt
1 EL	*flüssiger Honig*
4	*Orangen*
2 TL	*Speisestärke*
etwas	*kaltes Wasser*

Zubereitungszeit: 30 Minuten
Garzeit: etwa 90 Minuten

1. Den Backofen vorheizen.

Ober-/Unterhitze: etwa 180 °C
Heißluft: etwa 160 °C

2. Die Ente innen und außen unter fließendem kalten Wasser abspülen und trocken tupfen. Mit Salz und Pfeffer würzen. Thymian abspülen, trocken tupfen und in die Ente legen.

3. Die Ente mit der Brustseite nach unten in einen Bräter legen und auf dem Rost in den vorgeheizten Backofen (unteres Drittel) schieben. Die Ente etwa 90 Minuten garen.

4. Nach etwa 45 Minuten Garzeit die Ente umdrehen. Hühnerbrühe und Orangensaft hinzugießen, mit Zimt würzen. Honig mit 2 Esslöffeln Bratenfond verrühren. Die Entenbrust kurz vor Ende der Garzeit mehrmals damit bestreichen.

5. Die Orangen so schälen, dass die weiße Haut vollständig entfernt wird. Orangen in etwa 1 cm dicke Scheiben schneiden.

6. Die gare Ente aus dem Bräter nehmen und auf einer vorgewärmten Platte anrichten.

7. Speisestärke mit kaltem Wasser anrühren und in den Bratenfond rühren. Die Sauce unter Rühren aufkochen lassen. Orangenscheiben in die heiße Sauce legen und mit der Ente servieren.

Beilage: Kroketten, Bandnudeln oder Salzkartoffeln und Brokkoli.

Orientalisches Putengericht I

Raffiniert

4 Portionen

Pro Portion:
E: 31 g, F: 24 g, Kh: 25 g, kJ: 1886, kcal: 451

400 g	Putenbrustfilet
40 g	Butter
15 g	Weizenmehl
1 Stange	Porree (Lauch)
2 Stangen	Staudensellerie
1	Paprikaschote
150 g	Champignons
30 g	Butter
	Salz, frisch gemahlener Pfeffer
1 EL	Currypulver
etwas	gemahlener Ingwer
250 ml (¼ l)	Gemüsebrühe
50 g	Korinthen
2 EL	Mango-Chutney
1 EL	Sojasauce
75 g	Cashewkerne

Zubereitungszeit: 50 Minuten

1. Putenbrustfilet unter fließendem kalten Wasser abspülen, trocken tupfen und in Streifen schneiden.

2. Butter in einer Pfanne zerlassen. Fleischstreifen darin portionsweise von allen Seiten anbraten, mit Mehl bestäuben, kurz mitbraten lassen. Fleischstreifen herausnehmen und warm stellen.

3. Porree putzen, die Stange längs halbieren, gründlich waschen, abtropfen lassen und in Streifen schneiden. Sellerie putzen und die harten Außenfäden abziehen. Sellerie waschen, abtropfen lassen und in kleine Stücke schneiden.

4. Die Paprikaschoten halbieren, entstielen, entkernen und die weißen Scheidewände entfernen. Die Schotenhälften waschen, abtropfen lassen und in Streifen schneiden.

5. Champignons putzen, mit Küchenpapier abreiben, eventuell abspülen, trocken tupfen und vierteln.

6. Butter zu dem Bratfett in die Pfanne geben. Vorbereitete Gemüsezutaten darin unter Rühren bissfest dünsten. Mit Salz, Pfeffer, Curry und Ingwer würzen. Brühe hinzugießen, zum Kochen bringen und etwa 5 Minuten garen.

7. Putenstreifen, Korinthen, Mango-Chutney und Sojasauce unterrühren.

8. Cashewkerne in einer Pfanne ohne Fett hellbraun anrösten. Orientalisches Putengericht mit den Cashewkernen bestreuen und servieren.

Beilage: Reis oder Fladenbrot.

Peperonihähnchen mit Polenta I
Für Gäste
4 Portionen

Pro Portion:
E: 47 g, F: 60 g, Kh: 49 g, kJ: 3854, kcal: 921

8	*Hähnchenunterschenkel (etwa 680 g)*
12	*Hähnchenflügel (etwa 680 g)*
	Salz, frisch gemahlener Pfeffer
	Chilipulver
	Paprikapulver edelsüß
2 EL	*Speiseöl*

Für die Polenta:

1	*Schalotte*
20 g	*Butter oder Speiseöl*
250 g	*Maisgrieß*
750 ml (¾ l)	*Gemüsebrühe*

6	*milde Peperoni (etwa 200 g)*
2	*kleine, scharfe Peperoni*
40 g	*Butter*
40 g	*Butter oder Speiseöl*

Zubereitungszeit: 50 Minuten, ohne Abkühlzeit
Garzeit Hähnchenschenkel und -flügel:
etwa 20 Minuten

1. Den Backofen vorheizen.

Ober-/Unterhitze: etwa 180 °C
Heißluft: etwa 160 °C

2. Hähnchenschenkel und -flügel unter fließendem kalten Wasser abspülen und trocken tupfen. Mit Salz, Pfeffer, Chili und Paprika würzen.

3. Speiseöl in einer großen, feuerfesten Pfanne oder im Bräter erhitzen. Die Hähnchenschenkel und -flügel darin von allen Seiten anbraten. Die Pfanne oder den Bräter auf dem Rost in den vorgeheizten Backofen schieben. Hähnchenteile etwa 20 Minuten garen.

4. Für die Polenta Schalotte abziehen und in kleine Würfel schneiden. Butter oder Speiseöl in einem Topf zerlassen, Schalottenwürfel darin glasig dünsten. Maisgrieß einstreuen und unter Rühren leicht andünsten. Brühe hinzugießen, zum Kochen bringen und etwa 5 Minuten unter Rühren kochen lassen.

5. Die Polentamasse in einer flachen, gefetteten Auflaufform verteilen und erkalten lassen.

6. Peperoni längs halbieren, entkernen und die weißen Scheidewände entfernen. Peperonihälften abspülen, abtropfen lassen und in Streifen schneiden. Die 2 kleinen, scharfen Peperoni ebenfalls abspülen, abtropfen lassen und in kleine Würfel schneiden.

7. Hähnchenschenkel und -flügel aus der Pfanne oder dem Bräter nehmen und auf einer vorgewärmten Platte anrichten.

8. Die Butter in dem verbliebenen Bratfett erhitzen. Peperonistreifen und -würfel darin andünsten. Mit Salz und Pfeffer würzen. Peperonistreifen und -würfel auf den Hähnchenschenkeln und -flügeln verteilen.

9. Polenta aus der Form stürzen und in beliebig große Rauten oder Würfel schneiden. Butter oder Speiseöl in einer Pfanne erhitzen. Polentarauten oder -würfel darin von beiden Seiten anbraten und mit den Hähnchenschenkeln und -flügeln servieren.

Tipp: Statt Polenta ist als Beilage auch Reis oder Wildreis zu empfehlen.

Perlhuhn in Wacholderrahm I
Raffiniert – mit Alkohol
4 Portionen

Pro Portion:
E: 48 g, F: 27 g, Kh: 6 g, kJ: 2286, kcal: 545

> 1 küchenfertiges Perlhuhn
> (etwa 1,2 kg)

Für die Marinade:
> 4 Knoblauchzehen
> einige Salbeiblättchen
> 500 ml (½ l) Weißwein
> 1 EL Wacholderbeeren
> 4 EL Olivenöl
> 1 geh. EL Semmelbrösel
> 125 ml (⅛ l) Fleischbrühe
> evtl. Speisestärke
> Salz

Zubereitungszeit: 25 Minuten, ohne Marinierzeit
Garzeit: etwa 60 Minuten

1. Perlhuhn innen und außen unter fließendem kalten Wasser abspülen, trocken tupfen, in 8 gleich große Stücke teilen und in eine flache Schale legen. Die Leber des Perlhuhns beiseitelegen.

2. Für die Marinade Knoblauch abziehen. Salbeiblättchen abspülen und trocken tupfen. Weißwein mit Knoblauch, Salbeiblättchen und 10 Wacholderbeeren verrühren. Die Marinade auf den Perlhuhnteilen verteilen. Zugedeckt und kalt gestellt mindestens 4 Stunden oder über Nacht marinieren.

3. Den Backofen vorheizen.

Ober-/Unterhitze: etwa 200 °C
Heißluft: etwa 180 °C

4. Perlhuhnteile aus der Marinade nehmen und trocken tupfen. Olivenöl in einen großen Bräter geben. Die Perlhuhnteile nebeneinander in den Bräter legen. Restliche Wacholderbeeren klein hacken, mit den Semmelbröseln zu den Perlhuhnteilen geben. Etwas von der Marinade und die Brühe hinzugießen. Den

Bräter auf dem Rost in den vorgeheizten Backofen schieben. Perlhuhnteile etwa 60 Minuten garen.

5. Während der Garzeit nach und nach die restliche Marinade und eventuell noch etwas Brühe hinzugießen.

6. Die Perlhuhnteile aus dem Bräter nehmen und auf einer vorgewärmten Platte anrichten. Den Bratensud etwas einkochen lassen.

7. Die Sauce nach Belieben mit angerührter Speisestärke binden und mit Salz abschmecken.

8. Perlhuhn mit der Sauce servieren.

Beilage: Spätzle oder Bandnudeln.

Tipp: Die Perlhuhnleber abspülen, trocken tupfen, in kleine Würfel schneiden und mit den restlichen Wacholderbeeren (Punkt 4) zu den Perlhuhnteilen geben. Mitgaren lassen.

Perlhuhn mit Rum | Mit Alkohol
4 Portionen

Pro Portion:
E: 77 g, F: 56 g, Kh: 39 g, kJ: 4169, kcal: 995

1	*küchenfertiges Perlhuhn (etwa 1,2 kg)*
	Salz
	frisch gemahlener Pfeffer

Für die Füllung:

50 g	*Korinthen*
4 EL	*Rum*
30 g	*Butter*
100 g	*Geflügelleber*
1	*Perlhuhnleber*
150 g	*roher Schinken*
100 g	*Weißbrot vom Vortag*
5 EL	*Milch*
2 Stängel	*Petersilie*
2	*Knoblauchzehen*
100 g	*Doppelrahm-Frischkäse*
1	*Ei (Größe M)*
2 EL	*Olivenöl*
4	*Schalotten*
100 ml	*Rum*
125 ml (1/8 l)	*warme Geflügelbrühe*

Für den Toast:

50 g	*Butter*
2 EL	*Speiseöl*
4–5	
Scheiben	*Toastbrot*

Außerdem:
Küchengarn oder Holzstäbchen

Zubereitungszeit: 65 Minuten, ohne Einweichzeit
Garzeit: etwa 60 Minuten

1. Perlhuhn innen und außen unter fließendem kalten Wasser abspülen, trocken tupfen, innen und außen mit Salz und Pfeffer einreiben.

2. Für die Füllung die Korinthen in Rum einweichen. Butter in einer Pfanne zerlassen, Geflügelleber und Perlhuhnleber darin kurz anbraten, herausnehmen und in sehr kleine Würfel schneiden. Schinken ebenfalls in kleine Würfel schneiden und mit den Leberwürfeln mischen. Den Backofen vorheizen.

Ober-/Unterhitze: etwa 200 °C
Heißluft: etwa 180 °C

3. Weißbrot zerbröseln und in Milch einweichen. Petersilie abspülen und trocken tupfen. Die Blättchen von den Stängeln zupfen. Blättchen klein schneiden. Knoblauch abziehen und sehr klein würfeln. Frischkäse mit dem Ei verrühren.

4. Leber-Schinkenwürfel-Mischung, Weißbrot, Petersilie, Knoblauch und Frischkäsemasse in einer großen Schüssel vermengen, eingeweichte Korinthen untermischen. Mit Salz und Pfeffer würzen.

5. Zwei Drittel der Masse in das Perlhuhn füllen, restliche Masse beiseitestellen. Perlhuhn mit Küchengarn zunähen oder mit Holzstäbchen feststecken. Perlhuhn mit Salz und Pfeffer bestreuen, in einen Bräter legen und mit Olivenöl bestreichen.

6. Schalotten abziehen und zu dem Perlhuhn in die Form geben. Den Bräter auf dem Rost in den vorgeheizten Backofen schieben. Das Perlhuhn etwa 60 Minuten garen.

7. Das Perlhuhn während der Garzeit nach und nach mit etwas Rum und Geflügelbrühe begießen.

8. Für den Toast Butter in einer Pfanne zerlassen, Speiseöl miterhitzen, Toastbrotscheiben hinzugeben und von beiden Seiten goldgelb rösten, herausnehmen und in eine flache Auflaufform legen. Restliche, beiseitegestellte Füllung darauf verteilen. Die Form auf dem Rost in den heißen Backofen schieben und die Toastscheiben bei gleicher Backofeneinstellung etwa 10 Minuten überbacken.

9. Das Perlhuhn aus dem Bräter nehmen, tranchieren, Küchengarn oder Holzstäbchen entfernen. Perlhuhn auf dem Toastbrot anrichten, die in Scheiben geschnittene Füllung darumlegen. Den Bratensatz mit dem restlichen Rum flambieren und dazu servieren.

Perlhuhn mit Tomaten | Etwas teurer
6 Portionen

Pro Portion:
E: 46 g, F: 22 g, Kh: 3 g, kJ: 1629, kcal: 388

	2 *kleine, küchenfertige Perlhühner oder Hähnchen (je etwa 1 kg)*
je 2	
Stängel	*Rosmarin, Thymian und Salbei*
	Salz
	frisch gemahlener Pfeffer
4 EL	*Olivenöl*

Für das Tomatengemüse:

600 g	*Strauchtomaten*
2	*Schalotten*
1	*Knoblauchzehe*
3 EL	*Olivenöl*
1 Topf	*Basilikum*

Außerdem:

Grillschalen
Speiseöl

Zubereitungszeit: 60 Minuten
Grillzeit: etwa 40 Minuten

1. Den Grill vorheizen.

2. Perlhühner innen und außen unter fließendem kalten Wasser abspülen und trocken tupfen. Perlhühner mit der Brustseite nach unten auf eine Arbeitsfläche legen. Mit einer Geflügelschere rechts und links am Rückenknochen entlang schneiden, so dass dieser entfernt wird.

3. Perlhühner umdrehen und so weit wie möglich auseinanderklappen, dabei jeweils die Perlhuhnbrust mit einer Hand flach drücken.

4. Kräuterstängel abspülen und trocken tupfen (je 1 Kräuterstängel zum Garnieren beiseitelegen). Die Nadeln bzw. Blättchen von den Stängeln zupfen. Nadeln und Blättchen klein schneiden. Jeweils die Haut von der Brust leicht anheben. Die Kräuter zwi-

schen Brust und Haut verteilen. Perlhühner von allen Seiten mit Salz und Pfeffer würzen.

5. Grillschalen mit Speiseöl ausstreichen und die Perlhühner hineinlegen. Die Perlhühner bei mäßiger Glut- bzw. Grillhitze etwa 40 Minuten grillen, dabei ab und zu wenden.

6. Für das Tomatengemüse Tomaten waschen, kreuzweise einschneiden, einige Sekunden in kochendes Wasser legen und in kaltem Wasser abschrecken. Tomaten enthäuten, vierteln, entkernen und die Stängelansätze herausschneiden.

7. Schalotten und Knoblauch abziehen, in kleine Würfel schneiden. Olivenöl in einem Topf erhitzen. Schalotten- und Knoblauchwürfel darin andünsten. Tomatenviertel hinzufügen. Die Tomatenviertel etwa 5 Minuten dünsten. Mit Salz und Pfeffer würzen.

8. Basilikum abspülen und trocken tupfen. Die Blättchen von den Stängeln zupfen (einige Blättchen beiseitelegen). Blättchen klein schneiden.

9. Klein geschnittenes Basilikum unter das Tomatengemüse heben, mit den beiseitegelegten Basilikumblättchen garnieren und mit den Perlhühnern servieren.

Perlhuhnbrüstchen mit Mango-Kürbis-Ragout und Ingwer I

Raffiniert

4 Portionen

Pro Portion:

E: 31 g, F: 21 g, Kh: 9 g, kJ: 1482, kcal: 354

4	Perlhuhnbrüste, ohne Knochen (je etwa 150 g)
	Salz
	frisch gemahlener Pfeffer
40 g	Butterschmalz

Für das Mango-Kürbis-Ragout:

1	Schalotte
1	walnussgroßes Stück frische Ingwerwurzel
120 g	Kürbiswürfel (in Honig eingelegt, aus dem Glas)
120 g	Mango-Fruchtfleisch
200 ml	Gemüsebrühe
1 EL	Crema di Balsamico
1	Bio-Limette (unbehandelt, ungewachst)

Zubereitungszeit: 45 Minuten
Garzeit: etwa 15 Minuten

1. Den Backofen vorheizen.

Ober-/Unterhitze. etwa 180 °C
Heißluft: etwa 160 °C

2. Perlhuhnbrüste unter fließendem kalten Wasser abspülen und trocken tupfen. Mit Salz und Pfeffer würzen.

3. Butterschmalz in einer Pfanne erhitzen. Perlhuhnbrüste darin von beiden Seiten anbraten, herausnehmen und in eine feuerfeste Form geben. Die Form auf dem Rost in den vorgeheizten Backofen schieben. Die Perlhuhnbrüste etwa 15 Minuten garen.

4. In der Zwischenzeit für das Mango-Kürbis-Ragout Schalotte abziehen. Ingwer schälen. Schalotte und Ingwer in kleine Würfel schneiden. Kürbiswürfel abtropfen lassen und in kleinere Würfel schneiden. Mangofruchtfleisch ebenfalls in Größe der Kürbiswürfel schneiden.

5. Schalotten-, Ingwer-, Mango- und Kürbiswürfel in dem verbliebenen Bratfett andünsten. Mit Brühe ablöschen, zum Kochen bringen und um etwa ein Drittel einkochen lassen. Mit Salz, Pfeffer und Crema di Balsamico würzen.

6. Das Mango-Kürbis-Ragout auf einer vorgewärmten Platte anrichten. Die Perlhuhnbrüste darauflegen.

7. Die Limette heiß abwaschen, abtrocknen und die Schale mit einem Zestenreißer abziehen. Die Perlhuhnbrüste mit den Limettenstreifen garnieren.

Beilage: In Butter geschwenkter Reis mit Minzeblättchen.

Tipp: Wer es besonders scharf mag, kann das Ragout mit Chiliflocken anreichern.

Perlhuhnbrüste mit Weintrauben I

Für Gäste

4 Portionen

Pro Portion:

E: 32 g, F: 29 g, Kh: 10 g, kJ: 1904, kcal: 454

200 g	*Wirsing (vorbereitet gewogen etwa 100 g)*
	Salzwasser
je 100 g	*blaue und grüne Weintrauben*
4	*Perlhuhnbrüste (je etwa 200 g), mit Flügelknochen*
	Salz, frisch gemahlener Pfeffer
2 EL	*Speiseöl*
50 g	*durchwachsener Speck*
1	*Zwiebel*
100 ml	*Geflügelfond oder -brühe*
	frisch geriebene Muskatnuss
30 g	*Butter*

Zubereitungszeit: 30 Minuten

Garzeit: etwa 10 Minuten

1. Vom Wirsing die groben, äußeren Blätter lösen. Den Wirsing halbieren und den Strunk herausschneiden. Wirsing waschen, abtropfen lassen, in Rauten schneiden und in kochendem Salzwasser etwa 2 Minuten blanchieren. Wirsingrauten in ein Sieb geben, mit kaltem Wasser übergießen und abtropfen lassen.

2. Weintrauben waschen, abtropfen lassen, entstielen, halbieren und entkernen.

3. Perlhuhnbrüste unter fließendem kalten Wasser abspülen, trocken tupfen, mit Salz und Pfeffer würzen.

4. Speiseöl in einer Pfanne erhitzen. Perlhuhnbrüste darin von beiden Seiten etwa 10 Minuten rosa anbraten, herausnehmen und warm stellen.

5. Speck in Streifen schneiden und in dem verbliebenen Bratfett auslassen. Zwiebel abziehen, klein würfeln und in dem Speckfett glasig dünsten. Wirsingrauten und Weintraubenhälften hinzufügen, mit Fond oder Brühe ablöschen, mit Salz, Pfeffer und Muskatnuss abschmecken und zum Schluss noch die Butter unterrühren.

6. Die Sauce zum Kochen bringen und etwas einkochen lassen. Die Perlhuhnbrüste mit der Sauce anrichten.

Perlhuhnröllchen mit glasierten Kartoffeln | Raffiniert – mit Alkohol

4 Portionen

Pro Portion:
E: 42 g, F: 25 g, Kh: 43 g, kJ: 2610, kcal: 622

1 Stange	Porree (Lauch)
2	Möhren
6 EL	Speiseöl
1 EL	Zuckerrübensirup
4	Perlhuhnbrustfilets (je etwa 150 g)
	Salz
	frisch gemahlener Pfeffer
200 ml	trockener Weißwein

Für die Kartoffeln:

750 g	Kartoffeln
3 EL	Speiseöl
5 EL	Schlagsahne
2 EL	Sojasauce
2 EL	Zuckerrübensirup

Außerdem:

Holzstäbchen

Zubereitungszeit: 45 Minuten
Garzeit Perlhuhnröllchen: 10–15 Minuten
Garzeit Kartoffelkugeln: etwa 15 Minuten
Karamellisierzeit: etwa 3 Minuten

1. Porree putzen, die Stange längs halbieren, gründlich waschen, abtropfen lassen und in ganz feine Streifen schneiden. Möhren putzen, schälen, abspülen, abtropfen lassen und ebenfalls in ganz feine Streifen schneiden.

2. Einen Esslöffel des Speiseöls in einer Pfanne erhitzen, Porree- und Möhrenstreifen darin knapp gar dünsten, Zuckerrübensirup unterrühren.

3. Perlhuhnbrustfilets unter fließendem kalten Wasser abspülen, trocken tupfen und zwischen Frischhaltefolie oder im Gefrierbeutel leicht flach klopfen. Perlhuhnbrustfilets dünn mit 2 Esslöffeln des restlichen Speiseöl beträufeln, mit Salz und Pfeffer würzen.

4. Je 1 Esslöffel der Gemüsestreifen auf den Perlhuhnbrustfilets verteilen, von der schmalen Seite her aufrollen und mit je 2 Holzstäbchen sorgfältig feststecken.

5. Restliches Speiseöl in einer Pfanne erhitzen, Fleischröllchen darin von allen Seiten anbraten, Wein hinzugießen, zum Kochen bringen und zugedeckt 10–15 Minuten garen.

6. In der Zwischenzeit Kartoffeln waschen, schälen, abspülen, abtropfen lassen und mit einem Kugelausstecher kleine Kugeln ausstechen.

7. Den Backofen vorheizen.

Ober-/Unterhitze: etwa 180 °C
Heißluft: etwa 160 °C

8. Speiseöl in einer feuerfesten Pfanne erhitzen, die Kartoffelkugeln darin unter ständigem Wenden etwa 15 Minuten braten.

9. Die garen Fleischröllchen aus der Pfanne nehmen und warm stellen.

10. Sahne unter den Bratenfond rühren, zum Kochen bringen und etwas einkochen lassen. Die Sauce mit Pfeffer und Sojasauce abschmecken.

11. Zuckerrübensirup auf den gebratenen Kartoffelkugeln verteilen, gut durchschütteln, damit alle Kartoffelkugeln mit Sirup überzogen sind. Die Pfanne auf dem Rost in den vorgeheizten Backofen schieben und die Kartoffeln etwa 3 Minuten karamellisieren.

12. Die Perlhuhnröllchen (Holzstäbchen entfernen) mit den glasierten Kartoffeln und der Sauce auf Tellern anrichten.

Tipp: Nach Belieben mit Schnittlauchhalmen, Cocktailtomatenhälften und Möhrenscheiben garnieren. Wer keinen Kugelausstecher hat, kann die Kartoffeln auch in etwa 1 ½ cm große Würfel schneiden und braten.

Extra-Tipp: Statt Perlhuhn- Hähnchenbrust verwenden.

Pochierte Poulardenbrust mit Brunnenkresse | Für Gäste

4 Portionen

Pro Portion:
E: 44 g, F: 66 g, Kh: 10 g, kJ: 3583, kcal: 856

4	Poulardenbrustfilets (je etwa 180 g)
100 g	Staudensellerie
100 g	Porree (Lauch)
100 g	Möhren
100 g	Kartoffeln
375 ml (³/₈ l)	kräftige Hühnerbrühe

Für die Kressesauce:
½ Bund	Brunnenkresse
125 ml (¹/₈ l)	Brühe von den Poulardenbrustfilets
1 Becher (125 g)	Crème double
50 g	kalte Butter
	Salz, frisch gemahlener Pfeffer

Zubereitungszeit: 35 Minuten
Garzeit: etwa 25 Minuten

1. Die Poulardenbrustfilets unter fließendem kalten Wasser abspülen und trocken tupfen. Staudensellerie putzen und die harten Außenfäden abziehen. Sellerie waschen, abtropfen lassen und in feine Streifen schneiden. Porree putzen, die Stange längs halbieren, gründlich waschen, abtropfen lassen und in feine Streifen schneiden. Möhren putzen, schälen, abspülen, abtropfen lassen und in Würfel schneiden. Kartoffeln waschen, schälen, abspülen, abtropfen lassen und ebenfalls in Würfel schneiden.

2. Hühnerbrühe in einem Topf zum Kochen bringen. Vorbereitetes Gemüse und Kartoffelwürfel hinzugeben, wieder zum Kochen bringen und zugedeckt etwa 10 Minuten bei mittlerer Hitze garen. Die Hühner-Gemüse-Brühe durch ein Sieb in einen Topf gießen. Gemüse mit den Kartoffelwürfeln warm stellen. Von der Brühe 125 ml (¹/₈ l) abmessen und beiseitestellen.

3. Poulardenbrustfilets in der restlichen Brühe etwa 15 Minuten bei schwacher Hitze ziehen lassen.

4. In der Zwischenzeit für die Kressesauce Brunnenkresse waschen und trocken tupfen. Die beiseitegestellte Brühe in einem Topf erhitzen. Brunnenkresse hinzugeben, einmal aufkochen lassen und pürieren. Crème double und Butter unterrühren. Die Sauce mit Salz und Pfeffer abschmecken.

5. Poulardenbrustfilets aus der Brühe nehmen, abtropfen lassen und in Scheiben schneiden. Poulardenscheiben auf Kressesauce mit dem Gemüse und den Kartoffeln anrichten.

Beilage: Mailänder Risotto, gemischter Blattsalat.

Pot-au-feu mit Rinderhaxe und Huhn | Klassisch
6 Portionen

Pro Portion:
E: 61 g, F: 52 g, Kh: 18 g, kJ: 3328, kcal: 795

2 dicke
Scheiben **Rinderhaxe, mit Knochen (etwa 700 g)**
1 **küchenfertiges Suppenhuhn (etwa 1 ½ kg)**
1 Bund **Suppengrün (Möhren, Knollensellerie, Porree [Lauch], Frühlingszwiebeln)**
1 Bund **gemischte Kräuter (Petersilie, Thymian, Kerbel)**
1 **Lorbeerblatt**
Salz
frisch gemahlenem Pfeffer
frisch geriebene Muskatnuss
2 ½ l **Wasser**
2 Bund **Suppengrün (Möhren, Knollensellerie, Porree [Lauch])**
2 **weiße Rüben oder Petersilienwurzeln**
2 **Zwiebeln**
500 g **vorwiegend festkochende Kartoffeln**
1 **Kohlrabi**
vorbereitete Majoran- und Petersilienblättchen

Zubereitungszeit: 60 Minuten, ohne Abkühlzeit
Garzeit Fleisch: etwa 1 ½–2 Stunden
Garzeit Gemüse: etwa 15 Minuten

1. Rinderhaxe unter fließendem kalten Wasser abspülen, trocken tupfen. Suppenhuhn innen und außen unter fließendem kalten Wasser abspülen, trocken tupfen.

2. Suppengrün putzen, schälen, abspülen und abtropfen lassen. Kräuter abspülen und trocken tupfen und zusammenbinden. Rinderhaxe mit Suppenhuhn, Suppengrün, Kräutern, Lorbeerblatt, Salz, Pfeffer und Muskat in einen großen Topf geben. Wasser hinzugießen und zum Kochen bringen. Die Brühe abschäumen. Die Zutaten zugedeckt bei schwacher Hitze 1 ½–2 Stunden garen.

3. Möhren, Sellerie und Rüben oder Petersilienwurzeln putzen, schälen, abspülen und abtropfen lassen. Porree putzen, die Stangen längs halbieren, gründlich waschen und abtropfen lassen. Möhren und Rüben oder Petersilienwurzeln in Scheiben, Sellerie in kleine Rauten und Porree in Streifen schneiden. Zwiebeln abziehen und in Scheiben schneiden. Kartoffeln waschen, schälen, abspülen, abtropfen lassen und in Würfel schneiden. Kohlrabi schälen, abspülen, abtropfen lassen und in Stifte schneiden.

4. Rinderhaxe und Suppenhuhn aus der Brühe nehmen und etwas abkühlen lassen. Die Brühe mit dem Suppengrün durch ein Sieb in einen Topf gießen. Suppengrün, Kräuter und Lorbeerblatt entfernen. Rinderhaxe und Hühnerfleisch von den Knochen lösen. Das Fleisch in mundgerechte Stücke schneiden und beiseitelegen.

5. Die Brühe wieder zum Kochen bringen. Die vorbereiteten Gemüsezutaten und Kartoffelwürfel hinzugeben, wieder zum Kochen bringen und 10–15 Minuten bissfest garen.

6. Fleischstücke zum Gemüse in die Brühe geben, zum Kochen bringen und 2–3 Minuten ziehen lassen. Mit Salz und Pfeffer abschmecken.

7. Pot-au-feu mit Majoran- und Petersilienblättchen bestreut servieren.

Poularde, gefüllt mit einer Böhmischen-Knödel-Masse I

Etwas aufwändiger
4 Portionen

Pro Portion:
E: 72 g, F: 55 g, Kh: 39 g, kJ: 3953, kcal: 945

1	küchenfertige Poularde (1,6–1,8 kg) Salz, frisch gemahlener Pfeffer

Für die Füllung:

2	Brötchen (Semmeln) vom Vortag
60 g	Butter
100 g	Weizenmehl
10 g	frische Hefe
1 Prise	Zucker
50 ml	lauwarme Milch
1	Ei (Größe M)
1 gestr. TL	Salz
8	Backpflaumen, ohne Stein
2 Stängel	Thymian

2 EL	Butterschmalz
150 ml	Wasser
60 g	weiche Butter

Außerdem:

6	Rouladennadeln
	Küchengarn

Zubereitungszeit: 50 Minuten, ohne Abkühl-, Teiggeh- und Ruhezeit
Garzeit: 45–60 Minuten

1. Poularde innen und außen unter fließendem kalten Wasser abspülen und gut trocken tupfen. Poularde innen mit Salz und Pfeffer würzen.

2. Brötchen in kleine Würfel schneiden. Butter in einer Pfanne zerlassen. Brötchenwürfel darin von allen Seiten anrösten, herausnehmen und abkühlen lassen.

3. Mehl in eine Rührschüssel geben. In die Mitte eine Vertiefung drücken und die Hefe hineinbröckeln. Zucker und etwas Milch hinzufügen, mit einer Gabel mit einem Teil des Mehls verrühren und zugedeckt 10–15 Minuten gehen lassen.

4. Restliche Milch, Ei und Salz hinzufügen. Zutaten mit Handrührgerät mit Knethaken zunächst kurz auf niedrigster, dann auf höchster Stufe in etwa 5 Minuten zu einem glatten, nicht zu festen Teig verarbeiten.

5. Die Backpflaumen in kurze Streifen schneiden. Thymian abspülen und trocken tupfen. Die Blättchen von den Stängeln zupfen. Blättchen klein schneiden. Brötchenwürfel, Backpflaumenstreifen und Thymian unter den Hefeteig arbeiten. Den Teig zugedeckt so lange an einem warmen Ort gehen lassen, bis er sich verdoppelt hat (etwa 30 Minuten). Backofen vorheizen.

Ober-/Unterhitze: etwa 180 °C
Heißluft: etwa 160 °C

6. Den Teig kurz durchkneten und in die Poularde füllen. Die Bauchöffnung mit Rouladennadeln und Küchengarn verschließen. Die Flügel mit Küchengarn unter den Körper binden, Keulen zusammenbinden. Poularde von außen mit Salz und Pfeffer einreiben.

7. Butterschmalz in einer großen Pfanne erhitzen. Die Poularde darin von allen Seiten goldbraun anbraten und auf ein Backblech setzen. Wasser hinzugießen. Die Poularde mit Butter bestreichen. Das Backblech in den vorgeheizten Backofen schieben. Die Poularde 45–60 Minuten garen.

8. Die Poularde vom Backblech nehmen und etwa 5 Minuten ruhen lassen. Rouladennadeln und Küchengarn entfernen. Die Poularde mit einer Geflügelschere in Portionsstücke schneiden. Die Poulardenstücke warm stellen und die Füllung in Scheiben schneiden.

9. Die Poulardenstücke und die in Scheiben geschnittene Füllung auf einem vorgewärmten Teller anrichten und mit einem Teil des entstandenen Bratensaftes übergießen.

Tipp: Zu der Poularde einen Endiviensalat mit einem Dressing aus 2 Esslöffeln Joghurt, 1 Teelöffel mittelscharfen Senf, 4 Esslöffeln Traubenkernöl, 1 Esslöffel Obstessig, Salz und Pfeffer zubereiten und servieren.

Poularde im Gemüsebett | Deftig
4 Portionen

Pro Portion:
E: 64 g, F: 60 g, Kh: 23 g, kJ: 3999, kcal: 954

1	*küchenfertige Poularde (etwa 1,2 kg)*
1 EL	*Zitronensaft*
2 EL	*Sojasauce*
350 g	*kleine Möhren*
350 g	*Kohlrabi*
350 g	*kleine Kartoffeln*
350 g	*zarte, grüne Bohnen*
	Salz
	frisch gemahlener Pfeffer
2 EL	*Petersilienblättchen*
20 g	*Butter*

Zubereitungszeit: 85 Minuten
Garzeit: etwa 60 Minuten

1. Poularde innen und außen unter fließendem kalten Wasser abspülen und trocken tupfen. Mit Zitronensaft und Sojasauce bestreichen.

2. Möhren putzen, dabei etwas Grün stehen lassen. Möhren schälen, abspülen und abtropfen lassen. Kohlrabi schälen, abspülen, halbieren und in Achtel schneiden. Kartoffeln waschen, schälen, abspülen und abtropfen lassen. Von den Bohnen die Enden abschneiden. Bohnen abfädeln, waschen und abtropfen lassen. Die einzelnen Gemüsesorten jeweils mit Salz und Pfeffer bestreuen.

3. Möhren und Kartoffeln getrennt nebeneinander in einen gewässerten Römertopf® geben. Die Poularde darauflegen, zur Hälfte mit Bohnen, zur anderen Hälfte mit Kohlrabi um- und belegen. Den Römertopf® mit dem Deckel verschließen und auf dem Rost in den kalten Backofen schieben.

Ober-/Unterhitze: etwa 220 °C
Heißluft: etwa 200 °C
Garzeit: etwa 60 Minuten.

4. Die Poularde aus dem Römertopf® nehmen und tranchieren. Gemüse ebenfalls herausnehmen und nach Sorten getrennt auf einer vorgewärmten Platte anrichten, mit Petersilienblättchen bestreuen und mit Butterflöckchen belegen. Poularde darauf anrichten.

Poularde mit Roquefortfüllung I

Raffiniert

4 Portionen

Pro Portion:
E: 70 g, F: 87 g, Kh: 17 g, kJ: 5246, kcal: 1252

Für die Füllung:

1	*Brötchen (Semmel) vom Vortag*
125 g	*Roquefort-Käse*
1 Becher	
(150 g)	*Crème fraîche*
1	*Ei (Größe M)*
2 EL	*abgezogene, gemahlene Mandeln*
1 EL	*Semmelbrösel*
1 EL	*gehackte Estragonblättchen*
1	*küchenfertige Poularde*
	(etwa 1,2 kg)
	Salz, frisch gemahlener Pfeffer
2 EL	*Butterschmalz*
3	*Tomaten*
2	*große Zwiebeln*
3–4 kleine	
Stängel	*Thymian*
250 ml (¼ l)	*Weißwein*
etwas	*Weißwein*
	Worcestersauce

Außerdem:

Küchengarn

Zubereitungszeit: 30 Minuten
Garzeit: etwa 60 Minuten

1. Den Backofen vorheizen.

Ober-/Unterhitze: 200–220 °C
Heißluft: 180–200 °C

2. Für die Füllung Brötchen in kaltem Wasser einweichen und gut ausdrücken. Brötchen mit Roquefort und 100 g Crème fraîche pürieren. Ei, Mandeln, Semmelbrösel und Estragonblättchen unterrühren.

3. Die Poularde unter fließendem kalten Wasser abspülen, trocken tupfen, mit der Roquefortmasse füllen. Die Öffnung mit Küchengarn zubinden. Poularde außen mit Salz und Pfeffer einreiben.

4. Butterschmalz in einem Bräter erhitzen. Poularde darin von allen Seiten gut anbraten.

5. Tomaten waschen, abtrocknen und die Stängelansätze herausschneiden. Tomaten vierteln. Zwiebeln abziehen und vierteln. Tomaten- und Zwiebelviertel zu der Poularde in den Bräter geben und mitdünsten lassen.

6. Thymian abspülen, trocken tupfen, mit etwas Wein zu der Poularde geben. Den Bräter ohne Deckel auf dem Rost in den vorgeheizten Backofen schieben. Die Poularde etwa 60 Minuten garen. Verdampfte Flüssigkeit nach und nach durch Wein ersetzen. Die Poularde während der Garzeit ab und zu wenden.

7. Die Poularde aus dem Bräter nehmen. Küchengarn entfernen. Poularde in Portionsstücke schneiden. Die Füllung in Scheiben schneiden. Warm stellen.

8. Den Bratensatz mit Wein loskochen, durch ein Sieb streichen und etwas einkochen lassen. Die Sauce mit Worcestersauce, Salz und Pfeffer abschmecken. Restliche Crème fraîche unterrühren.

9. Die Poularde mit den Roquefortscheiben auf einer vorgewärmten Platte anrichten. Die Sauce dazureichen.

Beilage: Semmelknödel.

Poulardenbrust auf Frühlingsgemüse | Für Gäste
4 Portionen

Pro Portion:
E: 42 g, F: 46 g, Kh: 20 g, kJ: 2767, kcal: 661

4	*Poulardenbrustfilets*
	(je etwa 150 g)
	Salz, frisch gemahlener Pfeffer
3–4 EL	*Speiseöl*
1 Bund	*Frühlingszwiebeln*
125 g	*Zuckerschoten*
1 Bund	*junge Möhren*
125 g	*frische Maiskölbchen*
	(erhältlich im Asialaden,
	ersatzweise aus der Dose)
2 EL	*Austernsauce*
2 EL	*Fischsauce*
1 Prise	*Zucker*
1 Stängel	*frische Minze*
1 Stängel	*Thai-Basilikum*
	(erhältlich im Asialaden)

Außerdem:

Alufolie

Zubereitungszeit: 45 Minuten
Garzeit Poulardenbrustfilets: 10–12 Minuten
Garzeit Gemüse: etwa 5 Minuten

1. Den Backofen vorheizen.

Ober-/Unterhitze etwa 180 °C
Heißluft: etwa 160 °C

2. Die Poulardenbrustfilets unter fließendem kalten Wasser abspülen, trocken tupfen, mit Salz und Pfeffer würzen. Jeweils etwas Speiseöl in einem Wok erhitzen. Poulardenbrustfilets darin nacheinander von allen Seiten gut anbraten, herausnehmen und auf ein Backblech legen. Das Backblech in den vorgeheizten Backofen schieben. Die Poulardenbrustfilets in 10–12 Minuten fertig garen. Die Poulardenbrustfilets mit Alufolie zudecken und warm stellen.

3. In der Zwischenzeit Frühlingszwiebeln putzen, waschen, abtropfen lassen und schräg in dünne Scheiben schneiden. Von den Zuckerschoten die Enden abschneiden, eventuell abfädeln. Zuckerschoten abspülen, abtropfen lassen, große Schoten schräg halbieren. Möhren putzen, schälen, abspülen, abtropfen lassen und in Scheiben schneiden.

4. Restliches Speiseöl im Wok erhitzen. Zuerst die Möhrenscheiben, dann nach und nach Maiskölbchen und das restliche vorbereitete Gemüse hinzugeben. Insgesamt etwa 5 Minuten unter Rühren dünsten (das Gemüse soll bissfest bleiben). Das Gemüse mit Austernsauce, Fischsauce und Zucker würzen.

5. Minze und Thai-Basilikum abspülen und trocken tupfen. Die Blättchen von den Stängeln zupfen (einige Basilikumblättchen zum Garnieren beiseitelegen). Blättchen in Streifen schneiden und unter das Gemüse heben. Das Frühlingsgemüse sofort auf 4 Teller verteilen. Die Poulardenbrustfilets schräg halbieren, auf das Gemüse legen und mit den beiseitegelegten Basilikumblättchen garnieren.

Tipp: Sie können die Poulardenbrustfilets statt im Backofen auch im Wok fertig garen. Dazu nach dem Anbraten die Brustfilets in dem Wok bei mittlerer Hitze in 10–12 Minuten fertig braten, gelegentlich wenden.

Poulardenbrust mit Porreesauce I

Schnell – mit Alkohol
4 Portionen

Pro Portion:
E: 32 g, F: 69 g, Kh: 9 g, kJ: 3670, kcal: 876

4	*Poulardenbrustfilets (je etwa 150 g)*
	Salz
	frisch gemahlener Pfeffer
1	*Schalotte*
2 Stangen	*Porree (Lauch)*
100 g	*Butter*
4 cl	*Wermut (Noilly Prat)*
250 ml (¼ l)	*Weißwein*
125 g	*Schlagsahne*
1 Becher (150 g)	*Crème fraîche*
2 EL	*Schnittlauchröllchen*

Zubereitungszeit: 25 Minuten
Garzeit: etwa 10 Minuten

1. Poulardenbrust unter fließendem kalten Wasser abspülen, trocken tupfen. Mit Salz und Pfeffer würzen.

2. Schalotte abziehen und in kleine Würfel schneiden. Porree putzen, die Stangen längs halbieren, gründlich waschen, abtropfen lassen und in Streifen schneiden. Kurz in kochendem Wasser blanchieren, in ein Sieb geben, mit kaltem Wasser abschrecken, abtropfen lassen.

3. Butter in einer Pfanne zerlassen. Poulardenbrustfilets darin etwa 10 Minuten von beiden Seiten goldbraun braten. Schalottenwürfel hinzugeben und mit andünsten. Fleisch herausnehmen und warm stellen.

4. Den Bratensatz mit Noilly Prat und Weißwein ablöschen. Sahne hinzugießen, zum Kochen bringen und auf die gewünschte Konsistenz einkochen, Crème fraîche unterheben.

5. Porreestreifen hinzugeben und einige Minuten ziehen lassen. Die Sauce mit Salz und Pfeffer abschmecken, Schnittlauchröllchen unterrühren. Die Poulardenbrustfilets auf der Porreesauce anrichten.

Poulardenbrust mit Roquefort gefüllt I

Raffiniert – mit Alkohol

4 Portionen

Pro Portion:

E: 45 g, F: 78 g, Kh: 19 g, kJ: 4242, kcal: 1013

4	*enthäutete Poulardenbrustfilets*
	(je etwa 180 g)
	Salz
	frisch gemahlener Pfeffer
120 g	*Roquefort-Käse*
40 g	*weiche Butter*
8 cl	*Armagnac*
40 g	*Weizenmehl*
1	*verschlagenes Ei (Größe M)*
60 g	*Semmelbrösel*
1 kg	*Pflanzenfett*

Außerdem:

Holzstäbchen

Zubereitungszeit: 25 Minuten
Garzeit: etwa 10 Minuten

1. Die Poulardenbrustfilets unter fließendem kalten Wasser abspülen und trocken tupfen. Die Filets zwischen Klarsichtfolie oder in einen aufgeschnittenen Gefrierbeutel legen und etwas flach klopfen, mit Salz und Pfeffer würzen.

2. Roquefort mit einer Gabel zerdrücken, mit Butter und Armagnac verkneten und auf den Poulardenbrustfilets verteilen. Poulardenbrustfilets jeweils zusammenklappen, gut festdrücken und mit Holzstäbchen feststecken.

3. Die gefüllten Poulardenbrustfilets zuerst in Mehl wenden, dann durch das verschlagene Ei ziehen, abstreifen und zuletzt in Semmelbröseln wenden. Panade gut andrücken.

4. Das Pflanzenfett in einer Fritteuse oder einem hohen Topf auf etwa 160 °C erhitzen. Die gefüllten Poulardenbrustfilets darin etwa 10 Minuten goldbraun ausbacken, mit einem Schaumlöffel herausnehmen und auf Küchenpapier abtropfen lassen. Holzstäbchen entfernen.

Beilage: Zuckerschoten und Möhrenstifte.

Pute, gefüllt | Klassisch – mit Alkohol
8 Portionen

Pro Portion:
E: 14 g, F: 25 g, Kh: 6 g, kJ: 1344, kcal: 321

> 1 küchenfertige Pute (etwa 3 kg)
> Salz
> frisch gemahlener Pfeffer

Für die Füllung:

> 250 g Thüringer Mett
> gerebelter Thymian
> gerebelter Beifuß
> 1 Ei (Größe M)
> 20 g Margarine oder Butter
> 30 g gewürfelte Putenleber
> 1 gewürfelte, mittelgroße Zwiebel
> 125 g grüne, kernlose Weintrauben
> 1 EL gehackte Kräuter, z. B.
> Schnittlauch, Petersilie
>
> 125 g durchwachsener Speck,
> in Scheiben
> heißes Wasser
> kaltes Salzwasser
> 30 g Weizenmehl
> 3 EL kaltes Wasser
> 2 EL Madeira (Dessertwein)

Außerdem:

> Küchengarn

Zubereitungszeit: 45 Minuten
Garzeit: 2 ½–3 Stunden

1. Den Backofen vorheizen.

Ober-/Unterhitze: etwa 200 °C
Heißluft: etwa 180 °C

2. Pute innen und außen unter fließendem kalten Wasser abspülen und trocken tupfen. Pute innen und außen mit Salz und Pfeffer einreiben.

3. Für die Füllung Mett mit Salz, Pfeffer, Thymian und Beifuß würzen, mit dem Ei vermengen.

4. Margarine oder Butter in einer kleinen Pfanne zerlassen. Leberstückchen darin anbraten. Zwiebelwürfel hinzugeben und mit andünsten.

5. Weintrauben waschen, gut abtropfen lassen, entstielen und halbieren. Leber-Zwiebel-Masse, Weintraubenhälften und Kräuter zu der Mettmasse geben, gut untermengen. Die Pute damit füllen. Die Öffnung mit Küchengarn zunähen.

6. Die Pute mit der Brust nach oben in einen mit Wasser ausgespülten Bräter legen. Die Brust mit Speckscheiben belegen. Den Bräter auf dem Rost in den vorgeheizten Backofen (untere Schiene) schieben. Die Pute 2 ½–3 Stunden garen.

7. Sobald der Bratensatz bräunt, etwas heißes Wasser hinzugießen. Die Pute ab und zu mit dem Bratensatz begießen. Verdampfte Flüssigkeit nach und nach durch heißes Wasser ersetzen. Nach etwa 2 Stunden Garzeit die Speckscheiben entfernen.

8. Etwa 10 Minuten vor Ende der Garzeit die Backofentemperatur um etwa 20 °C erhöhen. Die Pute mit kaltem Salzwasser bestreichen, damit die Haut schön kross wird. Pute fertig garen. Aus dem Backofen nehmen. Küchengarn entfernen. Pute in Portionsstücke teilen. Die Füllung in Scheiben schneiden, auf einer vorgewärmten Platte anrichten und warm stellen.

9. Den Bratensatz mit etwas Wasser loskochen, durch ein Sieb in einen Topf gießen, mit Wasser auf 500 ml (½ l) auffüllen und zum Kochen bringen. Mehl mit Wasser anrühren. Die Sauce damit binden. Mit Salz und Pfeffer würzen, Madeira unterrühren. Die Sauce zu der Pute reichen.

Pute, gefüllt mit Sherry-Pflaumen I

Dauert länger – raffiniert – mit Alkohol
6 Portionen

Pro Portion:
E: 91 g, F: 74 g, Kh: 15 g, kJ: 4965, kcal: 1186

100 g	Backpflaumen
3–4 EL	Sherry (Fino)
1	küchenfertige Babypute (etwa 2 kg)
	Salz, frisch gemahlener Pfeffer
1 TL	gerebelter Thymian
1 TL	gerebelter Rosmarin
1 EL	abgeriebene Schale von 1 Bio-Zitrone (unbehandelt, ungewachst)
2	abgezogene Knoblauchzehen
4 EL	Olivenöl
300 g	gut gewürztes Bratwurstbrät
50 g	gewürfelter Schinkenspeck
1	gewürfelte Zwiebel
1	Ei (Größe M)
1	Eigelb (Größe M)
2–3 EL	Semmelbrösel
1 Msp.	Cayennepfeffer
2 EL	gehackte Petersilie
100 g	gewürfelter, fetter Speck
6 große	
Scheiben	luftgetrockneter Schinken
500 ml (½ l)	Weißwein
	Zucker, Zitronensaft
evtl.	Saucenbinder

Außerdem:

Küchengarn

Zubereitungszeit: 50 Minuten, ohne Ruhezeit
Garzeit: etwa 2 Stunden

1. Den Backofen vorheizen.

Ober-/Unterhitze: 180–200 °C
Heißluft: 160–180 °C

2. Backpflaumen in Sherry marinieren. Babypute innen und außen unter fließendem kalten Wasser abspülen und trocken tupfen. Mit Salz und Pfeffer kräftig würzen. Thymian mit Rosmarin, Zitronenschale und Knoblauch in einen Mörser geben und zerreiben. Gewürzmischung mit Olivenöl verrühren. Die Babypute damit innen und außen kräftig einstreichen.

3. Bratwurstbrät mit Schinkenspeck-, Zwiebelwürfeln, Ei, Eigelb und den entsteinten und klein geschnittenen Backpflaumen mit der Einweichflüssigkeit in einer Schüssel gut vermischen. Je nach Bedarf mit Semmelbröseln binden, mit Salz, Pfeffer und Cayennepfeffer kräftig würzen.

4. Petersilie unter die Bratwurstbrätmasse geben. Die Babypute damit füllen. Die Öffnung mit Küchengarn zunähen. Speckwürfel in einen Bräter geben.

5. Die Putenbrust mit Schinkenscheiben belegen. Die Babypute mit der Brust nach oben in einen Bräter setzen. Den Bräter auf dem Rost in den vorgeheizten Backofen schieben. Etwa 2 Stunden garen. Wenn der Bratensatz anfängt zu bräunen, etwas Wein hinzugießen. Verdampfte Flüssigkeit nach und nach durch Wein ersetzen.

6. Die gare Babypute aus dem Bräter nehmen und das Küchengarn entfernen. Babypute zugedeckt etwa 5 Minuten ruhen lassen, dann tranchieren und mit der Füllung auf einer vorgewärmten Platte anrichten. Den Bratenfond eventuell mit restlichem Wein oder Wasser auf 375 ml (⅜ l) auffüllen, mit Salz, Pfeffer, Zucker und Zitronensaft abschmecken. Nach Belieben mit Saucenbinder binden. Pute mit der Sauce servieren.

Pute mit Kastanienfüllung I

Dauert länger – mit Alkohol

8 Portionen

Pro Portion:
E: 72 g, F: 62 g, Kh: 14 g, kJ: 4225, kcal: 1010

1 küchenfertige Pute (etwa 3,5 kg)

Für die Füllung:

200 g	Putenleber
125 g	Schweineleber
300 g	Esskastanien (Maronen, aus der Dose)
250 g	Thüringer Mett
	Salz, frisch gemahlener Pfeffer

4–5 Scheiben	fetter Speck
1 EL	weiche Butter
1 Bund	Suppengrün (Möhren, Sellerie, Porree [Lauch])
	heißes Wasser
	kaltes Salzwasser
2 EL	Weizenmehl
3 EL	kaltes Wasser
	Weinbrand

Außerdem:

Küchengarn

Zubereitungszeit: 50 Minuten, ohne Ruhezeit
Garzeit: etwa 3 Stunden

1. Den Backofen vorheizen.

Ober-/Unterhitze: etwa 200 °C
Heißluft: etwa 180 °C

2. Pute innen und außen unter fließendem kalten Wasser abspülen und trocken tupfen.

3. Für die Füllung Puten- und Schweineleber unter fließendem kalten Wasser abspülen, trocken tupfen und in Würfel schneiden. Esskastanien in einem Sieb abtropfen lassen, mit den Leberwürfeln und Mett verrühren, mit Salz und Pfeffer würzen.

4. Pute innen mit Salz würzen, mit der Kastanienmasse füllen. Die Öffnung mit Küchengarn zunähen. Pute außen mit Salz und Pfeffer einreiben. Die Putenbrust mit Speckscheiben belegen und mit Küchengarn umwickeln.

5. Einen großen Bräter mit Wasser ausspülen, die Pute mit der Brust nach oben hineinlegen. Butter in Flöckchen auf der Pute verteilen.

6. Herz, Magen und der Hals der Pute unter fließendem kalten Wasser abspülen und trocken tupfen. Suppengrün putzen, schälen, waschen, abtropfen lassen und in Stücke schneiden. Herz, Magen, Hals und Suppengrün um die Pute legen.

7. Den Bräter auf dem Rost in den vorgeheizten Backofen schieben. Die Pute etwa 3 Stunden garen.

8. Sobald der Bratensatz anfängt zu bräunen, etwas heißes Wasser hinzugießen. Die Pute ab und zu mit dem Bratensatz begießen. Verdampfte Flüssigkeit nach und nach durch heißes Wasser ersetzen.

9. Die Speckscheiben 30–40 Minuten vor Ende der Garzeit von der Putenbrust entfernen. Die Pute etwa 20 Minuten vor Ende der Garzeit mit Salzwasser bestreichen.

10. Die gare Pute aus dem Bräter nehmen und zugedeckt etwa 10 Minuten ruhen lassen, dann Küchengarn entfernen. Pute in Portionsstücke schneiden und auf einer vorgewärmten Platte anrichten. Die Kastanienfüllung in Scheiben schneiden. Herz, Magen und Putenhals anderweitig verwenden.

11. Für die Sauce den Bratensatz mit Wasser loskochen, mit dem Gemüse durch ein Sieb streichen, eventuell mit Wasser auffüllen und zum Kochen bringen.

12. Nach Belieben Mehl mit kaltem Wasser anrühren, den Bratensatz damit binden. Die Sauce mit Salz, Pfeffer und Weinbrand abschmecken. Die Sauce zu der Pute reichen.

Beilage: Buchweizenklöße, Rosenkohl.

Putenbraten mit Aprikosensauce I
Mit Alkohol
6 Portionen

Pro Portion:
E: 65 g, F: 10 g, Kh: 99 g, kJ: 3321, kcal: 794

1 ¼ kg	*Putenbrustfilet*
	Salz
	frisch gemahlener Pfeffer
	gemahlener Koriander
3 EL	*Speiseöl, z. B. Rapsöl*

Für die Sauce:

200 g	*getrocknete Aprikosen*
2 TL	*abgeriebene Schale von*
	1 Bio-Orange (unbehandelt,
	ungewachst)
250 ml (¼ l)	*Orangensaft*
2 TL	*fein gewürfelte Ingwerwurzel*
2 EL	*Weißweinessig*
2 EL	*Aprikosenkonfitüre*
250 ml (¼ l)	*Weißwein*
4 EL	*Sojasauce*

6 l	*Wasser*
6 gestr. TL	*Salz*
600 g	*grüne Bandnudeln*
1 EL	*Speisestärke*
2 EL	*kaltes Wasser*

Zubereitungszeit: 25 Minuten
Garzeit: etwa 5 Stunden

1. Den Backofen vorheizen.

Ober-/Unterhitze: etwa 80 °C

2. Putenbrust unter fließendem kalten Wasser abspülen, trocken tupfen, mit Salz, Pfeffer und Koriander würzen. Speiseöl in einem großen, flachen Bräter erhitzen. Putenbrust darin etwa 8 Minuten von allen Seiten gut anbraten.

3. Für die Sauce Aprikosen in kleine Stücke schneiden. Mit Orangenschale, -saft, Ingwerwürfeln, Essig, Salz, Konfitüre, Wein und Sojasauce verrühren. Die Sauce zu der angebratenen Putenbrust in den Bräter geben.

4. Den Bräter auf dem Rost (unteres Drittel) in den vorgeheizten Backofen schieben. Die Putenbrust etwa 5 Stunden garen.

5. Etwa 30 Minuten vor Ende der Garzeit Wasser in einem großen Topf mit geschlossenem Deckel zum Kochen bringen. Dann Salz und Nudeln hinzugeben. Die Nudeln im geöffneten Topf bei mittlerer Hitze nach Packungsanleitung kochen lassen, dabei zwischendurch 4–5-mal umrühren. Dann die Nudeln in ein Sieb geben, mit heißem Wasser abspülen und abtropfen lassen. Nudeln warm stellen.

6. Den Bräter aus dem Backofen nehmen. Putenbrust warm stellen. Speisestärke mit Wasser anrühren, in die Aprikosensauce rühren und unter Rühren kurz aufkochen lassen. Die Sauce mit Salz und Pfeffer abschmecken. Putenbrust in Scheiben schneiden, auf einer vorgewärmten Platte mit der Aprikosensauce anrichten und mit Bandnudeln servieren.

Tipp: Die Putenbrust mit Koriandergrün garniert servieren.

Puten-Brokkoli-Reispfanne I

Vollwertig – für Kinder

4 Portionen

Pro Portion:
E: 29 g, F: 9 g, Kh: 42 g, kJ: 1540, kcal: 367

175 g	Naturreis
400 ml	Salzwasser
300 g	Putenbrustfilet
1	Zwiebel
1	Knoblauchzehe
750 g	Brokkoli
4	Fleischtomaten (etwa 800 g)
2 TL	gehobelte Mandeln
1 EL	Speiseöl, z. B. Olivenöl
	Salz
	frisch gemahlener Pfeffer
200 ml	Gemüsebrühe
100 g	saure Sahne
½ Bund	frisches Basilikum

Zubereitungszeit: 50 Minuten
Garzeit: etwa 11 Minuten

1. Reis in kochendem Salzwasser nach Packungs-anleitung quellen lassen.

2. In der Zwischenzeit Putenbrustfilet unter fließen-dem kalten Wasser abspülen, mit Küchenpapier gut trocken tupfen und in Streifen schneiden. Zwiebel und Knoblauch abziehen, klein würfeln.

3. Von dem Brokkoli die Blätter entfernen. Brokkoli in Röschen teilen, waschen und abtropfen lassen. Dickere Stiele schälen und klein schneiden. Tomaten waschen, trocken tupfen, vierteln und die Stängel-ansätze herausschneiden. Tomatenviertel eventuell entkernen und in Würfel schneiden.

4. Mandeln in einem Wok ohne Fett leicht bräunen, herausnehmen und auf einem Teller erkalten lassen.

5. Olivenöl im Wok erhitzen, die Putenbruststreifen darin unter Wenden etwa 4 Minuten braten. Puten-bruststreifen mit Salz und Pfeffer würzen, heraus-nehmen.

6. Zwiebel- und Knoblauchwürfel in dem verbliebe-nen Bratfett glasig dünsten. Brokkoliröschen hinzu-geben und kurz mit andünsten, Brühe hinzugießen. Brokkoliröschen zugedeckt bei schwacher Hitze etwa 4 Minuten garen.

7. Den gegarten Reis eventuell abgießen. Reis, Puten-bruststreifen und Tomatenwürfel vorsichtig unter die Brokkoliröschen heben. Bei schwacher Hitze etwa 3 Minuten erhitzen. Puten-Brokkoli-Reispfanne mit Salz und Pfeffer abschmecken.

8. Saure Sahne glattrühren, mit etwas Salz und Pfeffer abschmecken. Basilikum abspülen und tro-cken tupfen. Die Blättchen von den Stängeln zupfen. Blättchen in feine Streifen schneiden und mit der sau-ren Sahne verrühren. Puten-Brokkoli-Reispfanne mit saurer Sahne und Mandeln in einer flachen Schale anrichten, sofort servieren.

Tipp: Statt Putenbrustfilet in Streifen können Sie diese Reispfanne auch mit Schweinefilet anrichten. Dazu 1 Schweinefilet (etwa 300 g) in einer Pfanne mit 1–2 Esslöffeln Speiseöl unter Wenden 12–15 Minuten braten. Filet in dickere Scheiben schneiden und auf der Reispfanne anrichten.

Putenbrust in der Kartoffelkruste I
Für die Party – mit Alkohol
12 Portionen

Pro Portion:
E: 40 g, F: 7 g, Kh: 20 g, kJ: 1416, kcal: 338

2	*Putenbrustfilets (je etwa 750 g)*
	Salz
	frisch gemahlener Pfeffer
4 EL	*Speiseöl*
2	*Schweinenetze (beim Metzger vorbestellen)*
2	*Eier (Größe M)*
1 kg	*große, festkochende Kartoffeln*
500 g	*kleine Schalotten*
500 g	*Staudensellerie*
500 g	*Cocktailtomaten*
200 ml	*trockener Weißwein*
400 ml	*Geflügelbrühe oder -fond*

Zubereitungszeit: 90 Minuten, ohne Ruhezeit
Garzeit: etwa 90 Minuten

1. Den Backofen vorheizen.

Ober-/Unterhitze: 180–200 °C
Heißluft: 160–180 °C

2. Putenbrustfilets unter fließendem kalten Wasser abspülen und trocken tupfen. Mit Salz und Pfeffer würzen. Speiseöl in einer Pfanne erhitzen. Die Putenbrustfilets darin von beiden Seiten anbraten.

3. Auf einer Arbeitsfläche zwei Schweinenetze ausbreiten und je 1 Putenbrustfilet darauflegen. Eier verschlagen, die Putenbrustfilets damit bestreichen.

4. Kartoffeln waschen, schälen, abspülen, abtropfen lassen und in dünne Scheiben schneiden oder hobeln. Die Kartoffelscheiben dachziegelartig auf den Putenbrustfilets verteilen. Jeweils mit einem Schweinenetz umwickeln und in einen Bräter oder eine Fettfangschale legen. Den Bräter auf dem Rost oder die Fettfangschale in den vorgeheizten Backofen schieben. Putenbrustfilets etwa 90 Minuten garen.

5. Die Schalotten abziehen und eventuell halbieren. Sellerie putzen und die harten Außenfäden abziehen. Selleriestangen waschen, abtropfen lassen und in 2–3 cm lange Stücke schneiden. Tomaten waschen, abtropfen lassen und eventuell die Stängelansätze herausschneiden.

6. Schalotten, Selleriestücke und Tomaten nach der Hälfte der Garzeit zu den Putenbrustfilets geben und mitgaren lassen. Weißwein und Brühe oder Fond hinzugießen. Die Putenbrustfilets ab und zu mit dem Bratenfond begießen.

7. Die garen Putenbrustfilets aus dem Bräter oder der Fettfangschale nehmen und zugedeckt etwa 10 Minuten ruhen lassen. Dann Schweinenetze entfernen. Putenbrustfilets in dicke Scheiben schneiden und mit dem Gemüse servieren.

Abwandlung: Statt der Putenbrustfilets kann dieses Gericht auch mit Schweinebraten (2 Stücke aus der Oberschale je etwa 800 g) zubereitet werden. Dann beträgt die Garzeit etwa 2 Stunden und 10 Minuten.

Putenbrust mit Fenchel | Mit Alkohol
4–6 Portionen

Pro Portion:
E: 57 g, F: 17 g, Kh: 10 g, kJ: 1876, kcal: 449

1 kg	Putenbrust
	Salz
	frisch gemahlener Pfeffer
3 EL	Speiseöl, z. B. Rapsöl
2–3	Fenchelknollen (etwa 800 g)
200 ml	trockener Weißwein
2 EL	Zitronensaft
1 gestr. TL	Salz
1 Prise	Zucker
400 g	Champignons
1 Bund	Frühlingszwiebeln
80 g	getrocknete Tomaten in Öl
200 ml	Geflügelfond oder -brühe
100 g	Schlagsahne

Zubereitungszeit: 50 Minuten
Garzeit: etwa 4 Stunden

1. Den Backofen vorheizen.

Ober-/Unterhitze: etwa 80 °C

2. Einen großen, feuerfesten Teller oder eine Auflaufform mit flachem Rand auf dem Rost (mittlere Schiene) miterwärmen.

3. Putenbrust unter fließendem kalten Wasser abspülen, trocken tupfen, mit Salz und Pfeffer würzen. Speiseöl in einer Pfanne erhitzen. Die Putenbrust darin etwa 6 Minuten von allen Seiten gut anbraten. Putenbrust herausnehmen und auf dem vorgewärmten Teller oder in der Auflaufform in den Backofen schieben. Putenbrust etwa 4 Stunden garen. Die Pfanne mit dem Bratensatz beiseitestellen.

4. Etwa 45 Minuten vor Ende der Garzeit von den Fenchelknollen die Stiele dicht oberhalb der Knollen abschneiden. Braune Stellen und Blätter entfernen, die Wurzelenden gerade schneiden. Knollen waschen, abtropfen lassen und halbieren.

5. Die Fenchelhälften in einen großen, flachen Topf legen. Weißwein mit Zitronensaft, Salz und Zucker verrühren, zu den Fenchelhälften geben und zum Kochen bringen. Fenchelhälften zugedeckt etwa 20 Minuten köcheln lassen.

6. Champignons putzen, mit Küchenpapier abreiben, eventuell abspülen, trocken tupfen und in Scheiben schneiden. Frühlingszwiebeln putzen, waschen, abtropfen lassen und in etwa 2 cm lange Stücke schneiden. Tomaten in einem Sieb etwas abtropfen lassen und in kleine Stücke schneiden.

7. Beiseitegestellte Pfanne mit dem Bratensatz erhitzen, Champignonscheiben darin leicht anbraten, Geflügelfond und Sahne hinzugießen, zum Kochen bringen. Die Sauce etwa 5 Minuten köcheln lassen. Frühlingszwiebel- und Tomatenstücke in die Sauce geben und miterwärmen.

8. Putenbrust aus dem Backofen nehmen. Den Bratensaft in die Sauce rühren. Die Putenbrust in Scheiben schneiden, auf der Gemüsesauce anrichten und mit den Fenchelhälften servieren.

Putenbrust mit Gemüsefüllung I
Für Gäste
4 Portionen

Pro Portion:
E: 72 g, F: 46 g, Kh: 14 g, kJ: 3391, kcal: 810

1 kg	*Putenbrustfilet*
	Salz, frisch gemahlener Pfeffer
750 g	*Brokkoliröschen*
500 g	*Möhren, in dünnen Scheiben*
750 ml (¾ l)	*Salzwasser*
50 g	*abgezogene, gemahlene Mandeln*
8 Scheiben	*Frühstücksspeck*
	(Bacon, etwa 100 g)
2	*Zwiebeln*
3	*Möhren (etwa 200 g)*
1 Becher	
(125 g)	*Crème double*
1 EL	*gehackte Basilikumblättchen*
30 g	*Butter*

Außerdem:

Küchengarn oder Holzstäbchen

Zubereitungszeit: 30 Minuten, ohne Ruhezeit
Garzeit: 60–75 Minuten

1. Den Backofen vorheizen.

Ober-/Unterhitze: 180–200 °C
Heißluft: 160–180 °C

2. Putenbrustfilet unter fließendem kalten Wasser abspülen, trocken tupfen und längs eine Tasche einschneiden. Putenbrustfilet innen und außen mit Salz und Pfeffer einreiben.

3. Brokkoliröschen und Möhrenscheiben in kochendem Salzwasser etwa 6 Minuten bissfest garen. In einem Sieb abtropfen lassen, die Brühe auffangen.

4. Die Hälfte der Brokkoliröschen und Möhrenscheiben pürieren, Mandeln unterrühren. Mit Salz und Pfeffer würzen. Putenbrustfilet mit dem Gemüsepüree füllen. Die Öffnung mit Küchengarn oder Holzstäbchen verschließen.

5. Putenbrustfilet mit Speckscheiben belegen und in eine große, gefettete Auflaufform oder Fettfangschale geben.

6. Zwiebeln abziehen und klein würfeln. Möhren putzen, schälen, abspülen, abtropfen lassen und in grobe Würfel schneiden. Zwiebel- und Möhrenwürfel zu der Putenbrust geben. Die Form auf dem Rost oder Fettfangschale in den vorgeheizten Backofen (untere Schiene) schieben. Die Putenbrust 60–75 Minuten garen. Verdampfte Flüssigkeit nach und nach durch Gemüsekochbrühe (von den Brokkoliröschen und Möhren) ersetzen.

7. Die Putenbrust aus der Form oder Fettfangschale nehmen, zugedeckt etwa 10 Minuten ruhen lassen.

8. Den Bratensatz mit etwas Gemüsekochbrühe loskochen, durch ein Sieb streichen. Die Sauce in einen Topf geben und etwas einkochen lassen. Crème double unterrühren und erhitzen. Die Sauce mit Salz und Pfeffer abschmecken. Basilikumblättchen unterrühren.

9. Butter in einem Topf zerlassen, restliche Brokkoliröschen und Möhrenscheiben darin erhitzen, mit Salz und Pfeffer würzen. Die Putenbrust (Küchengarn oder Holzstäbchen entfernen) in Scheiben schneiden und mit dem Gemüse anrichten. Die Sauce dazureichen.

Putenbrust mit Kohlrabigemüse I

Dauert länger – mit Alkohol

4 Portionen

Pro Portion:
E: 59 g, F: 23 g, Kh: 26 g, kJ: 2492, kcal: 596

125 g	*Weißbrot*
80 ml	*Milch*
800 g	*Putenbrustfilet*
1	*Ei (Größe M)*
3–4 EL	*Weißwein*
	Salz
	frisch gemahlener Pfeffer
2 Stängel	*Salbei*
100 ml	*Hühnerbrühe*
800 g	*Kohlrabi*
1 Glas	*Silberzwiebeln*
	(Abtropfgewicht 190 g)
100 g	*geräucherter, durchwachsener Speck*

Außerdem:

Holzstäbchen oder Küchengarn

Zubereitungszeit: 30 Minuten
Garzeit: etwa 90 Minuten

1. Weißbrot in Würfel schneiden und in einen tiefen Teller geben. Milch erhitzen, auf den Brotwürfeln verteilen, etwas abkühlen lassen. Putenbrustfilet unter fließendem kalten Wasser abspülen und trocken tupfen. In die Putenbrust mit einem scharfen Messer eine längliche Tasche einschneiden.

2. Ei und Weißwein mit den eingeweichten Brotwürfeln mischen. Mit Salz und Pfeffer kräftig würzen.

3. Salbei abspülen und trocken tupfen. Die Blättchen von den Stängeln zupfen. Die eingeschnittene Fleischtasche mit der Hälfte der Salbeiblättchen auslegen. Die Brotmasse hineingeben. Die Tasche mit Holzstäbchen oder Küchengarn verschließen.

4. Die Putenbrust mit Salz und Pfeffer würzen und in einen gewässerten Römertopf® legen. Hühnerbrühe hinzugießen. Den Römertopf® mit dem Deckel ver-

schließen und auf dem Rost in den kalten Backofen schieben.

Ober-/Unterhitze: etwa 220 °C
Heißluft: etwa 200 °C
Garzeit: etwa 90 Minuten.

5. In der Zwischenzeit Kohlrabi schälen, abspülen, abtropfen lassen und in Stifte schneiden. Silberzwiebeln in einem Sieb abtropfen lassen. Speck klein würfeln. Die restlichen Salbeiblättchen klein schneiden.

6. Nach etwa 45 Minuten Garzeit Kohlrabistifte, Silberzwiebeln, Speckwürfel und Salbei zu der Putenbrust in den Römertopf® geben. Den Deckel wieder auflegen und die Putenbrust mit dem Kohlrabigemüse fertig garen.

7. Die Putenbrust aus dem Römertopf® nehmen, Holzstäbchen oder Küchengarn entfernen. Das Gemüse mit Salz und Pfeffer abschmecken. Die Putenbrust in Scheiben schneiden und mit dem Kohlrabigemüse auf Tellern anrichten.

Tipp: Dazu passen Salzkartoffeln.

Putenbrustpfanne mit Aprikosen und Rosmarin | Für Gäste
4 Portionen

Pro Portion:
E: 40 g, F: 29 g, Kh: 19 g, kJ: 2310, kcal: 552

2	*kleine Putenbrustfilets (je etwa 300 g)*
200 g	*Austernpilze*
1 kleine	
Dose	*Aprikosen (Abtropfgewicht 240 g)*
1 Stange	*Porree (Lauch)*
4 EL	*Speiseöl*
	Salz, frisch gemahlener Pfeffer
einige	*frische oder getrocknete Rosmarinnadeln*
2 EL	*Sojasauce*
125 ml (⅛ l)	*Aprikosensaft aus der Dose*
200 g	*Schlagsahne*

Zubereitungszeit: 30 Minuten
Garzeit: etwa 5 Minuten

1. Putenbrustfilets unter fließendem kalten Wasser abspülen und trocken tupfen. Putenbrustfilets quer zur Faser in etwa 1 cm dicke Scheiben schneiden, eventuell nochmals halbieren.

2. Austernpilze putzen, mit Küchenpapier abreiben, eventuell abspülen, trocken tupfen, größere Austernpilze halbieren.

3. Aprikosenhälften in einem Sieb abtropfen lassen, dabei den Saft auffangen und 125 ml (⅛ l) abmessen. Aprikosenhälften nochmals halbieren.

4. Porree putzen, die Stange längs halbieren, gründlich waschen, abtropfen lassen und in etwa 1 cm breite Streifen schneiden.

5. Jeweils etwas von dem Speiseöl in einer Pfanne erhitzen, Putenstreifen darin portionsweise von allen Seiten kräftig anbraten, mit Salz und Pfeffer würzen. Putenstreifen herausnehmen.

6. Austernpilze in dem verbliebenen Bratfett unter Wenden anbraten. Aprikosenstücke und Porreestreifen unterrühren, kurz mit andünsten. Mit Salz, Pfeffer, Rosmarin und Sojasauce kräftig würzen. Mit Aprikosensaft ablöschen. Putenstreifen wieder hinzufügen. Sahne hinzugießen.

7. Die Zutaten zum Kochen bringen und etwa 5 Minuten garen. Eventuell nochmals mit den Gewürzen abschmecken.

Beilage: Ofenfrische Baguette oder Bandnudeln.

Putenbrustrouladen I

Raffiniert – mit Alkohol

4 Portionen

Pro Portion:
E: 49 g, F: 17 g, Kh: 15 g, kJ: 2199, kcal: 525

4 Scheiben	Putenbrustfilets (je etwa 180 g)
	Salz, frisch gemahlener Pfeffer

Für die Füllung:

2	Zwiebeln
1 EL	Butter
1 EL	Speiseöl
200 g	gewürfelte Geflügelleber
3 EL	Butter
100 g	gewürfeltes Weißbrot
100 g	TK-Blattspinat (aufgetaut)
1 EL	gehackte Petersilie
1 Prise	frisch geriebene Muskatnuss
2	Eigelb (Größe M)
1 EL	Cognac
etwas	Butter

einige	Salatblätter
	Petersilienblättchen
	Tomaten

Außerdem:

4 kleine	
Bögen	Alufolie

Zubereitungszeit: 45 Minuten
Garzeit: etwa 20 Minuten

1. Den Backofen vorheizen.

Ober-/Unterhitze: etwa 200 °C
Heißluft: etwa 180 °C

2. Putenbrustfilets unter fließendem kalten Wasser abspülen und trocken tupfen. Putenbrustfilets in einen großen Gefrierbeutel legen und etwas flach klopfen. Mit Salz und Pfeffer würzen.

3. Für die Füllung Zwiebeln abziehen und in kleine Würfel schneiden. Butter und Speiseöl in einer Pfanne erhitzen. Zwiebelwürfel darin goldgelb dünsten, Geflügelleberwürfel hinzugeben und mit andünsten.

4. Butter in einer weiteren Pfanne zerlassen. Weißbrotwürfel darin unter Wenden goldgelb rösten, herausnehmen und unter die Geflügelleberwürfel rühren. Spinat, Petersilie und Muskat hinzufügen.

5. Die Pfanne von der Kochstelle nehmen, die Masse kurz abkühlen lassen, dann Eigelb und Cognac gut unterrühren. Mit Salz und Pfeffer abschmecken.

6. Die Füllung auf den Putenbrustfilets verteilen und von der längeren Seite her aufrollen. 4 Bögen Alufolie dünn mit Butter bestreichen. Die Putenbrustrouladen darauflegen, in der Folie fest einwickeln. Die Päckchen auf ein Backblech legen. Das Backblech in den vorgeheizten Backofen schieben. Putenbrustrouladen etwa 20 Minuten garen.

7. Salatblätter und Petersilienblättchen abspülen und trocken tupfen. Tomaten waschen, trocken tupfen, vierteln und die Stängelansätze entfernen.

8. Putenbrustrouladen aus der Alufolie wickeln, in Scheiben schneiden und auf vorgewärmten Tellern anrichten. Mit Salatblättern, Petersilienblättchen und Tomatenspalten garnieren.

Puten-Champignon-Gulasch I

Klassisch – mit Alkohol

8 Portionen

Pro Portion:

E: 35 g, F: 23 g, Kh: 5 g, kJ: 1511, kcal: 362

1 kg	Putenbrustfilet
500 g	kleine Champignons
2 Stangen	Porree (Lauch, etwa 400 g)
8 EL	Speiseöl
	Salz, frisch gemahlener Pfeffer
500 ml (½ l)	Hühnerbrühe
125 ml (⅛ l)	Weißwein
125 g	Schlagsahne
1 EL	Weizenmehl
1 Becher	
(150 g)	Crème fraîche
1 Topf	Basilikum
1 EL	Sojasauce

Zubereitungszeit: 50 Minuten
Garzeit: etwa 30 Minuten

1. Putenbrustfilet unter fließendem kalten Wasser abspülen, trocken tupfen und in etwa 2 cm große Würfel schneiden.

2. Champignons putzen, mit Küchenpapier abreiben, eventuell abspülen und trocken tupfen. Große Champignons halbieren. Porree putzen, die Stangen längs halbieren, gründlich waschen, abtropfen lassen und in Streifen schneiden.

3. Jeweils etwas Speiseöl in einer Pfanne erhitzen. Putenbrustfiletwürfel darin in 2 Portionen von allen Seiten anbraten, mit Salz und Pfeffer würzen, herausnehmen und in einen Bräter geben.

4. Restliches Speiseöl in dem verbliebenen Bratfett in der Pfanne erhitzen. Champignons und Porreestreifen darin eventuell in 2 Portionen andünsten, herausnehmen und zu den Putenwürfeln in den Bräter geben.

5. Den Bratensatz mit Brühe und Wein ablöschen, zum Kochen bringen, etwas einkochen lassen und ebenfalls zu den Putenbrustwürfeln geben. Zutaten zum Kochen bringen und etwa 15 Minuten garen.

6. Sahne mit Mehl anrühren, zusammen mit Crème fraîche zum Gulasch geben und unter Rühren kurz aufkochen lassen.

7. Basilikum abspülen und trocken tupfen. Die Blättchen von den Stängeln zupfen (einige Blättchen beiseitelegen). Blättchen in feine Streifen schneiden und zum Gulasch geben. Mit Salz, Pfeffer und Sojasauce abschmecken. Puten-Champignon-Gulasch mit den beiseitegelegten Basilikumblättchen garnieren und servieren.

Putencurry mit Mango | Raffiniert
2 Portionen

Pro Portion:
E: 49 g, F: 18 g, Kh: 55 g, kJ: 2472, kcal: 592

1	*Zwiebel*
1	*Knoblauchzehe*
350 g	*Putenschnitzel*
3 EL	*Speiseöl, z. B. Rapsöl*
1 EL	*Currypulver*
200 ml	*Hühnerbrühe*
	Saft von
1	*Limette*
1	*Mango*
1 kleine	
Stange	*Porree (Lauch)*
1 TL	*Speisestärke*
2 EL	*Milch*
	Salz
	frisch gemahlener Pfeffer
1 Beutel	
(250 g)	*Express-Basmatireis oder*
	250 g gekochter Basmatireis

Zubereitungszeit: 30 Minuten
Garzeit: etwa 12 Minuten

1. Zwiebel und Knoblauch abziehen. Zwiebel in Scheiben schneiden. Knoblauch in kleine Würfel schneiden. Putenschnitzel unter fließendem kalten Wasser abspülen, trocken tupfen und in etwa 2 cm große Würfel schneiden.

2. Speiseöl in einer Pfanne erhitzen. Fleischwürfel darin von allen Seiten anbraten. Zwiebelscheiben und Knoblauchwürfel hinzufügen, kurz mitbraten lassen, mit Curry bestäuben. Nochmals etwa 2 Minuten braten lassen, dann Hühnerbrühe und Limettensaft unterrühren. Putencurry etwa 10 Minuten garen.

3. In der Zwischenzeit Mango halbieren. Das Fruchtfleisch vom Stein schneiden. Die Mango schälen und in kleine Würfel schneiden. Porree putzen, die Stange längs halbieren, waschen, abtropfen lassen und in feine Streifen schneiden. Porreestreifen zum Putencurry geben und kurz mitgaren lassen.

4. Speisestärke mit Milch anrühren, in das Putencurry rühren und unter Rühren kurz aufkochen lassen, die Mangowürfel unterrühren. Putencurry mit Salz und Pfeffer würzen.

5. Express-Reis nach Packungsanleitung zubereiten und zum Putencurry servieren.

Puten-Curry-Spieße | Für die Grillparty

4 Portionen

Pro Portion:
E: 38 g, F: 20 g, Kh: 33 g, kJ: 2113, kcal: 505

600 g	*Putenbrustfilet*
1 kleine	
Dose	*Aprikosen*
	(Abtropfgewicht 240 g)
etwa 16	*Trockenpflaumen*
6 EL	*Speiseöl*
2 gestr. EL	*Currypulver*
evtl.	*Kokosraspel*
	Salz
	frisch gemahlener Pfeffer

Außerdem:

8	*Holzspieße*
	Alufolie

Zubereitungszeit: 25 Minuten
Grillzeit: etwa 8 Minuten

1. Den Backofen vorheizen. Putenbrustfilet unter fließendem kalten Wasser abspülen, trocken tupfen und in etwa 24 gleich große Würfel schneiden.

2. Aprikosenhälften in einem Sieb abtropfen lassen. Fleischwürfel, Aprikosenhälften und Trockenpflaumen abwechselnd auf 8 Holzspieße stecken.

3. Speiseöl mit Curry verrühren, die Spieße damit bestreichen und auf ein mit Alufolie belegtes Backblech legen. Das Backblech unter den vorgeheizten Grill in den Backofen schieben. Die Spieße etwa 8 Minuten grillen, dabei zwischendurch wenden und mit dem restlichen Curryöl bestreichen. Nach Belieben mit Kokosraspel bestreuen und kurz übergrillen.

4. Die garen Spieße mit Salz und Pfeffer bestreuen.

Puteneintopf | Klassisch
4–6 Portionen

Pro Portion:
E: 28 g, F: 5 g, Kh: 16 g, kJ: 978, kcal: 234

1 ½ l	*Salzwasser*
2	*Putenunterkeulen (1,2–1,3 kg)*
300 g	*Kartoffeln*
350 g	*Möhren*
½	*kleiner Blumenkohl (etwa 400 g)*
½ kleiner Kopf	*Wirsing (etwa 400 g)*
	Salz
	frisch gemahlener Pfeffer
	gekörnte Instant-Hühnerbrühe
1 Bund	*glatte Petersilie*

Zubereitungszeit: 45 Minuten, ohne Abkühlzeit
Garzeit: etwa 80 Minuten

1. Salzwasser in einem Topf zum Kochen bringen. Putenunterkeulen unter fließendem kalten Wasser abspülen, in das kochende Salzwasser geben, wieder zum Kochen bringen und bei schwacher Hitze etwa 60 Minuten ziehen lassen.

2. Kartoffeln waschen, schälen, abspülen, abtropfen lassen und in Würfel schneiden. Möhren putzen, schälen, abspülen, abtropfen lassen und ebenfalls würfeln.

3. Vom Blumenkohl die Blätter und schlechten Stellen entfernen, den Strunk abschneiden. Blumenkohl in Röschen teilen, waschen und abtropfen lassen. Vom Wirsing die groben, äußeren Blätter entfernen. Wirsing halbieren und den Strunk herausschneiden. Wirsinghälften in Streifen schneiden, waschen und abtropfen lassen.

4. Die Putenunterkeulen aus der Brühe nehmen und etwas abkühlen lassen. Kartoffel-, Möhrenwürfel, Blumenkohlröschen und Wirsingstreifen in die Brühe geben, zum Kochen bringen und zugedeckt etwa 20 Minuten garen.

5. Das Fleisch von den Knochen lösen und in Stücke schneiden. Putenfleischstücke nach Ende der Garzeit in den Eintopf geben und miterhitzen. Mit Salz, Pfeffer und Hühnerbrühe würzen.

6. Petersilie abspülen und trocken tupfen. Die Blättchen von den Stängeln zupfen, Blättchen in feine Streifen schneiden und in den Eintopf geben.

Puten-Gemüse-Geschnetzeltes I

Mit Alkohol – gut vorzubereiten

8–10 Portionen

Pro Portion:

E: 33 g, F: 15 g, Kh: 7 g, kJ: 1295, kcal: 310

2	*Zwiebeln*
1	*Salatgurke (etwa 700 g)*
2	*große, rote Paprikaschoten*
	(etwa 500 g)
1 kg	*Putenbrustfilet,*
	ohne Knochen und Haut
250 g	*durchwachsener Speck*
4 EL	*Speiseöl*
150 ml	*Weißwein*
200 g	*Schlagsahne*
125 ml (⅛ l)	*Hühnerbrühe*
	Salz
	frisch gemahlener Pfeffer
evtl. 2–3 EL	*heller Saucenbinder*
1 Bund	*Dill*

Zubereitungszeit: 65 Minuten

Garzeit: etwa 25 Minuten

1. Zwiebeln abziehen und in kleine Würfel schneiden. Gurke schälen, längs halbieren, mit einem Teelöffel die Kerne entfernen. Gurkenhälften in kleine Würfel schneiden. Paprika halbieren, entstielen, entkernen und die weißen Scheidewände entfernen. Schoten-hälften waschen, trocken tupfen, in Würfel schneiden.

2. Putenbrustfilet unter fließendem kalten Wasser abspülen, trocken tupfen, zuerst in Scheiben, dann in Streifen schneiden. Speck in feine Streifen schneiden.

3. Jeweils etwas Speiseöl in einer großen Pfanne erhitzen. Putenbrustfilet- und Speckstreifen darin in 2 Portionen anbraten, herausnehmen und warm stellen. Das vorbereitete Gemüse in dem verbliebenen Bratfett etwa 5 Minuten andünsten. Wein, Sahne und Brühe hinzugießen und zum Kochen bringen. Angebratene Putenbrust- und Speckstreifen hinzugeben. Mit Salz und Pfeffer würzen, wieder zum Kochen bringen und 6–8 Minuten garen. Geschnetzeltes nach Belieben mit Saucenbinder andicken.

4. Dill abspülen und trocken tupfen. Die Spitzen von den Stängeln zupfen. Spitzen klein schneiden. Geschnetzeltes mit Dill bestreut servieren.

Puten-Gemüse-Salat | Für Gäste

4 Portionen

Pro Portion:
E: 26 g, F: 32 g, Kh: 28 g, kJ: 2236, kcal: 533

250 g	*Putenbrustfilet, am Stück*
	Salz
	frisch gemahlener Pfeffer
2 EL	*Weizenmehl*
1	*Ei (Größe M)*
2 EL	*Sesamsamen*
1 EL	*Speiseöl*
20 g	*Butter*
1	*kleine, frische Ananas*
150 g	*Schwarzwurzeln*
etwas	*Zitronensaft*
	Salzwasser
150 g	*TK-Erbsen*
4	*Wachteleier*
1	*Kopfsalat oder Eisbergsalat*

Für die Salatsauce:

2 EL	*Orangensaft*
2 EL	*Weißweinessig*
1 Prise	*Zucker*
5 EL	*Traubenkernöl*
2	*Frühlingszwiebeln*
1 Bund	*Kerbel*
	Cocktailtomaten

Zubereitungszeit: 60 Minuten, ohne Abkühlzeit
Garzeit Putenbrustfilet: etwa 15 Minuten
Garzeit Schwarzwurzeln: etwa 10 Minuten
Garzeit Erbsen: etwa 2 Minuten

1. Putenbrustfilet unter fließendem kalten Wasser abspülen, trocken tupfen, mit Salz und Pfeffer würzen und in Mehl wenden. Ei in einem tiefen Teller verschlagen. Putenbrustfilet zuerst durch das verschlagene Ei ziehen, am Tellerrand abstreifen und dann in Sesam wenden. Panade andrücken.

2. Speiseöl und Butter in einer Pfanne erhitzen. Putenbrustfilet darin etwa 15 Minuten von beiden Seiten braten.

3. In der Zwischenzeit Ananas schälen, halbieren und das harte Mittelstück entfernen. Ananas in Stücke schneiden.

4. Schwarzwurzeln putzen, schälen, abspülen, abtropfen lassen, in etwa 4 cm große Stücke schneiden und mit Zitronensaft beträufeln. Schwarzwurzelstücke in Salzwasser zum Kochen bringen und etwa 10 Minuten garen. Schwarzwurzelstücke in ein Sieb geben und abtropfen lassen.

5. Die gefrorenen Erbsen in kochendes Salzwasser geben und etwa 2 Minuten garen. Erbsen in ein Sieb geben, mit kaltem Wasser übergießen und abtropfen lassen.

6. Die Wachteleier in kochendes Wasser geben und 3–4 Minuten kochen lassen. Wachteleier mit einer Schaumkelle herausnehmen, kurz in kaltem Wasser abschrecken und abkühlen lassen. Wachteleier pellen. Kopfsalat oder Eisbergsalat putzen, zerpflücken, waschen, gut abtropfen lassen oder trocken schleudern.

7. Für die Salatsauce Orangensaft und Essig verrühren, mit Salz, Pfeffer und Zucker würzen, Traubenkernöl unterschlagen.

8. Die vorbereiteten Salatzutaten (außer Wachteleier) in einer Schüssel mischen. Die Salatsauce darauf verteilen und unterheben.

9. Frühlingszwiebeln putzen, waschen, abtropfen lassen und in dünne Scheiben schneiden. Kerbel abspülen und trocken tupfen. Die Blättchen von den Stängeln zupfen. Blättchen klein schneiden. Tomaten waschen, abtrocknen und nach Belieben halbieren und Stängelansätze herausschneiden. Wachteleier halbieren und das Putenbrustfilet in dünne Scheiben schneiden.

10. Dann den Salat mit Frühlingszwiebeln, Kerbel, Cocktailtomaten und Wachteleihälften garnieren. Putenbrustfiletscheiben dazu servieren.

Tipp: Anstelle der Schwarzwurzeln können Sie auch sehr gut etwa 250 g Spargelspitzen aus dem Glas verwenden.

Putengeschnetzeltes mit Kräuterfrischkäse I

Einfach – schnell – mit Alkohol

8–10 Portionen

Pro Portion:
E: 37 g, F: 27 g, Kh: 5 g, kJ: 1875, kcal: 448

1 ½ kg	Putenbrustfilet
2 Gläser	Champignons
	(Abtropfgewicht je 480 g)
4	Zwiebeln
8 EL	Speiseöl
	Salz, frisch gemahlener Pfeffer
500 g	Schlagsahne
500 ml (½ l)	Hühnerbrühe
400 g	Kräuter-Frischkäse
200 ml	Weißwein
1 EL	Currypulver
	Knoblauchsalz

Zubereitungszeit: 40 Minuten

1. Putenbrustfilet unter fließendem kalten Wasser abspülen, trocken tupfen und in Streifen schneiden. Champignons in einem Sieb abtropfen lassen und in Scheiben schneiden. Zwiebeln abziehen und in kleine Würfel schneiden.

2. Speiseöl in einer Pfanne erhitzen, Fleischstreifen darin portionsweise von beiden Seiten anbraten, mit Salz und Pfeffer bestreuen. Zwiebelwürfel hinzufügen und mit andünsten.

3. Mit Sahne und Brühe ablöschen. Die Zutaten aufkochen lassen. Champignonscheiben, Frischkäse und Wein hinzufügen und miterhitzen.

4. Das Geschnetzelte mit Curry, Knoblauchsalz und Pfeffer abschmecken.

Beilage: Bandnudeln oder Reis, Salat.

Tipp: Das Geschnetzelte nach Belieben mit Weizenmehl oder Saucenbinder andicken.

Putenkeule mit Schnittlauchsauce

| Gut vorzubereiten

4 Portionen

Pro Portion:
E: 60 g, F: 45 g, Kh: 12 g, kJ: 3044, kcal: 728

1	*Putenoberkeule, mit Knochen (etwa 1 kg)*
1 Bund	*Petersilie*
1 ¼–1 ½ l	*Salzwasser*
6	*Pfefferkörner*
300 g	*Möhren*
2–3 Stangen	*Staudensellerie*
2 Stangen	*Porree (Lauch)*
1 Kopf	*Blumenkohl (etwa 500 g)*

Für die Sauce:

2	*hart gekochte Eier (Größe M)*
2 TL	*scharfer Senf*
125 ml (⅛ l)	*Speiseöl*
	Weißweinessig
	Salz
	frisch gemahlener Pfeffer
	Zucker
1–2 Bund	*Schnittlauch*

Zubereitungszeit: 50 Minuten
Garzeit: etwa 70 Minuten

1. Putenoberkeule unter fließendem kalten Wasser abspülen und trocken tupfen. Petersilie zu einem Sträußchen zusammenbinden, abspülen und trocken tupfen. Salzwasser in einem Topf zum Kochen bringen. Putenoberkeule, Petersiliensträußchen und Pfefferkörner hinzugeben, zum Kochen bringen und zugedeckt etwa 70 Minuten garen.

2. Möhren putzen, schälen, abspülen, abtropfen lassen, längs halbieren, vierteln und mit einem Buntmesser in etwa 3 cm lange Stücke schneiden. Den Staudensellerie putzen und die harten Außenfäden abziehen. Selleriestangen waschen, abtropfen lassen und in etwa 4 cm lange Stücke schneiden. Möhren- und Selleriestücke nach etwa 55 Minuten Garzeit zu der Putenoberkeule in den Topf geben und mitgaren lassen.

3. Porree putzen, die Stangen längs halbieren, gründlich waschen, abtropfen lassen und in etwa 4 cm lange Stücke schneiden. Von dem Blumenkohl die Blätter und schlechten Stellen entfernen. Blumenkohl in Röschen teilen, waschen und abtropfen lassen. Porreestücke und Blumenkohlröschen nach weiteren etwa 5 Minuten Garzeit zu der Putenoberkeule in den Topf geben und in etwa 10 Minuten gar kochen.

4. Für die Sauce Eier pellen, durch ein Sieb streichen und mit Senf verrühren. Speiseöl nach und nach unterschlagen, so dass eine dickliche Masse entsteht. Mit Essig, Salz, Pfeffer und Zucker abschmecken.

5. Schnittlauch abspülen, trocken tupfen (einige Schnittlauchhalme zum Garnieren beiseitelegen) und in Röllchen schneiden. Schnittlauchröllchen unter die Sauce rühren.

6. Putenoberkeule und Gemüse eventuell mit einer Schaumkelle aus der Brühe nehmen und gut abtropfen lassen. Gemüse auf eine vorgewärmte Platte geben. Die Schnittlauchsauce darauf verteilen. Die Putenoberkeule in Scheiben schneiden und auf dem Gemüse anrichten. Mit den beiseitegelegten Schnittlauchhalmen garnieren.

Putenkeule, provenzalisch I

Mit Alkohol
4 Portionen

Pro Portion:
E: 45 g, F: 19 g, Kh: 2 g, kJ: 1723, kcal: 413

2	Putenoberkeulen, mit Knochen (je etwa 650 g)
	Salz
	frisch gemahlener Pfeffer
	Kräuter der Provence
2	Knoblauchzehen
2 EL	Olivenöl
200 ml	Rotwein
etwas	heißes Wasser
1 Becher (150 g)	Crème fraîche
etwas	Petersilie

Zubereitungszeit: 50 Minuten, ohne Ruhezeit
Garzeit: 60–75 Minuten

1. Den Backofen vorheizen.

Ober-/Unterhitze: etwa 200 °C
Heißluft: etwa 180 °C

2. Putenkeulen unter fließendem kalten Wasser abspülen, trocken tupfen, mit Salz, Pfeffer und Kräutern der Provence einreiben. Knoblauch abziehen und durch eine Knoblauchpresse drücken. Die Putenkeulen damit einreiben.

3. Olivenöl in einem Bräter erhitzen. Die Putenkeulen darin von allen Seiten anbraten. Rotwein hinzugießen. Den Bräter ohne Deckel auf dem Rost in den vorgeheizten Backofen schieben. Putenkeulen 60–75 Minuten garen. Verdampfte Flüssigkeit nach und nach durch heißes Wasser ersetzen. Die Putenkeulen während der Garzeit ab und zu wenden.

4. Die garen Putenkeulen aus dem Bräter nehmen und zugedeckt etwa 10 Minuten ruhen lassen.

5. Den Bratenfond mit Crème fraîche verrühren und eventuell etwas einkochen lassen. Mit Salz und Pfeffer abschmecken.

6. Petersilie abspülen und trocken tupfen. Die Blättchen von den Stängeln zupfen. Blättchen klein schneiden. Die Putenkeulen mit der Sauce anrichten und mit Petersilie bestreuen.

Tipp: Die Putenkeulen mit Kräuterzweigen garnieren.

Putenmousse mit grünen Spargelspitzen | Raffiniert – mit Alkohol

4 Portionen

Pro Portion:

E: 26 g, F: 44 g, Kh: 4 g, kJ: 2306, kcal: 551

320 g	mild geräucherte Putenbrust
80 g	weiche Butter
80 g	Kalbsleberwurst
2 cl	Calvados
	frisch gemahlener Pfeffer
20	grüne Spargelspitzen

Für das Dressing:

3 EL	Himbeeressig
	Salz
6 EL	Nussöl
einige	vorbereitete Kerbelblättchen

Zubereitungszeit: 25 Minuten, ohne Kühlzeit

1. Putenbrust in kleine Würfel schneiden und in einem Blitzhacker fein pürieren. Butter und Kalbsleberwurst hinzufügen, mit Calvados und Pfeffer würzen. Die Zutaten zu einer geschmeidigen, glatten Masse verarbeiten.

2. Die Mousse in eine Schüssel geben, glattstreichen und etwa 3 Stunden in den Kühlschrank stellen. Mousse fest werden lassen.

3. Spargelspitzen abspülen und in kochendem Wasser etwa 2 Minuten blanchieren. Spargelspitzen in ein Sieb geben, mit kaltem Wasser abschrecken und abtropfen lassen.

4. Für das Dressing Himbeeressig mit Salz und Pfeffer verrühren, Nussöl unterschlagen, Kerbelblättchen unterrühren. Anschließend die Spargelspitzen darin marinieren.

5. Aus der gut gekühlten Mousse pro Portion mit einem Esslöffel 2 Nocken abstechen, auf einem großen Teller mit jeweils 5 Spargelspitzen anrichten und mit Kerbelblättchen garnieren.

Tipp: Als Vorspeise mit Toast servieren.

Putenoberkeule in Paprikagemüse I

Für Gäste
4 Portionen

Pro Portion:
E: 55 g, F: 27 g, Kh: 11 g, kJ: 2299, kcal: 550

1	Putenoberkeule (etwa 1,3 kg)
	Salz, frisch gemahlener Pfeffer
4	mittelgroße Zwiebeln
3 EL	Speiseöl
250 ml (¼ l)	heißes Wasser
4	rote, gelbe und grüne
	Paprikaschoten
500 g	Tomaten
	Paprikapulver edelsüß
100 g	Schlagsahne
	frisch gehackter Kerbel

Zubereitungszeit: 30 Minuten, ohne Ruhezeit
Garzeit: etwa 60 Minuten

1. Den Backofen vorheizen.

Ober-/Unterhitze: etwa 240 °C
Heißluft: etwa 220 °C

2. Putenoberkeule unter fließendem kalten Wasser abspülen, trocken tupfen, mit Salz und Pfeffer einreiben und nach Belieben mit Küchengarn umwickeln. Zwiebeln abziehen und vierteln.

3. Speiseöl in einen Bräter geben. Die Putenoberkeule mit der Fettseite nach oben hineinlegen. Zwiebelviertel hinzugeben und etwas heißes Wasser hinzugießen. Den Bräter ohne Deckel auf dem Rost in den vorgeheizten Backofen schieben. Die Putenoberkeule etwa 60 Minuten garen.

4. Wenn der Bratensatz anfängt zu bräunen, etwas heißes Wasser hinzugießen. Verdampfte Flüssigkeit nach und nach durch heißes Wasser ersetzen.

5. In der Zwischenzeit Paprikaschoten halbieren, entstielen, entkernen und die weißen Scheidewände entfernen. Schotenhälften waschen, trocken tupfen und in breite Streifen schneiden. Tomaten waschen, ab-

tropfen lassen, kreuzweise einschneiden, kurz in kochendes Wasser legen und in kaltem Wasser abschrecken. Tomaten enthäuten, halbieren, entkernen und die Stängelansätze herausschneiden. Tomatenhälften in grobe Würfel schneiden.

6. Paprikastreifen und Tomatenwürfel nach etwa 45 Minuten Garzeit zu der Putenoberkeule in den Bräter geben und fertig garen.

7. Die Putenoberkeule aus dem Bräter nehmen, auf eine vorgewärmte Platte legen und zugedeckt etwa 10 Minuten ruhen lassen.

8. Das Paprikagemüse und den Fond mit Salz, Pfeffer und Paprika abschmecken, Sahne hinzugießen, zum Kochen bringen und etwas einkochen lassen.

9. Das Paprikagemüse mit der Putenoberkeule auf der vorgewärmten Platte anrichten. Paprikagemüse mit Kerbel bestreuen.

Putenoberkeule mit Gemüse I

Für Gäste

4 Portionen

Pro Portion:

E: 44 g, F: 35 g, Kh: 16 g, kJ: 2338, kcal: 559

1	*Putenoberkeule, mit Knochen (etwa 1 kg) Salz, frisch gemahlener Pfeffer*
1 l	*heißes Wasser oder Gemüsebrühe*
200 g	*Porree (Lauch)*
250 g	*Tomaten*
1–2 Stängel	*Rosmarin oder Thymian*
500 g	*gewürfelte Zwiebeln*
200 g	*Möhren, in 1 ½ cm dicken Scheiben*
200 g	*grob gewürfelter Knollensellerie*
1	*grob gewürfelte, kleine Petersilienwurzel*
150 g	*saure Sahne*
15 g	*Weizenmehl*
evtl. 1–2 EL	*gehackte Petersilie oder Rosmarinnadeln*

Zubereitungszeit: 50 Minuten
Garzeit: etwa 70 Minuten

1. Den Backofen vorheizen.

Ober-/Unterhitze: etwa 200 °C
Heißluft: etwa 180 °C

2. Putenoberkeule unter fließendem kalten Wasser abspülen, trocken tupfen, mit Salz und Pfeffer einreiben und in eine gefettete Fettfangschale legen. Die Fettfangschale in den vorgeheizten Backofen schieben. Die Putenkeule etwa 70 Minuten garen.

3. Sobald der Bratensatz bräunt, etwas heißes Wasser oder Brühe hinzugießen. Die Putenkeule ab und zu mit dem Bratensatz begießen. Verdampfte Flüssigkeit nach und nach durch Wasser oder Brühe ersetzen.

4. In der Zwischenzeit Porree putzen, die Stangen längs halbieren, gründlich waschen, abtropfen lassen und in etwa 3 cm lange Stücke schneiden. Tomaten waschen, abtrocknen, halbieren, die Stängelansätze herausschneiden. Tomaten in Würfel schneiden.

5. Rosmarin oder Thymian abspülen und trocken tupfen. Die Nadeln oder Blättchen von den Stängeln zupfen. Nadeln oder Blättchen grob zerkleinern.

6. Nach etwa 50 Minuten Garzeit Zwiebelwürfel und das vorbereitete Gemüse zu der Putenkeule in die Fettfangschale geben, eventuell noch etwas Wasser oder Brühe hinzugeben. Mit Salz, Pfeffer, Rosmarin oder Thymian würzen.

7. Die Putenoberkeule mit dem Gemüse auf einer vorgewärmten Platte anrichten und warm stellen.

8. Die Fettfangschale auf die Kochstelle stellen. Den Bratensatz mit etwas Wasser loskochen, durch ein Sieb gießen, mit Wasser auf 400 ml auffüllen, in einen Topf geben und zum Kochen bringen.

9. Saure Sahne mit Mehl verrühren, mit einem Schneebesen in die kochende Flüssigkeit rühren. Dabei darauf achten, dass keine Klümpchen entstehen. Die Sauce zum Kochen bringen und zugedeckt bei schwacher Hitze etwa 5 Minuten leicht kochen lassen, dabei gelegentlich umrühren. Die Sauce mit Salz und Pfeffer abschmecken. Die Sauce zu der Putenkeule und dem Gemüse servieren. Nach Belieben mit Petersilie oder Rosmarinnadeln bestreuen.

Puten-Pilaw | Klassisch
4 Portionen

Pro Portion:
E: 33 g, F: 4 g, Kh: 48 g, kJ: 1531, kcal: 365

400 g	*Putenschnitzelfleisch*
1 gestr. EL	*Butter*
1 EL	*Paprikapulver edelsüß*
	Salz
	frisch gemahlener, weißer Pfeffer
200 g	*Langkornreis*
500 ml (½ l)	*Instant-Hühnerbrühe*
2	*Zwiebeln*
1 Bund	*Suppengrün (etwa 400 g, Möhren,*
	Sellerie, Porree [Lauch])
200 g	*Creme-Champignons*
4	*Tomaten (etwa 300 g)*
1–2 EL	*gehackte Petersilie*

Zubereitungszeit: 35 Minuten
Garzeit: 15–20 Minuten

1. Das Putenschnitzelfleisch unter fließendem kalten Wasser abspülen, trocken tupfen und in etwa 2 cm große Würfel schneiden. Butter in einer Pfanne zerlassen, Fleischwürfel darin von allen Seiten anbraten, mit Paprika, Salz und Pfeffer würzen.

2. Reis unterrühren, Hühnerbrühe hinzugießen, zum Kochen bringen und etwa 10 Minuten garen.

3. Zwiebeln abziehen und in kleine Würfel schneiden. Möhren und Sellerie putzen, schälen, waschen, abtropfen lassen und grob raspeln. Porree putzen, die Stange längs halbieren, gründlich waschen, abtropfen lassen und in etwa ½ cm breite Streifen schneiden.

4. Champignons putzen, mit Küchenpapier abreiben, eventuell abspülen, trocken tupfen und in Scheiben schneiden. Tomaten waschen, abtropfen lassen, kreuzweise einschneiden, kurz in kochendes Wasser legen und in kaltem Wasser abschrecken. Tomaten enthäuten, halbieren, entkernen und die Stängelansätze herausschneiden. Tomatenhälften achteln.

5. Das vorbereitete Gemüse zu dem Reisfleisch geben und weitere 5–10 Minuten garen.

6. Puten-Pilaw mit Petersilie bestreuen und servieren.

Beilage: Bunter Blattsalat.

Puten-Pilz-Gulasch | Für Gäste
8–10 Portionen

Pro Portion:
E: 34 g, F: 15 g, Kh: 2 g, kJ: 1268, kcal: 301

1,4 kg	*Putenfleisch (aus der Keule), ohne Knochen*
	Salz, frisch gemahlener Pfeffer
	Paprikapulver edelsüß
3 EL	*Speiseöl*
3 EL	*Tomatenmark*
300 ml	*Geflügelbrühe oder -fond*
1 Bund	*Thymian*
1 EL	*grüne Pfefferkörner*
400 g	*Champignons*
400 g	*Austernpilze*
200 g	*Pfifferlinge (oder aus der Dose)*
1 EL	*rosa Pfefferbeeren*

Zubereitungszeit: 50 Minuten
Garzeit: etwa 60 Minuten

1. Putenfleisch unter fließendem kalten Wasser abspülen, trocken tupfen und in gleich große Würfel schneiden. Mit Salz, Pfeffer und Paprika würzen.

2. Speiseöl in einem Bräter erhitzen. Fleischwürfel darin von allen Seiten kräftig anbraten. Tomatenmark unterrühren. Geflügelbrühe oder -fond hinzugießen, zum Kochen bringen und zugedeckt bei schwacher Hitze etwa 60 Minuten garen, dabei ab und zu umrühren.

3. Thymian abspülen und trocken tupfen (einige Stängel zum Garnieren beiseitelegen), mit den Pfefferkörnern nach etwa 30 Minuten Garzeit zu den Fleischwürfeln in den Bräter geben.

4. Champignons, Austernpilze und Pfifferlinge putzen, mit Küchenpapier abreiben, eventuell kurz abspülen und trocken tupfen. Pfifferlinge aus der Dose in einem Sieb gut abtropfen lassen.

5. Die Pilze nach etwa 50 Minuten Garzeit zum Gulasch geben und weitere etwa 10 Minuten mitgaren lassen. Nochmals mit den Gewürzen abschmecken.

6. Das Puten-Pilz-Gulasch mit den beiseitegelegten Thymianstängeln und Pfefferbeeren garniert servieren.

Beilage: Spätzle oder Spiralnudeln, ofenfrisches Baguette, Gnocchi oder Semmelknödel.

Putenragout mit Meerrettich I

Für Gäste

4 Portionen

Pro Portion:
E: 52 g, F: 14 g, Kh: 10 g, kJ: 1733, kcal: 414

500 g	Porree (Lauch)
150 g	Schlagsahne
100 ml	Hühnerbrühe
800 g	Putenbrustfilet
	Salz
	frisch gemahlener Pfeffer
50 g	geriebener Meerrettich
	(aus dem Glas)
20 g	Weizenmehl
1–2 TL	Zitronensaft

Zubereitungszeit: 90 Minuten
Garzeit: etwa 60 Minuten

1. Porree putzen, die Stangen längs halbieren, gründlich waschen, abtropfen lassen und in etwa 2 cm lange Stücke schneiden. Porreestücke mit 50 g Sahne und der Hühnerbrühe in einen gewässerten Römertopf® geben und vermischen.

2. Putenbrustfilet unter fließendem kalten Wasser abspülen, trocken tupfen und in 2–3 cm große Würfel schneiden. Fleischwürfel von allen Seiten mit Salz und Pfeffer würzen. Fleischwürfel in eine Schüssel geben. Nacheinander Meerrettich und Mehl unterrühren.

3. Die Fleischwürfel zu den Porreestücken in den Römertopf® geben und untermischen. Den Römertopf® mit dem Deckel verschließen und auf dem Rost in den kalten Backofen schieben.

Ober-/Unterhitze: etwa 220 °C
Heißluft: etwa 200 °C
Garzeit: etwa 60 Minuten.

4. Nach Ende der Garzeit den Deckel abnehmen und die restliche Sahne unterrühren. Das Ragout mit Salz, Pfeffer und Zitronensaft abschmecken.

Tipp: Dazu passen grüne Bandnudeln oder Reis. Nach Belieben mit Zitronenspalten garnieren.

Putenrollbraten | Für die Party
12 Portionen

Pro Portion:
E: 38 g, F: 7 g, Kh: 1 g, kJ: 1030, kcal: 246

> 80 g *eingelegte, geröstete, rote*
> *Paprikaschoten (aus dem Glas)*
> 50 g *schwarze, entsteinte Oliven*
> 15 g *Kapern*
> 1 *Putenbrust (etwa 1,8 kg,*
> *vom Fleischer als Rollbraten*
> *zuschneiden lassen)*
> 200 g *Doppelrahm-Frischkäse*
> *mit Kräutern*
> *Salz*
> *frisch gemahlener Pfeffer*
> *Paprikapulver edelsüß*

Außerdem:

Küchengarn

Zubereitungszeit: 25 Minuten, ohne Ruhezeit
Garzeit: etwa 60 Minuten

1. Den Backofen vorheizen.

Ober-/Unterhitze: etwa 180 °C
Heißluft: etwa 160 °C

2. Paprikaschoten, Oliven und Kapern in einem Sieb gut abtropfen lassen. Paprikaschoten und Oliven grob hacken.

3. Putenfleisch unter fließendem kalten Wasser abspülen, trocken tupfen und flach auf eine Arbeitsfläche legen. Putenfleisch mit dem Frischkäse bestreichen. Paprika-, Olivenstücke und Kapern darauf verteilen.

4. Putenfleisch von der Längsseite her aufrollen und mit Küchengarn fest zusammenbinden. Den Putenrollbraten mit Salz, Pfeffer und Paprika einreiben und in eine gefettete Fettfangschale legen.

5. Die Fettfangschale in den vorgeheizten Backofen schieben. Den Putenrollbraten etwa 60 Minuten garen.

6. Den Putenrollbraten aus der Fettfangschale nehmen und zugedeckt etwa 10 Minuten ruhen lassen. Anschließend Küchengarn entfernen. Den Putenrollbraten in dünne Scheiben schneiden.

Tipp: Die eingelegten, gerösteten Paprika sind auch unter dem Namen „Pimientos" im Handel. Es sind kleine, scharfe Schoten, die in einem Stück verarbeitet werden. Sie können ersatzweise auch 1 rote Paprikaschote halbieren, entstielen, entkernen und die weißen Scheidewände entfernen. Schotenhälften waschen, in kochendes Wasser geben, 6–8 Minuten kochen lassen, kalt abspülen, die Haut abziehen und die Schote grob hacken.

Vorbereitungstipp: Sie können den Braten bereits am Vorabend so weit vorbereiten und zugedeckt kalt stellen, dass Sie ihn vor dem Verzehr nur noch in den Backofen schieben müssen.

Putenröllchen auf Tomate mit Schafkäse und Curryreis | Raffiniert

4 Portionen

Pro Portion:
E: 54 g, F: 15 g, Kh: 44 g, kJ: 2256, kcal: 539

Für den Curryreis:

1	Zwiebel
1 EL	Olivenöl
200 g	Langkornreis
1 EL	Currypulver
400 ml	Gemüsebrühe

4	Putenschnitzel (je etwa 150 g)
	Salz, frisch gemahlener Pfeffer
1	Frühlingszwiebel
2 große Scheiben	gekochter Schinken
3–4	Tomaten
2	Zwiebeln
1–2 EL	Speiseöl
	Zucker
1 TL	gerebelter Oregano
120 g	Schafkäse

evtl. einige
Stängel Majoran oder Oregano

Außerdem:

evtl. Holzstäbchen

Zubereitungszeit: 40 Minuten
Garzeit Reis: 15–20 Minuten
Garzeit Putenröllchen: etwa 10 Minuten

1. Für den Curryreis Zwiebel abziehen und in kleine Würfel schneiden. Olivenöl in einem Topf erhitzen, Zwiebelwürfel und Reis darin andünsten. Curry unterrühren und kurz mit andünsten.

2. Brühe hinzugießen und zum Kochen bringen. Reis zugedeckt bei schwacher Hitze 15–20 Minuten quellen lassen, dabei gelegentlich umrühren.

3. Putenschnitzel unter fließendem kalten Wasser abspülen und trocken tupfen, eventuell etwas flach klopfen. Putenschnitzel mit Salz und Pfeffer bestreuen.

4. Frühlingszwiebel putzen, waschen, abtropfen lassen und in etwa 2 ½ cm lange Stücke schneiden. Schinkenscheiben halbieren. Jeweils 1 halbierte Schinkenscheibe und 1 Frühlingszwiebelstück auf 1 Putenschnitzel legen. Das Putenschnitzel von der schmalen Seite her fest aufrollen, eventuell mit Holzstäbchen feststecken.

5. Tomaten waschen, abtropfen lassen, kreuzweise einschneiden und einige Sekunden in kochendes Wasser legen. Tomaten kurz in kaltem Wasser abschrecken, enthäuten, halbieren, entkernen und die Stängelansätze herausschneiden. Tomaten in Würfel schneiden. Zwiebeln abziehen und klein würfeln.

6. Speiseöl in einer großen Pfanne erhitzen. Putenröllchen darin von allen Seiten anbraten und herausnehmen. Zwiebelwürfel in dem verbliebenen Bratfett andünsten, Tomatenwürfel hinzugeben und 2–3 Minuten mitdünsten lassen. Tomatengemüse mit Salz, Pfeffer, Zucker und Oregano würzen. Putenröllchen auf das Tomatengemüse legen und zugedeckt bei mittlerer Hitze etwa 10 Minuten garen.

7. Schafkäse in Würfel schneiden, zu den Putenröllchen geben und kurz miterwärmen.

8. Nach Belieben Kräuter abspülen, trocken tupfen und in kleine Stängel zupfen. Die Putenröllchen damit garnieren.

Putenröllchen in Wermutsauce I

Raffiniert – mit Alkohol

4 Portionen

Pro Portion:

E: 33 g, F: 18 g, Kh: 5 g, kJ: 1526, kcal: 365

2	kleine Möhren
200 g	Blattspinat
4 Scheiben	Putenbrust (je etwa 125 g)
2 TL	grüner Kräutersenf
	frisch gemahlener Pfeffer
2 EL	Butterschmalz
125 ml (¹/₈ l)	Wermut
1 EL	mittelscharfer Senf
1 Becher	
(150 g)	Crème fraîche

Außerdem:

Holzstäbchen

Zubereitungszeit: 30 Minuten
Garzeit: etwa 15 Minuten

1. Möhren putzen, schälen, abspülen, abtropfen lassen und in Stäbchen schneiden. Den Spinat verlesen, gründlich waschen, abtropfen lassen und in kochendem Wasser ganz kurz blanchieren. Spinat in einem Sieb gut abtropfen lassen.

2. Putenbrustscheiben unter fließendem kalten Wasser abspülen, trocken tupfen und dünn mit Kräutersenf bestreichen. Mit Spinatblättern und je 3 Möhrenstäbchen belegen und leicht mit Pfeffer bestreuen. Die Putenbrustscheiben zusammenrollen und mit Holzstäbchen feststecken.

3. Butterschmalz in einem Topf erhitzen. Die Putenröllchen darin von allen Seiten anbraten. Den Bratensatz mit Wermut ablöschen. Die Putenröllchen zugedeckt etwa 15 Minuten schmoren. Putenröllchen aus dem Topf nehmen und warm stellen.

4. Den Bratensud einkochen lassen, Senf und Crème fraîche unterrühren. Die Sauce auf Tellern verteilen. Die Putenröllchen (Holzstäbchen entfernen) in Scheiben schneiden und auf der Sauce anrichten.

Putenröllchen mit Tomate und Mozzarella gefüllt I

Für Gäste – mit Alkohol

4 Portionen

Pro Portion:
E: 44 g, F: 33 g, Kh: 18 g, kJ: 2504, kcal: 598

Für die Gemüserosetten:

4	mittelgroße Kartoffeln
4	kleine Flaschentomaten
1	Zucchini
	Olivenöl
	Salz, frisch gemahlener Pfeffer
40 g	frisch geriebener Parmesan-Käse
einige	frische Thymianblättchen

500 g	Putenbrustfilet

Für die Füllung:

125 g	Mozzarella-Käse
100 g	Tomatenwürfel von enthäuteten, entkernten Tomaten
8	fein geschnittene Basilikumblättchen
1 kleiner	
Stängel	Rosmarin
4 EL	Olivenöl
100 ml	Weißwein
125 ml (¹/₈ l)	Geflügelbrühe
50 g	kalte Butter

Außerdem:

	Holzstäbchen

Zubereitungszeit: 65 Minuten
Garzeit Gemüserosetten: etwa 10 Minuten
Garzeit Putenröllchen: etwa 10 Minuten

1. Den Backofen vorheizen.

Ober-/Unterhitze: etwa 200 °C
Heißluft: etwa 180 °C

2. Für die Gemüserosetten die Kartoffeln waschen, schälen, abspülen, abtropfen lassen und in dünne Scheiben schneiden. Tomaten waschen, trocken tupfen und die Stängelansätze herausschneiden. Tomaten in dünne Scheiben schneiden. Die Zucchini waschen, abtrocknen und die Enden abschneiden. Zucchini in dünne Scheiben schneiden.

3. Olivenöl in einer großen Pfanne erhitzen. Kartoffel- und Zucchinischeiben darin von beiden Seiten leicht anbraten, herausnehmen und auf Küchenpapier abtropfen lassen.

4. Abwechselnd Tomaten-, Zucchini- und Kartoffelscheiben auf einem gefetteten Backblech zu insgesamt 4 Kreisen legen. Mit Salz und Pfeffer würzen und mit geriebenem Parmesan-Käse und Thymianblättchen bestreuen. Das Backblech in den vorgeheizten Backofen schieben. Die Gemüserosetten etwa 10 Minuten überbacken.

5. Putenbrustfilet unter fließendem kalten Wasser abspülen, trocken tupfen und in 8 dünne Schnitzel schneiden. Mit der flachen Seite eines breiten Messers leicht flach drücken, mit Salz und Pfeffer würzen.

6. Für die Füllung Mozzarella abtropfen lassen und in Würfel schneiden, mit Tomatenwürfeln und Basilikum mischen, mit Salz und Pfeffer würzen. Die Füllung jeweils auf den Schnitzeln verteilen und die Schnitzel aufrollen. Mit Holzstäbchen zusammenstecken. Die Röllchen von außen mit Salz und Pfeffer würzen.

7. Rosmarin abspülen und trocken tupfen. Olivenöl mit Rosmarin in einer feuerfesten Pfanne erhitzen. Die Putenröllchen darin von allen Seiten anbraten. Die Pfanne auf dem Rost in den heißen Backofen schieben und die Putenröllchen darin bei gleicher Backofentemperatur etwa 10 Minuten garen.

8. Die Putenröllchen aus der Pfanne nehmen und warm stellen. Den Bratensatz mit Weißwein ablöschen, Geflügelbrühe hinzugießen und aufkochen lassen. Die kalte Butter in Stückchen mit dem Pürierstab unterschlagen. Die Sauce mit Salz und Pfeffer abschmecken.

9. Die Gemüserosetten auf 4 Teller legen. Die Putenröllchen nach Belieben halbieren, in der Mitte anrichten und mit der Sauce überziehen.

Putenrouladen | Schnell – mit Alkohol
4 Portionen

Pro Portion:
E: 32 g, F: 37 g, Kh: 8 g, kJ: 2231, kcal: 533

5	*Putenschnitzel (je etwa 120 g)*
2–3 EL	*Sojasauce*
	frisch gemahlener Pfeffer
100 g	*Porree (Lauch)*
50 g	*frische Sojasprossen*
1 TL	*Butter*
	Cayennepfeffer
4 dünne	
Scheiben	*magerer, durchwachsener Speck*
2 EL	*Butterschmalz*
2–3 EL	*Weißwein*

Außerdem:

Küchengarn

Zubereitungszeit: 25 Minuten
Garzeit: etwa 10 Minuten

1. Die Putenschnitzel unter fließendem kalten Wasser abspülen und trocken tupfen. Putenschnitzel zwischen Frischhaltefolie oder in einen aufgeschnittenen Gefrierbeutel legen und flach klopfen. Putenschnitzel mit etwas Sojasauce bestreichen, mit Pfeffer würzen.

2. Porree putzen, die Stange längs halbieren, gründlich waschen und abtropfen lassen. Stange zuerst in etwa 4 cm lange Stücke, dann längs in dünne Streifen schneiden. Sojasprossen in ein Sieb geben, mit kaltem Wasser abspülen und abtropfen lassen. Butter in einer Pfanne zerlassen. Porreestreifen und Sojasprossen darin kurz andünsten.

3. Ein Putenschnitzel fein hacken oder in sehr kleine Stücke schneiden. Das Putenhackfleisch mit Sojasprossen und Porreestreifen vermischen, mit wenig Cayennepfeffer und der restlichen Sojasauce abschmecken.

4. Schnitzel mit einer Speckscheibe belegen und die Hackfleisch-Porree-Mischung darauf verteilen. Schnitzel zu Rouladen rollen und mit Küchengarn um-

wickeln. Butterschmalz in einer Pfanne erhitzen. Die Rouladen darin von allen Seiten anbraten und zugedeckt bei schwacher Hitze etwa 10 Minuten garen. Nach und nach etwas Wein hinzugeben.

5. Die Putenrouladen aus der Pfanne nehmen und das Küchengarn entfernen. Putenrouladen in Scheiben schneiden und auf einer vorgewärmten Platte anrichten. Danach den Bratensatz auf den Fleischscheiben verteilen.

Tipp: Dazu Gemüsereis und Salat servieren.

Putenrouladen mit Pilzsauce I

Raffiniert

4 Portionen

Pro Portion:

E: 43 g, F: 26 g, Kh: 8 g, kJ: 1815, kcal: 436

        10 g getrocknete Steinpilze
250 ml (¼ l) lauwarmes Wasser

Für die Füllung:

        50 g durchwachsener Speck
1 Becher
    (150 g) Crème fraîche
        2 EL Semmelbrösel
           1 Eiweiß (Größe M)
        1 EL Schnittlauchröllchen
        1 EL gehackte Estragonblätttchen
        1 EL gehackte Petersilie
              Salz
              frisch gemahlener Pfeffer

    4 dünne
Scheiben Putenbrust (je etwa 150 g)
   1–2 EL Butterschmalz
        1 Eigelb (Größe M)
     2 EL kaltes Wasser
           Sojasauce

Außerdem:

           Küchengarn oder
           Rouladennadeln

Zubereitungszeit: 40 Minuten, ohne Einweichzeit
Garzeit: etwa 35 Minuten

1. Steinpilze in lauwarmem Wasser 2–3 Stunden einweichen.

2. Für die Füllung den Speck in kleine Würfel schneiden, mit 2 Esslöffeln Crème fraîche, Semmelbröseln, Eiweiß, Schnittlauchröllchen, Estragon und Petersilie vermengen. Mit Salz und Pfeffer würzen.

3. Die Putenbrustscheiben unter fließendem kalten Wasser abspülen, trocken tupfen, mit Salz und Pfeffer würzen. Die Füllung auf den Fleischscheiben verteilen, von der kürzeren Seite her aufrollen, mit Küchengarn umwickeln oder mit Rouladennadeln feststecken.

4. Butterschmalz in einer Pfanne erhitzen. Rouladen darin von allen Seiten gut anbraten. Die eingeweichten Pilze mit der Hälfte der Einweichflüssigkeit hinzugeben, zum Kochen bringen und zugedeckt etwa 35 Minuten garen. Die Rouladen während der Garzeit ab und zu wenden. Verdampfte Flüssigkeit nach und nach durch restliche Einweichflüssigkeit ersetzen, eventuell noch etwas Wasser hinzugießen.

5. Die garen Rouladen aus der Pfanne nehmen und Küchengarn oder Rouladennadeln entfernen. Rouladen warm stellen.

6. Restliche Crème fraîche unter den Bratenfond rühren, zum Kochen bringen und etwas einkochen lassen. Eigelb mit Wasser verschlagen, unter Rühren in die Sauce rühren (nicht mehr kochen lassen). Mit Salz, Pfeffer und Sojasauce abschmecken. Die Rouladen in der Sauce servieren.

Beilage: Risottoreis oder Kartoffen und ein Salat.

Putenrouladen mit Spinat und
Schwarzwälder Schinken | Für Gäste
4 Portionen

Pro Portion:
E: 49 g, F: 30 g, Kh: 3 g, kJ: 2005, kcal: 480

Für den Spinat:

500 g	*Blattspinat*
	Salzwasser
2	*Schalotten*
30 g	*Butter*
	Salz
	frisch gemahlener Pfeffer
	frisch geriebene Muskatnuss
2 EL	*Crème fraîche*
8	*kleine Putensteaks (je etwa 80 g)*
2 TL	*Currypulver*
8 Scheiben	*Schwarzwälder Schinken*
30 g	*Butterschmalz*
200 g	*Pfifferlinge oder Pilze der Saison*
1 TL	*Kräuteressig*
200 ml	*Geflügelbrühe*
40 g	*kalte Butter*
2 EL	*Schnittlauchröllchen*

Außerdem:

8 *kleine Holzstäbchen*

Zubereitungszeit: 50 Minuten, ohne Abkühlzeit
Garzeit: etwa 5 Minuten

1. Spinat putzen, waschen, abtropfen lassen und in kochendem Salzwasser 1–2 Minuten blanchieren. Spinat in kaltem Wasser abschrecken und in einem Sieb abtropfen lassen.

2. Schalotten abziehen und in kleine Würfel schneiden. Butter in einer Pfanne zerlassen, Schalottenwürfel darin andünsten. Blanchierten Spinat leicht ausdrücken, hinzugeben, mit Salz, Pfeffer und Muskat würzen. Crème fraîche unterrühren. Spinatmasse etwas abkühlen lassen.

3. Putensteaks unter fließendem kalten Wasser abspülen und trocken tupfen. Steaks zwischen zwei Lagen Frischhaltefolie legen und mit einem Fleischklopfer etwas flach klopfen. Mit Salz, Pfeffer und Curry würzen. Die Putensteaks mit je 1 Scheibe Schinken belegen.

4. Jeweils etwas von der Spinatmasse in die Mitte der Putensteaks geben. Steaks von der langen Seite her aufrollen und mit Holzstäbchen feststecken.

5. Butterschmalz in einer Pfanne erhitzen. Die Putenrouladen darin von allen Seiten gut anbraten.

6. Pfifferlinge putzen, mit Küchenpapier abreiben, eventuell abspülen und gut trocken tupfen. Pfifferlinge zu den Putenrouladen geben und mit anbraten. Mit Essig und Brühe ablöschen. Die Putenrouladen bei schwacher Hitze etwa 5 Minuten gar ziehen lassen.

7. Die Putenrouladen aus der Pfanne nehmen und auf vorgewärmten Tellern anrichten.

8. Butter in kleinen Stücken unter die Pfifferlinge rühren, Schnittlauchröllchen hinzufügen. Die Pfifferlinge auf den Putenrouladen verteilen.

Tipp: Dazu passen Gnocchi, die in Butter mit Tomatenwürfeln geschwenkt wurden.

Putensalat | Gut vorzubereiten
2 Portionen

Pro Portion:
E: 16 g, F: 12 g, Kh: 29 g, kJ: 1248, kcal: 298

100 g	*saure Sahne*
½ TL	*Currypulver*
	Salz, frisch gemahlener Pfeffer
	Zitronensaft
1	*Orange*
1	*Banane*
100 g	*Staudensellerie*
100 g	*Johannisbeeren (frisch oder TK)*
125 g	*Putenschnitzel*
1 TL	*Speiseöl*
	Paprikapulver edelsüß

Zubereitungszeit: 30 Minuten,
ohne Abkühl- und Durchziehzeit
Garzeit: etwa 4 Minuten

1. Saure Sahne mit Curry, Salz, Pfeffer und Zitronensaft verrühren. Orange so schälen, dass die weiße Haut vollständig entfernt wird. Orange filetieren und die Filets halbieren. Banane schälen und in Scheiben schneiden. Orangenfilets und Bananenscheiben vorsichtig unter die Sauce rühren.

2. Sellerie putzen und die harten Außenfäden abziehen. Sellerie waschen, abtropfen lassen und in Scheiben schneiden. Johannisbeeren waschen, abtropfen lassen und entstielen. Oder gefrorene Johannisbeeren nach Packungsanleitung auftauen lassen.

3. Putenschnitzel unter fließendem kalten Wasser abspülen und trocken tupfen. Speiseöl in einer Pfanne erhitzen. Putenschnitzel darin von jeder Seite etwa 2 Minuten braten. Putenschnitzel mit Paprika und wenig Salz würzen, aus der Pfanne nehmen, abkühlen lassen und in Streifen schneiden.

4. Selleriescheiben und Putenfleischstreifen unter den Salat mischen. Beeren vorsichtig unterheben. Den Salat etwa 30 Minuten durchziehen lassen.

Tipp: Den Salat auf einem Teller mit Selleriegrün anrichten.

Puten-Salbei-Spieße | Schnell

4 Portionen

Pro Portion:
E: 40 g, F: 72 g, Kh: 0 g, kJ: 3567, kcal: 852

4	Putenschnitzel (je etwa 125 g)
	Salz
	frisch gemahlener Pfeffer
12 dünne	
Scheiben	Frühstücksspeck (Bacon)
1 Bund	frischer Salbei
	Speiseöl

Außerdem:

4 Metallspieße (Schaschlikspieße)

Zubereitungszeit: 25 Minuten
Grillzeit: etwa 10 Minuten

1. Den Grill vorheizen. Putenschnitzel unter fließendem kalten Wasser abspülen, trocken tupfen, mit Salz und Pfeffer würzen. Putenschnitzel mit je 3 Scheiben Frühstücksspeck belegen.

2. Salbei abspülen und trocken tupfen. Die Blättchen von den Stängeln zupfen. Salbeiblättchen auf den Frühstücksspeckscheiben verteilen.

3. Die belegten Putenschnitzel von der längeren Seite her fest aufrollen und schräg in jeweils 4 gleich große Stücke schneiden. Fleischstücke auf 4 Metallspieße stecken und mit Speiseöl bestreichen.

4. Die Puten-Salbei Spieße auf dem heißen Grillrost von jeder Seite etwa 5 Minuten grillen.

Beilage: Ofenfrisches Baguette, mit Frischkäse gefüllte Tomaten und eine Tomatensauce.

Putenschnecken à la Parma I

Für Kinder
4 Portionen

Pro Portion:
E: 58 g, F: 33 g, Kh: 2 g, kJ: 2409, kcal: 575

4	Putenschnitzel (je etwa 140 g)
	Salz
	frisch gemahlener Pfeffer
8	Salbeiblättchen
4 Scheiben	gekochter Schinken
4 Scheiben	Höhlenkäse
4 EL	Speiseöl

Zubereitungszeit: 35 Minuten
Garzeit: etwa 10 Minuten

1. Putenschnitzel unter fließendem kalten Wasser abspülen, trocken tupfen, mit Salz und Pfeffer würzen. Salbeiblättchen abspülen und trocken tupfen. Schinken- und Käsescheiben in Größe der Schnitzel schneiden.

2. Je 2 Salbeiblättchen, 1 Schinken- und 1 Käsescheibe nacheinander auf die Putenschnitzel legen und von der schmalen Seite her aufrollen. Die Putenschnitzelrolle in je 3 Scheiben schneiden.

3. Speiseöl in einer Pfanne erhitzen. Die Fleischscheiben darin bei mittlerer Hitze von beiden Seiten anbraten und bei schwacher Hitze in etwa 10 Minuten fertig garen.

Beilage: Kartoffelgratin oder Reis.

Putenschnitzel | Klassisch
4 Portionen

Pro Portion:
E: 35 g, F: 12 g, Kh: 9 g, kJ: 1215, kcal: 291

> 4 *Putenschnitzel*
> *(je 125–150 g)*
> 1 *Ei (Größe M)*
> *Salz*
> *frisch gemahlener Pfeffer*
> *Paprikapulver edelsüß*
> 50 g *Semmelbrösel*
> 40 g *Speiseöl*

Zubereitungszeit: 15 Minuten
Garzeit: etwa 12 Minuten

1. Putenschnitzel unter fließendem kalten Wasser abspülen und trocken tupfen. Ei mit Salz, Pfeffer und Paprika in einer flachen Schüssel verschlagen.

2. Putenschnitzel zuerst durch das verschlagene Ei ziehen, am Schüsselrand abstreifen und dann in Semmelbröseln wenden. Panade fest andrücken.

3. Speiseöl in einer großen Pfanne erhitzen. Die Putenschnitzel darin von beiden Seiten etwa 12 Minuten goldgelb braten, herausnehmen und auf einer vorgewärmten Platte anrichten.

Beilage: Sahne-Kartoffelpüree und gemischter Salat.

Tipp: Nach Belieben mit Zitronenspalten und Salatblättern garnieren.

Putenschnitzel, gefüllt | Für Gäste

4 Portionen

Pro Portion:
E: 41 g, F: 36 g, Kh: 18 g, kJ: 2481, kcal: 593

2 *Putenschnitzel mit*
eingeschnittenen Taschen
(je etwa 350 g)
Salz
frisch gemahlener, weißer Pfeffer
Paprikapulver edelsüß

Für die Füllung:
75 g *Zucchini*
1 Bund *Basilikum*
150 g *Schafkäse*

40 g *Weizenmehl*
30 g *Butterschmalz*
1 Becher
(150 g) *Crème fraîche*
1 EL *Tomatenmark*
Cayennepfeffer
gerebeltes Basilikum

Außerdem:
Holzstäbchen

Zubereitungszeit: 40 Minuten
Garzeit: 10–15 Minuten

1. Putenschnitzel unter fließendem kalten Wasser abspülen, trocken tupfen, mit Salz, Pfeffer und Paprika würzen.

2. Für die Füllung Zucchini waschen, abtrocknen und die Enden abschneiden. Zucchini in kleine Würfel schneiden. Basilikum abspülen und trocken tupfen. Die Blättchen von den Stängeln zupfen. Blättchen in feine Streifen schneiden.

3. Schafkäse mit Zucchiniwürfeln und Basilikumstreifen gut verrühren, mit Salz und Pfeffer würzen. Die Putenschnitzel mit der Schafkäse-Zucchini-Masse füllen. Mit Holzstäbchen verschließen. Putenschnitzel mit Mehl bestäuben.

4. Butterschmalz in einer Pfanne erhitzen. Die Putenschnitzel darin von beiden Seiten 10–15 Minuten goldbraun braten, herausnehmen und warm stellen.

5. Für die Sauce den Bratensatz mit Crème fraîche, Tomatenmark und Cayennepfeffer verrühren, mit Salz, Pfeffer und Basilikum würzen. Die Putenschnitzel in die Sauce legen und nochmals erhitzen.

Beilage: Spätzle, Kräuterkartoffeln, Reis, verschiedene Blattsalate, Paprikasalat, Baguette mit Kräuterbutter.

Tipp: Statt Schafkäse kann auch Ziegenkäse verwendet werden.

P

Putenschnitzel mit
Zucchiniwürfeln | Einfach – schnell

4 Portionen

Pro Portion:
E: 24 g, F: 19 g, Kh: 8 g, kJ: 1336, kcal: 320

2	*Zucchini (etwa 300 g)*
30 g	*Butter oder Margarine*
	Salz
4	*Putenschnitzel (je etwa 125 g)*
	gerebelter Majoran
etwas	*Weizenmehl*
2 EL	*Speiseöl*
evtl. einige	*vorbereitete Majoranblättchen*

Zubereitungszeit: 25 Minuten
Garzeit Zucchini: etwa 5 Minuten
Garzeit Putenschnitzel: 10–12 Minuten

1. Zucchini waschen, abtrocknen und die Enden abschneiden. Zucchini in kleine Würfel schneiden. Butter oder Margarine in einer Pfanne zerlassen.

2. Zucchiniwürfel darin etwa 5 Minuten unter mehrmaligem Wenden gar dünsten, mit Salz würzen.

3. Putenschnitzel unter fließendem kalten Wasser abspülen und trocken tupfen. Mit Salz und Majoran würzen, in Mehl wenden.

4. Speiseöl in einer Pfanne erhitzen. Die Putenschnitzel darin von beiden Seiten 10–12 Minuten goldbraun braten, herausnehmen, auf einer vorgewärmten Platte mit den Zucchiniwürfeln anrichten.

5. Nach Belieben mit Majoranblättchen bestreuen.

Beilage: Kartoffelbrei.

Putensteaks mit frischer, gegrillter Ananas | Für Gäste

8–10 Portionen

Pro Portion:
E: 47 g, F: 7 g, Kh: 14 g, kJ: 1418, kcal: 339

Für die Marinade:

4 EL	Sojasauce
1 EL	brauner Zucker (Rohrzucker) oder Streuzucker
4 EL	Speiseöl
10	Putensteaks (je 130–150 g)
10 Scheiben	frische Ananas (je etwa 80 g) frisch gemahlener, grober, bunter Pfeffer

Zubereitungszeit: 45 Minuten, ohne Marinierzeit
Grillzeit: 10–15 Minuten

1. Für die Marinade Sojasauce mit Zucker gut verrühren, Speiseöl unterschlagen.

2. Putensteaks unter fließendem kalten Wasser abspülen und trocken tupfen. Putensteaks und Ananasscheiben in eine flache Schale legen, mit Pfeffer bestreuen. Die Marinade mit einem Pinsel gleichmäßig daraufstreichen.

3. Die Putensteaks und Ananasscheiben mit Klarsichtfolie zugedeckt im Kühlschrank über Nacht durchziehen lassen. Eventuell die Putensteaks und Ananasscheiben nach einigen Stunden wenden. Den Grill vorheizen.

4. Die Putensteaks und Ananasscheiben aus der Marinade nehmen und auf dem heißen Grill unter mehrmaligem Wenden 10–15 Minuten grillen.

Tipp: Dazu passt ein Reissalat, der mit Curry-Mayonnaise, Salz und Pfeffer gewürzt und mit Rosinen angereichert wurde. Mit roten Pfefferbeeren bestreuen.

Putensteaks mit Käsefüllung und Zitronensauce | Für Gäste – mit Alkohol

4 Portionen

Pro Portion:
E: 44 g, F: 25 g, Kh: 25 g, kJ: 2415, kcal: 577

4	*Putensteaks (je etwa 200 g)*
	frisch gemahlener Pfeffer
125 g	*fester Camembert*
1 TL	*Preiselbeeren (aus dem Glas)*
	Salz
	Paprikapulver edelsüß
4 EL	*Weizenmehl*
45 g	*Butterschmalz*

Für die Sauce:

4 EL	*Weißwein*
2	*kleine, noch grüne Bio-Zitronen*
	oder -Limetten (unbehandelt,
	ungewachst)
30 g	*Zucker*
4 EL	*Wasser*
125 ml (⅛ l)	*Weißwein*
2–3 EL	*Weinbrand*
100 g	*Schlagsahne*

Außerdem:

	Holzstäbchen

Zubereitungszeit: 35 Minuten
Garzeit: etwa 16 Minuten

1. Putensteaks unter fließendem kalten Wasser ab-spülen und trocken tupfen. In jedes Steak mit einem scharfen Messer eine tiefe Tasche einschneiden. Die Fleischtasche mit Pfeffer einreiben.

2. Camembert in Scheiben schneiden, mit Preisel-beeren mischen und in die Fleischtaschen geben. Die Öffnungen mit Holzstäbchen verschließen. Die Putensteaks mit Salz und Paprika einreiben und in Mehl wenden.

3. Butterschmalz in einer Pfanne erhitzen, Puten-steaks darin von jeder Seite etwa 8 Minuten gold-braun braten, herausnehmen und warm stellen.

4. Für die Sauce den Bratensatz mit Wein ablöschen und loskochen. Zitronen oder Limetten heiß abwa-schen, abtrocknen und die Schale mit einem Zesten-reißer abziehen oder abschneiden. Anschließend die Früchte so schälen, dass die weiße Haut vollständig entfernt wird. Zitronen oder Limetten filetieren und die Filets halbieren.

5. Zucker mit Wasser in einer kleinen Pfanne unter ständigem Rühren hellbraun karamellisieren lassen, mit Weißwein und Weinbrand ablöschen. Die Sauce unter Rühren kurz aufkochen lassen. Den Topf von der Kochstelle nehmen.

6. Bratenfond, Zitrusschale (einige Zitrusschalen zum Garnieren beiseitelegen) und Sahne unter die Sauce rühren. Mit Salz und Pfeffer abschmecken. Die Sauce nochmals erhitzen (aber nicht kochen lassen).

7. Die Putensteaks auf einer vorgewärmten Platte anrichten. Mit Zitrusfilets und der beiseitegelegten Zitrusschale garnieren. Die Sauce zu den Putensteaks reichen.

Beilage: Bandnudeln und Blattsalate.

Putensticks in Sesampanade I

Für Gäste

4 Portionen

Pro Portion:
E: 36 g, F: 28 g, Kh: 40 g, kJ: 2338, kcal: 558

Für den Salat:

- 1 Dose Ananasscheiben (Abtropfgewicht 350 g)
- 1 Bund Frühlingszwiebeln
- 250 g Cocktailtomaten
- 1 Bund Rucola (Rauke)
- 3 EL Weißweinessig
- 6 EL Speiseöl, z. B. Erdnussöl
- Salz, frisch gemahlener Pfeffer

Für die Putensticks:

- 4 Putenschnitzel (je etwa 120 g)
- 2 Eier (Größe M)
- 2 EL Weizenmehl
- 4 EL Sesamsamen
- 3 EL Speiseöl, z. B. Sonnenblumenöl

Zum Dippen:

- etwa 200 ml süß-saure Sauce (aus der Flasche)

Zubereitungszeit: 40 Minuten, ohne Durchziehzeit
Garzeit: etwa 7 Minuten je Portion

1. Für den Salat Ananasscheiben in einem Sieb abtropfen lassen und in kleine Stücke schneiden. Frühlingszwiebeln putzen, waschen, abtropfen lassen und in etwa 3 cm lange Stücke schneiden.

2. Tomaten waschen, trocken tupfen, halbieren und die Stängelansätze entfernen. Rucola verlesen, dicke Stängel abschneiden. Rucola waschen und trocken tupfen oder -schleudern, in kleine Stücke schneiden.

3. Ananas-, Frühlingszwiebelstücke, Tomatenhälften und Rucola in einer Schüssel mischen. Essig und Speiseöl gut verrühren, mit Salz und Pfeffer würzen. Die Sauce auf dem Salat verteilen und gut untermengen. Den Salat im Kühlschrank etwa 30 Minuten durchziehen lassen, dabei gelegentlich umrühren.

4. Für die Putensticks Putenschnitzel unter fließendem kalten Wasser abspülen, trocken tupfen und in etwa 5 cm lange Stücke schneiden.

5. Eier in einer flachen Schüssel verschlagen. Mehl und Sesamsamen getrennt in je eine flache Schale geben. Putenstücke mit Salz und Pfeffer würzen.

6. Putenstücke zuerst in Mehl wenden, dann durch die verschlagenen Eier ziehen, am Schüsselrand etwas abstreifen und zuletzt in Sesamsamen wenden. Panade fest andrücken.

7. Speiseöl in einer großen, flachen Pfanne erhitzen. Die panierten Putenstücke darin in 2 Portionen etwa 7 Minuten von beiden Seiten knusprig braten und herausnehmen.

8. Die Putensticks mit dem Salat anrichten. Die süß-saure Sauce zum Dippen dazureichen.

Putenstreifen mit Zitronen und Mandeln | Einfach
4 Portionen

Pro Portion:
E: 40 g, F: 32 g, Kh: 5 g, kJ: 1973, kcal: 472

        4 *Putenschnitzel (je etwa 150 g)*
        3 *Bio-Zitronen (unbehandelt,*
          ungewachst)
        4 *mittelgroße, rote Zwiebeln*
   1 kleiner
      Topf Zitronenthymian
        4 EL *abgezogene, ganze Mandeln*
   100 ml *Olivenöl*
          Salz, frisch gemahlener Pfeffer

Zubereitungszeit: 25 Minuten, ohne Abkühlzeit

1. Die Putenschnitzel unter fließendem kalten Wasser abspülen, trocken tupfen und in fingerdicke Streifen schneiden. Zitronen heiß abwaschen und abtrocknen. Von 1 Zitrone die Schale abreiben und beiseitelegen. Restliche Schale mit einem scharfen Messer so abschneiden, dass die weiße Haut mit entfernt wird. Zitrone filetieren.

2. Die Zwiebeln abziehen, halbieren und in Spalten schneiden. Thymian abspülen und trocken tupfen. Einige Stängel zum Garnieren beiseitelegen. Die Blättchen von den restlichen Stängeln abzupfen.

3. Mandeln in einem Wok ohne Öl leicht bräunen und auf einem Teller erkalten lassen.

4. Restliche Zitronen mit Schale vierteln. Zitronenviertel in Stücke schneiden. Olivenöl in dem Wok erhitzen, Zitronenstücke darin anbraten, bis sie gut gebräunt sind. Die Zitronenstücke in ein Sieb geben und abtropfen lassen, dabei das Öl auffangen.

5. Das Zitronenöl wieder in den Wok geben, die Putenfleischstreifen darin portionsweise von allen Seiten goldbraun braten. Mit Salz und Pfeffer würzen. Putenfleischstreifen herausnehmen und die Zwiebelspalten darin unter mehrmaligem Wenden anbraten. Mandeln und Putenfleischstreifen wieder hinzugeben.

6. Mit Salz, Pfeffer und Zitronenschale abschmecken. Thymianblättchen unterrühren. Die Putenfleischstreifen mit Zwiebeln und Mandeln auf Tellern anrichten. Mit Zitronenfilets und beiseitegelegten Thymianstängeln garnieren.

Putensülze | Dauert länger

4 Portionen

Pro Portion:
E: 47 g, F: 14 g, Kh: 3 g, kJ: 1495, kcal: 357

750 g	*Putenbrustfilet*
1 ½ l	*Wasser*
2–3 gestr.	
TL	*Salz*
1 Bund	*Suppengrün (Möhren, Knollen-sellerie, Porree [Lauch])*
½ TL	*gerebelter Thymian*
6 Blatt	*weiße Gelatine*
	Zitronensaft
	Salz, frisch gemahlener Pfeffer
1	*große, rote Paprikaschote*
1 Bund	*Dill*

Zubereitungszeit: 40 Minuten,
ohne Abkühl- und Kühlzeit
Garzeit: etwa 45 Minuten
Haltbarkeit: gekühlt etwa 5 Tage

1. Putenbrust unter fließendem kalten Wasser abspülen, abtropfen lassen, mit Wasser und Salz in einem großen Topf zum Kochen bringen und abschäumen.

2. Suppengrün putzen, schälen, waschen, abtropfen lassen und in Stücke schneiden. Suppengrün und Thymian zu der Putenbrust in den Topf geben. Die Putenbrust zugedeckt etwa 45 Minuten garen.

3. Putenbrust mit einer Schaumkelle aus der Brühe nehmen, in einem Sieb abtropfen und erkalten lassen. Putenbrust in fingerdicke Streifen schneiden. Die Brühe durch ein Sieb in einen Topf gießen und erkalten lassen. Brühe entfetten und 500 ml (½ l) abmessen. Restliche Brühe beiseitestellen.

4. Gelatine in kaltem Wasser nach Packungsanleitung einweichen und leicht ausdrücken. Etwa 100 ml der abgemessenen Brühe mit der Gelatine in einem kleinen Topf unter Rühren erwärmen, bis die Gelatine vollständig gelöst ist.

5. Die restliche abgemessene Brühe unterrühren. Sülzenflüssigkeit mit Zitronensaft, Salz und Pfeffer kräftig abschmecken. Den Boden einer kalt ausgespülten, länglichen Form oder Schüssel (etwa 1 ½ l Inhalt) etwa ½ cm hoch mit der Sülzenflüssigkeit bedecken. Form oder Schüssel etwa 10 Minuten kalt stellen.

6. Paprikaschote halbieren, entstielen, entkernen und die weißen Scheidewände entfernen. Schotenhälften waschen, abtropfen lassen und in Streifen schneiden.

7. Von der restlichen beiseitegestellten Brühe 125 ml (⅛ l) abmessen und zum Kochen bringen. Paprikastreifen darin etwa 2 Minuten garen. Paprikastreifen in ein Sieb geben, mit kaltem Wasser übergießen und abtropfen lassen. Paprikastreifen nach Belieben enthäuten.

8. Dill abspülen und trocken tupfen. 1 Dillstängel zum Garnieren beiseitelegen. Die Spitzen von den restlichen Stängeln zupfen.

9. Einige Dillspitzen in die Form oder Schüssel auf den erstarrten Sülzenspiegel geben. Fleisch- und Paprikastreifen daraufschichten. Restliche Dillspitzen daraufstreuen, restliche Sülzenflüssigkeit hinzugießen. Die Form oder Schüssel über Nacht kalt stellen.

10. Vor dem Servieren die Form kurz in heißes Wasser tauchen, die Sülze mit einem Messer vorsichtig vom Rand der Form oder Schüssel lösen und auf eine Platte stürzen. Putensülze mit dem beiseitegelegten Dillstängel garnieren.

Rebhuhnbrustfilet I

Für Gäste – mit Alkohol

4 Portionen

Pro Portion:
E: 71 g, F: 59 g, Kh: 39 g, kJ: 4354, kcal: 1038

Für den Grünkohl:

1 kg	TK-Grünkohl
30 g	Schweineschmalz
1	große Zwiebel
1	Schinkenschwarte
250 ml (¹/₄ l)	Wasser
	Salz, frisch gemahlener Pfeffer
¹/₂–1 EL	mittelscharfer Senf

Für die Röstkartoffeln:

750 g	Kartoffeln
1	große Zwiebel
50 g	Margarine

4	doppelte Rebhuhnbrustfilets (je etwa 120 g)
30 g	Butterschmalz

Für die Weinsauce:

2	Schalotten
20 g	Butter
200 ml	trockener Weißwein
200 g	Schlagsahne
	Zucker

Zubereitungszeit: 50 Minuten, ohne Antau- und Abkühlzeit
Garzeit Grünkohl: 50–60 Minuten
Garzeit Rebhuhnbrustfilets: 6–8 Minuten

1. Grünkohl antauen lassen. Schweineschmalz in einem Topf erhitzen. Zwiebel abziehen, klein würfeln und in dem Schweineschmalz andünsten. Grünkohl, Schinkenschwarte und Wasser hinzugeben, zum Kochen bringen und zugedeckt bei mittlerer Hitze 50–60 Minuten garen. Den Grünkohl mit Salz, Pfeffer und Senf würzen.

2. Für die Röstkartoffeln die Kartoffeln gründlich waschen, mit Wasser bedeckt zum Kochen bringen und zugedeckt etwa 20 Minuten garen. Kartoffeln abgießen, abdämpfen, heiß pellen und abkühlen lassen. Kartoffeln in Würfel schneiden. Zwiebel abziehen und klein würfeln. Margarine in einer Pfanne zerlassen, Zwiebelwürfel darin andünsten, Kartoffelwürfel hinzufügen, mit Salz würzen und etwa 10 Minuten von allen Seiten braun braten.

3. Rebhuhnbrustfilets unter fließendem kalten Wasser abspülen und trocken tupfen. Mit Salz und Pfeffer würzen. Butterschmalz in einer Pfanne erhitzen. Rebhuhnbrustfilets bei schwacher Hitze von beiden Seiten 6–8 Minuten goldbraun braten, herausnehmen und warm stellen.

4. Für die Weinsauce Schalotten abziehen und in kleine Würfel schneiden. Butter in dem Bratensatz zerlassen. Schalottenwürfel darin glasig dünsten. Wein mit Sahne verrühren, mit Salz und Pfeffer würzen, zu den Schalottenwürfeln in die Pfanne geben und zum Kochen bringen. Die Sauce auf etwa 250 ml (¹/₄ l) sämig einkochen lassen und mit Zucker abschmecken.

5. Rebhuhnbrustfiles in Scheiben schneiden, mit Grünkohl, Röstkartoffeln und etwas Weinsauce auf Tellern anrichten. Restliche Weinsauce dazureichen.

Reis-Fenchel-Pfanne mit Putenbrust | Dauert länger – mit Alkohol

4 Portionen

Pro Portion:
E: 31 g, F: 24 g, Kh: 55 g, kJ: 2546, kcal: 608

200 g	Langkornreis
	Salzwasser
400 g	Fenchelknollen
200 g	Austernpilze
4 EL	Speiseöl
250 ml (¼ l)	Weißwein
12	Cocktailtomaten
400 g	geräucherte Putenbrust, am Stück
	Salz, frisch gemahlener Pfeffer

Für die Sauce:

1 Becher	
(150 g)	Crème fraîche
1 EL	eingelegte, grüne Pfefferkörner (aus dem Glas)
1–2 EL	heller Saucenbinder
1 Prise	Zucker
1 EL	gehackte Petersilie
	vorbereitete
	Zitronenmelisseblättchen

Zubereitungszeit: 40 Minuten
Garzeit Reis: etwa 20 Minuten
Garzeit Gemüse: etwa 5 Minuten

1. Reis in kochendem Salzwasser nach Packungsanleitung etwa 20 Minuten ausquellen lassen. Reis in ein Sieb geben und abtropfen lassen.

2. Von den Fenchelknollen die Stiele dicht oberhalb der Knollen abschneiden. Braune Stellen und Blätter entfernen (etwas Fenchelgrün beiseitelegen), die Wurzelenden gerade schneiden. Knollen waschen, abtropfen lassen, halbieren und in Spalten schneiden. Austernpilze putzen, mit Küchenpapier abreiben, eventuell abspülen, trocken tupfen und grob zerkleinern.

3. Zwei Esslöffel des Speiseöls in einem Wok erhitzen. Die Fenchelspalten darin unter Rühren anbraten und herausnehmen. Restliches Speiseöl in dem verbliebenen Bratfett erhitzen. Austernpilze darin unter Wenden anbraten. Fenchelspalten und die Hälfte des Weißweins hinzugeben. Den Deckel auflegen und das Gemüse bei mittlerer Hitze etwa 5 Minuten garen.

4. In der Zwischenzeit Tomaten waschen, trocken tupfen und halbieren, Stängelansätze herausschneiden. Putenbrust in Würfel schneiden. Beiseitegelegtes Fenchelgrün abspülen, trocken tupfen und klein schneiden.

5. Reis, Putenbrustwürfel und Tomatenhälften zum gegarten Gemüse in den Wok geben und unterrühren. Die Reis-Fenchel-Pfanne aufkochen lassen, mit Salz und Pfeffer würzen, auf einer vorgewärmten Platte anrichten und warm stellen.

6. Für die Sauce Crème fraîche, restlichen Weißwein und abgetropfte Pfefferkörner in den Wok geben und unter Rühren zum Kochen bringen. Den Saucenbinder einstreuen und unter Rühren nochmals aufkochen lassen.

7. Die Sauce mit Salz und Zucker abschmecken und auf das angerichtete Reisgemüse geben. Mit Fenchelgrün und Petersilie bestreuen und mit Zitronenmelisseblättchen garnieren.

Rosa gebratene Entenbrust mit Spekulatiuskruste | Zu Weihnachten

4 Portionen

Pro Portion:
E: 46 g, F: 82 g, Kh: 30 g, kJ: 4335, kcal: 1034

1 Stängel	Rosmarin
150 g	Spekulatius
80 g	weiche Butter
1	Eigelb (Größe M)
1 TL	flüssiger Honig, Salz
4	Entenbrustfilets (je etwa 200 g)
	frisch gemahlener Pfeffer
2 EL	Speiseöl
4 EL	Feigensenf
3 Stängel	Majoran

Zubereitungszeit: 30 Minuten
Garzeit: 6–10 Minuten

1. Rosmarin abspülen und trocken tupfen. Die Nadeln von dem Stängel zupfen und klein schneiden. Spekulatius in einen Gefrierbeutel geben und den Beutel fest verschließen. Spekulatius mit einer Teigrolle grob zerkleinern.

2. Butter mit Handrührgerät mit Rührbesen schaumig rühren, Eigelb unterrühren. Rosmarinnadeln, Spekulatiusbrösel und Honig unter die Buttermasse rühren. Mit Salz würzen.

3. Entenbrustfilets unter fließendem kalten Wasser abspülen und trocken tupfen. Auf der Hautseite mit einem scharfen Messer in die Fettschicht ein Rautenmuster schneiden. Entenbrustfilets auf der Fleischseite mit Salz und Pfeffer würzen.

4. Den Backofen vorheizen.

Ober-/Unterhitze: etwa 160 °C
Heißluft: etwa 140 °C

5. Speiseöl in einer großen Pfanne erhitzen. Die Entenbrustfilets mit der Hautseite nach unten in die Pfanne legen und gut anbraten. Entenbrustfilets umdrehen und kurz auf der Fleischseite braten. Entenbrustfilets aus der Pfanne nehmen, mit der Hautseite nach oben auf einem Backblech verteilen und mit Feigensenf bestreichen.

6. Die Spekulatiusmasse gleichmäßig auf den Entenbrustfilets verteilen. Das Backblech in den vorgeheizten Backofen schieben. Die Entenbrustfilets 6–10 Minuten garen.

7. Majoran abspülen, trocken tupfen und in Zweige zupfen. Die Entenbrustfilets vom Backblech nehmen und etwa 4 Minuten ruhen lassen. Entenbrustfilets aufschneiden, mit Majoranzweigen anrichten und servieren.

Tipp: Dazu passt Schwarzwurzel-Wirsing-Gemüse.

Rosmarinpoularde I
Für Gäste – mit Alkohol
4 Portionen

Pro Portion:
E: 60 g, F: 68 g, Kh: 6 g, kJ: 4032, kcal: 962

1	**große, küchenfertige Poularde (etwa 1,2 kg)**
	Salz
	frisch gemahlener Pfeffer
	Paprikapulver edelsüß
4 EL	**Speiseöl**
125 ml (⅛ l)	**Weißwein**
125 ml (⅛ l)	**Fleischbrühe**
4	**Knoblauchzehen**
1 Zweig	**Rosmarin**
850 g	**Tomaten (aus der Dose)**
	Zucker
einige	
Stängel	**vorbereiteter Rosmarin**

Zubereitungszeit: 55 Minuten
Garzeit: etwa 40 Minuten

1. Poularde innen und außen unter fließendem kalten Wasser abspülen, trocken tupfen und in 8 Portionsstücke teilen. Mit Salz, Pfeffer und Paprika würzen.

2. Speiseöl in einer großen Pfanne erhitzen. Poulardenteile darin von allen Seiten braun anbraten. Wein und Brühe hinzugießen.

3. Knoblauch abziehen und klein würfeln. Rosmarin abspülen und trocken tupfen. Die Nadeln von den Stängeln zupfen. Nadeln klein schneiden. Knoblauchwürfel, Rosmarin und Tomaten mit der Flüssigkeit zu den Poulardenteilen in die Pfanne geben. Tomaten etwas zerdrücken. Mit Salz, Pfeffer und Zucker würzen.

4. Die Poulardenteile mit dem Tomatengemüse bei schwacher Hitze etwa 40 Minuten garen.

5. Rosmarinpoularde mit dem Tomatengemüse auf einem großen Teller anrichten. Mit Rosmarinstängeln garnieren.

Beilage: Bandnudeln und gemischter Salat.

Satéspieße mit Erdnusssauce I
Für Gäste
4–6 Portionen

Pro Portion:
E: 40 g, F: 39 g, Kh: 8 g, kJ: 2239, kcal: 539

4 Hähnchenbrustfilets
(je etwa 160 g)

Für die Marinade:
2 Knoblauchzehen
1 kleine Zwiebel
1 rote Chilischote
1 große
Prise gemahlener Kreuzkümmel
2 EL helle Sojasauce
500 ml (½ l) Kokosmilch
2 EL Speiseöl
Salz, frisch gemahlener Pfeffer

Für die Erdnusssauce:
100 g gesalzene Erdnusskerne
1 Bio-Zitrone (unbehandelt, ungewachst)
2 EL Erdnusscreme
1 TL Currypulver, indisch
1 Prise Zucker
3–5 EL Schlagsahne

Außerdem:
8–10 Zitronengrasstängel

Zubereitungszeit: 40 Minuten, ohne Marinier- und Abkühlzeit
Grillzeit: etwa 10 Minuten

1. Hähnchenbrustfilets unter fließendem kalten Wasser abspülen, trocken tupfen und in 1–2 cm breite, kurze Streifen schneiden. Fleischstreifen in eine flache Schale legen.

2. Für die Marinade Knoblauch und Zwiebel abziehen, in sehr kleine Würfel schneiden. Chilischote abspülen, trocken tupfen, längs halbieren, entstielen, entkernen und in feine Streifen schneiden.

3. Knoblauch- und Zwiebelwürfel mit Chilistreifen, Kreuzkümmel, Sojasauce und 4 Esslöffeln der Kokosmilch verrühren. Speiseöl unterschlagen. Mit Salz und Pfeffer würzen. Die Marinade auf den Fleischstreifen verteilen und zugedeckt 1–2 Stunden durchziehen lassen.

4. Für die Erdnusssauce Erdnusskerne in einer Pfanne ohne Fett anrösten, herausnehmen, abkühlen lassen, fein hacken oder zerdrücken. Zitrone heiß abwaschen, abtrocknen und die Schale mit einem Zestenreißer abziehen oder mit einer kleinen Reibe abreiben. Zitrone halbieren und den Saft auspressen. Den Backofengrill vorheizen.

5. Restliche Kokosmilch mit der Erdnusscreme und Curry in einem Topf zum Kochen bringen. Erdnussstückchen und Zitronenschale unterrühren. Mit Zucker und Zitronensaft abschmecken. So viel Sahne hinzugießen, bis die Sauce cremig ist.

6. Von dem Zitronengras die äußeren Blätter entfernen. Die Stängel mit einem Messer anspitzen.

7. Fleischstreifen aus der Marinade nehmen, kurz abtropfen lassen und wellenförmig auf die vorbereiteten Zitronengrasstängel stecken.

8. Die Fleischspieße mit etwas Abstand auf den Grillrost legen, unter dem vorgeheizten Grill etwa 10 Minuten grillen, dabei ab und zu wenden. Die Spieße während des Grillens mit der Marinade bestreichen.

Scharfe Hähnchenflügel mit Chorizo | Für Gäste

4 Portionen

Pro Portion:
E: 33 g, F: 44 g, Kh: 13 g, kJ: 2433, kcal: 581

800 g	*Hähnchenflügel*
1–2 EL	*Speiseöl*
400 g	*milde Peperoni oder*
	4 kleine Paprikaschoten
1 Bund	*Frühlingszwiebeln (etwa 250 g)*
150 g	*Chorizo-Wurst (spanische,*
	scharfe Salami)
1	*kleine, scharfe Peperoni*
4 EL	*milde Chilisauce*
	Salz
	frisch gemahlener Pfeffer
4	*zerstoßene Wacholderbeeren*
2 EL	*Olivenöl*
2–3 EL	*milde Chilisauce*

Außerdem:
   1 Stück Bratfolie oder Bratschlauch

Zubereitungszeit: 20 Minuten
Garzeit: etwa 35 Minuten

1. Hähnchenflügel unter fließendem kalten Wasser abspülen und trocken tupfen. Speiseöl in einer Pfanne erhitzen, Hähnchenflügel von beiden Seiten darin anbraten.

2. Den Backofen vorheizen.

Ober-/Unterhitze: etwa 200 °C
Heißluft: etwa 180 °C

3. Peperoni abspülen, längs halbieren, entkernen und die Stängelansätze entfernen. Peperoni in kleine Stücke schneiden oder Paprika halbieren, entstielen, entkernen und die weißen Scheidewände entfernen. Schotenhälften waschen, trocken tupfen und in kleine Stücke schneiden.

4. Frühlingszwiebeln putzen, waschen, abtropfen lassen und in etwa 3 cm lange Stücke schneiden.

Chorizo-Wurst in kleine Würfel schneiden. Scharfe Peperoni waschen, trocken tupfen und in dünne Scheiben schneiden.

5. Die vorbereiteten Zutaten (außer den Hähnchenflügeln) in eine Schüssel geben, mit Chilisauce, Salz, Pfeffer und den zerstoßenen Wacholderbeeren würzen und vermengen. Mit Olivenöl beträufeln.

6. Gemüse-Wurst-Mischung auf ein großes Stück Bratfolie oder in den Bratschlauch geben, Hähnchenflügel dick mit Chilisauce bestreichen und auf die Gemüse-Wurst-Mischung legen. Die Bratfolie oder den Bratschlauch nach Packungsanleitung verschließen und auf ein Backblech legen. Das Backblech in den vorgeheizten Backofen (untere Schiene) schieben. Die Hähnchenflügel etwa 35 Minuten garen.

7. Die Folie aufschneiden, Hähnchenflügel mit Chorizo herausnehmen und auf einer vorgewärmten Platte anrichten.

Scharfes Putenchili | Raffiniert
4 Portionen

Pro Portion:
E: 29 g, F: 6 g, Kh: 19 g, kJ: 1091, kcal: 260

400 g	*Putenbrustfilet*
je 1	*rote, grüne und gelbe*
	Paprikaschote
400 g	*Kartoffeln*
3 EL	*Speiseöl*
1 kleine	
Dose	*Tomatenwürfel (Einwaage 400 g)*
200 ml	*Geflügelfond oder -brühe*
1 kleine	
Flasche	*süße Chili-Sauce (300 ml)*
2	*kleine Chilischoten*
	Sambal Oelek
	Salz
	frisch gemahlener Pfeffer

Zubereitungszeit: 45 Minuten
Garzeit: etwa 30 Minuten

1. Putenbrustfilet unter fließendem kalten Wasser abspülen, trocken tupfen und in kleine Würfel schneiden.

2. Paprikaschoten halbieren, entstielen, entkernen und die weißen Scheidewände entfernen. Schotenhälften waschen, abtropfen lassen und in Würfel schneiden. Kartoffeln waschen, schälen, abspülen, abtropfen lassen und ebenfalls in Würfel schneiden.

3. Speiseöl in einem Topf erhitzen. Fleisch-, Kartoffel- und Paprikawürfel darin von allen Seiten anbraten. Tomatenwürfel, Geflügelfond oder -brühe und Chili-Sauce hinzugießen, zum Kochen bringen und etwa 30 Minuten unter gelegentlichem Rühren garen.

4. Chilischoten abspülen, trocken tupfen, halbieren, entstielen und entkernen. Schotenhälften in kleine Würfel schneiden und kurz vor Ende der Garzeit zum Putenchili geben. Putenchili mit Chilischoten, Sambal Oelek, Salz und Pfeffer feurig abschmecken.

Tipp: Dazu passt Fladenbrot oder Baguette, Salat und ein fruchtiger Weißwein.

Schinken-Hähnchenfilet mit Salbei-Käse-Risotto |

Raffiniert – für Gäste – mit Alkohol
4 Portionen

Pro Portion:
E: 52 g, F: 13 g, Kh: 41 g, kJ: 2133, kcal: 510

150 g	Zuckerschoten
1	Schalotte
1–2 Stängel	frischer oder
	½ TL getrockneter Salbei
1 EL	Butter oder Margarine
	Salz, frisch gemahlener Pfeffer
	frisch geriebene Muskatnuss
175 g	Risotto-Rundkornreis
	(Arborio-Reis)
100 ml	trockener Weißwein
600–700 ml	Gemüsebrühe
4	Hähnchenbrustfilets
	(je etwa 175 g)
6 Scheiben	hauchdünn geschnittener
	Parmaschinken (etwa 75 g)
1 TL	flüssiger Honig
2 TL	milder Senf
1 EL	Speiseöl
1 geh. EL	Schmand (Sauerrahm)
30 g	frisch geriebener Fontina-Käse
	oder Parmesan-Käse
einige	vorbereitete Salbeiblättchen

Außerdem:

kleine Holzstäbchen

Zubereitungszeit: 55 Minuten
Garzeit Hähnchenfilets: 12–15 Minuten

1. Von den Zuckerschoten die Enden abschneiden, eventuell abfädeln. Zuckerschoten abspülen, abtropfen lassen und in mundgerechte Stücke schneiden. Schalotte abziehen und klein würfeln. Salbei abspülen und trocken tupfen. Die Blättchen von den Stängeln zupfen.

2. Butter oder Margarine in einem Topf zerlassen. Zuckerschoten darin unter Wenden 2–3 Minuten kräftig anbraten. Mit Salz, Pfeffer und Muskat wür-

zen. Zuckerschoten herausnehmen. Schalottenwürfel und zwei Drittel der Salbeiblättchen im verbliebenen Bratfett andünsten.

3. Reis hinzugeben und unter Wenden glasig dünsten. Wein und 100 ml von der Brühe hinzugießen. Den Reis bei schwacher Hitze etwa 40 Minuten ausquellen lassen. Wenn die Flüssigkeit verdampft ist, nach und nach immer so viel Brühe hinzugießen, dass der Reis stets mit Flüssigkeit bedeckt ist, dabei gelegentlich umrühren.

4. In der Zwischenzeit Hähnchenbrustfilets unter fließendem kalten Wasser abspülen und gut trocken tupfen. Die Filets jeweils zweimal seitlich tief ein-, aber nicht durchschneiden. Die Filets mit Salz und Pfeffer würzen. 2 der Schinkenscheiben halbieren.

5. Restliche Salbeiblättchen in feine Streifen schneiden, mit Honig und Senf verrühren. Die Fleischtaschen innen mit der Honig-Senf-Mischung bestreichen und jeweils ein kleines Stück Schinken hineinlegen. Filets mit den restlichen Schinkenscheiben umwickeln, eventuell mit Holzstäbchen feststecken.

6. Speiseöl in einer Pfanne erhitzen. Filets darin bei mittlerer Hitze rundherum anbraten, mit Salz und Pfeffer würzen. Filets bei schwacher Hitze unter gelegentlichem Wenden 12–15 Minuten garen.

7. Zuerst Schmand, dann Käse und Zuckerschoten unter das Risotto rühren. Risotto mit Salz und Pfeffer abschmecken. Risotto mit Hähnchenfilets anrichten und mit Salbeiblättchen garnieren.

Schwedische Putenschnitzel I

Für Gäste – einfach
8–10 Portionen

Pro Portion:
E: 28 g, F: 9 g, Kh: 12 g, kJ: 1027, kcal: 246

8	dünne Putenschnitzel (je etwa 120 g)
	grob zerstoßener Java-Pfeffer
16	entsteinte Backpflaumen
8 Scheiben	Frühstücksspeck (Bacon)
6 EL	Speiseöl
2	rote Zwiebeln
je 1	rote, grüne und gelbe Paprikaschote
400 ml	Geflügelfond oder -brühe
2 EL	gehackter Dill
2 EL	flüssiger Honig
	Salz
einige	Dillspitzen

Außerdem:

        Holzstäbchen

Zubereitungszeit: 35 Minuten
Garzeit: etwa 30 Minuten

1. Putenschnitzel unter fließendem kalten Wasser abspülen, trocken tupfen und auf einer Arbeitsfläche ausbreiten. Schnitzel eventuell flach klopfen und mit Pfeffer bestreuen.

2. Jeweils 2 Backpflaumen mit je 1 Scheibe Speck umhüllen, auf die Fleischscheiben legen und von der schmalen Seite her aufrollen. Mit Holzstäbchen feststecken.

3. Das Speiseöl in einer großen Pfanne erhitzen. Die Putenröllchen darin von allen Seiten etwa 5 Minuten anbraten, herausnehmen und in eine große, flache Auflaufform legen.

4. Den Backofen vorheizen.

Ober-/Unterhitze: etwa 200 °C
Heißluft: etwa 180 °C

5. Zwiebeln abziehen und in kleine Würfel schneiden. Paprikaschoten halbieren, entstielen, entkernen und die weißen Scheidewände entfernen. Schotenhälften waschen, abtropfen lassen und in kleine Würfel schneiden.

6. Die Zwiebel- und Paprikawürfel in dem verbliebenen Bratfett andünsten. Fond hinzugießen. Dill und Honig unterrühren. Mit Salz würzen. Die Zutaten zum Kochen bringen und auf den Putenröllchen verteilen.

7. Die Form auf dem Rost in den vorgeheizten Backofen schieben. Die Putenschnitzel etwa 30 Minuten garen.

8. Die Schnitzel (Holzstäbchen entfernen) auf einer Platte mit dem Gemüse anrichten. Mit abgespülten, trocken getupften Dillspitzen garnieren.

Beilage: Butterkartoffeln oder geröstete Weißbrotscheiben und frische Blattsalate.

Siedefleisch von der Pute mit Meerrettichsauce I

Für Gäste
4 Portionen

Pro Portion:
E: 40 g, F: 18 g, Kh: 21 g, kJ: 1752, kcal: 419

600 g	*Putenbrustfilet*
2 l	*Geflügelbrühe*
250 g	*weiße Rüben*
200 g	*Möhren*
200 g	*Knollensellerie*
120 g	*Porree (Lauch)*
400 g	*festkochende Kartoffeln*
	Salz
	frisch gemahlener Pfeffer
2	*kleine Lorbeerblätter*

Für die Meerrettichsauce:

40 g	*Butter*
10 g	*Weizenmehl*
300 ml	*Brühe von der Putenbrust*
100 g	*Schlagsahne*
40 g	*frisch geriebener Meerrettich*

Zubereitungszeit: 35 Minuten
Garzeit: etwa 60 Minuten

1. Putenbrustfilet unter fließendem kalten Wasser abspülen und trocken tupfen. Brühe in einem Topf erhitzen. Die Putenbrust hineinlegen und in der siedenden, nicht kochenden Brühe garen (die Brühe soll sich nur leicht bewegen, nicht kochen, da sie sonst trübe wird).

2. Rüben, Möhren und Sellerie putzen, schälen, abspülen, abtropfen lassen und in mundgerechte Stücke schneiden. Porree putzen, die Stange längs halbieren, gründlich waschen, abtropfen lassen und in Stücke schneiden. Kartoffeln waschen, schälen, abspülen, abtropfen lassen und ebenfalls in mundgerechte Stücke schneiden.

3. Gemüse- und Kartoffelstücke zu der Putenbrust in den Topf geben. Mit Salz und Pfeffer würzen. Lorbeerblätter hinzufügen. Die Putenbrust mit dem Gemüse und den Kartoffeln etwa 60 Minuten garen (sieden lassen).

4. Putenfleisch und Gemüse mit einer Schaumkelle aus der Brühe nehmen und warm stellen. Von der Brühe 300 ml für die Sauce abmessen.

5. Für die Meerrettichsauce Butter in einem Topf zerlassen. Mehl darin unter Rühren so lange erhitzen, bis es hellgelb ist. Brühe und Sahne hinzugießen, mit einem Schneebesen gut durchschlagen. Dabei darauf achten, dass keine Klümpchen entstehen. Die Sauce zum Kochen bringen und bei schwacher Hitze unter Rühren etwa 5 Minuten kochen lassen.

6. Die Putenbrust in dünne Scheiben schneiden und mit dem Gemüse auf einer vorgewärmten Platte anrichten. Die Meerrettichsauce dazureichen.

Tipp: Die Sauce kann mit Schnittlauchröllchen angereichert werden. Restliche Brühe gegebenenfalls einfrieren und für Suppen oder Saucen weiterverwenden.

Skandinavisches Dillhähnchen I

Einfach
4 Portionen

Pro Portion:
E: 88 g, F: 67 g, Kh: 16 g, kJ: 4292, kcal: 1026

2	*kleine, küchenfertige Hähnchen (je etwa 1 kg)*
	Salz, frisch gemahlener Pfeffer
	Zitronen- oder Limettensaft
2 Bund	*Dill*
4 EL	*Speiseöl*
40 g	*zerlassene Butter*

Für das Schmorgemüse:

2	*Knoblauchzehen*
2	*dicke Möhren (etwa 200 g)*
1 Stange	*Porree (Lauch, 200 g), ohne dunkelgrünen Blattanteil*
2	*kleine oder 1 große Fenchelknolle (etwa 300 g)*
4	*dicke, festkochende Kartoffeln (350–400 g)*
400 ml	*Geflügelbrühe*
40 g	*zerlassene Butter*

Zubereitungszeit: 40 Minuten
Garzeit: etwa 60 Minuten

1. Den Backofen vorheizen.

Ober-/Unterhitze: etwa 200 °C
Heißluft: etwa 180 °C

2. Hähnchen innen und außen unter fließendem kalten Wasser abspülen und trocken tupfen. Mit Salz und Pfeffer würzen, mit etwas Zitronen- oder Limettensaft einreiben.

3. Dill abspülen und trocken tupfen. Die Spitzen von den Stängeln zupfen. Spitzen klein schneiden (etwas Dill beiseitelegen).

4. Speiseöl in einem Bräter erhitzen. Hähnchen hineinlegen, mit zerlassener Butter bestreichen und mit

Dill bestreuen. Den Bräter auf dem Rost in den vorgeheizten Backofen schieben. Die Hähnchen etwa 60 Minuten garen. Die Hähnchen während der Garzeit ab und zu mit dem Bratenfond begießen, eventuell etwas Wasser hinzufügen.

5. In der Zwischenzeit für das Gemüse Knoblauch abziehen und in kleine Würfel schneiden. Möhren putzen, schälen, abspülen, abtropfen lassen und in Scheiben schneiden. Porree putzen, die Stange längs halbieren, gründlich waschen, abtropfen lassen und in Scheiben schneiden.

6. Von den Fenchelknollen die Stiele dicht oberhalb der Knollen abschneiden. Braune Stellen und Blätter entfernen. Wurzelenden gerade schneiden. Knollen waschen, abtropfen lassen und in Würfel schneiden. Kartoffeln waschen, schälen, abspülen, abtropfen lassen und ebenfalls in Würfel schneiden.

7. Das vorbereitete Gemüse und die Kartoffelwürfel nach etwa 10 Minuten Garzeit zu den Hähnchen geben und die Brühe hinzugießen. Die Hähnchen mit dem Gemüse fertig garen, eventuell noch etwas Wasser hinzufügen.

8. Die Hähnchen mit zerlassener Butter bestreichen, mit dem Schmorgemüse anrichten und mit dem beiseitegelegten Dill bestreut servieren.

Beilage: Roggen- oder Weizenbaguette.

Sommerliche Putenroulade I
Für Gäste
4 Portionen

Pro Portion:
E: 43 g, F: 17 g, Kh: 37 g, kJ: 2111, kcal: 505

300 g	*Blattspinat*
	Salzwasser
6 Stängel	*Thymian*
700 g	*kleine Kartoffeln*
4 EL	*Olivenöl*
4	*große, dünne Putenschnitzel*
	(je etwa 150 g)
	frisch gemahlener Pfeffer
20 g	*weiche Kräuterbutter*
400 g	*Tomaten*
	Salz

Außerdem:

Küchengarn

Zubereitungszeit: 30 Minuten
Garzeit: etwa 70 Minuten

1. Spinat verlesen, gründlich waschen, abtropfen lassen, in kochendes Salzwasser geben, aufkochen und in einem Sieb gut abtropfen lassen. Thymian abspülen, trocken tupfen. Blättchen von den Stängeln zupfen.

2. Kartoffeln gründlich abbürsten. Größere Kartoffeln eventuell halbieren. Kartoffeln, Thymian und Olivenöl in einen gewässerten Römertopf® geben und gut vermischen.

3. Putenschnitzel unter fließendem kalten Wasser abspülen, trocken tupfen, nebeneinander ausbreiten, mit Pfeffer bestreuen und mit Kräuterbutter bestreichen. Spinat ausdrücken und darauf verteilen. Die Schnitzel von der schmalen Seite her aufrollen, mit Küchengarn umwickeln und auf die Kartoffeln legen. Den Römertopf® mit dem Deckel verschließen und auf dem Rost in den kalten Backofen schieben.

Ober-/Unterhitze: etwa 220 °C
Heißluft: etwa 200 °C
Garzeit: etwa 70 Minuten.

4. In der Zwischenzeit Tomaten waschen, abtrocknen, halbieren und die Stängelansätze herausschneiden. Tomaten in grobe Würfel schneiden.

5. Nach etwa 60 Minuten Garzeit die Rouladen aus dem Römertopf® nehmen. Tomatenwürfel zu den Kartoffeln in den Römertopf® geben und untermischen. Mit Salz und Pfeffer würzen. Rouladen wieder auf das Gemüse legen und das Gericht ohne Deckel fertig garen.

6. Rouladen aus dem Römertopf® nehmen und das Küchengarn entfernen. Putenrouladen mit den Kartoffeln und Tomatenwürfeln auf Tellern anrichten.

Sommersalat mit Hähnchenbruststreifen I

Für Gäste

4 Portionen

Pro Portion:
E: 20 g, F: 19 g, Kh: 4 g, kJ: 1158, kcal: 277

1 kleiner	
Kopf	Lollo Rosso
1 kleiner	
Kopf	Lollo Bionda
1 Handvoll	Feldsalat
2	Frühlingszwiebeln
je 1	kleine, rote und gelbe Paprikaschote
4	Hähnchenbrustfilets (je etwa 150 g)
4 EL	Speiseöl
40 g	Kräuterbutter
	Salz, frisch gemahlener Pfeffer

Für die Sauce:

3 EL	Weißweinessig
3 EL	Wasser

Zubereitungszeit: 25 Minuten

1. Salatköpfe putzen und die äußeren schlechten Blätter entfernen. Die Salatblätter jeweils vorsichtig vom Strunk lösen. Die großen Blätter kleiner zupfen und die Herzblätter ganz lassen. Vom Feldsalat die Wurzelenden abschneiden. Salat verlesen. Salatblätter und Feldsalat in reichlich Wasser gründlich waschen und in einem Sieb gut abtropfen lassen oder in einer Salatschleuder trocken schleudern.

2. Die Frühlingszwiebeln putzen, waschen, abtropfen lassen und schräg in schmale Streifen schneiden. Paprikaschoten halbieren, entstielen, entkernen und die weißen Scheidewände entfernen. Schotenhälften waschen, trocken tupfen und in Streifen schneiden.

3. Hähnchenbrustfilets unter fließendem kalten Wasser abspülen und trocken tupfen. Filets quer zur Faser in Streifen schneiden (in Stärke der Frühlingszwiebel- und Paprikastreifen).

4. Jeweils etwas von dem Speiseöl in einer Pfanne erhitzen. Die Fleischstreifen darin in 2 Portionen von allen Seiten kurz anbraten.

5. Frühlingszwiebel-, Paprikastreifen und Kräuterbutter zu den angebratenen Fleischstreifen geben und 2–3 Minuten mitdünsten lassen.

6. Gemüsestreifen mit den Fleischstreifen aus der Pfanne nehmen, mit Salz und Pfeffer würzen, warm stellen.

7. Für die Sauce den Bratensatz mit Essig und Wasser ablöschen, mit Salz und Pfeffer würzen. Restliches Speiseöl unterschlagen.

8. Die vorbereiteten Salatzutaten mit den Hähnchenstreifen auf einer Platte oder in einer Schüssel anrichten und mit der lauwarmen Sauce beträufeln. Sofort servieren.

Straußenfilet mit Traubensauce I

Für Gäste – mit Alkohol
4 Portionen

Pro Portion:
E: 78 g, F: 13 g, Kh: 82 g, kJ: 3436, kcal: 859

1 kg	Straußenfilet

Für die Marinade:

einige	
Stängel	Thymian
375 ml (³/₈ l)	Rotwein
1	gewürfelte Zwiebel
1	abgezogene, gewürfelte Knoblauchzehe
1	Lorbeerblatt
4	Pimentkörner
½ TL	Zitronenpfeffer

1–2 EL	Butterschmalz
	Salz
	frisch gemahlener Pfeffer

Für den Linsenreis:

750 ml (³/₄ l)	Salzwasser
75 g	rote Linsen
300 g	Langkornreis
3 Stück	Stangenzimt

	Weizenmehl oder dunkler Saucenbinder
250 g	grüne und blaue, kernlose Weintrauben
	Zucker
	Cayennepfeffer

Außerdem:

	Alufolie

Zubereitungszeit: 35 Minuten, ohne Marinierzeit
Garzeit Straußenfilet: 40–45 Minuten je nach Dicke der Filets
Garzeit Linsenreis: 20–25 Minuten

1. Straußenfilet unter fließendem kalten Wasser abspülen, trocken tupfen und in eine flache Schale legen.

2. Für die Marinade Thymian abspülen und trocken tupfen. Rotwein mit Zwiebel-, Knoblauchwürfeln, Lorbeerblatt, Pimentkörnern und Zitronenpfeffer verrühren. Die Marinade auf dem Straußenfilet verteilen und untermischen. Straußenfilet zugedeckt und kalt gestellt 4–5 Stunden marinieren, dabei ab und zu wenden.

3. Den Backofen vorheizen.

Ober-/Unterhitze: etwa 200 °C
Heißluft: etwa 180 °C

4. Das Straußenfilet aus der Marinade nehmen und gut trocken tupfen. Butterschmalz in einer feuerfesten Pfanne erhitzen. Straußenfilet darin von beiden Seiten anbraten, mit Salz und Pfeffer würzen.

5. Die Pfanne auf dem Rost in den vorgeheizten Backofen schieben. Das Straußenfilet 40–45 Minuten (je nach Dicke des Filets) garen. Das Straußenfilet nach etwa 25 Minuten Garzeit wenden und etwas Marinade hinzugeben.

6. In der Zwischenzeit für den Reis Salzwasser in einem Topf zum Kochen bringen. Linsen, Reis und Zimt hinzugeben. Den Reis zugedeckt bei schwacher Hitze 20–25 Minuten ausquellen lassen.

7. Das Straußenfilet mit Alufolie zudecken und etwa 15 Minuten im ausgeschalteten Backofen nachziehen lassen. Straußenfilet aus der Pfanne nehmen und warm stellen.

8. Den Bratensatz mit der restlichen Marinade loskochen und durch ein Sieb in einen Topf gießen. Mehl mit etwas kaltem Wasser anrühren und in die Sauce rühren, unter Rühren kurz aufkochen lassen. Oder die Sauce mit Saucenbinder binden.

9. Weintrauben waschen, trocken tupfen, entstielen, halbieren, in die Sauce geben und erhitzen. Die Sauce mit Salz, Pfeffer, Zucker und Cayennepfeffer abschmecken. Den Linsenreis eventuell mit Salz abschmecken.

10. Straußenfilet in Scheiben schneiden, mit der Sauce und dem Reis anrichten.

Straußenfleisch auf pikantem Püree | Raffiniert
4 Portionen

Pro Portion:
E: 52 g, F: 10 g, Kh: 20 g, kJ: 1619, kcal: 414

4	*Straußensteaks (je etwa 180 g)*
	Salz, frisch gemahlener Pfeffer
4 EL	*Speiseöl, z. B. Rapsöl*
250 g	*Möhren*
500 g	*mehligkochende Kartoffeln*
200 g	*Zwiebeln*
1 EL	*Butter*
1 gestr. TL	*Salz*
	frisch geriebene Muskatnuss
1 Bund	*Petersilie*

Zubereitungszeit: 45 Minuten
Garzeit: etwa 30 Minuten

1. Den Backofen vorheizen.

Ober-/Unterhitze: etwa 80 °C

2. Einen feuerfesten Teller auf dem Rost (mittlere Schiene) miterwärmen. Die Straußensteaks unter fließendem kalten Wasser abspülen, trocken tupfen, mit Salz und Pfeffer würzen.

3. Speiseöl in einer großen Pfanne erhitzen. Die Steaks darin von jeder Seite etwa 3 Minuten anbraten, herausnehmen, auf dem vorgewärmten Teller in den vorgeheizten Backofen schieben und 20–30 Minuten garen.

4. Möhren putzen, schälen, abspülen, abtropfen lassen und in Stücke schneiden. Kartoffeln waschen, schälen, abspülen, abtropfen lassen und ebenfalls in Stücke schneiden. Zwiebeln abziehen und klein würfeln.

5. Zwiebelwürfel, Möhren- und Kartoffelstücke in einem Topf mit Wasser bedeckt zum Kochen bringen und etwa 20 Minuten garen. Dann etwa die Hälfte des Kochwassers abgießen. Zwiebelwürfel, Möhren- und Kartoffelstücke mit dem restlichen Kochwasser zu Püree zerstampfen, Butter unterrühren, mit Salz und Muskat abschmecken.

6. Petersilie abspülen und trocken tupfen. Die Blättchen von den Stängeln zupfen. Blättchen klein schneiden. 1 Esslöffel gehackte Petersilie zum Garnieren beiseitelegen. Restliche Petersilie unter das Püree rühren.

7. Straußensteaks aus dem Backofen nehmen, mit dem Püree auf vorgewärmten Tellern anrichten und mit Petersilie bestreut servieren.

Straußenmedaillons mit Rotweinsauce | Für Gäste – mit Alkohol

4 Portionen

Pro Portion:
E: 56 g, F: 22 g, Kh: 38 g, kJ: 2558, kcal: 639

1 kg	gleich große, neue Kartoffeln
1 gestr. TL	Salz
750 g	Straußenfilet
	Salz
	frisch gemahlener Pfeffer
3 EL	Olivenöl
250 ml (¼ l)	Wildfond
250 ml (¼ l)	trockener Rotwein
3	zerdrückte Wacholderbeeren
3	Pimentkörner
1	Gewürznelke
150 g	Schalotten
4	Knoblauchzehen
4 EL	Olivenöl
1 EL	Rosmarinnadeln
1 EL	Weizenmehl
2 EL	kaltes Wasser
3 TL	Wild-Preiselbeeren (aus dem Glas)
	Cayennepfeffer

Zubereitungszeit: 45 Minuten
Garzeit Kartoffeln: etwa 25 Minuten
Garzeit Medaillons: 20–30 Minuten

1. Kartoffeln gründlich waschen, mit Wasser bedeckt in einem Topf zum Kochen bringen, Salz hinzufügen. Kartoffeln etwa 15 Minuten garen, abgießen, abdämpfen und etwas abkühlen lassen. Kartoffeln längs vierteln.

2. Den Backofen vorheizen.

Ober-/Unterhitze: etwa 80 °C

3. Einen feuerfesten Teller auf dem Rost (mittlere Schiene) miterwärmen. Straußenfilet unter fließendem kalten Wasser abspülen, trocken tupfen und dann in 4 Medaillons schneiden, mit Salz und Pfeffer würzen.

4. Olivenöl in einer Pfanne erhitzen. Die Medaillons darin von jeder Seite etwa 3 Minuten anbraten, herausnehmen und auf dem vorgewärmten Teller in den vorgeheizten Backofen schieben. Danach Medaillons 20–30 Minuten garen. Die Pfanne mit dem Bratensatz beiseitestellen.

5. Wildfond mit Rotwein, Wacholderbeeren, Pimentkörnern und Gewürznelke in einem Topf zum Kochen bringen und auf etwa 375 ml (⅜ l) Flüssigkeit einkochen lassen.

6. Schalotten und Knoblauch abziehen. Knoblauch in Scheiben schneiden. Olivenöl in einer Pfanne erhitzen. Kartoffelviertel, Schalotten und Knoblauchscheiben darin etwa 10 Minuten unter mehrmaligem Wenden goldbraun braten. Mit Rosmarinnadeln, Salz und Pfeffer würzen.

7. Den eingekochten Fond durch ein Sieb gießen und in die beiseitegestellte Pfanne mit dem Bratensatz rühren. Mehl mit Wasser anrühren, in die Sauce rühren und unter Rühren aufkochen lassen. Die Sauce mit Salz, Pfeffer, Preiselbeeren und Cayennepfeffer würzen. Den ausgetretenen Bratensaft der Medaillons in die Sauce rühren. Die Medaillons mit den Kartoffeln anrichten, die Sauce dazureichen.

Tipp: Servieren Sie dazu einen Salat aus Tomaten- und Papayastücken, abgeschmeckt mit Zitronensaft, Salz und Pfeffer.

Straußensteaks mit Maispfannkuchen | Raffiniert

4 Portionen

Pro Portion:
E: 57 g, F: 34 g, Kh: 69 g, kJ: 3460, kcal: 850

Für den Pfannkuchenteig:

300 g	Weizenmehl
400 ml	Milch
2	Eier (Größe M)
	Salz, frisch gemahlener Pfeffer
300 g	Gemüsemais (aus der Dose)
4	Straußensteaks (je etwa 150 g)
60 g	Butter
2 EL	Speiseöl
1 Bund	glatte Petersilie
2	Fleischtomaten
40 g	Butter

Zubereitungszeit: 50 Minuten, ohne Quellzeit
Garzeit Steaks: 5–10 Minuten

1. Für den Teig Mehl in eine Rührschüssel geben. Milch und Eier verschlagen. Nach und nach unter Rühren zum Mehl geben. Darauf achten, dass keine Klümpchen entstehen. Mit Salz und Pfeffer würzen. Gemüsemais unterheben. Den Teig etwa 15 Minuten quellen lassen.

2. In der Zwischenzeit Straußensteaks unter fließendem kalten Wasser abspülen und trocken tupfen.

3. Etwas Butter in einer beschichteten Pfanne zerlassen. Den Pfannkuchenteig gut durchrühren und eine dünne Teiglage mit einer drehenden Bewegung gleichmäßig auf dem Boden der Pfanne verteilen. Pfannkuchen von beiden Seiten goldgelb backen. Bevor der Pfannkuchen gewendet wird, etwas Butter in die Pfanne geben. Aus dem Teig etwa 16 Pfannkuchen backen und warm stellen.

4. Speiseöl in einer Pfanne erhitzen. Die Straußensteaks mit Salz und Pfeffer würzen und in dem erhitzten Speiseöl von beiden Seiten 5–10 Minuten braten (je nach Bratstufe medium bis durch).

5. Petersilie abspülen und trocken tupfen. Die Blättchen von den Stängeln zupfen. Die Blättchen klein schneiden. Tomaten waschen, abtrocknen, vierteln, entkernen und die Stängelansätze herausschneiden. Tomatenviertel in Würfel schneiden.

6. Butter in einer Pfanne zerlassen. Tomatenwürfel und Petersilie darin andünsten.

7. Die Straußensteaks auf einer vorgewärmten Platte anrichten. Tomatenwürfel-Petersilien-Mischung darauf verteilen und die Maispfannkuchen ebenfalls dazureichen.

Straußensteaks mit Pfeffersauce und Polenta | Mit Alkohol

4 Portionen

Pro Portion:
E: 71 g, F: 55 g, Kh: 42 g, kJ: 4117, kcal: 1010

4	*Straußensteaks (je etwa 180 g)*
	Salz, frisch gemahlener Pfeffer
4 EL	*Olivenöl*

Für die Sauce:

100 ml	*Madeira (Dessertwein)*
200 g	*Schlagsahne*
2 EL	*grüne Pfefferkörner*

400 ml	*Milch*
150 g	*Hartweizengrieß*
2	*Eigelb (Größe M)*
80 g	*geraspelter Mozzarella-Käse*
	frisch geriebene Muskatnuss
1 kg	*Rosenkohl*
500 ml (½ l)	*Wasser*
1 gestr. TL	*Salz*
20 g	*Butter*
50 g	*Butter*

Zubereitungszeit: 40 Minuten, ohne Abkühlzeit
Garzeit: 20–30 Minuten

1. Den Backofen vorheizen.

Ober-/Unterhitze: etwa 80 °C

2. Einen feuerfesten Teller auf einem Rost (mittlere Schiene) miterwärmen. Straußensteaks unter fließendem kalten Wasser abspülen, trocken tupfen, mit Salz und Pfeffer würzen.

3. Olivenöl in einer Pfanne erhitzen. Die Steaks darin von jeder Seite etwa 3 Minuten anbraten und herausnehmen. Die Steaks auf dem vorgewärmten Teller in den Backofen schieben und 20–30 Minuten garen.

4. Für die Sauce Madeira, Sahne und Pfefferkörner in den Bratensatz rühren, unter Rühren zum Kochen bringen und etwas einkochen lassen.

5. Die Milch in einem Topf unter Rühren zum Kochen bringen. Grieß mit einem Schneebesen einrühren und unter Rühren etwa 1 Minute kochen lassen. Den Topf von der Kochstelle nehmen. Eigelb und Mozzarella unter die Grießmasse arbeiten, mit Salz und Muskat würzen.

6. Eine flache Auflaufform (etwa 15 x 20 cm) mit Frischhaltefolie auslegen. Die Grießmasse darin etwa 1 cm hoch verstreichen und etwa 5 Minuten abkühlen lassen.

7. Rosenkohl putzen, waschen und abtropfen lassen. Wasser mit Salz in einem Topf zum Kochen bringen. Rosenkohl hinzufügen, wieder zum Kochen bringen und etwa 6 Minuten garen. Rosenkohl in ein Sieb geben und abtropfen lassen, 20 g Butter unterrühren. Rosenkohl mit Muskat würzen und warm stellen.

8. Polenta in rautenförmige Stücke schneiden. Butter in einer Pfanne zerlassen. Polentastücke darin von jeder Seite kurz anbraten.

9. Die Sauce mit Salz und Pfeffer abschmecken. Straußensteaks mit Polenta, Rosenkohl und der Pfeffersauce auf vorgewärmten Tellern servieren.

Stubenküken, gebacken | Raffiniert

4 Portionen

Pro Portion:
E: 46 g, F: 78 g, Kh: 29 g, kJ: 4162, kcal: 996

3	*küchenfertige Stubenküken (je 300–400 g)*
3 Stängel	*Thymian*
100 g	*Crème fraîche*
	Salz
	frisch gemahlener Pfeffer
2	*Eier (Größe M)*
60 g	*Weizenmehl*
100 g	*Semmelbrösel*
100 g	*Butterschmalz*
1	*Bio-Zitrone (unbehandelt, ungewachst)*

Für den Salat:

1 EL	*Crème fraîche*
1 TL	*körniger Dijon-Senf*
2 EL	*Apfelessig*
2 EL	*Sonnenblumenöl*
3 EL	*Traubenkernöl*
3–4 EL	*Geflügelbrühe*
	Zucker
½ Bund	*Schnittlauch*
2	*Kopfsalate*

Zubereitungszeit: 60 Minuten, ohne Marinierzeit

1. Stubenküken innen und außen unter fließendem kalten Wasser abspülen und trocken tupfen. Keulen und Brüste abtrennen. Fleisch in eine flache Schale legen.

2. Thymian abspülen und trocken tupfen. Die Blättchen von den Stängeln zupfen. Blättchen klein schneiden und mit Crème fraîche verrühren. Mit Salz und Pfeffer würzen. Die Fleischstücke mit der Crème-fraîche-Masse bestreichen, zugedeckt und kalt gestellt etwa 60 Minuten marinieren.

3. Für den Salat Crème fraîche mit Senf und Essig verrühren. Nach und nach unter ständigem Schlagen die beiden Ölsorten hinzugeben. Brühe unterrühren.

Mit Salz, Pfeffer und eventuell Zucker abschmecken. Schnittlauch abspülen, trocken tupfen, in Röllchen schneiden und unterrühren.

4. Kopfsalate putzen. Die Blätter vom Strunk befreien, abspülen, trocken tupfen oder trocken schleudern und in mundgerechte Stücke zupfen.

5. Die Fleischstücke aus der Marinade nehmen und abtropfen lassen. Eier in einer flachen Schüssel verschlagen. Die Fleischstücke zuerst in Mehl wenden, dann durch die verschlagenen Eier ziehen, am Schüsselrand abstreifen und zuletzt in Semmelbröseln wenden. Panade gut andrücken.

6. Jeweils etwas Butterschmalz in zwei Pfannen erhitzen. Die Fleischstücke darin portionsweise von beiden Seiten goldbraun backen. Fleischstücke herausnehmen, auf Küchenpapier abtropfen lassen und eventuell kurz warm stellen. Zitrone heiß abwaschen, abtrocknen und in Spalten schneiden.

7. Salatblätter mit der Salatsauce mischen und anrichten. Stubenküken mit Zitronenspalten und Salat servieren.

Tipp: Mit Remouladensauce servieren.

Stubenküken, gefüllt | Raffiniert

4 Portionen

Pro Portion:
E: 79 g, F: 46 g, Kh: 38 g, kJ: 3710, kcal: 887

160 g	*Backpflaumen, ohne Stein*
100 g	*getrocknete Apfelringe*
20 g	*getrocknete Steinpilze*
40 g	*Butter*
	gemahlener Zimt
4	*küchenfertige Stubenküken*
	(je etwa 500 g)
	Salz, frisch gemahlener Pfeffer
500 ml (½ l)	*Geflügelfond oder -brühe*

Außerdem:

Alufolie

Zubereitungszeit: 40 Minuten, ohne Einweichzeit
Garzeit: 30–40 Minuten

1. Den Backofen vorheizen.

Ober-/Unterhitze: etwa 200 °C
Heißluft: etwa 180 °C

2. Für die Füllung Backpflaumen, Apfelringe und Steinpilze in etwas kaltem Wasser etwa 30 Minuten einweichen. Anschließend in einem Sieb abtropfen lassen, in Stücke schneiden und in einer Schüssel mit der Butter vermengen, mit Zimt würzen.

3. Stubenküken innen und außen unter fließendem kalten Wasser abspülen und trocken tupfen. Die Stubenküken mit der Frucht-Pilz-Masse füllen. Die Öffnungen mit Holzstäbchen verschließen.

4. Stubenküken von außen mit Salz und Pfeffer bestreuen und in einen Bräter geben. Den Bräter auf dem Rost in den vorgeheizten Backofen schieben. Die Stubenküken 30–40 Minuten garen.

5. Die Stubenküken aus dem Bräter nehmen und die Holzstäbchen entfernen. Warm stellen.

6. Geflügelfond zum Bratensatz geben, unter Rühren zum Kochen bringen und gut durchkochen lassen. Die Sauce mit Salz und Pfeffer abschmecken. Die Stubenküken mit der Sauce servieren.

Beilage: Junge, in Butter gedünstete Möhren mit Grün und mit Sahne verfeinertes Kartoffelpüree.

Stubenküken mit Buttergemüse **I**

Für Gäste

4 Portionen

Pro Portion:

E: 109 g, F: 73 g, Kh: 22 g, kJ: 4990, kcal: 1192

> 4 küchenfertige Stubenküken
> (je etwa 500 g)
> Salz, frisch gemahlener Pfeffer
> gerebelter Thymian
> 4 EL Speiseöl

Für das Buttergemüse:

> 8 weiße Spargelspitzen
> 8 grüne Spargelspitzen
> 8 kleine, tournierte (in Form
> geschnittene) Stücke
> Knollensellerie
> 8 kleine, tournierte Möhren
> 8 kleine, tournierte Zucchini
> 40 g Butter
> 8 Cocktailtomaten

> einige vorbereitete Thymianblättchen

Zubereitungszeit: 60 Minuten
Garzeit: etwa 40 Minuten

1. Den Backofen vorheizen.

Ober-/Unterhitze: etwa 200 °C
Heißluft: etwa 180 °C

2. Stubenküken innen und außen unter fließendem kalten Wasser abspülen und trocken tupfen. Stubenküken innen und außen mit Salz, Pfeffer und Thymian würzen.

3. Speiseöl in einem Bräter erhitzen. Stubenküken darin von allen Seiten anbraten. Den Bräter auf dem Rost in den vorgeheizten Backofen schieben. Die Stubenküken etwa 40 Minuten garen. Die Stubenküken während der Garzeit ab und zu mit dem Bratensaft begießen.

4. In der Zwischenzeit das Gemüse abspülen und trocken tupfen. Vorbereitetes Gemüse in kochendem Salzwasser etwa 5 Minuten knackig blanchieren, in Eiswasser abschrecken und in einem Sieb abtropfen lassen. Butter in einem Topf zerlassen. Das Gemüse darin andünsten. Die Tomaten waschen und trocken tupfen. Tomaten zum Buttergemüse geben und miterhitzen. Mit Salz und Pfeffer würzen.

5. Die garen Stubenküken aus dem Bräter nehmen und mit dem Buttergemüse auf einem vorgewärmten Teller anrichten. Das Buttergemüse nach Belieben mit Thymianblättchen bestreuen.

Beilage: Pommes frites oder Kroketten und Salat.

Stubenküken mit Pestohaube auf Basilikum-Tomaten-Schaum I

Für Gäste

4 Portionen

Pro Portion:

E: 39 g, F: 31 g, Kh: 4 g, kJ: 1928, kcal: 461

> 8 *Kükenbrüste (je etwa 75 g)*
> *Salz*
> *frisch gemahlener Pfeffer*
> 2 EL *Speiseöl*
> 30 g *Basilikum-Pesto*
> 20 g *grob gehackte Pinienkerne*

Für den Basilikum-Tomatem-Schaum:

> 10 *Cocktailtomaten*
> *(etwa 250 g)*
> 1 *Schalotte*
> 20 g *Butter*
> 1 Topf *Basilikum*
> 200 ml *Gemüsebrühe*
> 200 g *Schlagsahne*

Zubereitungszeit: 60 Minuten
Garzeit: etwa 10 Minuten

1. Den Backofen vorheizen.

Ober-/Unterhitze: etwa 180 °C
Heißluft: etwa 160 °C

2. Kükenbrüste unter fließendem kalten Wasser abspülen und trocken tupfen. Mit Salz und Pfeffer würzen. Speiseöl in einer Pfanne erhitzen. Kükenbrüste darin von beiden Seiten anbraten, herausnehmen und in eine feuerfeste Form legen.

3. Kükenbrüste mit Pesto bestreichen und mit Pinienkernen bestreuen. Die Form auf dem Rost in den vorgeheizten Backofen schieben. Die Kükenbrüste etwa 10 Minuten garen.

4. In der Zwischenzeit Tomaten abspülen, trocken tupfen, halbieren und die Stängelansätze herausschneiden. Schalotte abziehen und in kleine Würfel schneiden.

5. Die Kükenbrüste aus der Form nehmen und warm stellen.

6. Butter in dem Bratensatz zerlassen. Schalottenwürfel und Tomatenhälften darin andünsten.

7. Basilikum abspülen und trocken tupfen. Die Blättchen von den Stängeln zupfen (einige Blättchen zum Garnieren beiseitelegen). Blättchen klein schneiden und zu den Schalottenwürfeln- und Tomatenhälften geben. Brühe und Sahne hinzugießen, zum Kochen bringen und um ein Drittel einkochen lassen.

8. Die Sauce mit Salz und Pfeffer würzen. Mit dem Pürierstab aufschäumen.

9. Aufgeschäumte Sauce auf Tellern als Spiegel verteilen. Die Kükenbrüste darauf anrichten. Mit den beiseitegelegten Basilikumblättchen garnieren.

Beilage: Feine Bandnudeln oder Spätzle.

Tauben auf schnelle Art I

Mit Alkohol
2 Portionen

Pro Portion:
E: 38 g, F: 64 g, Kh: 2 g, kJ: 3395, kcal: 811

2	*küchenfertige Tauben*
	(je etwa 250 g)
	Salz
	frisch gemahlener Pfeffer
40 g	*Butter*
2 EL	*Weinbrand*
125 ml (¹/₈ l)	*Fleischbrühe*
1	*Zwiebel*
2 EL	*gehackte Petersilie*

Zubereitungszeit: 25 Minuten
Garzeit: 15–20 Minuten

1. Tauben innen und außen unter fließendem kalten Wasser abspülen, trocken tupfen und halbieren. Mit Salz und Pfeffer einreiben.

2. Butter in einer Pfanne zerlassen, Taubenhälften darin von beiden Seiten anbraten und mit Weinbrand beträufeln. Die Hälfte der Brühe hinzugießen. Taubenhälften 15–20 Minuten braten lassen.

3. Zwiebel abziehen und in kleine Würfel schneiden. Petersilie und Zwiebelwürfel etwa 5 Minuten vor Ende der Bratzeit zu den Taubenhälften geben und mitdünsten lassen. Restliche Brühe hinzugießen.

4. Die garen Taubenhälften auf einer vorgewärmten Platte anrichten und warm stellen. Bratensatz mit Salz und Pfeffer abschmecken und darauf verteilen.

Beilage: Rosenkohl, Röstkartoffeln.

Tauben, gebraten | Für Gäste
4 Portionen

Pro Portion:
E: 36 g, F: 50 g, Kh: 2 g, kJ: 2715, kcal: 648

4	küchenfertige Tauben (je etwa 250 g), mit Innereien
	Salz
1 EL	Butter
125 ml (⅛ l)	heißes Wasser
3 EL	saure Sahne
300 g	grüne Weintrauben
etwas	Weizenmehl
	frisch gemahlener Pfeffer

Außerdem:

Küchengarn

Zubereitungszeit: 25 Minuten
Garzeit: 45–60 Minuten

1. Den Backofen vorheizen.

Ober-/Unterhitze: 200–220 °C
Heißluft: 180–200 °C

2. Tauben innen und außen unter fließendem kalten Wasser abspülen und trocken tupfen. Den Bauch jeweils quer aufschneiden und innen mit Salz einreiben. Den Hals nach hinten legen. Die Flügel so zusammenbinden, dass der eine Flügel den anderen hält.

3. Magen, Herz und Leber säubern, waschen, trocken tupfen und mit der Butter in die Bäuche geben. Beide Beine jeweils in den Baucheinschnitt stecken.

4. Die Tauben in eine Fettfangschale (mit Wasser ausgespült) legen und in den vorgeheizten Backofen schieben. Tauben 45–60 Minuten garen.

5. Sobald der Bratensatz bräunt, etwas von dem heißen Wasser hinzugießen. Die Tauben ab und zu mit dem Bratensatz begießen. Verdampfte Flüssigkeit nach und nach durch Wasser ersetzen. Die garen Tauben aus der Fettfangschale nehmen, auf einer vorgewärmten Platte anrichten und warm stellen.

6. Den Bratensatz mit Wasser loskochen. Sahne unterrühren. Nach Belieben mit Wasser auffüllen. Die Sauce zum Kochen bringen. Weintrauben waschen, trocken tupfen (einige Weintrauben zum Garnieren beiseitelegen). Trauben entstielen, halbieren, entkernen und in die Sauce geben.

7. Mehl mit Wasser anrühren, in die Sauce rühren und unter Rühren aufkochen lassen. Die Sauce mit Salz und Pfeffer abschmecken.

8. Die gebratenen Tauben mit den beiseitegelegten Weintrauben garnieren.

Beilage: Salzkartoffeln, Spätzle, Brokkoli mit Mandeln.

Abwandlung: Magen, Herz und Leber fein hacken, mit 1 eingeweichten, gut ausgedrückten Stück Weißbrot, 1 Ei, Salz, geriebener Muskatnuss und gehackter Petersilie vermengen. Die Füllung in die Tauben geben und die Öffnung jeweils mit Küchengarn zunähen.

Tauben in Burgunder I

Mit Alkohol
2 Portionen

Pro Portion:
E: 32 g, F: 52 g, Kh: 13 g, kJ: 2943, kcal: 703

2	küchenfertige Tauben (je etwa 250 g)
	Salz
	frisch gemahlener Pfeffer
7	Schalotten
je 2	Stängel Petersilie und Rosmarin
60 g	Butter oder Margarine
2	Möhren
1 Stück	Knollensellerie (etwa 200 g)
7	Knoblauchzehen
2	Tomaten
1 TL	Tomatenmark
125 ml (1/8 l)	Geflügelfond oder -brühe
125 ml (1/8 l)	Burgunder (Rotwein)
1 EL	eingelegter, grüner Pfeffer
2 EL	Crème fraîche

Außerdem:

evtl. Holzstäbchen

Zubereitungszeit: 45 Minuten
Garzeit: etwa 30 Minuten

1. Die Tauben innen und außen unter fließendem kalten Wasser abspülen, trocken tupfen, mit Salz und Pfeffer würzen. 2 Schalotten abziehen. Petersilie und Rosmarin abspülen und trocken tupfen.

2. Die Tauben mit den Schalotten und Kräuterstängeln füllen. Die Öffnungen eventuell mit Holzstäbchen verschließen.

3. Butter oder Margarine in einem Bräter erhitzen. Die Tauben darin von allen Seiten gut anbraten.

4. Möhren und Sellerie putzen, schälen, abspülen, abtropfen lassen und in Stücke schneiden. Restliche Schalotten und Knoblauch abziehen, ebenfalls in kleine Stücke schneiden. Tomaten waschen, abtropfen

lassen, kreuzweise einschneiden, kurz in kochendes Wasser legen und in kaltem Wasser abschrecken. Tomaten enthäuten, halbieren, entkernen und die Stängelansätze herausschneiden. Tomatenhälften in Würfel schneiden.

5. Die vorbereiteten Gemüsezutaten zu den Tauben in den Bräter geben und mit andünsten, Tomatenmark unterrühren.

6. Fond oder Brühe und Wein hinzugießen und zum Kochen bringen. Die Tauben mit dem Gemüse etwa 30 Minuten garen. Tauben herausnehmen und warm stellen.

7. Das Gemüse mit dem Bratenfond pürieren und eventuell durch ein Sieb streichen.

8. Grünen Pfeffer und Crème fraîche unterrühren. Die Sauce nochmals abschmecken.

9. Die Tauben (Holzstäbchen entfernen) mit der Burgundersauce servieren.

Beilage: Bandnudeln und Rosenkohl.

Tauben in Honigsauce | Raffiniert
4 Portionen

Pro Portion:
E: 29 g, F: 42 g, Kh: 15 g, kJ: 2328, kcal: 557

Für die Marinade:
200 ml **Wildfond oder -brühe**
3 EL **flüssiger Honig**
1 EL **Balsamico-Essig**
1 EL **Ingwersirup**
1 EL **Sojasauce**
einige **vorbereitete Korianderblättchen**

4 **küchenfertige Tauben**
   (je etwa 250 g)
   Salz
   frisch gemahlener Pfeffer
2 EL **Speiseöl**
20 g **Butter**

Zubereitungszeit: 30 Minuten
Garzeit: 20–25 Minuten

1. Den Backofen vorheizen.

Ober-/Unterhitze: etwa 200 °C
Heißluft: etwa 180 °C

2. Für die Marinade Wildfond oder -brühe mit Honig, Essig, Sirup, Sojasauce und Korianderblättchen in einem Topf verrühren und unter Rühren zum Kochen bringen.

3. Tauben innen und außen unter fließendem kalten Wasser abspülen und trocken tupfen. Tauben innen und außen mit Salz und Pfeffer einreiben.

4. Das Speiseöl in einer großen Pfanne erhitzen. Die Tauben darin eventuell in 2 Portionen von allen Seiten anbraten, herausnehmen und auf ein Backblech legen. Die Tauben mit der Marinade bestreichen. Das Backblech in den vorgeheizten Backofen schieben. Die Tauben 20–25 Minuten garen. Die Tauben vom Backblech nehmen und warm stellen.

5. Den Bratenfond in einen kleinen Topf gießen und um die Hälfte einkochen lassen. Die Sauce mit Pfeffer würzen. Butter in Flöckchen unterschlagen.

6. Die Tauben mit der Sauce servieren.

Tauben mit Apfelkompott I

Mit Alkohol
4 Portionen

Pro Portion:
E: 42 g, F: 70 g, Kh: 21 g, kJ: 3738, kcal: 893

4	*küchenfertige Tauben (je etwa 250 g)*
	Salz
	frisch gemahlener Pfeffer
2	*Knoblauchzehen*
1	*Bio-Zitrone (unbehandelt, ungewachst)*
400 g	*feines Bratwurstbrät*
2 EL	*gehackte Petersilie*
5 EL	*Olivenöl*
125 ml (⅛ l)	*trockener Weißwein*
375 ml (⅜ l)	*Geflügelbrühe*

Für das Apfelkompott:

4	*säuerliche Äpfel*
5 EL	*Wasser*
1–2 EL	*Zucker*

einige Stängel	*glatte Petersilie*
etwas	*Zitronenschale*

Außerdem:

Holzstäbchen

Zubereitungszeit: 50 Minuten
Garzeit Tauben: 50–60 Minuten
Garzeit Apfelkompott: 5–10 Minuten

1. Den Backofen vorheizen.

Ober-/Unterhitze: etwa 180 °C
Heißluft: etwa 160 °C

2. Tauben innen und außen unter fließendem kalten Wasser abspülen und trocken tupfen. Mit Salz und Pfeffer kräftig würzen.

3. Knoblauch abziehen und in sehr kleine Würfel schneiden. Zitrone heiß abwaschen, abtrocknen und etwas von der Schale abreiben. Restliche Schale mit einem Zestenreißer abziehen oder mit einem Messer abschneiden und in Streifen schneiden. Zitronenschalenstreifen zum Garnieren beiseitelegen.

4. Knoblauchwürfel mit abgeriebener Zitronenschale, Bratwurstbrät und Petersilie in einer Schüssel gut vermischen. Die Tauben mit der Bratwurstbrätmasse füllen. Die Öffnungen mit Holzstäbchen verschließen.

5. Olivenöl in einem Bräter erhitzen. Die Tauben darin von allen Seiten anbraten. Mit Weißwein ablöschen, Geflügelbrühe hinzugießen. Den Bräter auf dem Rost in den vorgeheizten Backofen schieben. Die Tauben 50–60 Minuten garen.

6. In der Zwischenzeit für das Apfelkompott Äpfel schälen, vierteln, entkernen und in Stücke schneiden. Apfelstücke mit Wasser und 1 Esslöffel Zucker in einen Topf geben und zugedeckt bei schwacher Hitze 5–10 Minuten garen. Die Apfelstücke nach Belieben pürieren und mit Zucker abschmecken.

7. Petersilie abspülen und trocken tupfen. Die Tauben mit der Petersilie und den beiseitegelegten Zitronenschalenstreifen garnieren. Das warme Apfelkompott dazureichen.

Beilage: Salzkartoffeln oder Kartoffelpüree.

Tauben mit Orangensauce I

Mit Alkohol – für Gäste

4 Portionen

Pro Portion:

E: 29 g, F: 42 g, Kh: 6 g, kJ: 2371, kcal: 566

4	*küchenfertige Tauben (je etwa 150 g)*
	Salz
	frisch gemahlener Pfeffer
2 EL	*Speiseöl*
1	*Bio-Orange (unbehandelt, ungewachst)*
125 ml (¹/₈ l)	*Orangensaft*
4 EL	*Sherry*
1 EL	*Sojasauce*

Zubereitungszeit: 30 Minuten

Garzeit: 25–30 Minuten

1. Tauben innen und außen unter fließendem kalten Wasser abspülen, trocken tupfen und halbieren. Taubenhälften innen und außen mit Salz und Pfeffer würzen.

2. Speiseöl in einem Bräter erhitzen. Die Taubenhälften darin von beiden Seiten anbraten. Orange heiß abwaschen, abtrocknen, halbieren und in Scheiben schneiden. Orangenscheiben zu den Taubenhälften in den Bräter geben und kurz mit anbraten.

3. Orangensaft mit Sherry und Sojasauce verrühren, etwas davon zu den Taubenhälften in den Bräter geben. Die Tauben zugedeckt 25–30 Minuten garen. Restlichen Orangensaft nach und nach hinzugießen.

4. Die Taubenhälften aus dem Bräter nehmen und warm stellen. Die Sauce durch ein Sieb streichen. Mit Salz und Pfeffer abschmecken. Die Tauben mit der Orangensauce servieren.

Truthahn, gebraten I

Mit Alkohol
6 Portionen

Pro Portion:
E: 105 g, F: 84 g, Kh: 10 g, kJ: 5136, kcal: 1226

1	küchenfertiger Truthahn (4–5 kg)
	Salz
	frisch gemahlener Pfeffer
5 EL	Speiseöl
	heißes Wasser oder
	Hühnerbrühe
8	Cocktailtomaten
	etwas Weizenmehl
80 g	Butter
2	entkernte Äpfel, in Scheiben
20	gedünstete Spargelspitzen
	(aus der Dose)
500 g	kleine, geputzte Champignons
1 EL	gehackter Estragon
125 ml (⅛ l)	trockener Weißwein
250 g	Schlagsahne

Zubereitungszeit: 60 Minuten
Garzeit: 3–3 ¼ Stunden

1. Den Backofen vorheizen.

Ober-/Unterhitze: etwa 200 °C
Heißluft: etwa 180 °C

2. Den Truthahn innen und außen unter fließendem kalten Wasser abspülen, trocken tupfen, mit Salz und Pfeffer würzen. Den Truthahn mit der Brust nach unten in einen großen Bräter legen und mit etwas Speiseöl bestreichen. Den Bräter auf dem Rost in den vorgeheizten Backofen schieben. Den Truthahn 3–3 ¼ Stunden garen. Nach etwa 60 Minuten den Truthahn wenden.

3. Den Truthahn während des Garens ab und zu mit dem restlichen Speiseöl bestreichen. Sobald der Bratensatz bräunt, etwas heißes Wasser oder Hühnerbrühe hinzugießen. Verdampfte Flüssigkeit nach und nach durch heißes Wasser oder Hühnerbrühe ersetzen.

4. Die Tomaten waschen, abtropfen lassen und die Stängelansätze entfernen. Tomaten kreuzweise einschneiden. Etwa 10 Minuten vor Ende der Garzeit zu dem Truthahn in den Bräter geben und mitgaren lassen. Tomaten mit Pfeffer bestreuen.

5. Den garen Truthahn aus dem Bräter nehmen und warm stellen. Den Bratensatz mit Wasser loskochen und in eine kleinen Topf geben. Den Bratenfond entfetten. Mehl mit Wasser anrühren. Den Bratenfond zum Kochen bringen, angerührtes Mehl einrühren und unter Rühren aufkochen lassen. Die Sauce mit Salz und Pfeffer abschmecken.

6. Etwas von der Butter im Bräter zerlassen, die Apfelscheiben darin von beiden Seiten kurz anbraten und herausnehmen. Spargelspitzen abtropfen lassen, wieder etwas Butter in dem Bräter zerlassen. Spargelspitzen hinzugeben, kurz andünsten und herausnehmen. Apfelscheiben und Spargelspitzen warm stellen.

7. Restliche Butter in dem Bräter zerlassen. Champignons und Estragon darin andünsten, mit Weißwein ablöschen. Sahne hinzugießen, zum Kochen bringen und einkochen lassen, mit Salz und Pfeffer würzen.

8. Champignons, Tomaten, Apfelscheiben und Spargelspitzen mit dem tranchierten Truthahn anrichten, die Sauce dazureichen.

Truthahnkeulen in Altbiersauce I
Mit Alkohol – für die Party
8–10 Portionen

Pro Portion:
E: 56 g, F: 10 g, Kh: 23 g, kJ: 1909, kcal: 457

2	*Truthahn- oder Putenoberkeulen,*
	mit Knochen (je etwa 1,3 kg)
	Salz, frisch gemahlener Pfeffer
250 g	*Zwiebeln*
150 g	*Möhren*
150 g	*Knollensellerie*
2 EL	*Tomatenmark*
500 ml (½ l)	*Hühnerbrühe*
500 ml (½ l)	*Altbier*
200 g	*getrocknete Aprikosen*

Zubereitungszeit: 60 Minuten, ohne Ruhezeit
Garzeit: etwa 1 ¾ Stunden

1. Den Backofen vorheizen.

Ober-/Unterhitze: etwa 200 °C
Heißluft: etwa 180 °C

2. Truthahn- oder Putenoberkeulen unter fließendem kalten Wasser abspülen, trocken tupfen, mit Salz und Pfeffer einreiben. Truthahn- oder Putenoberkeulen in eine Fettfangschale legen. Die Fettfangschale in den vorgeheizten Backofen schieben (unteres Drittel). Die Truthahn- oder Putenoberkeulen insgesamt etwa 1 ¾ Stunden garen.

3. In der Zwischenzeit Zwiebeln abziehen. Möhren und Sellerie putzen, schälen, abspülen und abtropfen lassen. Zwiebeln, Möhren und Sellerie in Würfel schneiden, mit Tomatenmark nach etwa 45 Minuten Bratzeit zu den Truthahn- oder Putenoberkeulen geben und weitere etwa 10 Minuten mitbraten lassen.

4. Dann Hühnerbrühe hinzugießen und die Backofentemperatur um etwa 20 °C reduzieren. Die Truthahn- oder Putenoberkeulen weitere etwa 50 Minuten garen, dabei nach und nach verdampfte Flüssigkeit durch Altbier ersetzen.

5. Die Truthahn- oder Putenoberkeulen aus der Fettfangschale nehmen und zugedeckt etwa 10 Minuten ruhen lassen.

6. Den Bratenfond mit dem Gemüse in einen hohen Topf geben und pürieren. Aprikosen in Streifen schneiden und in der Sauce kurz erhitzen. Die Sauce mit Salz und Pfeffer abschmecken.

7. Das Fleisch von den Knochen lösen, in Scheiben schneiden und mit der Sauce servieren.

Wacholdergebeiztes Rebhuhn I

Mit Alkohol
4 Portionen

Pro Portion:
E: 92 g, F: 44 g, Kh: 6 g, kJ: 3445, kcal: 823

4	küchenfertige Rebhühner (je etwa 350 g)

Für die Marinade:

3	Schalotten
6	Wacholderbeeren
2 kleine Stängel	Rosmarin
	frisch gemahlener Pfeffer
200 ml	Rotwein
200 ml	Wildfond
1 EL	Crema di Balsamico

Für die Beilage:

500 g	Rosenkohl
	Salzwasser
200 g	kleine Pfifferlinge
	Salz
2 EL	Olivenöl
40 g	eiskalte Butter
40 g	Butter
1 TL	rosa Pfefferbeeren
einige	vorbereitete Rosmarinspitzen

Zubereitungszeit: 70 Minuten, ohne Marinierzeit
Garzeit: etwa 20 Minuten

1. Rebhühner unter fließendem kalten Wasser abspülen und trocken tupfen. Rebhühner längs halbieren. Den Rückenknochen herauslösen und entfernen.

2. Für die Marinade Schalotten abziehen und in kleine Würfel schneiden. Wacholderbeeren zerdrücken und fein hacken. Rosmarin abspülen, trocken tupfen und etwas zerkleinern.

3. Rebhühner in eine flache Form legen. Mit Pfeffer würzen. Die Hälfte der Schalottenwürfel, Wacholderbeeren und Rosmarin darauf verteilen. Mit Rotwein,

Fond und Crema di Balsamico übergießen. Die Rebhühner zugedeckt im Kühlschrank etwa 4 Stunden marinieren.

4. Für die Beilage Rosenkohl von den schlechten Blättchen befreien und etwas vom Strunk abschneiden. Rosenkohl am Strunk kreuzförmig einschneiden, waschen und abtropfen lassen.

5. Rosenkohl in kochendem Salzwasser 8–10 Minuten bissfest garen. Rosenkohl abgießen und in einem Sieb abtropfen lassen.

6. Den Backofen vorheizen.

Ober-/Unterhitze: 180–200 °C
Heißluft: 160–180 °C

7. Pfifferlinge putzen, mit Küchenpapier abreiben, eventuell abspülen und gut trocken tupfen.

8. Rebhühner aus der Marinade nehmen und abtropfen lassen. Mit Salz würzen. Olivenöl in einer Pfanne erhitzen. Rebhühner darin von beiden Seiten etwa 5 Minuten anbraten, herausnehmen und in eine feuerfeste Form legen.

9. Die Form auf dem Rost in den vorgeheizten Backofen schieben. Die Rebhühner etwa 15 Minuten garen.

10. Die Rebhühner aus der Form nehmen und warm stellen. Den Bratensatz mit der Marinade ablöschen, zum Kochen bringen, auf die Hälfte einkochen lassen.

11. Die Sauce mit Salz und Pfeffer würzen. Butterstücke unterschlagen.

12. Rosenkohl halbieren. Butter in einer Pfanne zerlassen. Restliche Schalottenwürfel darin glasig dünsten. Rosenkohlhälften und Pfifferlinge hinzufügen und mitdünsten lassen. Mit Salz und Pfeffer würzen.

13. Rosenkohl und Pfifferlinge auf einer vorgewärmten Platte anrichten. Rebhühner daraufsetzen und mit der Sauce beträufeln. Mit Pfefferbeeren bestreuen und mit Rosmarinspitzen garnieren.

Wachtelbrüstchen auf Spinatsauce mit Linsensalat I

Für Gäste

4 Portionen

Pro Portion:

E: 36 g, F: 41 g, Kh: 15 g, kJ: 2547, kcal: 609

Für den Linsensalat:

2 EL	Balsamico-Essig
100 ml	Gemüsefond oder -brühe
1 EL	Schalottenwürfel
4 EL	Olivenöl
1 EL	gehackter Majoran
	Salz, frisch gemahlener Pfeffer
250 g	gekochte Linsen (rot oder braun)

Für die Spinatsauce:

20 g	Butter
2 EL	Schalottenwürfel
150 g	fein gehackter Blattspinat
100 g	Schlagsahne
100 ml	Gemüsefond oder -brühe
1	Knoblauchzehe
8	Wachtelbrüste (je etwa 60 g)
2 EL	Speiseöl

Zubereitungszeit: 45 Minuten, ohne Durchziehzeit
Garzeit: etwa 5 Minuten

1. Für den Salat Essig, Gemüsefond oder -brühe und Schalottenwürfel in einer Schüssel verrühren, Olivenöl unterschlagen. Mit Majoran, Salz und Pfeffer würzen. Linsen hinzufügen und mit dem Dressing vermischen. Salat gut durchziehen lassen.

2. Für die Spinatsauce Butter in einer Pfanne zerlassen. Schalottenwürfel und Spinat darin andünsten, Sahne und Gemüsefond oder -brühe hinzugießen, zum Kochen bringen und etwas einkochen lassen. Mit Salz und Pfeffer würzen. Knoblauch abziehen, durch eine Knoblauchpresse drücken und unter die Sauce rühren.

3. Wachtelbrüste unter fließendem kalten Wasser abspülen und trocken tupfen.

4. Mit Salz und Pfeffer würzen. Speiseöl in einer Pfanne erhitzen. Wachtelbrüste darin von beiden Seiten etwa 5 Minuten braten.

5. Die Spinatsauce als Spiegel auf Tellern verteilen. Gebratene Wachtelbrüste daraufsetzen und mit dem Linsensalat garnieren.

Wachteln auf Wirsinggemüse I

Raffiniert
4 Portionen

Pro Portion:
E: 30 g, F: 46 g, Kh: 8 g, kJ: 2496, kcal: 596

Für das Wirsinggemüse:

750 g	Wirsing
	Salzwasser
1	mittelgroße Zwiebel
1 EL	Speiseöl
1 Becher	
(150 g)	Crème fraîche
	Kümmelsamen
	Salz
	frisch gemahlener Pfeffer
4	küchenfertige Wachteln
	(je etwa 150 g)
3 EL	Speiseöl
80 g	magerer Speck, in Scheiben

Außerdem:

Küchengarn

Zubereitungszeit: 45 Minuten
Garzeit: 20–30 Minuten

1. Den Backofen vorheizen.

Ober-/Unterhitze: 180–200 °C
Heißluft: 160–180 °C

2. Für das Wirsinggemüse den Wirsing von den äußeren, schlechten Blättern befreien. Den Kohl halbieren und den Strunk herausschneiden. Wirsinghälften in Streifen schneiden, waschen, abtropfen lassen und in kochendem Salzwasser etwa 2 Minuten blanchieren, in ein Sieb geben, mit kaltem Wasser abschrecken und abtropfen lassen.

3. Zwiebel abziehen und in kleine Würfel schneiden. Speiseöl in einem Topf erhitzen, Zwiebelwürfel darin andünsten. Wirsingstreifen und Crème fraîche hinzufügen. Mit Kümmel, Salz und Pfeffer würzen. Die Wirsingmasse in eine flache Auflaufform füllen.

4. Wachteln unter fließendem kalten Wasser abspülen und trocken tupfen. Die Flügel mit Küchengarn unter dem Rumpf zusammenbinden, die Keulen ebenfalls befestigen. Speiseöl in einer großen Pfanne erhitzen, die Wachteln darin von allen Seiten anbraten. Mit Salz und Pfeffer bestreuen.

5. Wachteln aus der Pfanne nehmen, auf den Wirsing in die Auflaufform legen und mit Speckscheiben belegen. Die Form auf dem Rost in den vorgeheizten Backofen schieben. 20–30 Minuten garen.

Beilage: Salzkartoffeln.

Wachteln, gefüllt I
Raffiniert – mit Alkohol
2 Portionen

Pro Portion:
E: 42 g, F: 82 g, Kh: 78 g, kJ: 5884, kcal: 1407

1 Pck.	TK-Blätterteig (6 quadratische Platten je etwa 45 g)
2	küchenfertige Wachteln (je etwa 150 g)
	Salz, frisch gemahlener Pfeffer

Für die Füllung:

2 Scheiben	Weißbrot, ohne Rinde
etwas	Milch
20 g	Butter
2	gewürfelte Schalotten
75 g	frische Putenleber
1 Bund	gehackte Petersilie
50 g	fein gewürfelter Parmaschinken
1	Ei (Größe M)
3 EL	Speiseöl
2	mittelgroße Äpfel
	Saft von
½	Zitrone
1 EL	Calvados
1	Eigelb (Größe M)
2 EL	Milch
200 ml	brauner Kalbsfond
2 EL	Calvados

Außerdem:

Holzstäbchen

Zubereitungszeit: 55 Minuten, ohne Auftau- und Einweichzeit
Garzeit: 20–30 Minuten

1. Blätterteigplatten nach Packungsanleitung auftauen lassen.

2. Wachteln innen und außen unter fließendem kalten Wasser abspülen, trocken tupfen, mit Salz und Pfeffer innen und außen einreiben.

3. Für die Füllung Weißbrotscheiben in Milch etwa 30 Minuten einweichen und gut ausdrücken.

4. Butter in einer Pfanne zerlassen, Schalottenwürfel darin andünsten. Die Leber unter fließendem kalten Wasser abspülen, trocken tupfen, zu den Schalottenwürfeln geben und kurz anbraten. Die Leber herausnehmen und in kleine Würfel schneiden. Ausgedrückte Weißbrotscheiben mit den Leber- und Schalottenwürfeln gut vermengen. Die Petersilie, die Schinkenwürfel und das Ei mit der Lebermasse vermengen und mit Salz und Pfeffer würzen. Anschließend den Backofen vorheizen.

Ober-/Unterhitze: etwa 180 °C
Heißluft: etwa 160 °C

5. Die Wachteln mit der Leber-Schinken-Masse füllen. Die Öffnungen mit Holzstäbchen verschließen. Speiseöl in einer Pfanne erhitzen. Wachteln darin von allen Seiten gut braun braten, herausnehmen und abkühlen lassen.

6. Äpfel schälen, halbieren, entkernen, dabei die Apfelhälften in der Mitte aushöhlen und mit Zitronensaft beträufeln. Die Wachteln jeweils in 1 Apfelhälfte setzen und mit Calvados beträufeln. Jeweils mit 1 weiteren Apfelhälfte belegen.

7. Je 3 Blätterteigplatten aufeinanderlegen und auf einer bemehlten Arbeitsfläche zu 2 Quadraten ausrollen, die Teigränder mit Wasser bestreichen. Jeweils 1 Wachtel im Apfel in 1 Blätterteigquadrat einschlagen, dabei die Nahtstellen gut festdrücken.

8. Eigelb mit Milch verschlagen. Die Blätterteigoberfläche mit der Eigelbmilch bestreichen und je zwei große Löcher ausstechen, damit der Dampf entweichen kann. Die eingeschlagenen Wachteln auf ein Backblech (mit Wasser abgespült) setzen und in den vorgeheizten Backofen schieben. 20–30 Minuten garen.

9. Kalbsfond und Calvados zum Bratensatz in die Pfanne geben, loskochen und etwas einkochen lassen. Die Sauce mit Salz und Pfeffer abschmecken. Die gefüllten Wachteln mit der Sauce servieren.

Wachteln im Weinlaub | Raffiniert
4 Portionen

Pro Portion:
E: 49 g, F: 34 g, Kh: 24 g, kJ: 2505, kcal: 599

8	**küchenfertige Wachteln (je etwa 150 g)**
1	**Frühlingszwiebel**
1	**kleiner Apfel (etwa 150 g)**
	Salz
	frisch gemahlener Pfeffer
2 EL	**Speiseöl**
4	**große Weinblätter (erhältlich in türkischen oder griechischen Lebensmittelläden)**
200 ml	**Wildfond oder -brühe**
je 200 g	**blaue und grüne, kernlose Weintrauben**
40 g	**Butter**
1 EL	**Zucker**

Außerdem:

Rouladennadeln und Küchengarn

Zubereitungszeit: 50 Minuten
Garzeit: etwa 30 Minuten

1. Den Backofen vorheizen.

Ober-/Unterhitze: etwa 200 °C
Heißluft: etwa 180 °C

2. Wachteln innen und außen unter fließendem kalten Wasser abspülen und trocken tupfen.

3. Frühlingszwiebel putzen, waschen, abtropfen lassen und in sehr kleine Stücke schneiden. Apfel abwaschen, abtrocknen, vierteln und das Kerngehäuse herausschneiden. Apfelviertel mit Schale in sehr kleine Würfel schneiden.

4. Frühlingszwiebelstücke und Apfelwürfel mischen. Die Wachteln damit füllen und die Öffnungen jeweils mit Rouladennadeln verschließen. Die Schenkel mit Küchengarn zusammenbinden. Wachteln mit Salz und Pfeffer würzen.

5. Speiseöl in einem Bräter erhitzen. Wachteln darin von allen Seiten leicht anbraten und herausnehmen.

6. Die Weinblätter abspülen und trocken tupfen. Die Wachteln mit je 1 Weinblatt umwickeln und mit Rouladennadeln feststecken. Wachteln wieder in den Bräter legen. Den Bräter auf dem Rost in den vorgeheizten Backofen schieben. Die Wachteln etwa 30 Minuten garen.

7. Nach etwa 10 Minuten Garzeit Wildfond oder -brühe hinzugießen. Wachteln fertig garen, aus dem Bräter nehmen und warm stellen.

8. Weintrauben abspülen, trocken tupfen und halbieren.

9. Butter in einer Pfanne zerlassen, Zucker einstreuen und braun karamellisieren. Mit dem Bratenfond ablöschen, zum Kochen bringen und dann unter Rühren 2–3 Minuten einkochen lassen. Weintraubenhälften hinzugeben, wieder zum Kochen bringen und weitere etwa 2 Minuten leicht kochen lassen.

10. Von den Wachteln die Rouladennadeln und Weinblätter entfernen. Die Wachteln auf dem Weintraubenragout anrichten.

Wachteln in Limettensauce I

Raffiniert – mit Alkohol

2 Portionen

Pro Portion:

E: 46 g, F: 115 g, Kh: 6 g, kJ: 5730, kcal: 1370

2	küchenfertige Wachteln (je etwa 150 g)
	Salz
	frisch gemahlener Pfeffer
150 g	durchwachsener Speck
3 EL	Speiseöl
5 EL	Cognac
150 ml	Kalbsfond oder -brühe
250 g	Schlagsahne
1	Bio-Limette (unbehandelt, ungewachst)
1 Prise	Zucker

Außerdem:

Küchengarn

Zubereitungszeit: 40 Minuten

Garzeit: 15–20 Minuten

1. Wachteln innen und außen unter fließendem kalten Wasser abspülen und trocken tupfen. Innen und außen mit Salz und Pfeffer einreiben.

2. Speck in dünne Scheiben schneiden. Die Wachteln mit den Speckscheiben belegen und mit Küchengarn umwickeln.

3. Speiseöl in einer Pfanne erhitzen. Wachteln darin von allen Seiten 15–20 Minuten braten. Wachteln aus der Pfanne nehmen und warm stellen, Speckscheiben entfernen.

4. Den Bratensatz mit Cognac ablöschen. Kalbsfond oder -brühe und Sahne hinzugießen.

5. Die Limette heiß abwaschen, abtrocknen und die Schale dünn abschälen oder mit einem Zestenreißer abziehen. Die Zitronenschale unter die Sauce rühren. Die Limette halbieren und den Saft auspressen. Die Sauce mit Limettensaft abschmecken. Die Sauce zum Kochen bringen und unter gelegentlichem Rühren cremig einkochen lassen. Mit Salz, Pfeffer und Zucker abschmecken.

Beilage: Kartoffelpüree.

Wachteln in Rotwein | Mit Alkohol
4 Portionen

Pro Portion:
E: 29 g, F: 44 g, Kh: 8 g, kJ: 2465, kcal: 590

4	*küchenfertige Wachteln*
	(je etwa 150 g)
	Salz
	frisch gemahlener Pfeffer
2 TL	*Paprikapulver edelsüß*
500 g	*Schalotten*
400 g	*kleine Champignons*
6 EL	*Olivenöl*
350 ml	*trockener Rotwein*
2	*Lorbeerblätter*
1 TL	*gerebelter Thymian*
1 gestr. TL	*Salz*
3 EL	*Olivenöl*
1 Becher	
(150 g)	*Crème fraîche*

Zubereitungszeit: 30 Minuten
Garzeit: etwa 30 Minuten

1. Die Wachteln innen und außen unter fließendem kalten Wasser abspülen und trocken tupfen. Mit Salz, Pfeffer und Paprikapulver einreiben.

2. Den Backofen vorheizen.

Ober-/Unterhitze: etwa 200 °C
Heißluft: etwa 180 °C

3. Schalotten abziehen. Champignons putzen, mit Küchenpapier abreiben, eventuell abspülen und trocken tupfen. Schalotten je nach Größe halbieren.

4. Olivenöl in einem großen Bräter erhitzen. Die Wachteln darin von allen Seiten anbraten. Rotwein hinzugießen. Lorbeerblätter hinzufügen. Mit Thymian, Salz und Pfeffer würzen. Den Bräter auf dem Rost in den vorgeheizten Backofen schieben. Die Wachteln etwa 30 Minuten garen.

5. Etwa 15 Minuten vor Ende der Garzeit Olivenöl in einer großen Pfanne erhitzen. Schalotten und Champignons darin unter Rühren anbraten und etwa 5 Minuten dünsten lassen.

6. Den Bräter aus dem Backofen nehmen. Wachteln aus dem Bräter nehmen und warm stellen. Lorbeerblätter entfernen. Crème fraîche unter die Rotweinsauce rühren.

7. Die Wachteln mit den Champignons und Schalotten auf einer vorgewärmten Platte anrichten. Die Rotweinsauce dazureichen.

Beilage: Stangenweißbrot.

Tipp: Sie können die Schalotten und Champignons auch schon unter Punkt 3, nachdem die Wachteln angebraten sind, mit in den Bräter geben, kurz mit anbraten und dann wie beschrieben weiterarbeiten. Punkt 4 entfällt dann.

Wildente | Raffiniert
2–3 Portionen

Pro Portion:
E: 61 g, F: 73 g, Kh: 41 g, kJ: 4444, kcal: 1062

Für die Füllung:

         80 g Weißbrot
          1 Apfel
         30 g Rosinen
          1 Ei (Größe M)
        100 g Schlagsahne
          1 EL gehackte Petersilie
                Salz, frisch gemahlener Pfeffer

          1 küchenfertige Wildente
             (800–1000 g)
          3 EL Speiseöl, z. B. Rapsöl
        400 ml Entenfond
        600 g Steckrübe
          1 Zwiebel

Außerdem:

        evtl. Rouladennadeln

Zubereitungszeit: 30 Minuten
Garzeit: 60–70 Minuten

1. Für die Füllung Weißbrot in kleine Würfel schneiden. Apfel schälen, vierteln, entkernen und ebenfalls in kleine Würfel schneiden. Weißbrot-, Apfelwürfel und Rosinen in eine Schüssel geben, mit Ei, Sahne und Petersilie verrühren, mit Salz und Pfeffer würzen.

2. Den Backofen vorheizen.

Ober-/Unterhitze: etwa 200 °C
Heißluft: etwa 180 °C

3. Wildente innen und außen unter fließendem kalten Wasser abspülen und trocken tupfen. Die Füllung fest in die Ente drücken und die Öffnung eventuell mit Rouladennadeln feststecken. Die Ente mit Salz und Pfeffer bestreuen.

4. Speiseöl in einem Bräter erhitzen. Die Wildente mit der Brust nach unten hineinlegen. Den Bräter auf dem Rost in den vorgeheizten Backofen (unteres Drittel) schieben. Die Ente etwa 60 Minuten garen.

5. Sobald der Bratensatz bräunt, etwas Entenfond hinzugießen. Verdampfte Flüssigkeit nach und nach durch den Entenfond ersetzen. Die Ente ab und zu mit dem Fond begießen.

6. Die Steckrübe putzen, schälen, abspülen, abtropfen lassen und in etwa 2 cm große Würfel schneiden. Zwiebel abziehen und ebenfalls klein würfeln. Nach 30 Minuten Garzeit die Ente umdrehen und die Steckrüben- und Zwiebelwürfel zu der Ente in den Bräter geben, mit Salz und Pfeffer würzen und mitgaren lassen.

7. Die Wildente aus dem Backofen nehmen, tranchieren und eventuell die Rouladennadeln entfernen. Die Wildente mit der Füllung und dem Steckrübengemüse anrichten.

Beilage: Petersilienkartoffeln.

Tipp: Würzen Sie die Ente und die Füllung zusätzlich mit frischem oder getrocknetem Thymian.

Wildente, gebraten I

Einfach – mit Alkohol
2–3 Portionen

Pro Portion:
E: 57 g, F: 49 g, Kh: 4 g, kJ: 3140, kcal: 750

1	küchenfertige Wildente (etwa 1 kg)
	Salz
	frisch gemahlener Pfeffer
150 ml	heiße Gemüsebrühe oder Entenfond
50 ml	Wasser
½ TL	Salz

Für die Sauce:

250 ml (¼ l)	trockener Weißwein
100 ml	Gemüsebrühe oder Entenfond
1 geh. EL	Weizenmehl
50 ml	kaltes Wasser

Zubereitungszeit: etwa 35 Minuten
Garzeit: etwa 70 Minuten

1. Den Backofen vorheizen.

Ober-/Unterhitze: etwa 200 °C
Heißluft: etwa 180 °C

2. Wildente innen und außen unter fließendem kalten Wasser abspülen und trocken tupfen. Wildente innen und außen mit Salz und Pfeffer einreiben.

3. Etwa 50 ml Wasser in einen großen Bräter oder eine Fettfangschale gießen. Die Ente mit der Brust nach unten hineinlegen. Den Bräter auf dem Rost oder die Fettfangschale in den vorgeheizten Backofen schieben. Die Wildente etwa 70 Minuten garen.

4. Sobald der Bratensatz bräunt, etwas von der heißen Brühe oder dem Fond hinzugießen. Verdampfte Flüssigkeit nach und nach durch Brühe oder Fond ersetzen. Die Wildente vorsichtig ab und zu mit dem Bratensatz begießen. Nach etwa 45 Minuten Garzeit die Wildente wenden.

5. Etwa 10 Minuten vor Ende der Garzeit die Backofentemperatur um etwa 20 °C erhöhen, damit die Haut schön kross wird. Die Ente wieder umdrehen. Wasser mit Salz verrühren, die Ente damit bestreichen. Die Ente im Bräter oder der Fettfangschale wieder in den heißen Backofen schieben und fertig garen.

6. Die gare Wildente aus dem Bräter oder der Fettfangschale nehmen und zugedeckt warm stellen.

7. Für die Sauce Weißwein und Gemüsebrühe oder Entenfond in den Bräter oder die Fettfangschale gießen. Den Bratensatz loskochen und eventuell in einen Topf gießen.

8. Mehl mit Wasser anrühren, mit einem Schneebesen in die kochende Flüssigkeit rühren und unter Rühren zum Kochen bringen. Die Sauce mit Salz und Pfeffer abschmecken. Wildente tranchieren und mit der Sauce servieren.

Beilage: Böhmische Knödel und Rotkohl.

Wildenten mit Risotto | Für Gäste
4 Portionen

Pro Portion:
E: 84 g, F: 113 g, Kh: 54 g, kJ: 6576, kcal: 1570

> 2 *küchenfertige, junge Wildenten*
> *(je 800 g–1,2 kg)*
> *Salz, frisch gemahlener Pfeffer*
> 1 *kleine, frische Ananas (etwa 1 kg)*
> 250 g *frische Heidelbeeren*
> 100 g *fetter Speck, in Scheiben*
> 2 *Eigelb (Größe M)*
> 50 g *Butterschmalz*
> 250 ml (¼ l) *heißes Wasser*
> 100 g *Knollensellerie*
> 100 g *Möhren*
> ½ Bund *Thymian*
> ½ Bund *Salbei*

Für den Wildreis-Risotto:
> 1 TL *Butter*
> 150 g *Wildreis*
> 1 *Zwiebel*
> 500 ml (½ l) *Kalbs- oder Fleischbrühe*

> 125 ml (⅛ l) *Wildfond oder -brühe*
> 125 g *Schlagsahne oder*
> 125 g *Crème fraîche*

Außerdem:
> *Küchengarn*

Zubereitungszeit: 60 Minuten
Garzeit: 60–70 Minuten

1. Den Backofen vorheizen.

Ober-/Unterhitze: etwa 180 °C
Heißluft: etwa 160 °C

2. Wildenten innen und außen unter fließendem kalten Wasser abspülen, trocken tupfen. Mit Salz und Pfeffer würzen. Ananas schälen, halbieren, das harte Mittelstück herausschneiden. Das Fruchtfleisch in Stücke schneiden. Heidelbeeren verlesen, waschen, abtropfen lassen, jeweils von Stiel und Blüte befreien.

3. Enten mit den Ananasstücken und Heidelbeeren füllen. Die Öffnungen jeweils mit Küchengarn verschließen. Die Wildenten mit Speckscheiben belegen und mit Küchengarn umwickeln. Eigelb verschlagen, die Wildenten damit bestreichen.

4. Butterschmalz in einem Bräter erhitzen, die Wildenten darin von allen Seiten anbraten. Den Bräter auf dem Rost in den vorgeheizten Backofen schieben. Die Enten etwa 60 Minuten garen.

5. Sobald der Bratensatz bräunt, etwas heißes Wasser hinzugießen. Verdampfte Flüssigkeit nach und nach durch heißes Wasser ersetzen. Die Enten während der Garzeit immer wieder mit Wasser begießen, bis die Haut glänzt und goldgelb ist.

6. In der Zwischenzeit Sellerie und Möhren putzen, schälen, abspülen, abtropfen lassen, in Scheiben oder Würfel schneiden. Thymian und Salbei abspülen, trocken tupfen. Die Blättchen von den Stängeln zupfen. Blättchen klein schneiden.

7. Sellerie-, Möhrenscheiben oder -würfel, Thymian und Salbei etwa 15 Minuten vor Ende der Garzeit zu den Enten in den Bräter geben und mitgaren lassen.

8. Für den Risotto Butter in einem Topf zerlassen. Wildreis hinzugeben und unter Rühren glasig dünsten. Mit Salz und Pfeffer würzen. Zwiebel abziehen, in kleine Würfel schneiden und hinzugeben. Brühe nach und nach hinzugießen. Den Reis nach Packungsanleitung garen. Der Reis sollte die gesamte Flüssigkeit aufgenommen haben. Eventuell noch etwas Brühe hinzugeben.

9. Die garen Wildenten aus dem Bräter nehmen und das Küchengarn entfernen. Wildenten warm stellen.

10. Wildfond oder -brühe zum Bratensatz geben und aufkochen lassen. Sahne oder Crème fraîche unterrühren. Mit Salz und Pfeffer abschmecken.

11. Die Wildenten mit dem Obst auf einer großen Platte anrichten. Risotto dazureichen.

Tipp: Dazu gedünsteten Brokkoli servieren.

Wildentenbrustfilet im Speckmantel mit Herzoginkartoffeln | Mit Alkohol

4 Portionen

Pro Portion:
E: 50 g, F: 65 g, Kh: 38 g, kJ: 4183, kcal: 999

Für die Herzoginkartoffeln:

500 g	Kartoffeln
	Salz, frisch gemahlener Pfeffer
	frisch geriebene Muskatnuss
50 g	Butter
3	Eigelb (Größe M)
2 TL	Milch
4	Wildentenbrustfilets
	(je etwa 200 g)
	Paprikapulver edelsüß
250 g	durchwachsener Speck,
	in Scheiben

Für die Johannisbeersauce:

1	Bio-Zitrone (unbehandelt,
	ungewachst)
150 g	vorbereitete Johannisbeeren
100 ml	Portwein
50 ml	Cognac
100 g	Johannisbeergelee, Zucker

Außerdem:

Alufolie

Zubereitungszeit: 40 Minuten, ohne Abkühlzeit
Garzeit Entenbrustfilets: 8–12 Minuten
Garzeit Herzoginkartoffeln: 10–12 Minuten

1. Für die Herzoginkartoffeln die Kartoffeln waschen, schälen, abspülen, abtropfen lassen und in Stücke schneiden. Kartoffeln mit Salzwasser bedeckt zum Kochen bringen, zugedeckt etwa 15 Minuten garen. Kartoffelstücke abgießen, abdämpfen, heiß durch eine Kartoffelpresse drücken, erkalten lassen. Backofen vorheizen.

Ober-/Unterhitze: etwa 200 °C
Heißluft: etwa 180 °C

2. Kartoffelmasse mit Salz, Pfeffer und Muskat würzen. Butter und 2 Eigelb gut untermengen. Die Kartoffelmasse in einen Spritzbeutel mit Sterntülle füllen und Tuffs auf ein gefettes Backblech spritzen. Restliches Eigelb mit Milch verschlagen. Die Kartoffeltuffs damit bestreichen. Das Backblech in den vorgeheizten Backofen schieben. Die Herzoginkartoffeln 10–12 Minuten backen.

3. In der Zwischenzeit Wildentenbrustfilets unter fließendem kalten Wasser abspülen und trocken tupfen. Mit Salz, Pfeffer und Paprika würzen.

4. Entenbrustfilets mit Speckscheiben umwickeln und in einer Pfanne ohne Fett von jeder Seite 4–5 Minuten goldbraun braten. Entenbrustfilets aus der Pfanne nehmen, in Alufolie wickeln und warm stellen.

5. Für die Johannisbeersauce die Zitrone heiß abwaschen, abtrocknen und die Schale abreiben. Zitrone halbieren und den Saft auspressen. Johannisbeeren und Zitronensaft zum Bratensatz in die Pfanne geben und kurz aufkochen lassen. Portwein, Cognac, Zitronenschale und Johannisbeergelee hinzugeben, wieder zum Kochen bringen und etwas einkochen lassen. Die Sauce mit Zucker und Pfeffer abschmecken.

6. Die Wildentenbrustfilets mit der Johannisbeersauce und den Herzoginkartoffeln auf Tellern anrichten.

Wildentenbrustfilet in Calvados I

Schnell – mit Alkohol

4 Portionen

Pro Portion:

E: 19 g, F: 38 g, Kh: 6 g, kJ: 2126, kcal: 507

600 g Wildentenbrust,
        mit Knochen
  1 großer Apfel
  2 Schalotten
2 EL Speiseöl
        Salz
        frisch gemahlener Pfeffer
50 g Butter
200 ml Weißwein
200 g Schlagsahne
40 ml Calvados

Zubereitungszeit: 25 Minuten

1. Von der Entenbrust die Knochen entfernen. Entenbrust unter fließendem kalten Wasser abspülen, trocken tupfen und in feine Streifen schneiden. Apfel schälen, vierteln, entkernen und in Würfel schneiden. Schalotten abziehen und ebenfalls würfeln.

2. Speiseöl in einer Pfanne erhitzen, Entenbruststreifen darin von allen Seiten anbraten, mit Salz und Pfeffer würzen. Entenbruststreifen herausnehmen und warm stellen. Das Bratfett abgießen.

3. Butter in der Pfanne zerlassen, Apfel- und Schalottenwürfel darin leicht anbraten. Den Wein hinzugießen, zum Kochen bringen und auf etwa 150 ml einkochen lassen.

4. Sahne unterrühren. Die Sauce wieder zum Kochen bringen und auf etwa 250 ml (¼ l) einkochen lassen. Mit Calvados, Salz und Pfeffer abschmecken. Entenbruststreifen hinzufügen und kurz ziehen lassen.

Wirsing-Kartoffel-Topf
mit Perlhuhn | Klassisch
4 Portionen

Pro Portion:
E: 38 g, F: 12 g, Kh: 25 g, kJ: 1588, kcal: 378

1	kleiner Wirsing
400 g	festkochende Kartoffeln
2	Perlhuhnbrüste (je etwa 150 g)
2	Perlhuhnkeulen (je etwa 200 g)
3 EL	Speiseöl
	Thymianblättchen
	Salz, frisch gemahlener Pfeffer
500 ml (½ l)	Gemüsefond oder -brühe
2	Fleischtomaten

Zubereitungszeit: 40 Minuten
Garzeit: etwa 60 Minuten

1. Vom Wirsing die groben, äußeren Blätter entfernen. Den Wirsing halbieren und den Strunk herausschneiden. Wirsinghälften in grobe Würfel schneiden, waschen und abtropfen lassen. Kartoffeln waschen, schälen, abspülen, abtropfen lassen und in Würfel schneiden.

2. Perlhuhnbrüste und -keulen unter fließendem kalten Wasser abspülen und trocken tupfen. Dann das Fleisch jeweils von den Knochen lösen und in Würfel schneiden.

3. Speiseöl in einem Bräter erhitzen. Perlhuhnfleischwürfel darin von allen Seiten anbraten. Die Wirsing- und Kartoffelwürfel hinzugeben und mit andünsten. Thymianblättchen hinzugeben. Mit Salz und Pfeffer würzen. Gemüsefond oder -brühe hinzugießen, zum Kochen bringen und zugedeckt etwa 50 Minuten garen.

4. In der Zwischenzeit Tomaten waschen, trocken tupfen, halbieren, entkernen und die Stängelansätze herausschneiden. Tomatenhälften in grobe Würfel schneiden.

5. Tomatenwürfel kurz vor Ende der Garzeit in den Eintopf geben und weitere etwa 10 Minuten mitgaren lassen.

Zigeunerhuhn mit Paprika | Raffiniert
4 Portionen

Pro Portion:
E: 60 g, F: 35 g, Kh: 18 g, kJ: 2635, kcal: 630

1	küchenfertige Poularde
	(etwa 1 ½ kg)
	Salz
	frisch gemahlener Pfeffer
1 geh. EL	Paprikapulver edelsüß
150 g	Zwiebeln
2	Knoblauchzehen
je 2	große, rote und gelbe
	Paprikaschoten
2 Stängel	Thymian
2 Stängel	Rosmarin
2 EL	Olivenöl
2 EL	Rosinen
2 EL	Pinienkerne

Zubereitungszeit: 40 Minuten
Garzeit: etwa 90 Minuten

1. Poularde in 8 Stücke teilen (Brust und Keulen jeweils halbieren). Poulardenteile unter fließendem kalten Wasser abspülen und trocken tupfen. Mit Salz, Pfeffer und Paprika würzen.

2. Zwiebeln und Knoblauch abziehen. Zwiebeln in grobe Würfel schneiden, Knoblauch durch eine Knoblauchpresse drücken. Paprikaschoten halbieren, entstielen, entkernen und die weißen Scheidewände entfernen. Schotenhälften waschen, trocken tupfen und in mundgerechte Stücke schneiden. Thymian und Rosmarin abspülen und trocken tupfen.

3. Poulardenteile, Zwiebelwürfel, Knoblauch und Paprikastücke in einen gewässerten Römertopf® geben und gut vermengen. Olivenöl, Thymian und Rosmarin unterrühren. Mit Salz und Pfeffer würzen.

4. Den Römertopf® mit dem Deckel verschließen und auf dem Rost in den kalten Backofen schieben.

Ober-/Unterhitze: etwa 200 °C
Heißluft: etwa 180 °C
Garzeit: etwa 90 Minuten.

5. Nach etwa 75 Minuten Garzeit Rosinen und Pinienkerne zu den Poulardenteilen in den Römertopf® geben und weitere etwa 15 Minuten ohne Deckel garen.

Zimthähnchen | Raffiniert – mit Alkohol
4 Portionen

Pro Portion:
E: 72 g, F: 51 g, Kh: 93 g, kJ: 5023, kcal: 1200

1	*küchenfertiges Hähnchen (etwa 1,3 kg)*
	Salz, frisch gemahlener Pfeffer
100 g	*Butter*
2	*rote Zwiebeln*
125 ml (⅛ l)	*Hühnerbrühe*

Für die Tomatensauce:

2	*Knoblauchzehen*
8	*Tomaten*
250 ml (¼ l)	*Weißwein*
1 EL	*Tomatenmark*
250 g	*Staudensellerie*
2 EL	*gehackte Petersilie*
5 l	*Wasser*
5 gestr. TL	*Salz*
500 g	*grüne Bandnudeln*
2 EL	*geriebener Käse, z. B. Gouda*
½ TL	*gemahlener Zimt*

Zubereitungszeit: 55 Minuten
Garzeit Hähnchen: etwa 45 Minuten
Garzeit Tomatensauce: etwa 15 Minuten

1. Hähnchen innen und außen unter fließendem kalten Wasser abspülen, trocken tupfen und in 8 Stücke teilen. Mit Salz und Pfeffer würzen.

2. Butter in einem Bräter zerlassen. Die Hähnchenteile darin von allen Seiten anbraten. Zwiebeln abziehen, in Scheiben schneiden und hinzugeben. Brühe hinzugießen, zum Kochen bringen und zugedeckt etwa 45 Minuten garen.

3. Für die Sauce Knoblauch abziehen und mit 1 Messerspitze Salz zerreiben. Tomaten waschen, abtropfen lassen, kreuzweise einschneiden, kurz in kochendes Wasser legen und in kaltem Wasser abschrecken. Tomaten enthäuten, halbieren, entkernen und die Stängelansätze herausschneiden. Tomatenhälften in Scheiben schneiden.

4. Weißwein, Tomatenscheiben und Knoblauchsalz in einem Topf zum Kochen bringen, Tomatenmark unterrühren.

5. Staudensellerie putzen und die harten Außenfäden abziehen. Sellerie waschen, abtropfen lassen und in dünne Scheiben schneiden, zu den Tomatenscheiben in den Topf geben. Mit Salz und Pfeffer würzen. Die Zutaten etwa 15 Minuten garen. Gehackte Petersilie unterrühren.

6. Wasser in einem großen Topf mit geschlossenem Deckel zum Kochen bringen. Dann Salz und Nudeln hinzugeben. Die Nudeln im geöffneten Topf bei mittlerer Hitze nach Packungsanleitung kochen lassen, dabei zwischendurch 4–5-mal umrühren.

7. Anschließend die Nudeln in ein Sieb geben, mit heißem Wasser abspülen und abtropfen lassen. Die Nudeln in eine Schüssel oder einen Topf geben und mit Käse bestreuen.

8. Die garen Hähnchenteile aus dem Bräter nehmen, mit Zimt bestreuen, auf den Nudeln anrichten und warm stellen. Den Bratensatz zur Tomatensauce geben, eventuell etwas einkochen lassen. Die Tomatensauce auf den Hähnchenteilen verteilen.

Tipp: Zimthähnchen mit gehackter Petersilie und Käse bestreuen. Mit einem Petersiliensträußchen garnieren.

Zitronenhuhn | Für Gäste
4 Portionen

Pro Portion:
E: 71 g, F: 46 g, Kh: 25 g, kJ: 3429, kcal: 820

4	Hühnerbrüste, mit Haut (je etwa 150 g)
4	Hühnerkeulen, mit Haut (je etwa 200 g)
	frisch gemahlener Pfeffer
2	Bio-Zitronen (unbehandelt, ungewachst)
4 EL	Olivenöl
	Schale und Saft von
3	Bio-Zitronen (unbehandelt, ungewachst)
2	Zwiebeln
3	Knoblauchzehen
2 EL	frische Rosmarinnadeln
4	gehackte Sardellenfilets
100 g	Kapern
etwas	Kapernflüssigkeit
400 ml	kräftige Hühnerbrühe
1 ½ EL	Speisestärke
	Salz
3 EL	Zucker

Zubereitungszeit: 40 Minuten, ohne Durchziehzeit
Garzeit: etwa 20 Minuten

1. Hühnerbrüste und -keulen unter fließendem kalten Wasser abspülen, trocken tupfen, kräftig mit Pfeffer würzen. Zitronen heiß abwaschen, abtrocknen und in Scheiben schneiden. Hühnerbrüste und -keulen in eine flache Schale legen, mit Zitronenscheiben belegen und zugedeckt über Nacht im Kühlschrank durchziehen lassen.

2. Von den Hühnerbrüsten und -keulen die Zitronenscheiben entfernen. Olivenöl in einer großen Pfanne erhitzen. Hühnerbrüste und -keulen darin von jeder Seite etwa 5 Minuten knusprig goldbraun braten, herausnehmen und beiseitestellen.

3. Zitronen heiß abwaschen, abtrocknen und die Schale abschneiden, in Streifen schneiden oder mit einem Zestenreißer abziehen. Zitronen halbieren und den Saft auspressen. Zwiebeln abziehen und in Streifen schneiden, Knoblauch abziehen und in sehr kleine Würfel schneiden. Zwiebelstreifen, Knoblauchwürfel und Rosmarinnadeln in dem Bratensatz unter Rühren andünsten. Sardellenfiletstücke und Zitronenschale kurz mit andünsten.

4. Mit Zitronensaft, Kapern und Kapernflüssigkeit ablöschen. Den Bratensatz unter Rühren lösen. Brühe hinzugießen. Die Zutaten zum Kochen bringen und etwa 3 Minuten sprudelnd einkochen lassen.

5. Speisestärke mit etwas Wasser anrühren, in die Sauce rühren und unter Rühren kurz aufkochen lassen. Die Sauce mit Salz, Pfeffer und Zucker abschmecken.

6. Die beiseitegestellten Hühnerbrüste und -keulen in die Sauce legen und zugedeckt bei schwacher Hitze etwa 10 Minuten ziehen lassen.

Zuckerschoten mit Geflügelklößchen | Raffiniert

4 Portionen

Pro Portion:
E: 27 g, F: 33 g, Kh: 17 g, kJ: 2098, kcal: 501

200 g	*Gehacktes vom Hähnchen*
200 g	*Gehacktes von Tauben*
4 EL	*Semmelbrösel*
1	*Ei (Größe M)*
	Salz
	frisch gemahlener Pfeffer
200 ml	*Geflügelfond oder*
	-brühe
200 g	*Schlagsahne*
	frisch geriebene Muskatnuss
1 EL	*gehackte Petersilie*
300 g	*Zuckerschoten*

Zubereitungszeit: 50 Minuten
Garzeit Klößchen: 5–7 Minuten je Portion

1. Gehacktes in eine Schüssel geben. Mit Semmelbröseln, Ei, Salz und Pfeffer zu einem glatten Fleischteig verarbeiten.

2. Geflügelfond oder -brühe in einem Topf erhitzen. Von dem Fleischteig mit angefeuchteten Händen kleine Klößchen formen, portionsweise in den Geflügelfond geben und 5–7 Minuten gar ziehen lassen. Geflügelklößchen mit einer Schaumkelle aus dem Geflügelfond nehmen und warm stellen.

3. Den verbliebenen Geflügelfond mit Sahne auffüllen, zum Kochen bringen und etwas einkochen lassen. Mit Salz, Pfeffer und Muskat würzen. Petersilie unterrühren. Die Geflügelklößchen in der Sauce erhitzen.

4. Von den Zuckerschoten die Enden abschneiden, eventuell abfädeln. Zuckerschoten waschen, abtropfen lassen und in kochendem Salzwasser etwa 3 Minuten blanchieren. Zuckerschoten mit eiskaltem Wasser abschrecken, in einem Sieb abtropfen lassen, mit der Sauce und den Geflügelklößchen mischen.

Ente

Fasan

Gans

Huhn

Moorhuhn

Perlhuhn

Pute

Rebhuhn

Strauß

Taube

Wachtel

Für Fragen, Vorschläge oder Anregungen steht Ihnen der Verbraucherservice der Dr. Oetker Versuchsküche Telefon: 00800 71 72 73 74 Mo.–Fr. 8:00–18:00 Uhr, Sa. 9:00–15:00 Uhr (gebührenfrei in Deutschland) oder die Mitarbeiter des Dr. Oetker Verlages Telefon: +49 (0) 521 520650 Mo.-Fr. 9:00–15:00 Uhr zur Verfügung.

Oder schreiben Sie uns:
Dr. Oetker Verlag KG, Am Bach 11, 33602 Bielefeld oder besuchen Sie uns im Internet unter www.oetker-verlag.de oder www.oetker.de.

Umwelthinweis   Dieses Buch und der Einband wurden auf chlorfrei gebleichtem Papier gedruckt. Die Einschrumpffolie – zum Schutz vor Verschmutzung – ist aus umweltfreundlichem und recyclingfähigem PE-Material.

Copyright   © 2008 by Dr. Oetker Verlag KG, Bielefeld

Redaktion   Carola Reich, Annette Riesenberg

Lektorat   no:vum, Susanne Noll, Leinfelden-Echterdingen

Innenfotos   Walter Cimbal, Hamburg (S. 61, 82, 211, 214, 241, 285, 291)
Fotostudio Büttner, Bielefeld (S. 33, 39, 91, 239)
Fotostudio Diercks, Hamburg (S. 8, 9, 15, 21, 23, 29, 30, 31, 42, 46, 50, 54, 55, 56, 60, 62, 63, 72, 76, 79, 94, 98, 103, 104, 107–115, 118, 123, 127, 128, 133, 140, 144, 145, 148, 149, 153, 154, 157, 160, 168, 172, 175, 176, 178, 183, 185–188, 190–192, 198, 203, 205, 209, 217–219, 220, 222, 225, 229, 231, 240, 244, 249, 254, 261, 263, 264, 267–269, 272, 273, 276, 277, 284, 286, 292, 308, 309, 313)
Hailight, Düsseldorf (S. 66)
Ulli Hartman, Halle/Westf. (S. 11, 27, 48, 57, 59, 64, 65, 68, 83, 85, 92, 99, 102, 122, 139, 142, 146, 150–152, 156, 158, 159, 162–164, 171, 174, 180, 193, 195, 196, 201, 204, 206, 210, 226, 232, 234–236, 245, 247, 248, 257, 274, 275, 282, 287, 301)
Bela Hoche, Hamburg (S. 37, 121, 155, 194, 271)
Ulrich Kopp, Sindelfingen (S. 18, 20, 242, 253)
Bernd Lippert (S. 32, 87, 119, 126, 130, 131, 281, 294)
Herbert Maass, Hamburg (S. 138)
Antje Plewinski, Berlin (S. 170, 181, 224, 270, 278)
Christiane Pries, Borgholzhausen (S. 5, 93, 105, 289)
Hans-Joachim Schmidt, Hamburg (S. 40, 51, 52, 70, 143, 202, 230, 246, 295, 310)
Axel Struwe, Bielefeld (S. 13, 43, 44, 58, 67, 78, 80, 81, 227, 280, 283, 303–305)
Norbert Toelle, Bielefeld (S. 12, 16, 17, 25, 35, 36, 74, 86, 101, 116, 125, 129, 134, 135, 165, 169, 228, 238, 251, 252, 258, 259, 265, 288)
Brigitte Wegner, Bielefeld (S. 19, 22, 24, 26, 28, 34, 38, 41, 47, 49, 69, 75, 106, 117, 132, 161, 182, 184, 200, 207, 213, 216, 221, 233, 243, 255, 256, 260, 262, 293, 298, 299, 312)
Winkler Studios, Bremen (S. 84, 137, 266, 307)
Bernd Wohlgemuth, Hamburg (S. 45, 88, 96, 97, 124, 136,147, 166, 167, 173, 179, 290, 300, 302)

Nährwertberechnungen   Nutri Service, Hennef

Grafisches Konzept und Gestaltung   MDH Haselhorst, Bielefeld
Titelgestaltung   kontur:design GmbH, Bielefeld
Satz und Layout   MDH Haselhorst, Bielefeld
Druck und Bindung   Mohn media Mohndruck GmbH, Gütersloh

ISBN: 978–3–7670–0515–0